U1075163

俞敏语言学论文集

商 务 印 书 馆
2008年·北京

图书在版编目(CIP)数据

俞敏语言学论文集/俞敏著.—北京:商务印书馆,1999

ISBN 978-7-100-02321-4

Ⅰ.俞… Ⅱ.俞… Ⅲ.汉语—研究—文集

Ⅳ.H1—53

中国版本图书馆CIP数据核字(96)第21894号

YÚMǏN YǓYÁNXUÉ LÙNWÉNJÍ

俞敏语言学论文集

商 务 印 书 馆 出 版

(北京王府井大街36号 邮政编码100710)

商 务 印 书 馆 发 行

北京市白帆印务有限公司印刷

ISBN 978-7-100-02321-4

1999年5月第1版 开本850×1168 1/32

2008年2月北京第2次印刷 印张14⅝

定价:28.00元

目　录

后汉三国梵汉对音谱……………………………………………（ 1 ）
汉藏同源字谱稿……………………………………………………（ 63 ）
汉藏虚字比较研究…………………………………………………（121）
汉语的“其”跟藏语的 gji ……………………………………………（167）
东汉以前的姜语和西羌语…………………………………………（184）
汉藏两族人和话同源探索…………………………………………（204）

语音变化能不能用质变量变规律说明？
——论北京语音里儿化的影响——……………………………（219）
等韵溯源……………………………………………………………（261）
古四声平议…………………………………………………………（280）
永明运动的表里……………………………………………………（285）

古汉语派生新词的模式……………………………………………（300）
古汉语里面的连音变读(sandhi)现象 ……………………………（343）
汉语的句子…………………………………………………………（363）
古汉语的“所”字……………………………………………………（375）
北京话的实体词的词类……………………………………………（387）
亲属称谓的扩大和转移……………………………………………（392）
《诗》“薄言”解平议…………………………………………………（401）
六书献疑……………………………………………………………（411）

大盂鼎铭文诂训……………………………………………………（420）
释蚯蚓名义兼辨朐忍二字形声………………………………………（432）

不得不说的话…………………………………………………杨藻清（457）
附：　俞敏教授论著目录 ……………………………………………（458）

后汉三国梵汉对音谱

底下的谱是后汉三国佛典(主要是显教经、律,也有支那撰述,像牟融的《理惑论》)里的梵汉对音谱。

作这个研究的动机是这么引起的:我怀疑切韵音系里的三等i介音,陆志韦陆先生写作I的,里头至少有一部分是后起的,不该有的。学点儿现代方言,这感觉就更深了。就说"弗"字吧。后汉人用它对梵文put,所以Śāriputra就写成"舍利弗",闽南方言"弗"字[1]也念[put],这挺顺溜。一翻音韵学著作,比方高本汉的《上、中古汉语音略》吧[2]! 糟了! 原来切韵音是piuət。再说"无"字。后汉人用它对梵文mo,所以namas的变体namo就写成"南无"。到今天北京和尚还这么念。闽北方言句终疑词"也无"也念mo。一翻《音略》,又糟了! 原来"无"字不敢露面,同音的"舞"是miu。目连僧在中国是无人不知的。他的名字在梵文是maudgalyāyana,巴利moggallāna,目字代表mog。支谦译《持句经》有"目佉",梵文mukha,目代表muk。现代广州客家音[muk]。一翻《音略》,又糟了! 原来是miuk。是汉族人的语言演变爱用拉锯式呢? 还是这些讲中间一段儿的学者偏爱花腔儿呢?

再扩大点儿说说不带i介音的。后汉人用"提"字对梵文dhi,所以"菩提"就是bodhi。现在吴方言"提"也念[d̥ɦi]。一翻《音

① 平常写"不"。看孙奕《示儿编》。

② B. Karlgren: Compendium of phonetics in Ancient and Archaic Chinese, 1954, Stockholm, p. 297, 362, 347, 302。

略》，原来是 diei。又加花儿了。

我不放心。我老觉着有人要我。当然，这个人也许让别人要了。

要谈后汉往下的汉族语音概况，我只信佛典的译音。这里包括得了梵文一切可能出现的音节。本谱收的这一部分反映得了后汉三国汉族语音里的一部分音节。年代再往后，赶上外族入侵，政治区域分裂，方言的差别恐怕就大了。三国里有译场的只有魏国的洛阳和附近、吴国的建业（支谦竺律炎在吴国武昌译过经；分量极少，咱们表里收的更少，不致于有什么影响）这两处的方音大致是统一的。颜之推说过，语音清正的地方“独金陵与洛下耳①”，正反映这一点。

原文里可能争论的地方就多了。

头一个问题：佛说法用什么话？佛面向大众，包括首陀罗、摩登伽女、旃荼罗女什么的。他当然说 prākṛta。这一点从来没有争论。不过 prākṛta 有好些种哪！佛说的是哪一种呢？照欧洲学者提倡的流行说法，是 Pāli 巴利。今天汉本经里有些字，像“比丘”，是跟 bhikkhu 音近，跟梵文 bhikṣu 远点儿。可是 P 文没有 ṣ、ś，字头上没有 tr—dr—②。佛要真说 P，他自己先得改姓：从 ’Sākya 改成 Sakka，他老人家割肉喂鹰、投身饲虎都舍得，当然不在乎这一点。可是“刹帝利”就不许说 kṣatriya 了，得说 khatiya，“夜叉”也不许说 yakṣa 了，得说 yakkha；“刹那”也不许说 kṣaṇa 了，得说 khaṇa。这在汉本里从来没反映过。玄奘《大唐西域记》卷二：“详其文字，梵天所制，原始垂则，四十七言……因地随人，微有改变。语其大较，未异本源。而中印度特为详正。辞调和雅，与天同音。

① 《家训音辞》凡引常见书，不注版本页数。

② W. Geiger: Pāli Literatur und Sprache, 1956 Calcutta 英译本，p Ⅱ § 51—。阴法鲁兄替我查了三本 P. 字典，只有一个 dravo（流体），还可能是 davo 别写。

气韵清亮，为人轨则。"中印正是佛常住的地方。吴国康僧会译的《旧杂譬喻经》第五十四章说："昔有六人为伴，俱堕地狱中，同在一釜中。皆欲说本罪。一人言'沙'。二人言'那'。三人言'特'。四人言'涉'。五人言'姑'。六人言'陀罗'。佛见之笑。目揵连问佛：何以故笑？佛言：有六人为伴俱堕地狱中，共在一釜中。皆欲说本罪。汤沸踊跃不能得再语。各一语便回下。一人言'沙'者：世间六十万亿岁，在泥梨中为一日。何时当竟？第二人言'那'者：无有期，亦不知何时当得脱。第三人言'特'者：咄！咄！当用治生为？如是不能自制意，夺五家分供养三尊。愚贪无足，今悔何益？四人言'涉'者：言治生亦不至诚，我财产属他人，或为得苦痛？第五人言'姑'者：谁当保我从地狱中出，便不复犯道禁，得生天人乐者。第六人言'陀罗'者：是事上头本不为心计。譬如御车失道入邪道，折车轴，悔无复及也。"这里"沙"是 ṣa-，"那"是 na，"特"是 dhik，"涉"是 jīv，"姑"是 ka，"陀罗"是 dravya 或 draṣṭavya 里的 dra—。用梵文理解顺当极了。P. 文里根本不可能有 ṣa 和 dra-，佛说的法就成了无的放矢或是对牛弹琴了。

西方学者提出这种主张的原因，首先是信南派僧侣的话，其次是过于信一段 P. 文经。据上文脚注②提到的 Geiger 书，转述这段经文大意，是这样的：有两位比丘，因为大家方国音不正，怕失了佛的本意，请佛允许把佛的话编成阐陀（梵文 chandaḥ 巴利 chando，一种歌体）。佛回答说：应该照自己的话学佛说的法。随后禁止用梵文记佛经。这"自己"两个字，有些学者说是各地来的比丘自己，Geiger 主张是佛"自己[1]"。

汉本《弥沙塞部和醯五分律》卷廿六说："有婆罗门兄弟二人诵阐陀（《大正藏》附的 P. 原文正是 Chando）鞞陀（梵 Veda）书。后于正法出家。

---

① 同前页②，引论 X。p.7.

闻诸比丘诵经不正，讥呵言：'诸大德久出家，而不知男、女语，一语多语，现在、过去、未来语；长短音，轻重音：乃作如此诵读佛经？'比丘闻羞耻。二比丘往至佛所，具以白佛。佛言：'听随国音诵读，但不得违失佛意。不听以佛语作外书语。犯者偷兰遮(巴利文 thullacaya)。"这大概就是那段 P. 文原本。

从汉译看，Geiger 讲"自己"讲错了。把"外书语"当梵文讲，两派都错了。它应当是指阐陀歌体。

前一点在卷六就有证据："小时诸比丘种种国出家，诵读经偈音句(梵文 pada，不等于"句子")不正。诸居士便讥诃云：'云何比丘昼夜亲承，而不知男、女、黄门二根人语，及多少语法？'……佛即遥责诸居士：'汝愚痴人！如何讥呵异国诵经音句不正？'"可见"自己"是指各地来的比丘"自己"。

《十诵律》卷卅八说："佛言：'从今以外书音声诵佛经者突吉罗(梵文 duskrta)。'"

《根本说一切有部毘奈耶杂事》卷七说："时彼二人先学婆罗门歌咏声法。由贯习故，今时读诵，作本(=旧)音辞……佛作是念：'苾刍诵经长牵音韵作歌咏声有如是过。由是苾刍不应歌咏引声诵经法。若方国言音须引声者，作时无犯。'"底下原有唐译经法师义净夹行小注说："言阐陀者，谓是婆罗门赞诵之法。长引其声，以指点空而为节段。博士先唱，诸人随后。"这清清楚楚说明佛禁止的不是梵文，而是唱阐陀！在这一点上，欧洲学者两派全错了！

那么佛原说的是什么方言呢？从后汉译本多数把 yaksa 译成"阅叉"看，这种 prākrta 没有照字念的 ks，把它念成[tʂ'a]。看起来 Geiger 的结论倒比较可信："外形是 Māgadhī(摩竭提)，照传统说法叫 Pāli[①]。"这种 prāknta 有 s, 's, dr—，只是没有照原音念的 ks。

---

① Geiger 同书，引论 X。p.7

是P. 的前身。

第三个问题：后汉三国译本根据的是什么文本？这比较简单：因为译经法师绝大多数是中亚人，像支娄迦谶是月支人，安世高是安息人，康孟详是康居人，帛延是白国人……那经本一定是梵文本。现在中亚发现的古写本残卷，除古和阗文、藏文译本以外，只有梵本。汉经除支谦译文里偶尔流露些 P. 文痕迹外，别位大致都是纯用梵本的。至于有和梵文不合的，里头有些是中亚方言。魏县无谛译《羯磨法》"和上"跟梵文 upādyāya 不合，就是中亚的讹变了。慧琳《一切经音义》廿二"说"："案五天雅言，和上谓之'邬波地耶'……彼土流俗谓和上'殟社'，于阗疏勒乃云'鹘社'，今此方音谓之'和尚'。""布萨"，梵文 upavasatha，现在的 posadha 音，据《行事钞》上说："是憍萨罗国语。"那么印度本土方言也夹在里头了。谱里偶然注 prākṛta, Pāli，不过是不好改别的资料原文。真正的意思只是说"这是个方言形式"罢了。从现存材料说，巴利文记录丰富，所以人们容易认为某某音是从 P 来的。就当时说，恐怕不少方言里都有这个形式。这就没法儿深究了。

梵本字的拼法也有好些不一致，错误的地方。比方支谦译的《撰集百缘经》第五卷第四十九缘有个人名 Nālada，汉译"那罗达多"，"多"字是衍文，要不然原文是 Nāladatta。根据 Williams 的《梵英字典》，人名应该拼成 Nārada。咱们就不用《大正藏》附的梵本。

汉译经本，一般地说，保存得比较好。不过也有后人臆改的。《撰集百缘经》卷八第七十四缘梵本有 trayaṇaṁ vedāṇāṁ，译作"四韦陀典"，显然是抄手改的：因为吠陀有四部常听见人说，其中三个是早成的，另一个是追加的，就不是人人都熟悉的了。译音过多的地方，往往保存得比较差，因为抄手不懂这些话，免不了出错儿。现在举一个典型的例子，说明抄错的情形，并且说明借梵文和别译本可以校正过来的情形。

支谶译的《佛说阿阇世王经卷上》有这么一段:"何谓二十五人者。悉是菩萨各各有名。名曰若那师利。那罗达师利。三波师利。劫波头师利。波头师利。劫阇因陀楼陀罗尼陀楼罗陀波尼罗陀牟诃多私诃末师诃惟迦阇俱罗加那迦阇沙诃质兜波沈摩遮迦波栝镇遮萨。刜波陀波坻盘枸利沙竭末摩诃。麑楼耆非陀遮阿难陀譬义波贸耆罗耶阿难陀阿兰惟诃罗摩坻吒沙牟迦。坻陀阿喻达萨刜领悉是为二十五上人名。"您瞧这分儿乱哄劲儿!

不过他在下文就不用音译,改用义译了。现在咱把他的义译名,和晋竺法护译《文殊支利普超三昧经》、宋法天译《佛说未曾有正法经》里的译名并列起来,互相参校(这三个译本根据同一部梵经。当然,不是同一个抄本。)。

谶	护	天
1. 慧首	龙首	龙吉祥
2. 惠施	龙施	龙授
3. 具足平等	首具	吉祥生
4. 具足行	首藏	吉祥藏
5. 莲华具足	莲首	最上莲华吉祥
6. 莲华具行劫	莲首藏	莲华吉祥生
7. 制持诸根	持人	持世
8. 持行如地	持地	持地
9. 宝愿	宝掌	宝手
10. 宝印手	宝印手	宝印手
11. 师子意	师子意	师子意
12. 师子步过无惧	师子步雷音	师子无畏音
13. 紫磨金色	虚空藏	虚空藏
14. 发意即转法轮	发意转法轮	平等心转法轮
15. 诸语自然普无不入	辩诸句	了别一切句义大辩
16. 乐不动	辩积	辩积
17. 海意	海意	海意
18. 大光明	大山	妙高王

续表

谶	护	天
19. 焰明	喜见	爱见
20. 可意王	喜王	喜王
21. 所视无底	察无圻	无边视
22. 作无底行	游无际法行	无边作行
23. 说息爱意	超魔见	破诸魔
24. 所起即悔	无忧施	无忧授
25. 得一切愿	诸议告	一切义成

参考晋宋两个译本，可以推出来谶公原读应该是：1. 若那师利 jñānaśrī 慧首。Cappeller 的 Sanskrit-Wörterbuch 在 Śrī 底下给了 Herrlichkeit, Majestät 两个解释，正好是“首”。文殊师利也有人译成“软首”、“濡首”。2. 那罗达 Nārada 惠施。惠 = 仁。3. 师利三波 śrīsambhava 吉祥生。4. 师利劫 śrīgarbha 吉祥藏。谶公的本子 garbha 大概错成 kalpa 了，所以只好译音——劫。5. 波头[摩]① 师利 padmaśrī 莲首。6. 波头[摩]师利劫 padmaśrīgarbha 莲首藏。7. 阇[那]因陀楼 janendra 持世。8. 陀罗尼陀楼 dhāraṇīdhara 持地 9. 罗陀[那]波尼 ratnapaṇi 宝愿。谶公的本子好像又有错字。paṇi 该是 pāṇi，那就是“手”。10. 罗陀[那]牟[陀楼]诃多 ratnamudrāhasta 宝印手。“陀楼”两个字原来抄丢了。11. 私诃末 siṁhamata 师子意。12. 师诃惟迦阇俱罗 siṁhavigacchakura[ti]师子步雷音。13. 迦那迦(阇)沙河 kanaka-suvarṇa 紫磨金色。14. ? 15. 萨想波陀 sarvapada 辨诸句。16. 波坻盘枸利 padapaṁkti{koṭi?}辨积。17. 沙竭末 sāgaramata 海意。18. 摩诃魔{=靡}楼耆 mahā-merugir 大山。19. 非{=腓}陀遮阿难陀 vidyacarananta 喜见 = 焰明。20. ? 罗耶，°rāja 可意王。

① 打在[ ]里的字是该补的，在( )里是想删的。

21.?。22.阿难陀阿兰惟诃 anantālamvihaga 作无底行。23.摩罗坻吒 marajit 破诸魔＝说｛税｝息爱意。24.沙牟(迦)坻陀阿喻达 samucittāyutada 无忧施。(谶公的"所起即悔"＝"发意即转法轮",已经排在14了。这儿的梵音可是"无忧施",北京口语"欢天喜地大把儿往外掏"。)25.萨和颎悉 sarvārthasiddhi 一切义成＝得一切愿。

这是校正工作的例子。这里抄手错漏都有,可是不过百分之十几,也难得了。密咒里比这个还糟的也不是没有。这点句的不知道是什么人。一上来他采用儒家句读学里著名的"定定而后能,静静而后能,安安而后能,虑虑而后能"的办法,见"师利"就点。后来忽然惜墨如金,只在非想非非想的地方洒下一两点甘露:这文章就"诘诎聱牙"了。我现在尽力推出来的,都是在 Williams 字里核对过的。不可通的只好阙疑。比方谶公译的《文殊师利问菩萨署经》里有个"阿禾真",从音推测,应该是 avadirna,到处查,没可靠的证据,又可能有错字,咱们只好不收。原则是宁缺毋滥。不过工作的日子拉得长了,心情也不大稳定。大多数时候小心翼翼,偶尔鲁莽一两次的情形也有。还希望高明之士多多指教,刊谬补阙。我在这儿先道谢了。

梵文的音节划分法是尽可能把一连串儿辅音放到音节头上。比方莲华这个字的两个音节的分法是 pa＋dma。译经的人用汉语,常常不能遵照这个规律。谦公译《瑞应本起经》写"钵摩",显然是划成 pad＋ma。表里音节写法,有梵文家认为该掌嘴的,这是为反映汉语。实逼处此,无可奈何。偶然也有俩音节译成一个汉字的。比方康僧会《六度集经》把 mahānāma 译成"摩南"。也有一个音节译成两个汉字的,像上文《旧杂譬喻经》的 dra－译成"陀罗"。零零星星,也就是几个。不致于影响全谱体例。译文为求确,常把一个音分属两个音节,比方 namo 的 m,在"南无"两个字里都得到反映。日本明觉《悉昙要诀》一说:"连声之法,以下字头音为上字终响也。”

梵文连音变读(sandhi)现象极多。在 Pr. 里也不少。突出的是两个元音中间夹着的清音极容易浊化。比方佛姨母叫 mahāprajapati, 昙无罗谶译作“摩诃波阇波提”。p 念清音。谶公译《文殊师利问菩萨署经》的 sampatti 作“三拔致”, p 就浊化成 b 了。他译《伅真陀罗问佛心三昧经》samāpatti 作“三摩越”, p 不光浊化,而且由塞变擦,念 v 了。表里凡是音节前头是浊音元音的,加个小“v”,是清音的,加个小“o”,后头也一样。(当然,这是在要说明什么的时候。)这种 b, v 混乱现象, Whitney 梵文法 § 50a 里谈到过。现代印度方言里把历史上的 v 说成 b 的例子太多了。比方梵文 nirvāṇa, 巴利作 nibbana, 可见是“古已有之”了。有些也可以解释成抄手抄错汉字。比方 dhi 译成“提”好懂。ti 译成“提”是浊化呢? 还是抄手把“堤”字的土旁抄成手旁了呢? 这可很难决定了。只好照原样写。

梵文字母读音,别看声明家有那么详细的描写,还是不能万古不变,因为世上根本没这样的东西。现在流行的是照底下的表里的样子。必得加说明的用音标注上。可以允许有异读的加“或”字。

元音	a[ɐ]	i	u	ṛ[ɹ]或[ɹi]	ḷ	e	o
	ā	ī	ū	ṝ	ḹ	āi或[ɐi]	āu或[ɐu]
辅音	k	kh	g	gh	n̄		
	c[tɕ]	ch	j	jh	ñ		
	ṭ[ṭ]	ṭh	ḍ	ḍh	ṇ		
	t	th	d	dh	n		
	p	ph	b	bh	m		
半元音	y[j]	r	l	v[w]			
擦音	ś[ɕ]	ṣ[ʂ]	s	h			

这就是所谓“四十七言”。还有两个附加符号:h 下头加“·”,表示用前头的元音口型念[h];m 上头加“·”,表示前头的元音鼻

化。也有人从语源上再把它分成两个。本谱不分，排在 m 后头。这俩是写字的单位，不代表单有两个音。

有的音韵学家沿用《大般泥洹经》，把“暗”aṁ、“恶”aḥ 列到元音里。慧琳《一切经音义》卷廿五说：“‘乙上乙去声力力去声’，未曾常用。往时一度用补声引声之不足。高才博学，晓解声明能用后四字。初学童蒙及人众凡庶，实不曾用也。”这话不对。佛常住王舍城，梵文 Rājagṛha，怎么能说人众凡庶实不曾用呢？经里“罗阅祇”多了去了！又说：“经言十四音者……乙上声微弹舌，乙难重用，取去声引。力短声、力去声长引不转舌。此四字即经中古译‘鲁、留、卢、娄’是也。”他说他“并依中天(竺)音旨翻之”。这和奘公说法不合，辅音里他又加一个辅音 kṣ。这像是因为悉昙字 kṣ 单有个写法。日本安然《悉昙藏》引谢灵运说：“以后‘鲁、流、卢、楼’四字足之。‘若尔则成十六。何谓十四？’解云：‘前庵痾二字非是正音，止是音之余势，故所不取……后之四字世希用、故别明也。’”这正是奘公用的经典梵文四十七言。琳公用的是 Pr。要是 P.，那“王舍城”就该写成“罗阅迦诃”了。ṛ, ṝ, ḷ, ḹ用鲁留……译，是南天竺音。

谱里的汉字，按译经师论师年代先后排。先后顺序，大致根据《高僧传》。现在排在底下：

a. 摄摩腾、竺法兰；b. 牟融；c. 安世高；d. 支谶；e. 竺佛朔；f. 安玄、严佛调；g. 支曜；h. 康巨；i. 康孟祥、竺大力；j. 昙果；k. 康僧铠；l. 昙谛；m. 帛延；n. 康僧会；o. 支谦；p. 维祇难；q. 竺律炎；x. 失译人名。这里有几个不见谱，因为他们没有用过什么和前人不一样的字。f、i 里两个人合成一个，是据《高僧传》说他们俩人合译经。后来发现也有单译的，可是卡片已经作了不少，来不及追改了，幸亏数不大。

本谱只注译经法师人名，没注经、律、论的书名，是因为名字太多,找不着适当字母作代号。用数码又得考证译出先后,浪费精力。一上来用《频伽精舍藏》,作了五分之一《大正藏》才解冻,所以也没利用上后者的编号,再说也嫌它的编号动不动就是四位,所以什么也没注。在我的卡片上是有略字的。

全谱一共收了五百多不到六百音节。从这里反映的情况,可以推出来后汉三国音的辅音。梵文是个元音贫乏的语言,这在印欧语言学的"颚化定律"发现以后已经成了定论了。所以元音方面能给咱们提供的启示就少多了。字调方面,要不是有人皮相臆断,把梵文的 svara 说成汉语四声的起源,本来不必写这么多。现在也得澄清几句。底下就按这个次序把我个人的见解写出来。这可能引起人们的大哗,甚至于攻讦……我也有心理准备。我好像处在桑科的地位上:宁肯说了实话,扫了吉诃德先生的兴,总比让他去跟风车拚好点儿。也许碰到别位身上去,那可只能怪他跟着魔侠亦步亦趋了。

辅　音

1. k 组。

ka 姑　kha 佉　ga 伽　gam 含　gha 伽　ṅ:aṁ(g)鸯

这里包括等韵家叫"见、溪、群、疑"的四个辅音,再加"匣"的一部分。gh 呢,汉语没这种浊送气音,请看陆志韦《古音说略》、李荣《切韵音系》两部书。以后别的组里,不再重复这类话。"匣"和"群"并没有互补的关系,在汉语里"匣"和"于"互补,《切韵指掌图》的歌诀里已经提过,虽然不大准,可也不是常识以外的东西。不详细说了。这种"匣"在译咒法师嘴里反映两个元音中间 g 后来变擦,好像有些德国人把 Tage 念成[t'a:ɣə]。汉语里的这种"匣"也是这么来的么?暂且没法儿断定。多数等韵图用"见"开头,无非照猫画虎。

2．c 组

ca 遮　cha 车　ja 阇　jha 阇　jña(P.ñ = skt.jñ。)若

阇字有 c、ch、j、jh 四个音，是译音的专用字。好像现代书面的“芬”字，可以对英语 finn，德语—ven，pfen—……种种音。

把它除开再看各组用字：

c 组：周、舟、旃、招、遮、占、瞻、震、支、真；这些字都是陈澧叫“‘照’之类”的。不和它们同类的有檐、坻、作、甾、沙、懿、阎。

ch 组：车、阐；这是“‘穿’之类”。不和它们同类的有佉、秦、孙、先。

j 组：禅、涉、殊、逝；这是“‘禅’之类”。不和它们同类的有耆、祇、啯、荼、瞻、阎、辎、旬、虵、越、炎、夷、耶、延、悦、阅、逸、阎。

jh 组：荼、耶。

ñ 组：若、然；这是“‘日’之类”。这“若”字也用来译ṇya 和 nya。

从这些字看，可以有资格作“正例”候选者的在 C 里占 10/17，ch 里占 1/3，j 里占 5/22。例外字的来源又那么杂乱，结论只可能有一个：汉末的汉话没有 c 组塞擦音。“日”也不能单成一个音位。用了“佉”、“祇”、“耆”只不过说明汉末人没有恰当的字好用，跟 Whitney §42—44a 里提的 c 组历史来源(颚化)没关系。

陆先生曾经主张过：“禅”是塞擦音，应该跟“‘神’之类”掉一个过儿①。前半句在汉末音里得到了证明了。

3．ṭ 组。

ṭa 罗　ṭha 兜　ḍa 罗　ḍha　ṇa 那

① 看《古音说略》。

这组里有两个梵文字母底下，只收了三个音节。凭这么零星的材料作结论太危险了。咱们换一个办法：把ṇ底下的字列出来，看有几个是和 n 底下用同样的音节的。重的底下加"·"。

那耨迺提祁尼日若然

这里"提祁"不是鼻音，"日"对ṇī，可能有错字，除非咱说它跟藏文ñima一样。结论很好作：ṇ、n 分不开。

从这个基础上再推一步：汉末没有这组音。

4．t 组

ta 都　tha 陀(佗?)　da 陀　dha 陀　na 那

这就是等韵图的"端、透、定、泥"。等韵家把它放到"见"组后头，因为汉语没有 c、ṭ 两组，正好轮到它。这也是比着葫芦画瓢。

看看 tya 译作"提、遮、阇"；tyā 译作"遮"；tyāyan[1] 作"旃延"；tyu 作"舟"；tye 作"支"；可以说明"照、穿、禅"分化出来的条件。看看"提"，可以知道到后汉这组音还在"端"音位里。

看看 ti 译作"致"、"知"和"坻"，和"提(堤)、底、题"杂用。到唐译密咒里这个音节固定了用"底"字译，再注上"丁里反[2]"。可以同意"舌音类隔之说不可信[3]"。

再看"尼"字可以译 ni、nī、ne、nai；"然"字可以译 ntya(>*nyaṁ)；知道"娘日归泥[4]"这个学说到汉末还是真的。

5．p 组

pa 波　phal 潘　ban 槃　bha 婆　ma 摩

这就是"邦、滂、并、明"。等韵图把这组放到"端"组后头，也还是跟样儿学样儿。

---

① 旃的鼻音是受下音节同化的。

② 义净《金光明最胜王经》最常用。

③ 钱大昕《十驾斋养新录》。

④ 《国故论衡》。

看看用“分”译 piṇ、pun；用“富”译 pu；用“不”、“弗”译 pūr；用“沸”、“费”译 puṣ；用“浮”、“符”译 bu；用“佛”译 bud；用“浮”、“负”译 bhū；用“无”译 ma；用“芜”译 mṛ；(=P.ma)用“文”译 māi、mun；用“勿”译 mud；可以信“古无轻唇音①”的话到三国还合用。

6. 半元音组

这里照梵文原次序是 y、r、l、v 四个半元音，在汉语音韵学里叫“介音”。等韵家把作介音的 y，比方在 tya 里的什么的，给拿去分等去了。又把作介音的 v，比方 dvi 里的什么的，拿去分“图”或者叫“呼”去了。汉语没滚音 r，只剩下一个孤孤零零的 l，放到末尾跟“日”配对儿去，美其名曰“半徵半商”。结果“邦”组底下就轮到梵文的ś, ṣ, s, h 了。这就是为什么“邦”底下接上“心”类的“精清”一组，再接上“晓匣”一组的缘故。

现在咱们还照梵文原次序，在这里讨论 y、l、v 三个音。

a) y.

单用的 y，汉字有“夜、耶、夷、阅、逸、延、盐、阎、衍、翼、由、渝、喻、踰”一共十四个字。三个例外“蛇、炎、术”也都有法子解释。

“炎”字王仁昫《切韵》“于廉反”，又“余念反”，自相矛盾。去声《艳韵》“以瞻反”，又“于淹反②”，又自相矛盾。先甭提它是“谈、淡……”的主谐字。咱只要采用去声里给的反切，也就是平声里给的又音，就不是例外了。

果公译《中本起经》yaśas 作“虵虵”，谦公译《撰集百缘经》作“耶舍”。这说明后汉人“蛇”字自有这么个又音。果公连用两个“虵”字，材料最可宝贵。两个元音中间夹着的清擦音变浊，正好像德语 Haus 的多数是 Häuser，印欧语里多得举例都举不过来。现在的“食

---

① 钱大昕《十驾斋养新录》。

② 故宫博物院影 47 印本《盐韵》，《艳韵》。

遮反”在闽南话 tsua[2] 里得到反映，两不相扰。ś在声明家的描写里本是硬颚音，德语的 ich-laut，所以也有人用 ç 来对。浊化正好是 y。

“术”最多出现在 ayuta 和 nayuta 里。这是个方音。现代孟加拉文把梵文 y 全念 j 了。prākṛta 就有这样的。

真正构成例外的就剩下一个“郁”字。这也够瞧的了。

这就是“喻”在汉末的真面目。在当时，它是ś 的浊音。

b）l 这就是“来”。

c）v.

从谱里的对音字看，有一组字不应该放在讨论范围里头。这就是：“波、婆、脾、盘、拔、法、巴、梵、非(腓)、比、毗、鼻、昆。”这就是 b-的音。上文已经提到了。请看 Whitney § 50a。

剩下的是：

和、惒、桓、亘①、会、扈、还。

于、越、域、云、洹、曰、卫、为、位、韦、围；

这上一行就是部分“‘匣’之类”，下一行就是“‘于’之类”。可以容易发现，这里只有合口字。

这些字的开头音值毫无疑问是[w]。一部分从塞音变来的可能经过一个[ß]阶段。

请看汉话和藏话几个字的比较：

藏	ŋa	lŋa	ña	lta	sa	pa, p‘a	ga
汉	吾	五	鱼	睹	所	夫	胡

可见上古“鱼”部元音在藏语是 a。“匣”要是[w]，那么“狐”字在藏话该怎么念？也许是[wa]吧？对了！藏话狐狸正叫 wa。看起来这些字从来没经过[ɣw]一阶段。到唐朝，人们把它们和另一部分

① 这是译佛典专用字。“惒”跟“和”完全一样。“亘”并不像《说文》“须缘切”，倒是“桓”的简号。这下子正叫段玉裁说对了：“按古音读如桓。”害得我谱里不得不用亘。

来源不同的音合成一个"匣"纽，那是两支合流。谁要是讲上古音只会"'匣'字推上去"，我就不信他的话。

"惟、维"是例外。可是没人用过的"帷"不是。也许有抄错的。

"夷"也是例外。以上三个字是"'喻'之类"。要解释也容易。根据 Geiger P II §46, P, 常用 v 代替 skt. y。可是太穿凿了。还不如说译经师偶然翻不准好。

"随、堕"可能是"隳"字的错字。见谱脚注㊷，当然，隳也还是例外，不过以"晓"代"匣"，好懂点儿。

7. 擦音组

a) ś，这个音，照 Whitney §63.64 说，是 ç。现在通行的念法是[ɕ]。

这里常用的字是"尸、舍、释、世、势、睒、深、扇、式、湿、首、说、输、奢、摄、葉"。这都属后来的"'审'之类"。它可不是"禅"的清音。

浊化的有邪、耶、翼、盐、阅，是"'喻'之类"。

"师、沙"两个字是"'山'之类"。

"斯暹萨速遬修"是"'心'之类"。因为 P. 型的方言 ś, ṣ 一律念 s，这里的例外字就多了一点儿。

b) ṣ 这个音是[ʂ]。在梵文里，常是受前(后)的 i 元音同化的 s 变成的。

例字："沙、师、色、裟、瑟、疏、驶、术、瘦"，这是"'山'之类"。

例外字"舍、睒、尸"属"'审'之类"。稍微多了点儿。看 Whitney 630。(兜)"术"也写"率"，所以不是例外。

念成浊音的有"翼"和"授"。

混进 s 类的有"私"。

c) s 这就是"'心'之类"。

d) h 这就是"'晓'之类"。

到这儿为止，是等韵家把"精……"组，"晓匣影喻"排到"邦"组后头的原型。那“半徵半商”不过是零头儿的“官称呼”罢了。

8. kṣ。

例字“差、叉、察、刹、羼、嚫、儭、闳”都是“‘初’之类”。嚫、闳两个字除佛经以外没人用，干脆就是为译经造的。这音值是[tṣ‘]，是prākṛta。到初唐以后才强调“乞洒二合”。“朱”这个例外是P。他们哥儿两个都是道边生的，小的叫kṣullipanthaka，逐字译成小＋路＋者。P. 小是culla或culli。谶公译这个人名用了个通俗方言音。

有“初”、“山”，“庄”、“床”大概也有了。有“心”，“精①”、“清”、“从”大概也有。从ś浊化成“邪、耶”，s浊化成“育、夷”看，“‘邪’之类”还不像有。要不价upasika也不至于翻成“优婆夷”。放着那些“‘邪’之类”字干什么不用？为什么不译成“优婆兕”？

9. 开头辅音表

现在把咱们求得的后汉三国开头辅音列在底下，用梵文(kṣ用pr)系统，注陈澧的类名。凡是推论它有，没证明的，加(　)。

k 见	kh 溪	g 群，匣[1]	ṅ疑
t 端	th 透	d 定	n 泥
p 邦	ph 滂	b 并	m 明
(ts)精	(tsh)清	(dz)从	
ṭṣ 庄	ṭṣh 初	(ḍẓ)床	
y 喻		l 来	v 匣[2]
ś 审	ṣ 山	s 心	h 晓

一共廿五个。已经证明的廿一个。

10. 收尾辅音

a) 现代汉语保留入声而且能分别收舌根-k，收舌-t，收唇-p

① “甾”、“辎”都是“‘庄’之类”。不过“甾”原本作“由”，谦译《维摩诘经》“楼由”，梵文rucika，奘公译作“卢至”。“作”也有用来对cak一的。单文孤证，暂且不算。

的方言有粤、闽南、客三支。从这个基础上拟构，参考日本译音，高本汉和别的音韵学家定的“切韵音”也是这样。这大体是正确的。不过漏了一点儿：闽南话收舌的字，后面一加 a 这个小称、蔑称后缀(平常写“仔”)，就变成浊音了。这个音用[l]成阻，用[d]除阻。闽南的方言学家喜欢写 d，罗先生《厦门音系》写 l。就听觉说，l 像一点儿。单念“贼”是[ts‘at7]，“贼仔”是[ts‘a6la3]。咱们的语言学害了个“不治之症”：干什么都讲究用汉字作单位，忽视成段儿的话，所以这些现象常受轻视。

讲到上古音，好些位的拿手好戏还是“‘k’字推上去，不动赢一钟”。看看后汉三国译音，这些位怕要出汗。我并不敢说自己是“发聋振聩”。我就想列一个谱，把收舌的入声字列成表，附上梵文，请这些位看看：

看了这张表，谁还能怀疑收尾的是个浊音呢？收清音的当然有。比方“大众”是 sattva，音译[菩提]“萨埵”，“萨”收-t，因为下个音节是 tva。汉语要是也念-t，就是逆同化。字末一定用清音是梵文的规矩。加上这个条件，-t 的频率还是低多了。

汉字	梵音	原译	原词	译师	原经律论
遏	ar	遏迦	arghya	q	摩登伽经
郁	ud	郁头	udraka	q	中本起经
	ur	郁俾罗	urubilvā	j	中本起经
羯	kar	羯磨	karma	l	羯磨法
诘	kir	维末[诘]坻	vimalakīrti	o	阿弥陀三佛萨楼佛檀过度人道经
揭	gar	蔡揭	sāgara	o	阿弥陀经
竭	kar	提和竭罗	dīpaṁkara	d	般舟三昧经
	gar	沙竭末	sāgaramata	d	阿阇世王经
	gad	那竭脾	nagadeva	o	阿弥陀经
	gadh	摩竭提	magadha	i	修行本起经
掘	gul	鸯掘摩罗	aṁgulimala	o	撰集百缘经
达	tad	沙牟坻陀阿喻达	samucittāyutada	d	文殊师利问菩萨署经
闼	dhar	乾闼婆	gandharva	h	郁伽长者问经

续表

汉字	梵音	原译	原词	译师	原经律论
涅	nad	僧那僧涅	saṁnāhasaṁnaddha	d	般舟三昧经
	nir	涅槃	nirvāṇa	d	般舟三昧经
钵	pad	钵摩	padma	o	瑞应本起经
	pal	优钵	utpala	d	伅真陀罗问佛心三昧经
不	bar	优昙钵	udumbara	d	般舟三昧经
(=弗)	pūr	不迺	pūrṇa	o	阿弥陀经
弗	pur	弗沙	puruṣa	q	摩登伽经
	pūr	弗于逮	pūrvavideha	d①	道行般若经
拔	bhad	拔陂	bhadrapāla	c	拔陂菩萨经
	var	和邪拔致	vaśavartin	d	道行般若经
飏	bhad	飏陀和	bhadrapāla	d	般舟三昧经
钹	bhad	钹陀尼	bhadranidhi	o	阿弥陀经
勃	bud	勃	buddha	d	文殊师利问菩萨署经
佛	bud	佛	buddha	b	理惑论
勿	bud	勿	buddha	d	道行般若经
	mud	拘勿头	kumuda	k	郁伽长者问经
末	mal	维末诘坻	vimalakīrti	o	阿弥陀经
蜜	mad	巴蜜	vāmadeva	o	佛开解梵志阿飏经
律	rodh	泥拘律	nyagrodha	o	释摩另本四子经
	rud	阿那律	aniruddha	o	维摩诘经
阅	śud	阅头檀	śuddhodana	c	太子慕魄经
术	ṣij	沤术昙惟诃	uṣijdharmaviha	d	阿阇世王经
萨	sad	萨陀波伦	sadāpralāpa	d	道行般若经
	sadh	布萨	posadha	l	羯磨法
	sar	萨云若	sarvajña	d	般舟三昧经
	sal(śalR. V)	骄萨罗	kosala		
悉	sid	悉达膝	siddhasiddha	d	文殊师利问菩萨署经

---

① 日本安然《悉昙十二例》作“pudvade”，音最准，不知道是哪种 Pr。日本明觉《悉昙要诀》一作 purvade，写“弗波提”。

续表

汉字	梵音	原译	原词	译师	原经律论
膝	sid	悉达膝	siddhasiddha	d	文殊师利问菩萨署经
曰	hoḍ	㤂曰兜	kahoḍa	d	般舟三昧经
越	var	震越	civara	d	文殊师利问菩萨署经
	vart	遮加越	cakravartī	d	般舟三昧经
法	var	旃罗法	candravarman	o	月明菩萨经

这浊音在萨字里样数最全：d, dh, r, l。汉语到底用的是哪一个呢？频率最高的是d，看藏语"八"是brgyad，再看高丽译音，再回想上文闽南话"l"的话，结论只有一个：d。

-d变-l最容易。维吾尔族隋唐译成"韦纥"、"回纥"、"回鹘①"，西北汉族方音好像都用-l。罗先生《唐五代西北方音》里的藏文对音也有-d, -l, -r三样。高丽译音一律用-l："日"il，"七"tɕʻil。

"萨"这个字，从后汉起最常用来对sarva里的sar。唐译经师玄奘、义净、不空、智广……这些位字音讲究极了，就是维持这个音译不动。他们的音大概就是收-l。

北京口语也还留几个这种音的痕迹：

/siêləxŭze/蝎虎子，/bâlə/拨，/xúlu/扢。

b）收唇音的例字有：

廅 av　劫 garbh　涉 jiv　纳 nav　沓 dharv　猎 rav　湿 śiv。

这说明收唇的是-b。这不光是因为上文说过的梵文b、v互换的话，也不光是因为上文定了收舌的是d，要看齐。主要的原因是"桥"对gau-，"调"对dev-，凡用"宵"、"幽"部字，永远不跟这组字

① 《北史》、《隋书》、《铁勒传》作"韦纥"。《旧唐书·廻纥传》："元和四年，遣传改为'廻鹘'。"《新唐书》用"回"字。

混。佛有个叔伯兄弟叫 devadatta，会公译《六度集经》写“调达”，祥公译《兴起行经》写“地婆达兜”。宁肯多写字，也要把 deba 的 b 表现出来。b = v，上文说了。

另一方面，这也能给章氏《成均图》里“侵冬缉”跟“幽”对转，“谈盍”跟“宵”对转作个合理的解释。

说 p＞v 不如说 b＞v 路近，也合梵文印度方言的实际。

c）收舌根音的例字有：

郁 ug　特 dag[①]　匿 naj　目 Pmog　郁 yug　勒 rag

当然，收-k 的例字百分比也不低。

咱们愿意定它是浊音，因为它能解释底下两现象：

甲 -g 脱落。汉朝人的著作里管印度叫天竺（见谱脚注⑬，古波斯文 hindu）、身毒（梵文 Sindhu）[②]，用入声字译开音节。这说明收尾辅音脱落。

k 比较顽强，不易丢，g 容易变擦成[ɣ]。要是在 u、o 这类后元音后头，更容易让它们给吸收了。这就是为什么上古音“幽”、“宵”、“候”的入声跟阴声通押特别多的缘故。现在通行讲阴[g]入[k]通押的理论在这里得不到反映。换句话说，全像风车。

请看两组字：

俄德 dags　德 Tag　俄 bokos　德 Buch

英　古 dæg　今 day　古 boc　今 book

古英语的 g 已经是擦音，现在掉了。从表看，古日耳曼母语是浊塞音收尾。脱落的正是这类音。c（= k）顽强多了，从 600 年到 1979 没掉，将来么，也不像要掉的样子。

乙 -g＞-ɣ -h。支谦译的《维日难杂经》用“莫乾”（= 干）对梵文

---

① 这是律译《摩登伽经》里提到的《罗摩衍那》的英雄罗摩的父亲，Jāmbadagni“啊婆特尼”里的字。

② 河名。

maskarī。照梵文连音规矩，这个地方的 s 该变ḥ。所以实际语音是 maḥkari P. makkali。用“莫”译 maḥ，直到唐密咒还沿用①。

入声字收舌根的丢得最早，在北京话里也有反映。列到底下供读者参考：1/igə/2/liă/3/sâ/4/sə/5/ŭuə/6/li ə́ uuə/7/cígə/8/bágə/9/ziəuuə/10/śŕgə/一、七、八、十保护了“g”字。六就没资格，因为它尾音早掉了。

d.-s 类音收尾的有：

奈ṇas　替蛭 tiṣ　突 duṣ(k)　达 dhas　尼腻 niṣ(+ṭh)　卫(v)paś　陛 pas 沸费孛弗 puṣ(y)　会(v)bhās　赖奈 raṣ(tr)　卫会越维夷 vas 茛 dṛś(=P. das)

梵文的连音规则是 i、u 都能影响后头的 s，让它变成 ṣ。附近的 r 也能叫它变 ṣ。所以除了 paśdṛś 以外，这些字里的 ṣ 一律可以当 s 看。请看 Whitney § 180-2。

另外，s，r 经常互变。看 W. § 164。

大家可以看出来：上头列的里边有入声字，这等于用 r 收尾。突 dur，达 dhar(达就是“达摩老祖”的名字的头一个音节)，弗 pur。“越”见下。

“尼”本来也有 nir(nis)这个音。可是平声。

除了“维、夷”，就全是去声字了。

收-s -ś 是去声，这是总趋势。元音中间 ś 浊化成 y，上文已经提到了。再看(v)so 是“育”，(v)si 是“夷”，“葉”又音“与涉反”，现在流行得把“迦葉”Kāśyapa、“葉波”sarpa 的音都给淘汰了。可见 s 浊化也是 y。

从这个观点出发，重新给上头的字注音，就得着：

奈*nay　替*tiy　腻*niy　卫*vay(〈pay)　陛*pay　沸费

---

① 《摄大毗卢遮那成佛神变加持终入莲华胎藏海会悲生蔓罗广大念诵仪轨供养方便品》卷一节十一。“莫”原本“namaḥ”，一行笔受。

孛 *puy　会 *vay(〈bhay)　赖奈 *lay　会卫 *vay　蕞 *day

就懂得这些是后汉三国以后往隋唐音发展的归宿。-s 变 i、y 在藏文里是正常现象，随后又跟前头 a 平化(level)成[ɛ]。

另外有一批现在念去声的在后汉是塞音收尾。这是：

类 rod("尼拘律"又一个译法)　制逝 jet　卫 pat　贝 pat　呗 path　世贳 śat

"贳、世"是 Ajāśatru，据 Eitel 的 a Handbook of Chinese Buddhism，僧伽罗文 Ajasat 里的 śat 或 sat 的音。这个名字就是有名的"阿阇世"。"卫"跟"越"经常互换。高公译《拔陂菩萨经》kapilavastu 作"迦维罗卫"，祥公译《兴起行经》写"迦毗罗越"，高公译《化七女经》gandharatva 作"乾陀越"，《增壹阿含经》作"乾陀卫"。这些字不收-s。看起来是 skt-t 浊化成-d，再变 y。Oṁ maṇi padme hūṁ"唵嘛呢叭咪吽"现在藏语念 o ma ṇi pɛ me hum，pɛ〈pay(i)〈pad。

把这批去入一家的字按上古韵部排：

脂：奈(示声)腻陛夷维。

至：替蛭

队：突沸费孛弗类

泰：达越世贳蕞贝呗制逝会赖卫("韦"在脂)奈(泰韵)

至、泰两部独立，只有去入，是王念孙立的①，"队"是章太炎从"脂"里分出来的"去入韵"，② 二位真不愧为大家。他们就是不知道这批字有收-s 的。

S. Wolfenden 说藏文-gs = 缅语-č[t]③，Roerich 谈拉合尔藏语 -s〈ds④，可以解释这批字。《周礼·小宗伯》注说故书"位"作"立"，

---

① 见《经义述闻》。

② 见《国故论衡·廿三部音准》。

③ Outlines of Tibeto-Burman Linguistic Morphology p.56。

④ The Tibetan Dialect of Lahul。

三体石经正同。藏文 bslebs"来"="莅",这本是"立"的引申,"位"是名词,-s 是造名词后缀。

元　音

1. 为什么不讲韵部?

我这里讲后汉三国音,不用上古音韵部作框子、架子。一共不到六百音节,分到三十来个韵部里去,一部背拉不上二十个,还有什么证明价值呢?

除了这个,还有个更深的理由:从押韵字归纳出类来,再接着往下研究,是汉人语言学里独创的方法:很有价值,可是也有限度。超出限度,就能造成荒谬。

看待押韵和韵部有两种不正确的想事方法。一种是像毛奇龄在《古今通韵》里提出的"五部三声两开两合[①]",最后等于否定分部。另外一种——这种人多得多——是"以今人之心度古人之腹",把古代诗人作诗看成明清人作试帖诗押官韵,别看"十三元"该死,也不敢不兢兢业业遵守,要不然官儿就飞了。凡是假定"一部只许有一个元音","在一块儿押韵的元音准一样"这类理论的,都是走另外一个极端的。这两个极端上的人,想事的方法都有毛病。最好的药方儿是找民间艺人学习。

北方民间艺人唱大鼓,押的是"十三辙"。平常的段子都是一辙到底。也有换辙的。有名的《摔镜架儿》,梅花调、京东大鼓……里都有。这个段子出名,因为它把十三道大辙都用全了。

普通的一辙到底的段子最常用的是"江阳"。京韵大鼓《大西厢》那么长的段子,江阳一辙到底。为什么?字多好押韵么。

"中东"辙包括/əŋ/,/uŋ/,/iŋ/,/iuŋ/,也就是把《中原音韵》的

---

① 康熙甲子史馆新刊本,《论例》。

"东钟"跟"庚青"合起来了,为什么?字少,特别是"东钟"字少,光用它押韵不够用。请看京韵大鼓《长坂坡》开头儿八句:

古道荒山苦相争　　黎民涂炭血飞红
灯照黄沙天地暗　　尘迷星斗鬼哭声
忠义名标千古重　　壮哉生死一毛轻
长坂坡前滴血汗　　使坏了这位将军哪赵子龙。

"争"、"声"、"轻"都是庚青韵字。我试着给换过:第一句改成"苦相攻",第四句改成"月朦胧",第六句改"生死未曾置念中"。改完了连自己看着都臊得慌。

"一七"辙更乱了。京韵大鼓词儿我记得丢三落四。从1956年沈阳文联出的《鼓词汇集一辑》里引来奉天大鼓《游武庙》的韵字:夷基地第奇知随师之知旨里去勣细余尺旗子……

属一七的有[i],[y],[ɿ],[ʅ],此外还有个"随"是"合韵"。一辙四个元音。为什么?字少。要要求一部一个元音,干脆别作了!形式跟内容有矛盾的时候,内容总要冲破形式么!

不光民间文艺,不光汉话这样儿,外国人也一样。请看普希金的《叶甫根尼·奥涅金》的例子:

1.2 убогий;строгой;1.36 утшенный;блашенной;1.44 семьей; тафгой; 5 Морыв; опустив; 6.45 Николавны; цспраьный;8.40 Похоший;прихошей。

再看哥德的《浮士德》的例子:

Zueigung;Sehnen;Tönen:Thränen;

Vorspiel: neu; sey; entfieht; Zieht: blüht; Höhe: Nähe;

Vergönnt:Element;glühn;hin;

Prolog:dient;grünt。

谁说押韵的都用一样的元音?这俩诗人总不是才学乍练的生手儿吧?

我在《汉语的"其"跟藏语的 gji》(燕京学报37期)里列了收-n的三

个古韵部汉藏比较的例子：

韵部	音值	藏语词	意思	古汉语字
真	-in	byin	腿肚子	髌
		zin	完了	尽
			上前，到	进
		srin	虫子	蚓
	-en	bkren	穷，可怜，饿	馑，廑
		mñen	软，韧	韧
		adren	拉，引水，引书 陈列，算	引，陈
谆	-un	kun	全	浑(均？真部)
		pun	跑	奔
		btsun	高贵	尊
	-on	lon	信，新闻	论
		non	抹泥	幔(郢人)
		adon	逼迫	敦
	-en (唇音后)	ben	水罐	盆
		abyen	不合，不同	分
元	-an	klan	检查，责备	简拣谏
		gsan	吃	餐
			破，旧	残
		dkan	山崖	干，岸
	-on	lhon	回，还钱	还
		yon	钱	锾

谁看了也得说，三部确实分得开，可是每部一个主要元音的话非推翻不可。除了元部的-on 可以说从 uan 变来，谆部的-en 可以说受唇音影响经过[øn]变成了 on 以外，i、e、u、o 怎么不许押韵？哥德怎么就许用 sehnen[eː]跟 Tönen[øː]押韵呢？普希金韵押得更严谨，可是像 убогий 和 строгой 押韵的情形很不少见。这些位死守押韵分部的人好像缠足老太太难懂天足的事。我不抱怨他们，就盼他们活活脑筋。

现在我把我的汉藏比较的词汇部分抄一点儿放到底下：

韵部	音值	藏语词	意思	古汉语字
侵甲	-im	khrims	法律	坎,钦
		gnim	剪子	钤
		grim	快,急	今("追其今兮")
		sgrim	抓住	禽
		adźim	泥塘	浸
		stim	进,吸水	渗
		thim	沈,失踪	沈
		źim	香,好吃	甚
		gzim	睡	寝
		rim	行列	林
	-em	skyems	渴,饮料	饮
		khyem	铲子	钤
		gyem	通奸	淫
		glem	挤压	禁
		adźem	聪明	铦
		sñems	傲慢	任
		them	满	沾(=添)
		ldem	陷阱	沈
		brtsem	针	鍼
		atshems	缝	綅
		gzem	慢,磨洋工	渐
		sems	心	心
侵乙	-um	agum	杀	戡
		abum	坟	窆(也写"封")
		btsums	簪子	簪
		gsum	三	三
		rum	胎	妊
	-om	skyom	摇	撼
		khom	能	堪
		sñom	和平,软	荏
		adom	八尺,一拓	寻
		snom	拿	任
		rtsom	扎针	箴
			开始	晢
		dzom	桶	鬵
		rlom	骄,爱	任

收 am 的字，为省篇幅，不举了。谁能说这里不能也分三部呢？可是全部诗经入韵字不过五十来个，你叫他怎么分？黄侃黄先生有个《谈添盍帖分四部说》① 也主张分三部。可是没什么人赞同。正像段玉裁在《经韵楼集·答江晋三论韵》里说的："九韵古人用者绝少，既难识别；其可分者，又犬牙错出，莫辨宾主：可勿论其短长也。"分两部还这么难呢，上哪儿找三部去？原因就是前边说过的字少，韵不好押！分部的"有限"就在这儿。打破这个框子，突破限度，就得靠汉藏比较、梵汉对音这些手段了。

2. 元音 i, ī, e, āi。

在梵文里 i, ī 的 guṇa 形式是 e, vṛddhi 形式是 āi。从印欧比较语言学讲，āi 是重音形式，e(〈印欧 ai)是次重音形式，部分 i 是弱音节里用的形式：正倒一个过儿。在天城字体里 e 和 āi 就差一小道儿，抄手略微一大意，两个就混了。所以底下讲这一组音，心里老得想着这一点。

谱里带 i 和相关的音的字来源特别杂乱。每个字音多的也有好几个。拿"夷"字说吧，有 ke, ji, tṛ, thi, dhi, hi, yi, vas, si 九个音。到底怎么算呢？暂且先把一字多音的搁开，把一字一音的和变相一音的——比方"耆"字的 gi, giḥ, gir, gṛ, gri, jī 六个音其实差不多就等于一个——按陈澧《切韵考外编》分类排成五组，每组里次序按梵文排：

甲、支纸寘：

支 ke②, ci, ti, tye 枝 ke 吱 ke 羁 ke, kye 倚(犄?)ke 翅 ki 知 ṭi, ti 儿ṇya 卑 pi 为 vi 斯 ś, śa, se, sya, 舐 hi。

这一组元音看起来是 *-iĕ。

① 《黄侃论学杂著》64. 中华，296。

② 闽南话烟卷儿叫 kunki"薰(芬?)支"，用 k-。

乙、脂旨至：

耆 gi, giḥ, gir, gr, gri, ji 弃 kha = khī[①], 坻 ci, ti, 致 ti 履 di, dē 示 di 腻 niṣ 比 bi, bṛ, bhi, vi, 迟 li 鼻 vi 位 vṛ 绨ṣṭhi。

这一组的元音看起来是 *-i,

丙、之止志：

基 ke(= kɐi)甾 ci 辎 jī 持 ti 驶ṣya。

这一组的元音看起来是 *-ɐi, 在喉牙音以外-ɐ 脱落。俄语 ий 在当代莫斯科音里正是在 г, k 后头念[ʌi]。当然变的方向正倒一个过儿。

丁、微尾味：

韦 ve　围 ve。

这一组元音看起来是 *-wɐi

戊、齐荠霁：

嵇 ke　逮 de, rya 臡 me　溼 ti。

题 ti, tī, tya, 底 ti 蠡 ri 替 ti 醯 he。

这一组的元音显然是-ei。这 e 像德语 sehen 的[eː]那么紧。

还有一个零星字：俾 bhāi。

到隋唐，乙丙丁混成一组，*-i *-ui：这就是王仁昫《切韵》上平韵目六脂底下注的“吕夏候与之微大乱杂”的系统。

日本安然《悉昙藏》二引武元之《韵诠·反音例》：“……云：服虔始作反音，亦不诰定。臣谨以口声为证。”这就是说：不抄书，纯靠审音，太可贵了。

这部书《新唐书·艺文志小学类》著录了。武元之《韵诠》十五卷，列在孙愐《唐韵》后头，唐玄宗《韵英》(天宝十四年)前头。这位著者取名跟武后亲哥哥元显、元庆重一个字，又把“尤”韵改成“周”

① 看 Whitney § 438a, bala 派生 balin, 体声 balī。

韵，颇有“风”味，看起来成书在周朝。

安然又说：“又如真旦《韵诠》五十音头，今于天竺悉昙十六韵头悉皆摄尽，更无遗余。以彼罗户何反家古牙反摄此阿、阿引；以彼支章移反之止而反微无飞反摄此伊、伊引；以彼鱼诸居反虞语俱反模莫胡反摄此乌鸣引；以彼佳古膎反齐徂宜反皆古喈反移成西反灰呼恢反咍乎来反摄此翳、爱；以彼萧苏聊反霄相焦反周之牛反幽于虯反侯胡淘反肴胡交反豪胡刀反摄此污奥；以彼东德红反冬都宗反江古邦反钟之容反阳移章反唐徒郎反京古行反争侧耕反青仓径反清七精反蒸之应反登都藤反春尺伦反臻侧诜反文武分反魂户昆反元愚袁反先苏前反仙相然反山所奸反寒胡安反琴渠今反岑锄簪反覃徒含反谈徒甘反咸胡谗反严语坎反添他兼反盐余占反；以及入声字，摄此暗恶。如摄韵头，从音皆摄。以彼平上去入之响摄此短声，或呼平声，或呼上声。”

安然这部书是元庆四年(881)写的。离空海上唐朝留学(804～805)回去76年。这说明声明学随密教兴旺才大规模传进日本。这里用的韵是拿长安口语作标准的。“摄”是佛经常用的话，等于“包括”。“于”等于“在”、“被”。后来的等韵书的“摄”字就是从这里起源的。

安然又说：“又诸章中所有十二转音……”等韵家后来用“转”也是追随他们的。(悉昙分章，《康熙字典》卷首两篇等韵也分章。)可以看出来，《韵诠》是等韵的起源。

等韵图到底是什么？它就是比照梵文悉昙章造的中国音表。《字典》前《明显四声等韵图》说：“夫等韵者，梵语悉昙……”这个著者数典还不忘祖。这好像马建忠比照拉丁葛郎玛造《文通》一样，“削足适履”怕是难免。等韵是随密教兴起才兴旺起来的。密教僧侣，不比法相，多数没什么文化。所以常有“踵讹袭谬，架空造言”的恶习。比方溪透……等纽叫次清，本来表示在梵文字母一行里是第二个。W.字典引波腻尼语法，这种字母叫 dvitīya，次清用梵文说是 dvitīyo'ghoṣaḥ，就是第二个清音。后人不懂，把次误解成“差劲”，《四声等子》就管见，端叫“全清”，或是“纯清”。连江永那样的通儒也跟着叫“最清”，《明显四声等韵图》还造出○⊙两个符号，表示次清里有些不纯的点儿，这都是让人笑掉大牙的谣言！还有一层：从一开头起等韵就是要改正切韵的，决不是给它圆谎的。安然引《韵诠序》又说：“李季节之辈定音谱[于]前，陆法言之徒修切韵于后。”可是他的平声韵少好几个，可见得他并不满意前人的书，因为它至少是失去时效了。

从安然的著作看出来，空海一派学的唐朝音只有支、之、微，跟吕静相合。也大致跟后汉三国译音符合。

也许有人怀疑丙组也有ṣya“驶”字，怎么就不许和甲组一样拟音？回答是甲组的“儿”是对“阿练儿”āriṇya，是铠公译《郁伽长者问经》用的。别人都 āraṇya“阿兰若”。“驶”译ṣya 是谦公译《撰集百缘经》用的。他译 puṣya（W 字典ṣ作 ś）就写“弗疏”。可见前一条不过少译一个尾音 aɸ 罢了。这在译经里太普通了，比方“调”本是 deva，“末”本是 mata 等等。

把“之咍部”定成[ɐi]，āi 还有更深的理由。先把人们容易承认的字抄到底下：

勒　rag rak lak ṭak ṭhak ḍak

特　dag ḍak ṭhak dhik

逼匐　pak

或域　vak (v)pik

匿　ṇḍak

翼　śik yik

塞　sak

德　tak

乍一看,好像人们常用的 ək iək 占上风了。可是大家还记得上文说过的“或声”、“血声”字的话么?“勒”又念 rat,怎么讲?弥勒 māitreya 的“勒”怎办? 我有法儿解释:勒的 y 在东北印方音念 j-,所以是 rej-,是〈*laig。还有色念 sec-,明明是*saik 变来的么!“匿”念 naj-,明明是*naig 变的么! 要不然那 c、j 俩收尾音就没处交代了。

“对转”音“陵”念 laviṁ(+k),明明是*laiṁ 变的么! 要是用 P. 式方音它还可以念*layiṁ 哪!

怎么收尾音那么多-k? -g 的百分比怎么那么低? 因为梵文字尾上只许有一个辅音,要是塞音,除了鼻辅音也算塞音以外,就不许有浊音,不许送气! 不光这样,c、j 甚至于 ś 也得改成 k。这就是 k 多的缘故。请看 Whitney §12a,139~5e,特别是 141b。这跟上头咱说的收尾辅音一点儿也不矛盾。

2a、用 i,e 作主元音的闭音节

先列收舌鼻音的:

因 in 甄紧真 kiṁ(+n)嚫儭 kṣin　陈怜邻 ṇḍin　邠宾分 piṇ 宾 piṁ 宾匹(+n)phin 频 biṁ(+b)邻兰[①]lin

尽 stin 天 hin

填 den 先 sen

可以看出来,这里除了“兰”都是上古音“真”部字。分字前人列到“谆”部,可是《论语》“盼”和“绚”押韵,“旬”可是在真部。这种混乱是唇音的影响。现在只把分算“谆”部字。“邠”不动。

底下再列收舌塞音的

诘 kīrt 吉 kṛt 懿 cit 逸 jit 涅 nir 蜜 mit mad mat 栗 rīt 术 ṣit ṣij 悉膝 sid 蛭替 tiṣ 匹 phin(+n)

---

① p.i=skt.a. 见谱脚注㉒

这就是"至"部的字。"蜜"的又音好像是借词,因为梵文蜜叫 madhu(俄 Meg)。"悉"还有个又音 sat,现在不懂。"术"本在"队"部。是个例外。

还有几个零星的:

洴萍瓶 biṁ(+ b)

这是有名的"萍比沙"王 Biṁbisāra 的译音,受后头的 b 同化,用收 -ŋ 的音节也不碍事。这是上古"清"部字。

深 śim 涉 jīv 叠 dvīp 湿 śiv。

这是"侵""缉"部甲的字。

看了上头的对音,觉着和历来讲切韵音的都不一样,元音太简单了。是因为梵文元音贫乏么? 是汉语习惯古怪,在闭音节里排斥 i 作主元音么? 咱先找个活语言看看吧!

现代英语单元音有十二个,除了[ə]在随便什么弱音节里都出现以外,剩下的就像底下的表:(用鼻音作尾音代表)

元音	-n 例字	-m 例字	-ŋ 例字
i	pin	hymn	sing
iː	been	beam	
e	pen	stem	length
æ	pan	sam	sang
ɑː	barn	harm	
ɔ	fond	bomb	song
ɔː	born	storm	corncal
ʌ	pun	thumb	sung
u			Tunguz
uː	spoon	tomb	
əː	burn	term	turnkey

大致说,三种收尾音在一切元音后头都出现。这就是五十年代北

美学派好提的协调(Symmetry)通例①。可是一翻音韵学著作，比方高本汉的 Etudes sur la phonologie Chinoise，您就发现他拟的音里有开音节收 i，可是闭音节里没有！不光这个。开音节里有-u，闭音节里也没有！为什么？他拿 i u 作介音去了，主元音就不得不弄些 abracadabra 来充数儿，还饶上些小撇儿、小月牙儿、小圈儿什么的。弄得不像活人说的话了。这话底下还要重提。

3．元音 u, ū, o, āu。

u 的 guṇa 是 o, vṛddhi 是 āu。在好些种 pr.，特别是 P. 里头，āu 又平化成 o 。

底下把用这些元音的开音节排到底下：

忧优沤 u 鸠究句拘 ku 丘朱 kṣu 邱 khu 俱 gu 周 cu, cyu ju 殊 ju 楼(v)ḍu 瑠(v)ḍu 兜 tu 头(v)tu, du, dhu 舟 tyu 黈偷(P)thu 竺 du, dhu 耨 ṇo, nu{nava→no→nu}② 福(富)pu 浮 bu, bhū 符 bu 菩 bu{bo bho} 牟 mu 由 yu(yo) 渝 yu 篓娄 ru 留楼 rū 修 śu su 瞿 sru? 首 śv, śu 脩羞薮 su 修 su sv 须 su{sro}休睺 ho。

这里上古音部分“幽”、“侯”两部字混成一团。看起来 k, s 类后头的原始 u 好像往[u]的方向挪了，所以到隋唐就成了“尤”韵的基本成员。别的都是“侯”部字就成 u 了。在唇音后头 o>u, y, r, l 后头 o>u，所以出现了这么一批表现本来面目的又音，不必靠 guṇa 或方音解释了。

另外把收 o 的，连上头的又音重出，再列一次；

欧 o 拘瞿鼓③ 骄 ko 俱 gro 头ḍro 耨ṇo 楼(v)to 布 po 菩

① 比方 Z. S. Harris：Methods in Structural Linguistics, p.94-。通例跟规律不一样，没那么重的口气，可是活语言里比较普遍。

② G § 15P. ussāva, A. Māg, osa Skt. avaśyāya, u<o<ava

③ 见谱脚注⑨。“鼓”说明古“鱼”部字开始圆唇，条件是 k.p 组起头。

bo bho 无 mo 喻踰 yo 楼 ro, lo 罗 l[1] o 输奢耶[2] śo 须 so, sro 睺 ho。

这里基本上是上古“侯”部字。戴震《六书音均表序》说：“顾氏转侯韵入虞江氏转虞韵字入侯，此江优于顾。”从藏语看，“九”是 dgu，“舅”是 khu(昌都地区[ku])，龙＝虯是 glu；应该说 u 是“幽”的领域，“侯”的元音是 o，到汉朝念 u 的也许是-uo 平化的。这就叫“转侯入虞”。《僖廿四左传》有个人叫竖“头须”，异文作“里凫须”，藏文“头”是 dbu。“头”拟成 *dbo〉 *duo，“里凫”拟成 *dbo〉 *rbo〉 *rbuo，这个异文就可以解得“顺理成章”了。

侨骄句拘鸠 kāu(后三个是 P. 也就是 ko, Skt. kāuśala = P. kosala)桥侨 gav 侨瞿裘 gāu(后两个 P. go)忉 tav

这是上古音“宵”部字。

3a、闭音节

先列收舌的鼻音。

军 kuñ 均 kun 群 guṇ 纯 druṁ(+ c) = druñ 分 puṇ pūrn 邠 pūrn 文门 mun 轮 run 孙酸 sun

除了“酸”、“均”，全是“谆”部字。藏文 kun 是“全部”的意思，比“均”极合适。可是匀声在真部里。可能是谐声不太稳。“夋”声段玉裁入“元”部。可是看叠韵连绵字“逡遁”、“逡遯”，远不如放到“谆”部里。就不是例外。到隋唐，这就成了“魂”、“文”韵了。

再看塞音擦音：

欝 ut, ur 崛 kuṭ 掘 kul 律 rod rud，弗 put pūr puṣ 沸费 puṣ 孛 puṣ bud 勿 mud 术 yut, ṣit, ṣij 类 rod 说阅 śud

---

① 梵文 a = p.o. 也许今天的原本有 p. 掺杂在里头。

② 见谱(57)。

悉 sud 越 hul①曰 hoṭh hoḍ

这一组表现得很怪。擦音以前，全是“队”部字。擦音起，全是“泰”部字。因为合口，把主元音吞了。这是“短促急收藏”的后果。西汉通西域，有个“月支”国，在希腊文里叫 scythia。可见“月”在西汉就念 *gud 了。颜师古在《汉书西域传》里不作音。近代忽然兴起一个念“肉”的音，是造魔。悉 sud 不懂，跟术ṣit 元音正倒一过儿。

再列收唇鼻音：

金 kum　昙 dum　三 sum　菴 oṁ

这是上古音“侵”部乙。藏文“三”是 gsum 在这里得到反映。

塞音：

合 gup 塔 stup = P. thup- 闼 kṣobh

这是上古音“缉”部乙。

“塔”这个字，梵文是 stūpa。P. 的规矩，凡古代 s + 塞音，s 就丢了，塞音吐气。所以借到汉语里流行的音是 thupa，祥公译《兴起行经》写“偷婆”。汉人借了这个词，还单为它造了个“塔”字。这音一点儿也错不了。唐译“窣堵波”。

现在的音韵学家里流行一种见解，认为收-p，-m 和 u 元音，v 介音，以至于唇辅音都不相容，所以把这几个字的主元音定成[ə]。这一着儿太聪明了。别管您拿出什么证据来，我顶少对一半儿：[ə]跟别管哪一个元音都像，别管哪个元音在弱音节里都可能变成[ə]么！哪怕拿出日译吴音“三”是ソン，“塔”是トー，也就是トフ，也还能对一半儿哪!

可是我一向怀疑这种见解。唐末人好说“作(做)么生”，南宋变成了“怎生”，“怎”的元音可以是 u，o 不可以？“舅母”合音成“妗”，

---

① 还有个字是“云”。这是佛的儿子 Rāhula“罗云”里用的。音对转，可是口头流行。不过可以证明“云”和“曰”的关系。也可以证明“越”……的元音。

元音不是 u 该是什么？我曾学过台湾新竹客家话，“法子”说[fàpɯ]，谁说唇音和闭口韵不相容？日本明觉《悉昙要诀》二说：“然而 kumbhāṇḍha 可云禁槃荼，何诸文云‘俱槃荼’耶？”说明明觉的禁字念 kum。回到汉朝《史记》把“张孟谈”写成“张孟同”，《急就》“坎侯”平常写“箜篌”，谈同、坎箜的元音怎么全不一样了？

那么现代这些闭口韵字在方言里为什么区别这么少呢？大家还记得上文讲押韵说过的字少的话吧？字少，通讯误差也少，念错点儿关系不大么！北京话“街”加儿，在高级知识分子嘴里跟“家”加儿有区别。普通市民嘴里的“延寿寺街儿”实际是[jáə̃rsitɕiār]末一个音节跟“家儿”全一样。“庞儿”跟“盘儿”本来有区别，可是普通说“脸盘儿”，因为“庞”这个词根已经半死了，不至于引起什么混乱。区别少怕什么！现代北京话还把全部闭口韵丢了哪！

藏文 nub 当“西边儿，天夕”讲，拿来跟(日)“入”比，还有再比它合适的么？skyob 当“救”讲，这不就是“急人之难”的“急”么？dob 当胡说讲，不就是《说文·曰部》当“语多沓沓”讲，《诗·正月》的“噂沓背憎”用过的“沓”么？这些字并不是冷僻的字，所以可信。

现在咱把高本汉的切韵音也照上边英语的样子排(介音不管)：

	i ĕ ẹ ä a ā ə è ɑ å o u
-m	嫌淹咸　音醃谙
-n	因姻焉限　恩言安
-ŋ	形缨羊　恒莺昂项用翁

大家看这协调么？左右两个大窟窿怎么来的？i 让他拿去分“等”去了，u 让他拿去分“呼”去了，他怎么敢用它们作主元音呢？比方“魂”韵，从译音看，明明是 un，他非算 uən 不可。为什么？因为还有个“痕”。这个他本可以照吴汉音写 on，然后用 o 不圆唇(好比英语的 come)解释现代方言。可是他办不到！等韵图把“痕魂”算一开一合，这着儿捆着他的手哪！其实等韵图不过是仿制品(make shift)，要

拿它解释《切韵》，碰巧了就能变成谣言。眼前就是个例子。《切韵》开合口字都放在一个韵里，这两个韵在一切《切韵》残本里一向都是分开的。谁说它们成对儿就是用谣言圆谎。陈澧的学生廖廷和在《切韵考外篇跋》里说："使阅者明其法而不为其法惑。"这正是要发现代人"深省"的。

n 容易影响元音往前挪，ŋ 容易吸引元音往后挪。谁要是拟古音的时候 n 前头不许有后元音，ŋ 前头不许有前元音，那就是"倒果为因"了。还有个-m 是小可怜儿，可用的元音太少，又挺像，又没几个合口字，结果个个模糊。

陆志韦陆先生在世的时候，曾经跟我议论过高本汉拟的音不像活语言。我说他拟的元音多点儿也不算过分。毛病出在前元音太多上；全都攒到一块儿去了。后来他又修改过些个，好比为"臻"韵又加个 ɛ 什么的。越攒越密。《孟子》的"逢蒙"这个人，在《汉书·古今人表》里叫"逢门子"，鼻尾音受逆同化了。蒙要是 muŋ，门为什么不能是 mun？陆先生沉吟了一会儿就分手了。到半个月以后您告诉我："魂痕"用后元音的话可信，并且说《易林》里有有利的例证。我当时实在没看过《易林》，随后就忘了例证是什么了。留在心里的只是亡师卅年前"不耻下问""虚怀若谷"的神情了。我今天带病写这种捅马蜂窝的文章的动力，其中有一条就是不写老觉着欠您一笔帐。当时我只懂"婆罗门"是 Skt. brahmaṇa，说话胆怯。过了这些年才知道 Skt. brahmaṇaḥ = P. brahmuno, Skt. brahmanā = P. bráhmunā，可惜没法儿告诉"在天之灵"了。同时我也为自己不用功悔恨。

4. 元音 a ā。

据 Whitney §75，这是梵文音位里频率最高的两个。a 占 20%，ā 占 8%。合起来快到全部语音的 3/10 了。要照上头那样列字，不光让读者厌烦，我也嫌累。现在先把方法说说：

一个汉字最多的可以对 13 个音节。比方“陀”就有 dā,(v) tar,(v) tā, tra,(v) tha,(v) thā, da, dā, dya, dra, dva, dha, dhā;十三个。到底怎么算呢?选一个和汉语后来演变最合得上,也是出现频率最高的 da 作代表,别的就省略了。谁有兴趣,可以查谱去。

列这些字的目的是为考查上古音“歌”、“鱼”的关系。“儿”ṇya、“斯”sya、“祇”khya 属“支”,“蔡”sā、“厉”rā、“大”dā 属“祭”(大,《广韵》有个“唐佐切”的又音,说明泰韵收尾音脱落得不晚),都不列进去。

阿 a, ar① 颈 a(+j)姑伽加袈 ka 奢叉差 kṣa 却② kha 呿 khā 迦 gu, gal 遮 ca 车 cha, sa 阇 ja 荼 jhā 虵耶 jā, ya 若(如) jña 绪ḍa 多埵都他 ta 吐 tā 吒 tra 陀 da 度屠 dha 那拏 na 如 nya 波 pa 陂和 pāl 潘 phal③ 婆(v)pa va 巴 vā(=bā) 摩无芜(P.)毛④ ma 夜 ya 卢罗 ra, la 璃 rya 罗离里 lā 螺 lvā 于和惒随 va 舍 śa, śra 沙裟 ṣa 疏 ṣya 裟莎 sā 呵诃荷 ha。

可以看出来,“歌鱼”两部在这里混用,乍看看不出什么分别来。就是“陀”有个(v) tar 音。铠公译《昙元德律》“安陀会”,梵文 antarvastra(vasat)。谶公译《般舟三昧经》,bhadrapāla 译成“跋陀和”,那么“和”也有收-l 的。“番”本身在《史记河渠书·索隐》里又音“婆”,“番”声字“鄱(阳)”、“嶓(冢)”、“皤”都在《切韵》“歌”韵,所以把“潘”收进来。

上古音“脂”部字,从藏文反映的情况看,本有收 r 的可能。稍微举几个:

---

① 后汉人的“阿罗汉”,不是梵文 arhan,是古于阗话 arahan。“阿”比照“南无”的南,可以收-r。

② 谦公译《义足经》Maskāri-putra 作“摩却梨子”。

③ 谶公译《道行般若经》用“惟于潘”译 Bṛhatphala。

④ “毛”也许是“无”抄错了。也许是谱脚注53里说的方言。

音值	藏语词	意思	汉语词
-ir	aphir	飞	飞
	tshir	次序	次
	kyir	圆	(璇)机
-er	tsher	回遍	次
	tsher	蒺藜	茨
	tser	哆嗦	惴

谱里收的字“耆”gir“尼泥”nir“比惟”bṛ“惟”vṛ都是“脂”部字。那么平声里能有收-r的。

“歌”部字能不能收-r？韵值能不能是-ar或者-al？高本汉早就定过-ar[①]，后来不用了。看看上文论收尾辅音的表，入声收-r的太多。不如写l保险。“歌”跟“元”“对转”，就是al, an相混。谱里“还”字译val，也是一个理儿。这个假设要能成立，就能说明后汉音一连串现象。底下再列个表。-l脱落引起

上古韵部　歌 al ↘　鱼 a ↘　侯 o ↘　幽 u ↘

后汉韵部　　　a　　　o　　　u　　　ū

这就是咱们在u ū o āu一组的表和上页的表里看见的正在进行的情况。

戴震《声类表答段若膺论韵》把歌算阳声，叫“阿”，配阴声“乌”，汪荣宝《歌戈鱼虞模古读考》[②]，认为这几韵都是收a的：都反映的是上页的情况。段玉裁《六书音均表一》说：“汉以后多以鱼虞之字韵入于歌戈……乃汉魏之韵……”又说：“然顾氏误合侯于鱼为一部……皆汉后转音。”就可以作上文的总结。

底下把别的用a作主元音的闭音节字排在下面。这里没争论，字又太多，就不必像上文那样列大表了。每类选几个典型字就够了。

---

① Grammata Serica, 1941 北京影印本 p.26。

② 《国学季刊》卷二期，34 年。

韵	-an	-ad(t…)as	-al-ar	-am	-av(p…)
	an(ñ)安	gad 竭	gal 迦揵	gam 含	kalp 劫
	can 旃	bad 拨	tar 陀单	cam 占	ṇav 纳
	dan 檀	vat 越	par 波	brahm 梵	rav 猎
	yan 延	sad 萨	var 怛	yam 阎	śyap 摄
	han 汉	dat(s)达	(v)pāl 和	lam 蓝	svabh 蕖
		bhās 会			
		pas 卫			
		raṣ 赖			
		vas 卫			
		śat 世			
部	元	泰(黄侃"曷")	歌	谈	盍

5. 从后汉对音看当时的韵部

上头讨论的是用梵文作架子考察后汉三国汉语元音。开音节韵可以说就是元音和一个以上的元音的搭配。顺便也讲到了闭音节。这就是所谓"阳、入"声。照汉人古音学家习惯,总要谈谈分部或是分韵。可是材料不足,谈隋唐韵只能星星点点。我又不愿意用《切韵》作架子。这部书有个特点,比方有 a, b, c 三组字吧。张三分 ab 跟 c 两韵,李四分 a 跟 bc 两韵。陆法言准分三韵:a, b, c。当然他的书淘汰了别的书,因为张李都能使。可是当时别管张三还是李四,还是两人加到一块儿,谁也念不出三种音来。有些高级知识分子能分一部分有方音根据的,正好像我的师友里有人能念尖团字、上口字跟闭口韵一样——因为我们熟悉北崑和它的部分方言基础区高阳县。可是过几千年要有人根据这种杂脍菜拟构出"全家福"式的音系来,谁的结果必定是不像活语言。

韵部的长处跟短处我在上头说了。

两样儿挑一样儿,我挑了后一样儿。现把我得到的结果列在底下，没见过没把握的不写，开头儿辅音跟介音不写。

阴　　歌 al　　鱼 a　幽侯 u, o　宵 au　脂支 i ir
入(去)　泰 ad as /　　/　　/　　至 id ed is 队 ud us
阳　　元 an　　/　　/　　/　　真 in en　谆 un
　　/　之 ɐi
　　/　“职”ɐig　　缉$_{\text{甲}}$ ib　　缉$_{\text{乙}}$ ub ob　盍 ab
　　清 iŋ　　蒸 ɐiŋ　　　侵$_{\text{甲}}$ im　侵$_{\text{乙}}$ um om 谈 am

也许有人看了说：不出章黄范围。这我倒不讳言。问题是材料向着章、黄。语言学到底还是经验科学，不跟几何一样。我的看法是：章黄不愧是乾嘉学派的精华浇灌出来的“奇葩”。他们虽然用弓箭射，可比戴着折光的眼镜片，握着现代步枪瞄准的人，打的离靶心还近哪！

声　调

印度人念吠陀，用一种声调重音，和古希腊人、原始拉丁人一样。带重音的音节用高调 udātta，不带重音的音节用低调 anudātta。在高调跟后头的低调连起来的时候，再遇上两个音节压缩成一个，从高到低产生了个过度滑音降调 svarita。拿北京口语打比方吧。北京话阴平字用高平调。后头加上个轻音节，比方“东边”、“糟了”……那阴平就常是高降半调，就是音节还保持两个罢了。用希腊文讲最清楚。“尊敬”这个动词词干是 *Tῐμά*。现在单数三身直陈式语尾是-*ει*，加上去成 *Tῑμ ᾷ*，*α* + *ει* 成了 *ᾳ* 了。高 + 低成⌒。梵文里不限在这种场合。连音太复杂，svarita 出现情形条件更复杂，不在这里说了。请看 Whitney §80～86。

严格地说，svarita 并不能跟 udātta、anudātta 平列，算三种，正好像北京并不能在阴阳上去跟轻音节以外再添出个高降半调一个理儿。听吴晓铃学长兄说，印度的“老师宿儒”也有根本不承认有

svarita 这种东西的。

1934 年，陈寅恪陈先生在清华学报九卷二期发表了一篇《四声三问》说："……除去……入声，复分别其余三声为平上去三声……但其所以分别其余三声为三者，实依据并模拟中国当日转读佛经之三声。而中国当日转读佛经之三声又出于印度古时声明论之三声也。据天竺围陀之声明论，其所谓声 svara 者，适与中国四声之所谓声者相类似……佛教输入中国，其教徒转读经典时，此三声之分别亦当随之输入。"

佛学三藏，"浩如烟海"，总应该多少看点儿。要想知道僧伽生活，包括诵经礼佛，应该读律。最低限度是《根本说一切有部毘奈耶》。连这点儿工夫都不下就发议论，没个不捅娄子的。

说"佛教输入中国，其教徒转读经典时，此三声之分别亦当随之输入"。简直太荒谬了！《十诵律》卷卅八上文已经引了："佛言：'从今以外书音声诵佛经者突吉罗。'"这外书音声就是上文咱们引的《弥沙塞部和醯五分律》卷廿六的"阐陀鞞陀(也写吠陀、围陀)书"。翻过 C. R, Lanman 的 Sanskrit Reader 的人都知道那里只有 Rig-veda 是标着 a°和 svarita 号儿的。这就是外书音声。谁要拿这种调调儿念佛经谁就是犯罪。陈先生大约不知道他一句话就让全体佛教僧侣犯了偷兰遮罪或突吉罗了。这太可怕了。允许用这个腔调只有在赞佛德诵三启经两个时候。《根本说一切有部毘奈耶·杂事》四说："佛许二事作吟咏声；赞佛德，诵三启。"陈先生怎么不看看呢？义净《南海寄归传》四说："神州之地，自古相传。但知礼佛题名。多不称扬赞德……即如西方……每于晡后……大众出门绕塔三匝……令其能者作哀雅声。明彻雄朗赞大师德……次第还入寺中至常集处……令一经师升师子座读诵少经……所诵之经，多诵三启……"想不到常引《寄归传》的人居然没注意！

至于梵呗跟 svara 不是一回事，陈先生自己也知道。"围陀之声明”等于说“诗大雅之广韵”，世上就没这么种东西！

说入声，也就是收尾音是塞音的音节容易分出去一类也不符合事实。Lanman79 页 14 行 ât，74 页 16 行 pracodayâ̂t 就是“入声”音节带 svarita 号儿的。80 页 13 行 ekà it，末尾音节用 udātta，71 页 6 行 bhīgâcchat 末音节就用 anudātta。稍微有点儿音韵学常识的人一眼就看出来这简直是“入派三声”，是《中原音韵》式的格局！中国僧徒真要是“依据及摹拟……‘佛经之三声’(！)……出于印度古时……之三声”，那《切韵》里就该有“平入”，“上入”，“去入”三种韵了。那不成了天下大乱了么？

这些还不算。咱再作个统计。看 ud°、an°、svarita 在吠陀期语言里出现的频率，看它们能给人一个三类并列的印象不能。

我用 C. Cappeller 的 Sanskrit-Wörterbuch 作底本，从里抽出 1—10，101—110，201—210，301—310，401—410 五个片段，看每个片段 ud°跟 sva°的百分比。现在把结果列成表：

	1—10	101—110	201—210	301—310	401—410	总计	百分比
ud°	293	191	192	170	144	990	99％＋
sva°	0	1	5	5	1	12	1％－

请看：世上有这样儿的平列二类么？实际的 ud°比这个还要多。因为这本字典的体例是一个字重音只给一回。比方 mahā 重音在 hā 上，底下的复合词里就不再给了，mahākalpa，mahākavi，mahākāya 里都不再标。要标上呢？

我从字典半截儿随手一翻，再从附近故意找一页有 sva°的。这一次把复合词重音替他补上。结果找着了 245 页的百分比：

	ud°41.3％	an°58.4％	sva°0.25％	100％
原数	160	228	1	389

大家看,世上有这样的平列三类么?

为防人家说这材料不是成段语言,我又把 Lanman 69—73 页 4 段 Rigveda 原文作了个统计:

	ud°	an°	sva°	总数
数字	424	577	247	1248
百分比	34%	46%强	20%弱	100

这稍微像点儿样子。可别忘了 Rigveda 念法原是人为雕琢气味极重的,并且正是因为这个受佛禁止的呀!

再作一下儿中国话。王仁昫《切韵》每卷头上注的《旧韵》字数有四处,上平,上、去、入。唐兰唐先生《跋》据《封氏闻见记》说《旧韵》就是陆法言的《切韵》,12158 字。拿这个数减去四卷字总数,得 2692,根据这个作出统计:

	上平	下平	上	去	入
字数	2908	2692	2070	2332	2156
百分比	23.9%	22.1%	17%	19.1%	17.7%

这才像五卷平列的气象。

成段语言,我用嵇康的《与山巨源绝交书》作统计:

	平	上	去	入
字数	663	331	297	233
百分比	43.5%	21.6%	19.5%	15.3%

这是因为有 68 个"不"字我一律用"甫鸠反"。汉语的"不"念"弗"的音,已经说了多少回了。把这个字改成入声,就像底下:

平 39%　上 21.6%　去 19.5%　入 19.8%

这才是活语言的真面貌! 早先我统计过北京口语,除轻音节,阴阳上去，每一类都在15%到25%上下！韵文我没作，估计平声得涨出来。

说汉人研究语音受声明影响没毛病。说汉人分四声是“摹拟”和“依据”声明可太胡闹了。汉人语言里本有四声，受了声明影响，从理性上认识了这个现象，并且给它起了名字，这才是事实。日本人密教徒极多，可是从来没人受了声明影响，“摹拟”出日本话的四声来！

《大正藏》里收了姚秦鸠摩罗什译的《无量寿佛说往生净土咒》，刘宋求那跋陀罗重译的《拔一切业障根本得往生净土神咒》，失名译的《阿弥陀佛说咒》，唐阿地瞿多译的《阿弥陀佛大身咒》。这四个本子是从同一个梵本分化出来的。现在把这四个本子并列抄在底下：

什译	求译	失译	阿译
/	/	那上谟菩上陀夜药可反…… námo búddhāya	那上音谟喝啰上音怛那 námo rátna 哆啰二合夜耶 trayāya
/	/	那谟驮大啰上摩夜 námo dhármāya	
/	/	那谟 僧伽夜 námo saṁghāya	那谟上音阿唎耶 námo ārya,
南无阿弥多婆夜	南无阿弥多婆夜	那摩上阿上弭多婆上夜 námāmitabhāya	阿弥跢婆去音耶 amitabhāya
跢他伽哆夜	哆都曷切他伽哆都饿切夜	跢丁可反下同他伽上多夜 táthāgatāya	跢他揭跢耶

阿上啰上诃上甁　　　阿啰诃上音帝

árhate

三藐三菩上陀夜　　　三藐三菩驮耶

samyaksambúddhāya

暂且不评论 námo saṁ°, námoa°, námā 那些语法形式，只论音。可以看出来，姚秦刘宋时代(后汉三国几乎没译密教经，显教经里咒语极少，保存得也极坏)译咒，一般地说，不注音。什译绝大部分是这样。偶然有些音切，也像是后人加的：上头的“都曷切”不用“反”字，像是赵宋人加的。失译是隋译的风格①。他们只用个“上”字。第四行婆上是说这是 bh，伽上表示不是 k，是 g。两个字连用“上”注表示合成一个重音节，像“阿上啰上”表示 ár。剩下的就都是 udātta。只有第六行的“诃上”的“上”是衍文。阿译代表唐译的风格。“二合”淘汰了笨重的“甲上乙上”。“去音”表示浊送气。赵宋译就“平上去入”全用了。

一直到唐，译咒只分 ud°“上”跟 an°。从来就没有 svarita!

日本安然《悉昙藏》一引道暹《记》说：“……古脚等廿五字并下八字，总有卅三字，名曰初章。皆须上声读之。不可著其字而为平、去、入也。”翻成现代话：念 ka, kha……一定得用 ud°，不准受汉字影响改别的调。可见上声是高调。

从什公求公起，字尾最轻音节好用去声字译，比方《无量寿佛往生净土咒》的尾音节就是“夜、夜、他、毘、毗、哆、那、隸”。可见“去声”就是 an°，低调。

淳祐《悉昙集纪》附《林记》说：“答上声平声高下虽异，凡音相类，以为一韵。《韵诠》之意，专同此耳。”这就是说平声比上声低。可见它是中平调。了尊《悉昙轮略图抄》一引《元和新声谱》说：“平

① 看北周随阇那崛多译《种种杂咒经》和《东方最胜灯王如来经》。

声者哀而安，上声励而举，去声清而远，入声直而促文①。”这就是后来的“平声平道莫低昂，上声高呼猛烈强，去声分明思远道，入声短促急收藏”的祖本。

入声现在不敢定。了尊又说：“……四声本来无定，一音低昂成异。”这就是《四声实验录》的结论，不过早 600 多年。照他的描写入声调形和三声不一样。

四声一起源就有四种调子。到了唐朝，分裂成八个。《悉昙藏》五说：“承和之末，正法师来，初习洛阳，中听大原，终学长安。声势太奇，四声之中，各有轻重……元庆之初，总（聪）法师来。久住长安，委搜进士。亦游南北，熟知风音，四声皆有轻重。”

了尊又说：“右先明四声轻重者。私颂（也许是错字。原来是“诵”。诵又像是“谓”的错字。安然《悉昙十二例》说：“‘录’者私谓。”了尊书里有好些“私云”，“私案之”。日本代词ワタクシ，汉字作“私”）云：平声重，初后俱低。平声轻，初昂后低。上声重，初低后昂。上声轻，初后俱昂。去声重，初低后偃。去声轻，初昂后偃。入声重，初后俱低。入声轻，初后俱昂。……四声各轻重：八声。”

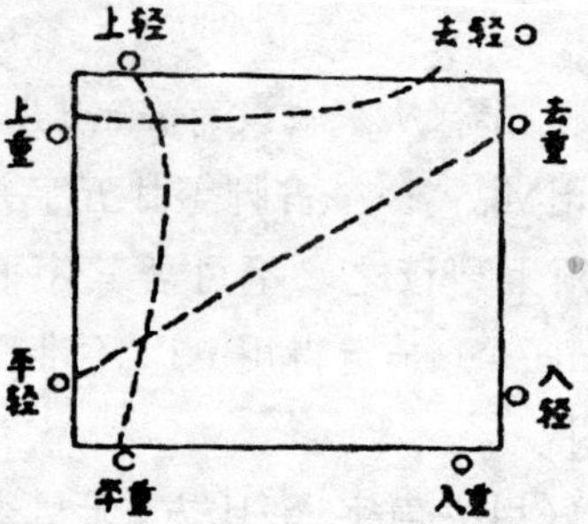

他还附了一个图。这里圈儿表示圈发的地方。虚线表示吴汉音对应关系：“吴汉音声互相搏，平声重与上声轻，平声轻与去声重，上声重与去声轻。”（原刊大正藏卷八十四，二七〇九号六五七页）

① 日本著作引书完了，下注“文”字。

承和末是 848 年,了尊写书是 1287 年,都是四声八调。

倒推上去,后汉的调是个什么样子呢?

后汉人用"达嚫"译 dákṣin,用"夜叉"译 yakṣá,可以看出来,去声和隋音一样,是 an°中调。"叉"和"偷婆" thúpa 里的"偷"都是平声。可以看出来,后汉平声是 ud°中高调。上声字简直可以说不用。入声字别管清辅音开头儿还是浊辅音开头儿,高低调都有。能说的就这么一点儿,留着作以后研究的伏线。

尾　声

可说的就这些了。原来想解决的问题——"三等"ɪ 介音的事并没得着最后结论。只能说有些 ɪu〈ʉ〈u。

前些日子李方桂李先生回国的时候谈过:他认为二等韵有个介音是 r。我揣测他是从汉藏比较得的启发:藏文介音有 y, r, w。要是咱们假定常跟二等纽搭配的三等介音是-r-,那么三四等合韵里的四等介音就该是-y-。我在谐脚注68里把"所"拟成 *sra,"许"拟成 *xra,也是受的这个启发。我跟陆先生谈过《诗·生民》"释之叟叟,蒸之浮浮"两个拟声词应该是 *su, *bru。陆先生不肯放弃主元音[ɯ],可是他同意 br-这个介音。

从这个结论出发,看晋朝法护译的《舍头谏太子二十八宿经》,别名《虎耳经》(也就是《摩登伽经》)的音可有趣儿了。梵文"虎耳"是 śārdulakarṇa,"谏"这个二等字念 karṇ,正跟谦公用"班"这个二等字译 parṇ 一样。要让这个音节跟藏汉语音节形式谐调,就得假定这儿有一次易位(metathesis),那么上古"谏"念 *kran = 藏文 klan。这可以解释大盂鼎的"朝夕入谏高"那个异文和柬声字的形声。"班"没 pr-的谐声,可是有"斑斓"这样的联绵字。

照这样儿推下去,古汉语 ɪ〈r。藏文 bris: brids(写)一定就是汉语的“笔”。可惜“如”又是 nya。也许 r、y 的区别只在陆先生叫“重出喉牙唇音”里保存，别处混乱了。《民族语文》83·3 期有黄布凡一篇文章记过藏语 ɪ·y 混乱。

就算这样儿弗 put 为什么是三等，后汉人放着“勃”字只用极少几次，偏去用三等的“佛”是为什么，“弗”、“佛”里那 r 到底从哪儿钻出来的还是不敢肯定，现在只能说：在一部分(包括弗、佛)字里是主元音 u〉ʉ〉ɪu！这都得等汉藏比较学来解决了。

这篇拙作净是“离经叛道之言”。方法是从汪荣宝学的，也有新发展。材料和接触的面比汪多。结论跟正统音韵学差好些！确证了后汉入声收浊塞音；允许开音节和闭音节押韵；给“至”部、“祭”部的去声找出全新的音值；推翻了闭音节不准用 i、u 作主元音的偏见；怀疑了陆法言一花独放是不是合理；确定了四声学说刚起源时代的三个调值；摆脱了等韵图的束缚。哪一条都能惹得一些人火冒三丈。可是这是我“一家之言”，“其持之有故”。“知我罪我”，任从尊便。

现在的音韵学，经院气味可够重了。往哪儿去？

一条是继续多拟些新元音，多加小圈儿小撇儿，把音拟得根本没法儿作通讯工具。像高本汉在 Compendium p.361 里，让后稷一生下来就 ko, ko 哭，而且心安理得。

还有一条是回去陪乾嘉末流写底下这种文章：“唐伯虎音转为郑板桥。铁荡多奇行，时人以‘八怪’目之。小说家言有‘猪八戒’者，盖亦即其人，方俗语有轻重耳！”

要是都不愿意，请来吧！咱们合起来，发掘新材料，创造新见解，哪怕“泥沙俱下”，也凿出一条万里长河来！少吹点儿，百里也罢。可是自己的，不依傍别人门户！

高本汉、赵元任……这些位的功绩是不可磨灭的，也没人想磨灭他们。问题是不能让他们限制住了，零修碎补。听说谭鑫培有一回演《打棍出箱》，一出场把鞋甩掉了一只。他赶紧作了个身段，让鞋落到头顶上。台下轰地一声叫好。从那儿以后，再想不掉鞋都不行了。后人没武功，只好伸手剥鞋。音韵学的叫天儿不少，等韵图就是那只鞋。我这个人讨人嫌的地方挺多，就有一条儿敢自信：既不迷信叫天儿，更不信鞋。

对音字谱

a	阿 d
a(+ c)	颇 d
aji{e}	伊 o
añ	安 n
a(+ n)	颇 o
an	安 k
ap	廅 d
am(p)	阿 o
aṁ(+ g)	鸯 o
ar	阿 a 遏 q
av	廅 d 盖 o
ava	摩 c
ā	阿 k
ām	菴 x
in	因 d
i	伊 d
u	忧 k 沤 n 优 o
ug	郁 k
ut	欝 d
upa	和 c
upā	吁 k
ur	欝 j
e	伊 c{W.字典作 ai}
o	欧 o
ka	迦 c 姑 n 枸 c[1] 加 o 袈 o 憍(+ ho)d 桥 d
vka	迦 d 伽 o 加 o 敢 d[2] 喇 d 直 o
kaṇ	犍 b 骞 j 揵 n
kap(+ ph)	劫 k 揭 o 罽 o
kam	今 o
(v)kam	铃 n 含 o
kar	羯 k 竭 o 乾 p
karp	劫 o
kalp	劫 k
kava	育 o?
kā	加 d 迦 j
(v)kā	直 o
kin	翅 o

① 拘和加字形极像。Geiger p.II, § 16 p.sumugga = skt.samudga. ② 谶公好加 ṁ。

kī	翅 o
kiṁ(＋n)	甄 d③ 真 d 紧 o
kir	祇 o
kīrt	诘 o
ku	鸠 d 究 o 枸 o
	句 o 迦 o④ 娄 n 留 o⑤
kuñ	军 o
kuṭ	崛 o
kun	均 o
kum	金 o
kṛ	迦 o⑥
kṛt	吉 k⑦
ke	支 d 吱 d 羁 d 梁 d?
	夷 d⑧ 枝 o 稽 o 基 o 倚 o
ko	瞿 d 拘 o 鼓 o 骄 o⑨
kāu	憍 a 骄 o 句 c⑩ 拘 c 鸠 o⑪
kti	拘利 d{koti?}
kra	迦罗 d 惧 n 拘 o 脂 o?
	鸠 o
kṣa	奢 d 差 o⑫ 叉 q
kṣat	察 c 刹 d

kṣas	刹 k
kṣān	羼 d
kṣi	祇 c
kṣin	儭 d 嚫 o
kṣu	朱 d 丘 d⑬
kṣe	差 o
kṣob h	阅 d
kyo	迦 d
kye	羁 o
kha	加 o 佉 o 却 o
(v)kha	弃 o⑭
khu	邱 a
khya	祇 k
khā	呿 o⑮
ga	伽 d 迦 d
gat(v)	竭 d 曷 o 揭 o
gad	竭 o
gadh	竭 d
gan	犍 c 乾 c 揵 o
gam	含 k

③ 鄄字用 k。 ④ 看①。 ⑤ 这是翻译“俱留孙”Krakucchanda 佛名字的时候一个奇怪的音。原文大概不是梵文。 ⑥ p.a = Skt. ṛ。见 G. P. Ⅱ. § 27。 ⑦ 有些人把ṛ念成ṛi，译经师多数这样。 ⑧ Māgadhuī geria = Skt, gairika，见 G. P. Ⅱ(以下省) § 19. P. Kosiya = Skt Kau śika, § 36。 ⑨ 古于阗文“菩提”作 baudhi = Skt. bo°，看 Hornle: Manuscript Remains，在梵文 u 的 guṇa 形式是 o，vṛddhi 式是 āu。 ⑩ 这里 āu 好像读 p.o。 ⑪ 见⑨。 ⑫ 这是 pṛ 音。kṣ = [tṣ']。真正的梵文音是唐以下译本里的“乞灑二合”。 ⑬ “比丘”的方言形式。上文提到了。 ⑭ 看 Whitney: Skt. Gr § 438a。Śikhin 体声°ī。上头一个“翅”字译 kin kī 两个音也一样。 ⑮ 《吕氏春秋·重言》：“君呿而不唫。”这是用《管子·小问》原材料：“桓公与管仲谋伐莒……小人善意。曰，视二君在堂上口开而不合，言莒也。”《庄子·秋水》也有“公孙龙口呿而不合”。

gaṁ(+g)	恒 k
gar	竭 d
garbh	劫 d
gal	揵 d 迦 o
gav	桥 c 恹 c
gā	迦 o
gāth	偈 m
gān	颜 c[16]
gām	含 a
gi	耆 i
gir	耆 d
giḥ	耆 l
gu	俱 o 瞿 o
guṇ	群 d
gup	合 o
gul(v)	掘 o
gṛ	祇 d 耆 o
go	耆 d[17] 懼 d 瞿 n 俱 n 拘 n 求 n 裘 n[18]
gāu	恹 j 瞿 o 裘 o
gni	耆 j 祇 j
gra	伽 k 迦罗 d
grāṇ	犍 d 健 o 焉 o(p.gan 看⑧)
gro	俱 q
grod	拘律 n 拘类 k

gha	伽 c 迦 o 祇 o[19]
ghan	犍 n
ghāt	竭 k
ghi	祇 k 喜 c(p.hi)
gho	瞿 n
ghya	迦 q
ca	遮 d 招 c[20]
(v)ca	遮 d 阇 k 沙 i?
cak	作 d
caṇ	旃 k
can	旃 d 若 c?
cam	占 j 瞻 o 薝 o 阎 o
(v)cā	阇 k
cān	旃 d
ci	震 d[21] 坻 d 支 o 由(=甾)o
ciṅ	旃 n[22]
(v)cit	懿 d
cin	真 d
cu	周 k
cyu	周 n
(c)cha	佉 d 车 b 阇 d[23]
chaṇ	阐 i
chan	秦 o 孙 o 先 o

⑯ 罗先生《唐五代西北方音》里提的浊音译作鼻音的现象这里就有了。当然也可能是后人改的。 ⑰ 见⑥。要是把 p.a 照梵文连音处理就得 o(aḥ)。 ⑱ G § 17. P. pukkusa = Skr pakkaśa。 ⑲ 这个字是 ghṛ 的音。也许现存本受 p. 影响了。 ⑳ catur,汉译“招提”。[u]音色可能是下个音节的。《汉书西域传》的“高附”Kabul 可以参证。 ㉑ 见②。 ㉒ P. parima = Skt, parama, G § 190。 ㉓ 这个字有 c.ch.j.jh 四个音。好像北京话的“阿”,书面的“芬”是译音家偏爱的字。

j	夷 d
ja	耶 d[24] 荼 d 阇 n[23]
	悦 c 越 o 阅 o
(v)jan	旬 d 禅 i 延 o
jam	阎 d 瞻 l 啊 o
jā	耶 d[24] 虵 o 阇 o[23]
(v)jā	阇 q
jām	阎 q
(v)ji	夷 k 逸 o
(v)jit	逸 o
jī	祇 c 耆 c 錙 o
jīv	涉 n
(v)ju	殊 d 周 n
je	祇 d
jet	逝 c 制 c
jṛm	炎 j[25]
jya	阇 o
jhā	阇 o[24] 荼 o 耶 o
jña	然 c[26] 若 d[27] 奢 k?
jñā	若 c
ñja	跪 o(跜?)
(v)ṭa	坻(ghanti 二根语)n 罗 o[28]
(v)ṭak	勒 c

(v)ṭi	利 d 吒 d 梨 k 持 o 知 o 璨 k
ṭha	兜 d[29]
(v)ṭhak	陟 b 特 i 德 n 勒 o
ṭhu	吒 o[30]
ḍa	迟 c[30] 头 c[31] 坻 d 荼 o
(v)ḍa	罗 d(ṇ+1) 那 d 荼 o 绪 o
ḍak	特 i
ḍā	陀 q
ḍi	迟 o 池 o 持 o 邸 o
(v)ḍu	楼 o
(v)ḍū	瑠 d
ḍo	头 q
ṇa	那 o 耨 o[31] 迺 o 提 o 祁 o[32]
ṇav	纳 c
ṇas	奈 d
ṇaḥ	那 k 宁 o[33]
ṇā	那 k
ṇi	尼 a
ṇī	尼 d 日 o?
ṇo	耨 j
ṇḍak	匿 b
ṇḍin	陈 a 怜 j 邻 o
ṇya	儿 k 若 l

㉔ 邪,耶形混,篆文本是一个。 ㉕ p. a = skt. ṛ。 ㉖ 男,二根一多语业声都能产生-n 尾(〈ṁ 尾)。 ㉗ 也许念的是"如"字音。 ㉘ d〉l 在 Skt. pr. p 都有。 ㉙ Skt, °a 词干,体声 as = aḥ = o, p, 一律作 o。 ㉚ 见㉒。 ㉛ 见㉙。 ㉜ 《左传宣二》的"提弥明",《公羊宣六》作"祁弥明",《史记晋世家》作"示眯明"。 ㉝ 唐译用"顸"对 ni,见不空译《佛母大孔雀明王经上》。

ta 都 d 多 o

(v)ta 罗 c 陀 d 吒 d 埵 o 他 o 耑 o 恬 o㉞ 兜 o 头 o㉟

tak 德 q

(v)tak 勒 j

tath 怛 d

tad 达 d

(v)tam 耽 o 昙 o

(v)taṁ(g) 腾 a 登 q

tat 单 d

(v)tar 陀 k

tav 切 d (Pāli tava° = Skt, trāya°)

tā 多 o 吐 o

(v)tā 陀 d

ti 坻 o

(v)ti 提 c 致 d 底 d 题 o 坻 o 知 o㊱ 梨 o 离 o

(v)tin 致 d 提 o㊲

tis 替 j 蛭 o

(v)tī 提 o

(v)tu 兜 o

tu 头 d 那 d(支 +, 涉上文误写)

(v)tṛ 夷 l 陀 d㊳

(v)to 楼 d

(v)tna 陀那 d 陀 d 麟 o㊴ 邻 o 阑 o

tya 提 d

(v)tya 遮 d 阇 x

tyā 遮 o

tyāyan 旃 d

tyu 舟 d

tye 支 a

tra 多 c 多罗 c 那罗(n +) d 吒 d ± d 提 i 叉 o

trā 陀罗 d 陀 o

tri 夷 d

(v)triṁ 利 d

trey(= j) 勒 k

(v)tha 陀 d

thah 特 d 台 d

(v)thā 陀 d 萨 d㊵

(v)thi 夷 o

thu 鼪 o

da 昙 d㊶ 那 o

(v)da 罗 d 坻 d㊷ 陀 i 帝 o 提 o㊷

dakṣ[tṣ'] 达 o

dag 特 q㊸

dapt。 达 d

dat。 达 o

㉞ 见②。 ㉟ 见㉙。 ㊱ 这是《持句神咒经》的咒，没梵本。参考晋隋译本推定。 ㊲ 见 26。 ㊳ 见㉕。 ㊴ 这是 ratna 这个字最常见的变音。也许(v)tna〉(v)tan〉lan。 ㊵ 这是中亚方音。波斯人发祥地 Parthia 后来成了民族名，希腊文 Persēs。 ㊶ 见②。 ㊷ 见㉖。 ㊸ 原作“持”，根据《旧杂譬喻经》的“特”dhik 错成“持”例改。

dan	檀 d	(v)dha	陀 c 提 d 度 e 屠 o 檀 o
(v)dam	蓝 o	dham	昙 d
dā	大 b 陀 d 头 d 达 i 耶 n[44]	dhar	陀罗 d 阒 k
dān	鄧 c 檀 d	dharm	昙 l
di	示 d 提 o[45] 履 o 陀 o	dharv	沓 o
dik	持(又作待)o	dhas	达 d
(v)din	利 o	dhā	陀 d
dī	提 k 履 o	dhān	檀 d
du	竺 b 头 d	dhi	地 d 提 k 夷 o
dum	昙 d	dhik	特 n
duṣ	突 h	dhī	提 i
dṛ	提 o	dhu	头 j 竺 b
dṛś	萓 d	dhū	头 d
de	提 c 逮 d 地 i	dhṛ	提 o
den	填 o(P. = Skt dyan)	dhyan	禅 a 真(填?)d
dev	调 d	dhra	阇 o
dya	陀 d	na	拿 b 难 n 那 o
dyan	填 x	(v)na	陀 d
dra	陀 c 罗 d 坻 d 陀楼 d	nan	难 d
	陀罗 j 提 i	naj	匿 m
dri	提 o	nad	涅 d
druṁ	伅 d	nam	南 d
dvā	陀 q	nay	尼 k
(v)dvi	利 o	nava	耨 d[46]
dvī	提 c 利 d	nā	那 a 难 d
dvip	叠 d	nām	男 c 南 n
		ni	泥 d 尼 d 难 d 那 o[47]
dha	夷 n	nir	涅 a 泥 b 尼 c

㊹ 这是 dya 的音。 ㊺ 《说文·示部》:“示神事也。”《周礼·小宗伯》借作“祇字”:“天神、人鬼、地示……。” ㊻ ava〉o〉u, G § 15. Skt, avaśyaya = A. Māg. osā = P. ussāva。 ㊼ 见㉒。《说文》有个“䨀”字,音家和韵书都有“奴兮”一切。

niṣ	尼 d 腻 d
nī	尼 n[48]
nu	耨 a
ne	尼 d[48]
nāi	尼 i[48]
ntya	然 j
nda	那 k
ndan	南 n
nya	如 a 尼 k 泥 o
(o)pa	陂 d 婆 d 波 o
(v)pa	波 d 和 d 婆 o
pak	匐 d 逼 j
pakṣ[tṣ']	钵 n
pañ	般 n
paṭh	呗 c
pat	贝 c
(v)pat	钵 c 越 c 拔 d
pad	钵 o
(v)pan	波那 d 垣 d 洹 d 槃 d
	盘 d 满 d 般 o 桓 o
(v)paṃ	和 d 恕 o 洹 d
(v)par	波 n
parṇ	班 o
pal	钵 d
(v)pāl	和 d
paś	卫 d

pas	陛 j
pā	波 d
(v)pā	婆 b 波 c 和 d 恕 d
(v)pāṇ	洹 d
pāt	钵 o
(v)pāt	拔 j 越 n 卫 n
pān	般 c
(v)pi	惟 c 维 c 毗 d 毘 i 夷 n
	甸 o 卑 o
(v)pik	或(=域)d
piṇ	邠 d 宾 d 分 n
piṃ	宾 c
pu	福(富)o
puṇ	分 d
put	弗 d
puṣ	沸 c 费 o 弗 o 孛 o
pūr	不 c[49] 弗 d
pūm	分 d 邠 o
pe	毘 o 甸 o
po	布 k
pra	钵 c 辟 a 波 d 般 d 卑 o
prajñ	般 o[50]
prapt	钵 d
pre	薜荔 d
phal	潘 d
phin	宾 o 匹(+n)o

---

⑱ i. e. āi 是一套。第二个是 guṇa，第三个是 vṛddhi。 ⑲ 现在的汉语方言，不拘有入声没有，几乎全都是写“不”字，念“弗”的音。见丁声树《释否定词弗“不”》史语集刊。 ⑳ G. § 42. Skr. jñāna = p. ñāna。

ba	波 o
(v)ba	陂 o 陂 o[51]
bat	飚 o
ban	槃 j 频 i
bar	钵 d
bi	比 o 婆 o
biṁ(b)	洴 d 瓶 o 萍 o 频 o
bi(l)	俾 j 频 k
biḥ	毘 o
bī	惟 x
bu	浮 d 符 d
bud	沸 d 勃 d 勿 d
bṛ	比 d 惟 d
bo	菩 a
brah	婆罗 d
brahm	凡 c 梵 d 枫 o[52]
bha	波 d 婆 q
(v)bha	阿 d 呵 d 波 d 婆 o
(v)bhās	会 d
bhad	跋 c 韨 d 飚 d 拔 o
bhā	波 d 婆 q
bhi	比 a
(v)bhi	比 d 旬 d 惟 d 毘 l 维 o
bhī	毘 o 鹎 o
bhu	菩 d 浮 x
bhū	浮 o 负 o
bhe	毘 d

bhāi	俾 o
bho	菩 k
ma	无 c 摩 d 毛 o[53] 满 o 婆 q 摩诃 o[54]
mañ	曼 d 文 d
maṇ	门 d(P. 转声°muṇ°) 满 o
mat	蜜 d 跋 d 末 o
mad	蜜 o
madh	蜜 d
madhi	昧 d
man	漫 d 文 d
(v)man	闻 c 门 d 磨 k 漫 o
(v)manl	弥 c
maṁ	摩 o
may	弥 o
mal	末 n
maḥ(p. mak)	莫 o 摩诃 o
mahā	末 d(+s) 摩 n
mahi	弥 c
mā	无 d 摩 d 漫 o
mi	弥 d
mit	蜜 k
mu	牟 d
muk	木 q 目 o
muc	目 d 文 o
mud	勿 k 文 n

---

[51] 谦译《义足经》Keśakambala 作……今陂梨，巴利本《长阿含经》作"婆罗"。 [52] 《释名》"风，泛也"。可见三国时候"风"字念-m 还很流行。 [53] 这是"无"的方言形式：《后汉·冯衍传》"饥者毛食"。 [54] 好像是 maḥ 的音。

mun	文 d
mūr	文 n
mr̥	芜 o
me	弥 c 靡 d
māi	弥 k 文 o[55]
mo	无 d[56]
maud(g)	目 d(p. mog)
mnī	弥 k
mbī	弥 c 尼 d[57]
mbhaṇ	槃 o
myak	藐 k
ya	夜 d 耶 j 蛇 n 夷 n[22]
	鸠(鸦?)o
yak	耶 d
yakṣ[tṣ']	阅 d
yat	逸 k
yan	延 o 耶 o
yam	盐 c 炎 i 阎 q
yā	耶 k
yāt	延 o[58]
yān	衍 m 延 q
yi	夷 d
yik	翼 d
yin	夷 n
yu	由 o 渝 o
yug	郁 k
yut	术 d[59]
yo	俞 d 踰 d 由 d
r	罗 a(Skt, arhant = O. Khol. arahan = P. rahan)
ra	罗 d 伦 d 轮 d 留 d 卢 o
rak	勒 o
rag	勒 d
rañ	兰 j 连 i
raṇ	兰 l 练 k
rat	勒 o[60]
ran	兰 j 邻 d 怜 d 伦 o
ram	蓝 d
rav	猎 o
rā	罗 k 厉 o 楼 o(pu +)
rāt	越 d
rām	蓝 d
rāy	犁 d
rāṣ	赖 d 奈 d[61]

---

[55] 《急就篇》里头，据《汉书·艺文志》说“皆《仓颉》中正字也”。只有“玫瑰”的“玫”字从文声这一个阴阳对转例子。可见对转是个方音现象。 [56] o⟨aḥ。 [57] 在[m][n]后头加[i]，容易混乱。有些俄国小说里 Николай 口音不正的人说成 Миколай。“尔”声字也有两类。 [58] 见 Whitney。 [59] 现代孟加拉文。凡梵文 y 都念 j。一说：段玉裁注《说文》“遹”字说“《释言》云，‘遹述也’。言假借也”。这里的“术”字用的是“遹”字的音。 [60] 上古音“职德”本是收舌根，但是和“质栉屑”谐声混用一部分。前者有“洫”、“抑”。那么也有收舌的念法。闽客话“职”部都收舌。《韵镜》《七音略》把“蒸登”单放到最后，也是为这个。 [61] G. § 44r⟩ l。§ 45 p. naṅgala = Skt, lāṅgala。

ri 替 c 利 d 螺 j[62] 梨 o 离 o

rī 利 o

rīt 栗 d

ru 篓 c 楼 d 娄 d 留 o 离 o?

ruṇ 轮 d

rud 律 o

ruvi 蠡 d

rū 楼 o 留 o

re 离 n

rāi 梨 c

ro 楼 d

rya 逮 b 璃 d 黎 k 梨耶 x

rva 罗 d

la 卢 d 娄 o 罗 o 梨 o

lak 勒 i

lan 兰 o

laṁ 蓝 d

lay 犁 n

laviṁ(k) 陵 d

lā 罗 o 离 o

lān 兰 o

li 梨 c 利 d 迟 n 离 o

lin 邻 n 兰 n

le 犁 o

lo 罗 c 楼 d

lya 罗 d

luā 罗 j 螺 k

va 和 d 恕 d 婆 o 波 o

(v)va 恕 d 于 d 和 n 随 n[63] 桓 d 亘 d 越 d 波 n 婆 o 脾 o

vak 域(=或,《百缘经》作 vik) c

vajñ 云 d

vaṇ 洹 b 曰 d 盘 d

vat 曰 o 会 n

(v)vat 术 c 越 d 拔 o 扈斯 o 波 c 婆 c 和 d

van 桓 d 和 n

vaṁ 桓 d 亘 d

var 桓 d 亘 d 越 d 恕 o 拔 d 法 o[64]

vara 越 d 亘 d[65]

vart 越 d

val 还 o

vas 卫 c 维 d 会 i 越 i 夷 n

vā 和 d 恕 o 波 o 巴 o

vān 桓 d

vāṁ 梵 c 桓 c 为 o

vi 惟 d 为 o[66] 随 o 非(腓) d 比 o 毘 o

(v)vi 惟 d 鼻 d 毘 o

vṛ 位 d 惟 x

ve 惟 d 韦 o 围 q 毗 o

vāi 惟 d 维 d 随 d 堕 d 比 o 毘 o

---

[62] 这是"蠡"的音。 [63] "隳"字"许为切",也许后汉人用的这个音?

[64] 现代闽南粤方音"法"字收舌。 [65] avasvara 通常译作"阿会亘修",好像作"阿会修(sv)亘"才对。 [66] 优为迦葉,W.字典说 Urubilva 是正拼法。

(v)vya	毘 o
vyā	和 o
ś	尸 d 师 d 斯 o
śa	舍 d 沙 d
(v)śa	邪 d 舍 d 耶 d 翼 o 势 (+r)k
śak	释 d
śahri	斯 d
śat	世 o 贳 d
(v)śam	暹 c 睒 d 深 n 盐 x
śal(R.V)	萨 o
śā	舍 a 沙 c 耶 c
śāk	释 d
śān	扇 d
śi	师 n 尸 o
(v)śik	速 d 遬 d 式 k 翼 o
śiv	湿 j
śu	修 d 首 d
śud	阅 c 说 n
śe	尸 c
śo	输 o 奢 o[67] 耶 o
śya	舍 q
śyap	攝 a 葉 c
śyin	尸 o
śra	沙 b*
śrā	舍 k
śru	瞿 d[68]
śu	首 o
śvabh	葉 o[69]
(v)ṣa	沙 o 舍 o
(v)ṣak	颜(=色)d 翼 o
ṣan	沙 q
ṣam	睒 o
ṣā	裟 d
ṣik	瑟 o[70]
ṣij	术 d
ṣit	术 d
ṣu	授 d 瘦 o
ṣṭha	吒 d
ṣṭḥi	私 d 绨 d 尸 o 提 o
ṣya	疏 o 驶 o
sa	沙 d 车 o
(v)sa	沙 d 育 d 车 o 舍 o[71]
sak	塞 b
sañ	先 o
sat	萨 a
sad	萨 o
sam	三 d 参 o

---

[67] 梵文 yaśas 在复合词里变成 yaśo。*安然悉昙芷藏一沙门标ṣamana。 [68] 这个音很怪。《诗》"伐木许许",《说文》引作"所所",我暂拟前者是[xra],后者是[sra],陆志韦陆先生在世的时候也首肯。《易》"履虎尾愬愬",《说文》引作"虩虩",情形相似。

[69] G. § 46 P. āvedha = Skt. āyudhu。 [70] 白居易这么大的诗人,刚作了两句"浔阳江头夜送客,枫叶荻花秋瑟瑟"就出韵。只有用这个音才凑合着压得上。

[71] 《释名》"车,舍也"。

saṁ(kh)	蠰 d 僧 dk
saṁ(j)	先 d
sar	萨 d
sarp	蘖 d
sal	萨 o
sā	莎 d 蔡 o
(v)sā	沙 c 娑 o
si	尸 c
(v)si	斯 d 私 q 夷 i
sid	悉 d 膝 d
sim	深 c
siṁ	私 d 师 d
su	羞 d 修脩 d 须 d
(v)su	羞 d 修 d 薮 q
sud	悉 i
sun	孙 o 酸 o
sum	三 q[72]
se	斯 m 私 o
sec	颜(=色)d
sin	是 o
so	须 o
skan	揵 l
sta	多 d
stap	答 o
stin	尽 d
stup	塔 k(P. thūpa)
stha	欢 o
spha	玻 k 颇 k
sya	斯 i
sro	须 a
sv	修 d
svā	沙 d
ha	诃 a 于 d 伊 d? 荷 j
han	汉 i
(v)hā	支 a? 呵 d 诃 d 桴 i?
hi	舐 d
hin	天 b[73]
hul	越 o 云 o
he	醯 o
ho	休 o 睺 d
haṭh(ḍ或)	曰 d

---

[72] 藏语"三"gsum。 [73] 印度人自己把地名语源和 Indra 神联系起来，西方学者公认"天竺"原文是古波斯文 Hindu = Skt. Sindhu(河)。"天"译 hin，见刘熙《释名》："天，显也。"du 译成"竺"。照这个推，Sindhu 就是"身毒"。

汉藏同源字谱稿

[提要] 本文是我在《燕京学报》第37期(1949年)上发表的《汉语的"其"和藏语的gji》附《汉藏韵轨》的全稿。原稿是根据Jäschke字典编成的。收了600左右个字。现在经过增订删改,成了目前这个样子。汉语和藏语同源这个问题,我在《北京师范大学学报》80.1号上《汉藏两族人和话同源探索》里用上古史(《国语·晋语》、《后汉书》)资料证明了。现在的工作是从相应的"韵"的对应关系找同源字。如果说德语Bein等于英语Bone、allein等于alone,那么Stein准等于stone。本谱就是有资格算同源的词汇,希望进一步求"声母"对应的规律——这些因为有添头、添前字影响,比较难懂。

例　言

一、这个谱是我在1948年写的(草稿)。曾经请陆志韦、罗莘田两位先生看过。后来,抽取约六分之一作了一篇《汉藏韵轨》,算《汉语的"其"跟藏语的gji》那一篇的附录,登在1949年出的《燕京学报》第37期上。那篇太简略,只有字,没注解。现在重新整理全文,删了一些个,又补了一些个,用来向精通古藏文和古汉语的人请教,并且用来纪念两位去世的先生。

二、古史料反映的远古史记载汉藏两个民族是一个氏族分裂成的。《国语·晋语》说:"昔少典娶于有蟜氏,生黄帝、炎帝。黄帝以姬水成、炎帝以姜水成……黄帝为'姬',炎帝为'姜'。"《后汉书·西羌传》说:"西羌之本……姜姓之别也。"《旧唐书·吐蕃传》说:"吐蕃……本汉西羌……樊尼乃率众西奔……于羌中建国……。"姬是周王室的姓，姜是部分“中国”(黄河中下游)诸侯和吐蕃的姓。汉藏同源有史料证明。周文王的师，就是姓姜的太公，齐国的祖先。详见《汉藏两族人和话同源探索》(北师大学报 80 年)。

三、古汉语的音节结构，在声母前头能有藏文叫“添前字、添头字”的辅(元)音。《左传》襄十年说：“会吴子寿梦也。”《正义》引服虔说：“寿(梦)、发声。吴、蛮夷。言多发声。数语共成一言。寿梦、一言也。”这就是说，寿梦原来的音是 * [dmeiŋ]一类的。d 是添前字。加上它还是一个音节。一句古诗四个音节的叫四言诗。僖廿四年《传》“晋侯之竖‘头须’”，《正义》说：“《史记》谓之‘里凫须’。”藏文“头”的敬称是 dbu。b 念成擦音就成[dβu](=“头”的上古音)。别的史料记成 rbu，这就是“里凫”。“蛮夷”不过是蔑称。吴国统治者是“太伯之后”，正是姬姓的子孙。可是成七年《左传》季文子就说他们是“蛮夷”。秦国本是颛顼的子孙，可是《公羊传》昭五年说：“秦者夷。”《孟子》说文王是“西夷之人”。连周文王都叫夷！照《说文》的定义，“夷”本该是“东方之人”。加添前字可以派生新词 。《孟子》有“既不能令，又不受命”。“命”是 m-的名词。藏文早先有把添前字单算一个音节的。A. H. Franke 的 Tibetische Handschriftenfunde aus Turfan, 1924, 就有把 mkhyen 写成 makhyen 的例子。汉语古文献里有《诗·文王》的“无念尔祖”的“无”=藏文 m-，毛传说“无念，念也”。《车攻》的“大庖不盈”=藏文 b-，毛传说：“不盈，盈也。”《书·盘庚》的“女猷黜乃心”=藏文 d-，这也是“寿梦”的“寿”。《左传》里“里凫须”也就是记的 r-。《东山》的“之子于归”的于 a=藏文(a)h̲。《关雎》的“寤寐思服”的“思”=藏文 s-。也许还有别的也保不齐。

四、1. b、d、m 能影响后头的辅音变浊。2. s 能影响后头的辅音变送气或擦(这是梅祖麟世兄见教的)。3. a 能影响后头的主元音变开。4. r 能影响后头的音节增加 i 类介音。

五、安世高用“波罗奈”译 vārāṇasī 城。这座城原在 varaṇā 和 asī 两条河上，现名 Benares。v 在吠陀语言和东北印方言念 b。可见“奈”在后汉还念 nɑs。支谶用“维卫”译 vipaśyin，昙果用“替疏”译 tiṣyɑ，可见 ś、ṣ 也在同一个范畴里。藏文-s 可以表示完成。也用来造名词，好像印欧语的分词。这要以解释“立”分化出“位”，(后藏)bslebs- * blebs→ * wreds→ * wres。我在《论古韵合怗屑没曷五部之通转》(《燕京学报》34)里假定音节末尾加了个-d 是错的，该是-s。

六、本谱收字横着分五栏。1.藏文拼法和简单释义。2.相应(可以算同源)的古汉语词。3.王力先生给古汉语拟的音，以郭锡良(汉字古音手册)为准。4.藏文透露的古汉语音。5.经籍里用例。

七、藏文字典首先是张怡荪主编的《藏汉大辞典》。这部书收字多，可惜口语方面有所忽略。其次是格西曲扎《藏文词典》。编译者已经在《出版说明》提到了它的一些不足之处。Dɑs 的辞典太偏重梵文来源和佛学。Jäschke 的辞典注重后藏方言，形式稍古，是我最早的根据。可惜规模稍小。谱里提到后三部书，分别用 G. D. J. 作缩写代字。在藏文前是说这个词的来源，在汉字前是说这个义项的来源。

八、古韵部目用罗先生(莘田)和周祖谟合著的汉魏韵谱标目字。有并有分。据藏文反映情况，“脂”和“支”的部分音同……都是不好懂的地方。留着以后继续研究改进。

九、我这里用的对音系统是：k kh g n̄；c ch j ń；t th d n；p ph b m；ts tsh dz w；ź z ɑ y；r l ś s；h，∅，比较旧。可是偶然引梵文，不致于产生歧义。只有 ɑ(ɦ)现在通行用h̲，在必要时候打在括弧里用。

十、引常见书不注版本、页数。《尚书》有伪孔传，是晋元帝时候梅赜奏上的，把《尧典》后半分开，叫《舜典》，把《皋陶谟》后半分开，叫《益稷》，来冒充《书序》的《弃稷》。现在引用，一律用原名。详见阎若璩《尚书·古文疏证》。《诗经》的篇名常是摘取第一句的两个字，像《有客》就是从第一句“有客有客”摘下来的。要是全引，重复可厌。现在只引“有客”两个字。《易》的卦名同此。

十一、本篇原名《汉藏韵轨》，目的在借藏语同源字(morpheme)窥测汉语上古音，所以用藏文作第一项。现在虽然改名了，全文体例难于改动，那太费劲了。诸读者记住：第四项是窥测出来的上古音可能有的面貌，和现代人"构拟"或者说摆七巧板摆出来的大不相同。第五项是经籍用例，好证明第一项用的意义在古汉语里也有过。笔者老友里有人坚持称它《韵轨》，也是为它本来是为求汉语古音轮廓而作。列字用古韵部目也是为这个。这是初稿的痕迹，"不足为外人道也"。

第 1 部　之

A gyi 类

藏文、释义	古汉词音	拟古音	藏语指向
1	2	3	4
gyi ……的	其	gĭə	gyei

用例

5《书·康诰》："朕其弟，小子封！"

śni (mɑ) 穗，(豆)	荚、耳	nĭə	ńyei

《易·噬嗑》："何校灭耳。"《释名·释形体》："耳，耏也。耳有一体属著两边耏然也。"

śni(bɑ)软	耏、而	nĭə	ńyei

《汉书·高帝纪》："耏以上请之。"注："耏亦颊旁毛也。"《考工记》："鳞之而。"

ɑdi 这个	时	zĭə	ɑdyai

《诗·公刘》："于时处处。"

ni 呢	而	nĭə	ni

《左传》隐十一年："天而既厌周德矣。"

ɑdzi 辞，不受	辞	zĭə	ɑdzyai

《仪礼·士相见礼》："某也固辞不得命……敢辞挚。"

ṛdzi 管理人，牧人　　嗣　　zĭə　　dzỵai

《大盂鼎》：“死嗣戎。”“死”经传作“尸”，主也。

ri(mo)花纹儿　　理　　liə　　rỵai

《说文序》：“知分理之可相别异也。”

B　rtse 类

rtse 尖儿，词尾　　子　　tsĭə　　rtsyai

《左传》僖十五年：“则婢子夕以死。”

brtse 爱(小孩儿)　　字 慈　　dzĭə　　rtsyai

《易·屯》：“女子贞不字。”

第 2 部　幽

dkyu 弯曲　　觩　　gĭəu　　mkyu

《诗·泮水》：“角弓其觩。”

khu 叔叔　　舅　　gĭəu　　mkyu

《诗·渭阳》：“我送舅氏。”

khyu 群　　仇 逑　　gĭəu　　mkyu

《诗·兔罝》：“公侯好仇。”《关雎》：“君子好逑。”

khru 肘　　肘　　tĭəu　　skru

《左传》成二年：“皆肘之。”现代藏方言有 kr—ṭ 的例。见下。

klu 龙　　虬　　giəu　　glu

《离骚》：“驷玉虬以乘鹥兮。”

glu 歌　　啁　　tĭəu　　kru

《礼记·三年问》：“犹有啁噍之顷焉。”g—d, G. grum 又写作 drum。

gru 船　　舟　　tĭou　　mkru

《诗·柏舟》：“泛彼柏舟。”

dgu　　九　　kĭou　　ku

《易·乾》：“初九，潜龙：勿用。”

mgu 乐,高兴　　休 庥　　xĭəu　　skhu

《书·洪范》:“休徵。”《大盂鼎》:“盂用对王休。”

n̄u 哭　　嚣 叫　　kiəu　　mku

《左传》襄三十年:“或叫于宋大庙。”

thu(bo)首要　　首　　ɕĭəu　　sthu

《书·皋陶谟》:“元首明哉!”

ɑthu 收集　　收　　ɕĭəu　　sthu

《诗·维天之命》:“我其收之。”

ɑdu 会合,群　　俦 畴　　dĭəu　　rdu

《书·洪范》:“不畀洪范九畴。”

bu 儿子　　孚 保　　piəu　　ɑphu

《大戴·夏小正》:“鸡孚粥。”

lbu 泡　　泡　　p'eəu　　ɑphu

《山海经·西山经》:“其源浑浑泡泡。”

su 谁　　畴　　dĭəu　　rsu

《书·尧典》:“畴咨若予采。”藏文 du 或作 su。

第3部　宵

第4部　侯

A rdo 类

ko 皮革,草囊　　侯　　ro　　mko

《考工记·梓人》:“毋或若女不宁侯。”

　　鞲　　ko

《汉书·东方朔传》:“董君绿帻傅青鞲。”

rko 挖　　抠　　k'o　　sko

《礼记·曲礼》:“抠衣。”

khro 怒　　酗 酗　　xĭwo　　skhro

《书·微子》:“我用沉酗于酒。”

mgo 觜宿　　口　　kʻo　　mkho

《礼记·月令》:“旦觜觿中。”段玉裁《说文注》:“凡羽族之味锐……曰觜……俗凡口……皆曰觜。”

ño 面容　　偶　　ŋo　　ño

《淮南·缪称》:“鲁以偶人而孔子叹。”

bco 修饰　　具　　gǐwo　　kyo

《仪礼·士相见礼》:“以食具告。”

bto 饮食,食物　　需　　sǐwo　　stho

《易·需·九五》:“需于饮食。”

mtho 高　　树　　ʑǐwo　　mtho

《易·系辞》:“不封不树。”

rdo 石头　　投　　do　　do

金文殳作 ,象手持石。《左传》庄卅二年:“能投盖于稷门。”

rno 锋利　　耨　　nok　　rno

《孟子》:“深耕易耨。”

ophyo 游水　　泭　　pʻǐwo　　phyo

《国语·齐语》:“方舟设泭。”

gtso 主　　主　　tǐwo　　tro

《左传》隐三年:“诸侯之主也。”“邾”《孟子》作“邹”,t—ts。

mtsho 湖　　薮　　so　　stsho

《周礼·职方氏》:“其泽薮曰云梦。”

zo(bɑ)木筒　　鉏 豆　　do　　do

　　斗　　to　　to

藏文 zlɑ 现在念 dɑ。可能古汉语反映这个音早有些变化。《诗·生民》:“卬盛于豆”。《大东》:“维北有斗,不可以挹酒浆。”也许是 dz～d。

B dbu 类

kyu 钩	钩	ko	ku

《老子》:"窃钩者诛。"

nu (bo)(mɑ)乳,弟弟	乳 孺	ɕĭwo	nu

《吕氏春秋·音初》:"人主方乳。"《书·洛诰》:"孺子其朋。"

dbu 头(敬)	头	do	rbu

《仪礼·士相见礼》:"左头奉之。"《左传》僖廿四年"竖头须"一作"里凫须"。

第5部　鱼

A lnɑ 类

kɑ 词尾"者"	个 箇	kɑ	kɑ

《仪礼·乡射》:"搢三而挟一个。"

kɑ(葫芦)瓜	瓜	koɑ	kuɑ

《诗·緜》:"緜緜瓜瓞。"

G. kɑ(cɑ)财物	贾	koɑ	kɑ

《诗·谷风》:"贾用不售。"

dkɑɑ 苦	盬	kɑ	

《诗·四牡》:"王事靡盬。"

bskɑ 涩	苦	k'ɑ	skɑ

《周礼·典妇功》:"辨其苦良。"

bkɑɑ 命令,教诲	故	kɑ	kɑ

《国语·楚语》:"夫有其故。"注:"意也。"

skɑ 稠,浓	黏 糊	ɣɑ	mgɑ

《左传》昭七年:"以糊予口。"

J. skyɑ 壶	斝	keɑ	kyɑ

《诗·行苇》:"洗爵奠斝。"

gɑ 什麽，为什么　　胡　　ɣɑ　　gɑ

《诗·式微》：“胡不归。”

grwɑ 角　　牙 枒　　ŋeɑ　　n̄ɑ

《考工记·轮人》：“牙也者，以为固抱也。”

lɑ 工钱　　赂　　lāk　　glɑ

《左传》桓二年：“齐、陈、郑皆有赂。”《国语·晋语》：“果丧其赂。”

dgɑɑ 欢喜　　嘏　　keɑ　　(　)kɑ

《诗·宾之初筵》：“锡尔纯嘏。”

遐　　reɑ　　rgɑ

《诗·天保》：“降尔遐福。”

rgɑ 老　　胡　　rɑ　　gɑ

《诗·载芟》：“胡考之宁。”

rgyɑ(bo)胡须　　胡

《诗·狼跋》：“狼跋其胡。”《汉书·郊祀志》：“有龙垂胡颟。”

汉人[①]　　夏　　geɑ　　dgyɑ

《书·康诰》：“用肇造我区夏。”

sgrɑ 声音　　吁　　xĭwɑ　　skhrɑ

《诗·卷耳》：“云何吁矣。”

n̄ɑ 我　　吾　　ŋɑ　　n̄ɑ

《石鼓》：“吾车既工。”

n̄antsho(<n̄araŋ)　　我们 卬　　ŋaŋ　　n̄an̄

《诗·匏有苦叶》：“人涉卬否，卬须我友。”

ln̄ɑ 五　　五　　ŋɑ　　n̄ɑ

《易·乾》：“九五，飞龙在天。”

sn̄ɑ 早，前　　晤 寤　　ŋɑ　　n̄ɑ

---

① 此处原稿即无藏文。（编者注）

《诗·柏舟》:“寤辟有摽。”

ńa 鱼　　鱼　　ŋĭa　　n̄ya

《诗·衡门》:“岂其食鱼,必河之鲤?”

lta 看　　睹　　ta　　tà

《易·文言》:“圣人作而万物睹。”

J. mdaa 箭　　弩　　na　　mda

《周礼·司弓矢》:“中春献弓弩。”

da 这,如今　　者　　□ia　　rta

《夨彝》:“者侯侯田男。”

adaa 过,超出　　渡 度　　dāk　　da

《汉书·王莽传》:“度百里之限。”

na 如果　　如　　nĭa　　rna

《论语》:“如不可求。”

mnaa 子妇,新娘子　　女　　nĭa　　na

《春秋经》隐二年:“纪履输来逆女。”

pa(船)夫　　夫　　pĭwa　　pwa

《左传》文元年:“呼! 役夫!”

pas 吧　　夫

paa s 的来历不明白,也许原是 d。见 kad 下。

《论语》:“惟我与尔有是夫!”

pha 父　　父　　bĭwa　　pwa

《论语》:“三年无改于父之道。”

pha(gi)那边儿　　夫(其)

《左传》宣二年:“夫其口众,我寡。”g 脱落即匪。

ma 妈　　母　　muə 姥　　muə　ma

《诗·蝃蝀》:“……崇朝其雨。女子有行,远兄弟父母。”

ma 没有,别　　无　　mĭwa　　mwa

《诗·行露》:“谁谓雀无角?”《野有死麕》:“无使尨也吠。”

btsaa 铁锈　赭　tia　tra

《管子·地数》:"上有赭者下有铁。"

btsaa 察看　狙　ts'ia　btsha

《管子·七臣七主》:"从狙而好小察。"

rtsa 根,主要　祖　tsa　tsa

《易·小过》:"过其祖。"《广雅·释诂》:"祖,本也。"

tsha 热　暑　ɕĭa　stsha

《诗·四月》:"六月徂暑。"

tshwa 盐　舄　siăk 写 sia　stshwa

《汉书·沟洫志》:"终古舄卤兮。"

wa 狐狸　狐　ɣa　wa

《诗·七月》:"取彼狐狸。"

za 吃　咀　dzĭa　rdza

《管子·水地》:"三月如咀。"

zwa 麻　苴　tsia　dzwa

《诗·七月》:"九月叔苴。"

zla 月　夜　ʎĭāk　dzra

《诗·葛生》:"冬之夜。"

J.zla 回答　诉 愬　sāk　sa

《诗·柏舟》:"薄言往愬,逢彼之怒。"

zla 伙伴　徒　da　da

《论语》:"求也非吾徒也。"藏文 zl-变 d-。古汉语也可能反映这种变音。

a 可,疑问虚词　与　yĭa　a

《左传》昭元年:"其与几何?"《国语·晋语》:"亡人何国之与有?"开头音是"其"、"之"的尾音,所以汉语写"与"。

ya 对手　与　ya

《周礼·大卜》:"以邦事作龟之八命……三曰与。"

rɑ 院落	庐	lĭɑ	rɑ

《诗·信南山》："中田有庐。"

sɑ 地方	所	ʃĭwɑ	srɑ

《考工记·梓人》："不属于王所。"

slɑ 容易	豫	yʌĭɑ	lɑ

《易·豫》："豫顺以动。"

hɑ 叫	呼	xɑ	hɑ

《庄子·让王》："仰天而呼。"

招	嘑	xɑ	

《孟子·告子》："嘑尔而与之。"

第6部　歌

skɑl 机缘，天命	嘉	keɑ	ɑkɑl

《易·随》："孚于嘉。"

khɑl 驮子	裹	kuɑ	kɑl

《管子·君臣》："富之以国裹。"

锅，陶器	鬲	kuɑ	kɑl

《说文》："秦名土釜曰鬲。"

khrɑl 税罚款	科	kʻuɑ	khɑl

《战国策·秦策》："科条既绳。"《释名·释典蓺》："科、课也，课其不如法者罪责之也。"

mkhɑl 肾藏，肾形豆	果	kuɑ	kɑl

《易·说卦》："艮为果。"

gɑl(ɑ)为什么，怎么，哪里	何	rɑ	gɑl

《诗》："何彼襛矣。"《十月之交》："于何不臧…胡憯莫惩。""何"表地域。两音节压缩成一个，好比 karu 和 dkar 都是"白"。

gɑl(ɑ)强迫	科	kʻuɑ	mkhɑl

D sgal 驮子，背的东西　何 荷　ra　gal

《诗·候人》："何戈与祋。"

gral 行列，级次　加　kea　akral

《老子》："尊行可以加人 。"

glal 呵欠　诃 何　xa　rskhal, gal

《史记·秦始皇纪》："陈利兵而谁何。"《卫绾传》："岁余不谯呵绾。"

rgal 越过，骑马　𡕒　k'oa　过 bkal

《论语》："过犹不及。"《史记·淮阴侯传》："出我胯下。"字作胯。

ṅal 疲劳　饿　ŋa　ṅal

《左传》宣二年："见灵辄饿。"

mṅal 胎　蛾　ŋa　ṅal

《诗·硕人》："螓首蛾眉。"在人为胎，在虫为蛾。

ṅal 睡眠，卧　卧　ŋua　ṅal

《孟子·公孙丑》："隐几而卧。"

tal 到达　朶　tua　tal

athal 量

《孟子·告子》："不揣其本。"字作"揣"，从耑声。《说文》："朶量也。"段玉裁说："《广韵》作'挅'。"

thal (la)粉末，碎，过多　多　ta　mthal

《诗·卷阿》："矢诗不多。"

adal 浸润　沱　da　dal

《书·禹贡》："东别为沱。"

adral 撕，毁　堕　dua　bdal

《书·皋陶谟》："万事堕哉。"

phar 彼岸　彼　pĭa　pal

phal

《诗·淇奥》："瞻彼淇奥。"原词根是 pha, r 是 ru 的省略。也可以说 phala，省了就成 * phal。

phyal 大肚子　　皮　　bĭa　　mphyal

《诗·相鼠》:“相鼠有皮。”

aphral 分离　　披　　pĭa　　phral

《左传》成十八年:“而披其地。”

dbral 分离　　离　　lĭa　　ral

《论语》:“邦分崩离析。”藏文 db 现代脱落。dbu 念 u。这个词也可能有同样变化。

bal 羊毛　　皮　　bĭa　　bral

《周礼·大宗伯》:“孤执皮帛。”

abal 拔毛　　髲　　lĭa　　abral

《仪礼·少牢馈食礼》:“主妇被锡。”《左传》哀十七年:“使髡之以为吕姜髢。”

mal(t'sha)褥,被　　靡　　mĭa　　mral

《汉书·扬雄传》:“靡薜荔以为席兮。”

btsal 求,择,愿　　差　　tʃʻea　　rtshal

atshal

《诗·吉日》:“既差我马。”《尔雅·释诂》:“差,择也。”

rtsal 能力　　左　　tsa　　tsal

《周礼·士师》:“以左右刑罚。”

G. brtsal 禁止　　挫　　tsua　　btsal

《战国策·秦策》:“挫我于内。”

tshal 片,碎屑　　瑳　　tsʻa　　tshal

《诗·淇奥》:“如切如磋。”

D. lar 再,重复　　丽　　lĭa　　lal

《诗·文王》:“其丽不亿。”藏文 l-母后-l 异化成-r。

bsal 洗　　洒　　ʃĭe　　sral

《管子·弟子职》:“堂上则播洒。”

bsal 清除,筛　　簁　　ʃe　　rsal

《汉书·贾山传》:"箒土作阿房之宫。"字作"箒"。案:支谶用"飏陀和"对 bhadrapāla(> bāla > vāla),用"惟于潘"对 bṛhatphala,可见歌部字收-l,所以能和寒部字对转。这就是-l、-n 混乱。

第7部 支

ste 于是　　斯　　sĭe　　se

《礼记·坊记》:"小人贫斯约,富斯骄;约斯盗,骄斯乱。"

小斧子　　斯　　sĭe

《诗·墓门》:"斧以斯之。"

de 那个　　是　　die　　de

《书·牧誓》:"乃惟……多罪逋逃是崇、是长、是信、是使,是以为大夫卿士。"

lde 羹匙　　匙　　zĭe　　(　)de

《后汉书·隗嚣传》:"有司奉血鍉进。"注:"鍉即匙字。"

第8部 脂

A bii 类

J.phyi 祖母　　妣　　pĭei　　mphi

《前》1.32.1:"匕甲。"《妣乙爵》:"匕乙。"卜辞"妣"对"祖"。

phyi 反手耳光　　揓 批　　p'iei　　phi

《左传》庄十二年:"批而杀之。"《说文》:"揓,反手击也。"

dbyi 猞猁,山猫　　貔　　bĭei　　byi

《诗·韩奕》:"献其貔皮。"

mi 不　　未　　mĭwēt　　mi

《论语》:"吾未见刚者。"王先生注音大致和藏语 med、古藏文 myed 相应,当入质部。今从朱骏声。

rmi 作梦	寐	miət	mi

《诗·关雎》："寤寐求之。"

rdzi 揉搓	挤	tsiei	ɑtsi

《荀子·仲尼》："抑有功而挤有罪。"

bzi 四	四	sĭēt	(　)si

《诗·干旄》："良马四之。"疑原有一 S，异化掉了。

bzi 晕，醉	醉	tsiwə̄t	bdzi

《诗》："既醉。""卒"在物部。谐声不准。

si 死	死	sĭei	si

《易·豫》："恒不死。"

B me 类

J. tshe(ze)姐姐	姊	tsĭei	tse

《诗·泉水》："遂及伯姊。"

ṅe 近	尼	nĭei	ńe

《书·高宗肜日》："无丰于昵。"作"昵"。《说文》："尼从后近之也。"新附作"祢"。佛典 sumeru 汉译"须弥"。可见韵是 e 或 er。

sde 部分	体	t'iei	sthe

《墨子·经上》："体、分于兼也。"

dpe 样子，比喻	比	bĭei	pe

《周礼·田仆》："及献比禽。"

me 火	燬	xĭwəi	sme

《诗·汝坟》："王室如燬。"《说文》引作"焜"。或作 ɡme。《方言》说："……火……齐言'焜'也。"齐人正是姜姓。《后汉书·西羌传》说："姜姓之别也。"

C ɑphir 类

J. kyir 圆	玑	kĭəi	kyir

《书·尧典》:“在璿玑玉衡。”

J.tshir 次序(轮),班次 次 tsʻiei tshir

《国语·晋语》:“失次犯令。”

ophir 飞 飞 pĭwəi ɑphir

ɑphur 飞

《诗·葛覃》:“黄鸟于飞。”藏语有 ɑblɑut。

D tsher 类

J.tser 战栗 惴 tĭwɑ rtser

《孟子·公孙丑》:“虽褐宽博吾不惴焉?”耑声字分部至难。参考藏语入脂。

tsher 蒺藜 茨 dziei mtser

《诗》:“墙有茨。”

J.tsher 次,回 次 tsʻiei tshir

《左传》宣十二年:“内官席当其次。”

ɑtsher 家 次 tsʻiei

《左传》庄三年:“凡师一宿为舍,再宿为信,过信为次。”

E skyil 类

skyil 集中,关闭 稽 kiei ɑkil

《周礼·地官》:“司稽掌巡市……掌执市之盗贼……”

bsil 洗 水 ciwəi

洒 siei sil

《孟子·梁惠王》:“愿比死者壹洒之。”

F skɑs 类

skɑs 梯子 阶 kei ɑkes

《孟子·万章》:“父母使舜完廪,捐阶。”

G gńis 类

gńis 二　　贰　　ńĭei　　ńis

《易·乾》:“九二。”《左传》文十六年:“子,身之贰也。”贰,是副手。《尔雅·释天》:“蜺为挈贰。”蜺是副虹。“挈贰”正是 gnis 的汉音的反映。

ɑdris 熟习　　肄　　ĭei　　dris

《左传》文四年:“臣以为肄业及之也。”

H blkres 类

bkres 饿(敬)　　饥　　kĭəi　　kres

《诗·雨无正》:“降丧饥馑。”

skyes 礼物,赠品　　气 饩　　k'ĭəi　　skres

《左传》桓六年:“齐人馈之饩。”

案:王念孙至部独立,去入二类。G H 也可能是去声或部分是去声。字过少,不分。汉语“霓”本有“五结切”。《南史·王筠传》:“约制《郊居赋》示王筠。筠读至‘雌霓连蜷’,约……曰‘仆常恐人呼为’(五兮反)。”后者和藏文 seŋge 里的(汉字狻猊)相当。藏文“二十”里也有 ńer 音。

第 9 部　微

A blkur 类

bkur 尊敬　　贵　　kĭwət　　kur

《国语·晋语》:“贵货而易土。”

skur 托人送　　归　　kĭwəi　　kur

《论语》:“归孔子豚。”

ɑkhur 带走,带上　　归　　kĭwəi

《论语》:“齐人归女乐。”

gur 帐棚　　帷　　ɣǐwəi　　gur

《诗·氓》:“渐车帷裳。”

ɑ(h)ur 噪音　　虺　　xuəi　　xur

《诗·终风》:“虺虺其雷。”《广雅·释训》:“虺虺,声也。”

B skor 类

dkor 财物　　贵

《老子》:“不贵难得之货。”

skor 转,园　　围　　ɣǐwəi　　rgor

《考工记·函人》:“以其长为之围。”

ɑkhyor 失真,忘,丢　　遗　　ʌǐwəi　　ɑkor

《易·泰》:“不遐遗。”

ɑ(h̲)or 水,漩涡　　回　　ɣuəi　　gor

《史记·仲尼弟子列传》:“颜回……字子渊。”《说文》:“渊,回水也。”

o(h̲)ọr 放下　　委　　ǐwəi　　or

《孟子·公孙丑》:“委而去之。”

o(h̲)or 餧　　餧　　ǐəiw　　or

《汉书·陈余传》:“如以肉餧虎。”

C nul 类

nul 泥　　泥　　niei　　nul

《易·震》:“遂泥。”“尼”声在脂。《说文》有“㠐”字,训作抹泥,乃昆切。从“银”藏文作 n̄ul 看,泥当在微部。

ɑphul 推,挤　　排　　ɑpul

《孟子·滕文公》:“排淮泗而注之江。”

D khol 类

khol 碎粒,小块　　块　　k‘uəi　　khol

《仪礼·既夕记》:“役用块。”khol 也当驮子讲,khɑl 是装载,khɑl 也是驮子。这儿有 ɑblaut.

ɑkhyol 到　　归　　kĭwəi　　kyol

《易·泰》:“帝乙归妹。”《说卦》:“万物之所归也。”

bol 脚背,腿肚子,靴筒　　腓　　bliwəi　　rlbol

《易·咸》:“咸其腓。”

yol 帘子　　帏 袆　　ɣĭwəi　　gyol

《尔雅·释器》:“妇人之袆谓之缡。”《周礼·内司服》:“袆衣。”

躲起　　违　　ɣĭwəi　　gyol

《诗·殷其雷》:“何斯违斯。”

E ɑkhyos 类

ɑkhyos 礼物　　馈　　ɡiwəi　　ɑkhyos

《孟子·公孙丑》:“王馈兼金一百。”

第 10 部　祭

mkhɑs 智,巧　　会　　kuāt　　mkhwɑds

《史记·夏本纪》:“禹会诸侯……计功……会稽者会计也。”《周礼》有“司会”。《说文》:“驵会也。”

gɑs 裂　　害　　rāt　　gɑds

《诗·泉水》:“不瑕有害。”

glɑs 雇工　　褐　　rāt　　gɑds

《左传》哀十三年:“余与褐之父睨之。”杜注:“褐,寒贱之人。”

rgɑs 老,年长　　介　　keāt　　rgɑds

《左传》襄廿六年:“寡君之贵介弟也。”

t'shɑs 走,住　　逝　　ȶĭāt　　rtśɑds

《诗·硕鼠》:“逝将去女。”

dras 改正,剪裁　制　tĭāt　(　)drads

《孟子·梁惠王》:“可使制梃。”

adas 过去,死　逝　ȶĭāt　drads

《论语》:“逝者如斯夫。”

ldas 留下　脱　tʻuāt 税　ĭwāt rthads

《史记·李斯传》:“吾未知所税驾也。”《说文》作“挩”。

aphras 伸手足卧　废　pĭwāt　prads

《周礼·小司徒》:“以辨其贵贱老幼废疾。”

sbas 隐藏　蔽　pĭāt　rpads

《左传》襄廿七年:“以诬道蔽诸侯。”

las 功业　烈　lĭăt　rlads

《孟子·滕文公》:“丕承哉武王烈。”神农亦称厉山氏,又作列山氏、连山氏。

第11部　职

J.dbyigs 财产　富　pĭwək　rpigs

《易·小畜》:“富以其邻。”

gzig 试,斟酌　试　cĭək　zigs

《书·尧典》:“试可乃已。”

rig 种姓,阶级,范围　智力　rig　lĭg

《论语》:“陈力就列。”

第12部　沃

A drug 类

dkrug 搅乱　搅 梏　kŏuk　akug

akhrug

《诗·何人斯》："衹搅我心。"《后汉书·马融传》："梏羽群。"注："案字书作从手，即古文搅字。"

ɑgugs 招唤　　敩　　reǒuk　　ɑgugs

《礼记·学记》："学学半。"上字胡孝反。

thug 粥　　粥　　ȶĭəuk　　mthug

《左传》襄十八年："食粥。"

ɑthug 厚　　笃　　tǒuk　　tug

stug

《诗·椒聊》："硕大且笃。"

dug sdug 毒　　毒　　dǒuk　　dug

《易·噬嗑》："遇毒。"

ldug 注，铸　　铸　　tĭəu　　(　)tug

《左传》僖十八年："故以铸三种。"《淮南子》注："读如唾祝之祝。"

phug 洞穴　　复　　bĭəuk　　rphug

《诗·緜》："陶复陶穴。"《说文》作寝。

rmug 昏聩不明　　瞀　　mok　　ɑmug

《庄子·徐无鬼》："予适有昏瞀之疾。"

ɑdrug 坚立　　督　　tǒuk　　mtug

《庄子·养生主》："缘督以为径。"郲后来作邹。t—ts。

drug 六　　六　　lĭəuk　　rug

《易·坤》："初六，履霜……"

zugs 向，走　　俶　　ȶĭuk　　mthug

《诗·既醉》："令终有俶。"

B mig 类

mig 眼睛　　目　　mĭəuk　　myug

《易·小畜》："夫妻反目。"

rtsig 筑，墙　　筑　　ȶĭək　　rtug

《诗·篙》："筑之登登。"

第 13 部　药

第 14 部　屋

khug 类

按：阴声多作-o，理应作 og。因为铎部(ɑg)大部分音作 og，唇音就挤得变 ug 了。

lkugs 哑巴，呆傻　　悫　　kʻeok　　ɑkhog

《礼记·祭义》："其亲也悫。"

khug 弯曲　　曲　　kʻĭwok　　rkhog

《春秋经》文十二年："秦人、晋人战于河曲。"

khug 得到　　穀　　kŏk　　kog

《论语》："邦有道穀。"

m'dzug 末尾，下头　　足　　tsĭŏk　　rtsog

《易·剥》："剥床以足。"

ɑ'dzug 放置　　属　　zĭwŏk　　rdzog

《谷梁传》定十年："退而属其二三大夫。"

thug 接触，遏　　触　　ȶʻĭwok　　rthog

《易·系辞》："触类而长之。"

dbyug 打　　撲 扑　　pʻŏk　　ɑphog

《宗周钟》："王撲伐其至。"

ɑdzug 刺，锋利　　镞　　tsŏl　　rtsog

《吕览·贵卒》："所为贵镞矢者。"

źugs 火　　烛　　tĭwŏk　　rdog

《周礼·司烜氏》："共烛庭燎。"

ǵszug 尾巴　　续　　zĭwŏk　　rzog

《诗·小戎》:“阴靷鋈续。”

rug 收　　录　　lǐwǒk　　rog

《公羊传》隐十年:“春秋录内而略外。”

第 15 部　铎

A rdog 类

o 也许表示 wa, 比方豁唇 kh́aswa 也作 kh́aso。

kog 皮, 外壳　　鞹　　k'uak　　skag

《论语》:“虎豹之鞹。”藏语动词有 ablaut、klog 的“过去时”是 bklag。这里元音 o 代 a, 可能是因为它。

klog 念诵　　略　　lǐăk　　klag

《淮南·脩务》:“诵诗书者期于通道略物。”藏文反映“各声”。

skyog 扭转　　却　　k'eăk　　akhyag

akhyog 弯曲　　akhyogagro 是蛇

《考工记·梓人》:“却行。”

《庄子·人间世》:“吾行郤曲。”

khog 腔, 内部　　鞹　　k'uak

《论语》:“虎豹之鞹。”

壑　　xăk　　skhag

《孟子·滕文公》:“志士不忘在沟壑。”

锅 镬　　ɣ uăk　　akhag

《周礼·大宗伯》:“省牲镬。”

grog 深沟　　洛 雒　　lăk　　grag

《书·洛诰》:“惟洛食。”《梵语千文》“洛”下注 saraka“落”, Cappeller 梵德字典给 sarī 注上 Wasserfall。

grogs 朋友　　客　　k'eăk　　akhrag

《诗》:“有客。”

mgyogs 快　　遽　　gĭa　　gyags

《国语·晋语》："遽见之。"

ñgos 边缘　　锷　　ŋāk　　ñag

《庄子·说剑》："齐岱为锷。"

gtsog 打破　　剒　　t‘sǎk　　mtshag

《公羊传》成二年："法剒。"

lt‘sog 堆，木堆　　藉　　dziāk　　mtsags

《易·大过》："藉用白茅。"

rtog 想　　度　　dǎk　　tag

《孟子·梁惠王》："王请度之。"

thog 开始　　乇　　ĭāk

坼 t‘　　eǎk　　rthog

《易·解》："雷雨作而百果草木皆甲坼。"

屋子　　宅　　deǎk

《书·尧典》："宅南交。"

rdog(po) 包袱　　橐　　t‘ǎk　　mthag

《诗·公刘》："于橐于囊。"

mnog 回报，得利　　诺　　nāk　　nag

《诗·閟宫》："莫敢不诺。"

phyogs 种类，方面，向　　薄　　bǎk　　rphag

《易·谈卦》："风霜相薄。"

缚　　bĭwǎk　　rphyag

《左传》襄十八年："乃弛弓而自后缚之。"

ophog 跳　　搏　　bǎk　　mphag

《礼记·儒行》："鸷虫攫搏。"

aphrog / abrog 劫财，掠　　博　　pǎk　　mphag

《论语》："不有博弈者乎？"

rmog 头盔 帞 amag

《方言》:"络头,陌头也。"

atshogs 集、聚 措 错 ts'uāk atshags

《易·系辞》:"错综其数。"《诗·汉广》:"翘翘错薪。"

zlog 禳除 索 sǎk asag

《周礼·方相氏》:"以索室殴疫。"

a(h)og 下,底,恶劣 恶 ǎk ag

《左传》昭二十八年:"豰蔑恶。"

rogs 助 勴 lǐa lags

《尔雅·释诂》:"助,勴也。"

log 回来 格 keak klag

《书·尧典》:"格于上下。"

sog(ma)桔杆 索 sǎk sag

《诗·七月》:"宵尔索绹。"

第16部 锡

A bkag 类

bkag 隔开 隔 kěk ( )keg

《汉书·五行志中之上》引《京房易传》:"上下皆蔽兹谓隔。"

ltśag 马鞭,棍子 策 tʃ'æk stsreg

《考工记》:"轫前十尺而策半之。"《左传》文十三年:"赠之以策。"

ltsags(dkar)锡 锡 siěk stsheg

《考工记·楖氏》:"六分其金而锡居一。"

t'shag 破碎 捇 騞 xak xt'sheg

《庄子·养生主》:"奏刀騞然。"赤声字有穿晓两声。

t'shags 踏,鞋 屐 gǐek stsheg

《庄子·天下》:“以屐履为服。”支声字有牙齿两声。

ȧdzags 平稳　易　yĭēk　ȧdzeg

《易·系辞》:“易者使倾。”

thag 间隔,断　逷 逖　t'iĕk　athegs

《书·牧誓》:“逖矣西土之人。”

dag 一对,合适　敌 適　tiĕk　rteg

《诗·伯兮》:“谁適为容。”《荀子·君子》:“告无適也。”《释名·释亲属》:“嫡、敌也。”敌指身分平等。

drag 病愈,完全　寔　ziĕk　dreg

《国语·周语》:“咨于故寔。”

ldag(pa)舔　舓 舐　dʒĭĕk　degs

《庄子·列御寇》:“舐痔者得车五乘。”

phag 黑旮旯,秘密　僻　p'ĭĕk　pheg(s)

《诗·葛屦》:“宛然左僻。”今作辟。

phyag 手(敬)　臂　pĭēk　aphyegs

《礼·少牢馈食礼》:“肩臂臑。”

aphag 跳　辟　pōēk　apheg

《礼记·檀弓》:“辟踊,哀之至也。”

bag 意趣　癖 嬖　pĭcēk　apeg

《左传》隐三年:“嬖人之子也。”

brag 岩石,山石　甓　biĕk　bleg

《诗·防有鹊巢》:“中唐有甓。”

dbrag 缝,交界　阙　bĭĕk　breg

《书·尧典》:“阙四门。”

lag(pa)把,手　搹　ɿək　breg

《仪·士丧》:“直经大鬲。”字作“鬲”。

gsag 虚话,饶舌　啧　dʒek　tsreg

《左传》定四年:“啧有烦言。”

B thigs 类

khrigs 行列，次序　　秝 历　　liek　　kleg

《书·大诰》："嗣无疆大历服。""历"，三体石经作"鬲"。

bsyig 绳子　　系　　kiek　　kyeg

ɑkhyig 捆，系上

《易·否》："系于苞桑。"

gtsig 一　　隻　　tĭăk　　tyeg

《公羊传》僖卅三年："匹马隻轮无反者。"古韵家入铎部。依藏文在此。卜辞读如"获"。

thig 灵验，准　　适　　ɕiĕk　　stheg

《书·盘庚》："民不适有居。"以动词。

thigs 水滴　　滴　　tiĕk　　mtheg

gtig

《列子·力命》："若何滴滴。"

ɑbigs 穿透　　劈　　p'iĕk　　mpheg

《广雅·释诂》："劈，分也。"

tshig 句，词，词组　　策　　tʃ'ĕk　　rtsheg

《周礼·内史》："则策命之。"金文作"册令"。

grigs 优待，礼物　　赐　　sĭĕk　　msegs

《大盂鼎》："易女邦𤔲四白。"

第 17 部　质

A skid 类

skid 愉快　　吉　　kčĕt　　kid

《诗》："吉日。"

ňin(< -d 受 mɑ 同化成 n, m。后 m 亦失去)太阳，白天　　日　　niĕt　　ńid 同上。藏文昨日也说 khɑsan̄ ńin。

srid 长度	率	ʃiwə̌t	srid

《礼记·祭义》:“其率用此与?”

领袖	率	ʃiwə̌t	srids

《荀子·富国》:“将率不能则兵弱。”案:此字二音。依 Roerich 的 The Tibetan Dialect of Lahul, 藏文有的-s<-ds。凡质物月部去声字都可以照此写。脂部“肆气”二字同。鸠摩罗什译《法华经》,用“兜率”对 tusita。

B phyed 类

phyed 分别,一半儿,匹配	匹	p'ǐět	phyed

《左传》僖二十三年:“秦晋匹也。”

sbed 藏,秘密	秘	pǐēt	pyeds

《考工记·轮人》:“四尺谓之庇轸。”故书作“秘”。

	密	mǐět	mbyed

《易·小畜》:“密云不雨。”

byed 分别	别	bǐǎt	byed

《易·系辞》:“以别贵贱。”

C bris 类

bris 写	笔	piət	prid

《尔雅·释器》:“不律谓之笔。”《汉书·礼乐志》:“笔则笔。”

śes 知识,心思	悉	sǐět	syed

《管子·版法》:“谐习以悉。”

第 18 部 术

A dud 类

skud 线把儿	绢	kuə̌t	kud

《楚辞·九思》:“心结缗兮折摧。”

khud 折痕,私有　　剧　　kĭwǝ̆t　　skud

《淮南·俶真》:“镂之以剞劂。”

khud 山沟　　窟　　k'uǝt　　khud

《汉书·邹阳传》:“士有伏死堀穴岩薮之中耳。”字作“堀”,见《说文》。

rgyud 系谱,绳索　　繘　　ɣĭwēt　　gyud

《易·井》:“汔至亦未繘井。”

stud 接近,重说　　述　　dĭŭiǝ̆t　　rdud

《仪礼·少牢馈食礼》:“遂述命。”《论语》:“述而不作。”

ek 模模 ā 戒 ud 烟通　　突　　duǝ̆t　　dud

《文选》注引《文子》:“墨子无黔突。”

J.ģzid 走　　术　　dĭŭǝt　　dzud

《礼记·月令》:“审端径术。”“端”,正也。避秦王政讳。

J.yud 眩晕　　鬱　　iŭǝ̆t　　yud

《管子·中医》:“鬱浊困滞。”

B sprod 类

J.rkod 掘　　掘　　gĭŭliǝ̆t　　rkod

《左传》哀二十六年:“掘褚师定子之墓。”

sprod 交付,给　　畀　　piēt　　(　)prods

《书·洪范》:“不畀洪范九畴。”畀声今在质,唇音异化。

C zed 类

zed 破裂　　碎　　suǝt　　dzeds

《广雅·释诂》:“碎,散也。”《史记·蔺相如传》:“臣头今与璧俱碎于柱矣。”元音属脂质。从谐声。

kyed 伸展,伸腰　　仡　　ŋĭǝt　　mgyed

《书·秦誓》:“仡仡武夫。”

第19部　月

A kad 类

D.kad(在拉达克)　介　keāt　kads

方言代-ka(个)

《书·秦誓》:“若有一介臣。”

skad 声,话,说　话　raāt　mkads

《书·盘庚》:“乃话民之弗率。”

khyad 区别,特点 部分　契　kʻiăd　khyad

《诗·箇》:“爰契我龟。”

gyad 力(力士)　桀 傑　gĭăt　gyad

rgyal(po)国王

《诗·伯兮》:“邦之桀兮。”

brgyad 八　八　pĕt　mpad

《易·系辞》:“八卦相盈。”“八”,段氏入质部,无证据;今从朱骏声。肺沛旆押月韵。

bt'sad 断,判断　折　ṭĭăt　a'ṭsad

gtśod 砍(柴)

《易·丰》:“折其右肱。”《论语》:“片言可以折狱者。”

t'shad 断　绝　drĭŭiăt　a'tsad

《论语》:“子绝四。”

G.gtad 传授,交付　达　dăt　mtad

《书·尧典》:“达四聪。”

bad 拔　拔　băt　bad

《广雅·释诂》:“拔,出也。”

smad 下头,下游　末　muăt　mad

《孟子·告子》:“不揣其本而齐其末。”

tshad 分量,程度　　察　　tʃʻeat　　rtshad

《论语》:“察其所安。”

śad 句号,梳理　　说　　ɕiuăt　　ŕsad

《左传》昭七年:“说也,为身无义而图说。”

B god 类

案:藏文动词有变词干元音的,dgod 的过去式是 bgad。词典并不全收。

god 灾害,损失　　害　　ɣāt　　gads

《诗·泉水》:“不瑕有害。”

bgod 分割　　割　　bkad

《书·尧典》:“汤汤洪水方割。”

rñod 损害,诅咒,不　　ŋĭăt　　ñad

炒,烤　　爇　　nĭwăt　　ñywad

《书·盘庚》:“若颠木之有由櫱。”字作櫱,《说文》正篆。《左传》僖二十八年:“爇僖负羁氏。”

sdod 住,停留　　滞　　dĭāt　　rdads

《周礼·泉府》:“货之滞于民发者。”

C khal 类

案:-al 该在歌部。吠陀语言元音中间的 t、d 作 l,后汉三国译经 nadī 康僧铠作“那提”,支谦作“那履”。那么俗语-l-也可以来自-d-。支谦译《撰集百缘经》用“鸯掘”对 aṅgul。

rgyal 胜利;月躔　　揭 kʻĭăt 月 ŋ-　　rkad, sñyad

《管子·君臣》:“犹揭表而令之止也。”《易·文言》:“与日月合其明。”

adral 扯碎　　裂　　lĭăt　　ral

《庄子·天下》:“道术将为天下裂。”

tshal 青菜　　　蔡　　　ts‘āt　　　tshads

《文选·魏都赋注》引《楚辞》王注:“蔡,草莽也。”

d agas 类

案:-as 应该和去声(-ds)相应。不过两下里不全一致。

agas 裂口,打破　　　豁　　　xuǎt　　　skwad

《吕氏春秋·适音》:“则耳豁极。”

第 20 部　盍

bkad 复盖　　　盍　　　γap　　　bkab

dgab

《荀子·宥坐》:“复瞻被九盍皆继。”　* dgabs→ * gads→ * gas 盖,入祭部。

khyab 充满,抱　　　夹　　　keap　　　mkhab

《书·禹贡》:“夹右碣石。”

khrab 铠甲　　　甲　　　keap　　　mkhab

《易·说卦》:“离为甲胄。”后加-s 复-ds＞-s 即是“介”《汉书·叙传》:“税介免胄。”即“税甲”。

rgyab 不和,背　　　阖　　　γ ap　　　gab

弃,关(门)

《易·系辞》:“一阖一阙谓之变。”

brgyab 作事　　　业　　　ŋǐap　　　ñyab

《易·文言》:“君子进德修业。”

ńab 手敛,捏　　　摄 镊　　　nǐap　　　snyab

起来

《论语》:“摄齐升堂。”

ldab 重复,倍数 叠 diap dyab

《玄应音义》九引《三苍》:“叠:重也,积也。”

J.adab 平板,木片 牒 diap dyab

《墨子·备蛾傅》:“答楼不会者以牒塞。”

bab 情形,样式 法 pĭwap pwab

《易·系辞》:“制而用之谓之法”。《尔雅·释诂》:“范,法也。”

babs(sdegs)下马石

→ * bads→ * bas 废 pĭwāt pwads

《仪礼·士丧》:“废敦。”注:“敦无足者。”下马石永远放在那里。

gzab 小心,勤快 捷 dzĭap dzyab

《吕氏春秋·贵座》:“可谓捷矣。”

J.yab 扇子 萐 ʃeap zyab

《白虎通·封禅》:“萐莆者……叶大于门扇,不摇自扇。”

rab 渡口,石底 涉 ziap rab
可涉处

《诗·匏有苦叶》:“济有深涉。”

* rabs→ * rads→ * ras 砅 厉 lĭāt rads

《诗·匏有苦叶》:“深则厉。”《文选注》:“砅履石渡水也。”引《诗》“深则砅”。

《水经·河水·注》:“吐谷浑于河上作桥,谓之‘河厉’。”段注:“宋庠《国语补音》引《诗》作‘砅’。”音在祭部。

第 21 部 缉

A adźib 类

grib 山背,遮光 翕 xĭəp grib
sgrib

《易·系辞》:“其静也翕。”

btśu(＜bt́siB＜btśib)十　十　zĭəp　dzib

《易·屯》:“十年乃字。”

ɑdźib 吸,汁　汁　ȶĭəp　tśib

《说文》:“汁,液也。”

thib 黑暗　蛰　dĭəp　ɑtib

《易·系辞》:“龙蛇之蛰。”

śibs 耳语　嗫 嗫　ȶiɑb　stib

《史记·魏其武安侯传》:“乃效女儿呫嗫耳语。”《说文》:“聂,附耳私小语也。”《史记》作“嗫”,《说文》又作“讘”。

srib 黑,阴影　隰

《左传》襄二十五年:“牧隰皋。”杜注:“隰皋,水崖下湿。”

B bsleb 类

khep 盖,罩子,斗笠　匧　kiɑp　kheb

ɑkheb

《庄子》:“胠箧。”

ɑdźebs 悦耳,如意　协　riɑp　dzeb

《周礼·大行人》:“协辞命。”故书作“汁”。

ldeb 张(纸),页　箕　nĭɑp　ldeb

《广雅·释器》:“箕,籥也。”

ldebs 山崖子　堞　diɑp　rdeb

《左传》襄二十七年:“崔氏堞其宫而守之。”

J. tsebtseb 尖　濈　tʃĭəp　rtseb

《诗·无羊》:“其角濈濈。”《说文》训“和”。其实该训“尖”。

sleb 来到　立　leəp　leb

《周礼·乡师》故书:“执斧以立匠师。”注:“故书……作立。郑司农云:‘立读为莅,莅谓临视也。’”《诗·黄鸟》:“临其穴。”

slebs→ * sleds→ * sles　　莅　　　　lǐēt　　　leds

《仪礼·士冠》:“吾子将莅之。”

J. 作 bslebs(过去·将来)-s 本表过去时(完成体),派生名词。原文入-s 不可信。应该用汉语校正。

　　　　　　　　　　立 位　　　　riwə̄t　　　wreds

《颂鼎》:“立中廷。”《周礼·小宗伯》故书:“掌建国之神立。”J. 拚法是。支谶译 purvavideha 作“弗于逮”。于念 va。古梵文和孟加拉文常用 b 代 v。这就是我在《后汉三国梵汉对音谱》里说的匣^{2}(匣^{1} 是 g)。

lheb 喘气　　　　　　吸　　　　　xǐəp　　　　xeb

《庄子·齐物论》:“吸者叫者。”

第 22 部　合

A nub 类

grub 完美,好　　　　洽　　　　　xeəp　　　　xrub

《诗·载芟》:“以洽百礼。”

adrub 缝　　　　　　缉　　　　　ts'ǐəp　　　sdrub

《说文》:“缉,绩也。”

nub 西方,天夕　　　入 / 内 纳　　nǐəp / nəp　　rnub, nub

《史记·五帝本纪》:“寅饯入日。”今《书》作“纳”。《无惠鼎》:“嗣徒南中右无惠内门。”

nub→ * nubs→ * nuds→ * nus　内　　nūət　　　nuds

《诗·山有枢》:“子有廷内。”今入物部。

B kob 类

J. kob 全份儿,所有的　合　　　　ṙəp　　　　kob, gob

《周礼·小行人》:“合六币。”《汉书·律历志》:“合者,合龠之量也。”

*gobs→*gods→*gos 会 ṙuāt gods

《易·文言》:“嘉会足以合礼。”今入祭部。

skyob 救 急 kĭəp kyob

《诗·常棣》:“兄弟急难。”《汉书·地理志》:“敢于急人。”

dobdob 明说 沓 dəp dob

《诗·十月之交》:“噂沓背憎。”《说文》:“语多沓沓也。”

第23部 蒸

第24部 东

A gsun̄类

kłun̄ 大河 江 keoŋ ɑkon̄

kłun̄ 平川,耕过的田 垅 lĭwoŋ klon̄

《礼记·曲礼》:“适墓不登垄。”龙声字有“龚”。

khun̄ 窟窿 孔 k'oŋ khon̄

《周书·王会》:“方人以孔鸟。”案:今言孔雀。

sgrun̄s 唱神话故事 诵 颂 zĭwoŋ skon̄s

《诗》:“周颂。”

tśhun̄ 小 冲 童 ɑĭwəm doŋ rdon̄

《书·盘庚》:“肆予冲人。”《易·蒙》:“童蒙求我。”

ńun̄ 少,小 茸 nĭwoŋ ńun̄

《文选·报任少卿书》:“在阘茸之中。”

dun̄ 喇叭,海螺 筩 筒 doŋ don̄

《汉书·律历志》:“伶伦制十二筩以听凤鸣。”

gdun̄ 房梁 栋 toŋ mton̄

《易·大过》:“栋隆。”

mdun̄ 枪,矛　　撞　　deoŋ　ɑdpun̄ rdun̄ 刺

《战国策·秦策》:“迫则杖戟相撞。”《广雅·释诂》:“撞,刺也”。

dun̄dun̄ 殷切,摇,憧憧　　tʻĭwoŋ, deoŋ　rdon̄

《易·咸》:“憧憧往来。”

dpun̄ 群,军队;邦,封　　邦　　peoŋ,

dpū　　(山)肩 犎　　ɑpon̄

《书·尧典》:“协和万邦。”《初学记》廿九引《字林》:“犎,野牛也。”玄应《音义》十四引周成《难字》:“今有此牛……膊上有犎是也。”

spun̄ 堆　　丰　　pĭwəm　　phon̄

《易·序卦》:“丰者大也。”

bun̄ 蜂　　蜂　　pʻĭwoŋ　　rpon̄

《左传》僖十二年:“蜂虿有毒。”

G ɑbyun̄ 遇见　　逢　　bĭwoŋ　　byon̄

G ɑbyun̄s 生,出现,成到

《左传》宣三年:“莫能逢之。”

zun̄ 一对　　从　　dzĭwoŋ　　dzon̄

《国策·秦策》:“从而伐齐。”

srun̄ 看守,监视　　从　　dzĭwoŋ　　dzon̄

《诗·还》:“并驱从两肩兮。”逐也。

gsun̄ 说话,声音　　诵 讼　　zĭwoŋ　　gson̄

《史记·吕后本纪》:“未敢讼言诛之。”

C zɑn̄类

dɑn̄ 一块儿　　同　　doŋ　　don̄

《石鼓》:“吾马既同。”

zɑn̄s 铜　　铜　　doŋ　　don̄

《汉书·货殖传》:“章山之铜。”案:d—dz 和 t—tz 一样。

sraṅ(hraṅ Bell)胡同　　巷　　reoŋ　　groṅ

《诗·叔于田》:“巷无居人。”

第 25 部　阳

A gyoṅ类

koṅ(po)灯盏　　光　　kuaŋ　　kwaṅ

藏语 o 相当汉语 a,也许原是合口,也许是 ablaut。《易·坤》:“地道光也。”

skoṅ 添满,如意　　桄　　kuaŋ　　kwaṅ

《书·尧典》:“光被四表。”《说文》作桄。戴震有说。

rkyoṅ 伸开四肢躺下　　僵　　kĭaŋ　　kyaṅ

《吕氏春秋·贵卒》:“公子小白僵。”

khoṅ)stoṅ)裹头,空膛儿　　康　　k'aŋ　　khaṅ

《诗·宾之初筵》:“酌彼康爵。”

goṅ(sa)上头,顶,皇帝　　皇　　ruaŋ　　gwaṅ

《诗》:“皇矣上帝。”

gyoṅ 强,硬　　彊　　gĭaŋ　　gyaṅ

《诗·载芟》:“侯彊侯以。”

groṅ 村,市镇　　乡　　xĭaŋ　　skhraṅ

《周礼·大司徒》:“五州为乡。”

rgyoṅ 伸,填满　　党 竟　　kiaŋ　　akyaṅ

《管子·小问》:“瞠然视。”《说文》作“睆”。《方言》:“党,知。”《汉书·王莽传》:“恩施下竟同学。”

skyuṅ 减少,留下　　控　　k'oŋ　　khoṅ

《庄子·逍遥游》:“时则不至而控于地。”

spoṅ 不要,戒,放弃　　放　　pĭwaŋ　　spaṅ

《论语》:“放郑声。”

spon̄ 禁忌　防　bĭpan̄　mpan̄

《左传》襄三十一年:“不闻作威以防怨。”

rmon̄ 看不清,不见　盲　meaŋ　aman̄

《韩非子·解老》:“目不能决黑白之色则谓之盲。”

rmon̄ 愚昧　妄　mĭwaŋ　rman̄

《易》:“无妄。”

tshon̄ 买卖　商　ĭaŋ　stshan̄

atshon̄

《周礼·司市》:“商贾为主。”

rdzon̄ 堡垒　藏　dzaŋ　dzan̄

《易·系辞》:“慢藏诲盗。”

zon̄ 货,价钱　偿　zĭaŋ　rdzan̄

《左传》僖十五年:“不可偿也。”

gzon̄ 凿子,刨子　创　tʃʻiaŋ　rtshan̄

《论语》:“裨谌草创之。”

ahon̄ 来　行　ṙaŋ　gan̄

《国语·晋语》:“行年五十矣。”《文选·与吴质书》:“别来行复四年。”

yan̄ 来到,将要　往　ṙĭwaŋ　yan̄

《广雅·释诂》:“往,至也。”

son̄ 走了,去了　丧　saŋ　san̄

《论语》:“二三子何患于丧乎?”亡声心纽,与晓同,指向 sm(>hm)。如 ńog“虐”,sńog 是“谑”。

slon̄ 举,升起　尚 上　ziaŋ　rsan̄

《礼记·祭义》:“有虞氏贵德而尚齿。”

slon̄ 给,添,周济　赏　cxĭaŋ　slan̄

《易·未济》:“有赏于大邦。”

slon̄ 问，乞求　　商　　ɕiaŋ　　slan̄

《易·兑》：“商兑。”

B dmanās 类

kyan̄ 又，连同　　更　　keaŋ　　akan̄

《汉书·食货志》：“月为更卒。”

glan̄ 公牛　　犆　　lĭaŋ　　glan̄

《左传》闵二年：“尨犆冬杀。”《说文》引作“牻犆”，白黑杂毛牛也。

dman̄s 人民　　氓　　meaŋ　　aman̄s

《诗》：“氓之蚩蚩。”

sran̄ 一两，称　　两 量　　lĭaŋ　　rlan̄

《汉书·律历志》：“两者，两黄钟律之重也。”

第26部　耕

A tshans 类

现代梅县客话“听”音 thang。汉人“丁”即“当(年)”。

kyan̄ 直　　径　　kieŋ　　akyen

《论语》：“行不由径。”《尔雅·释水》：“直波为径。”

rkan̄ 干，本　　茎　　rieŋ　　agen̄

《考工记·桃氏》：“以其鬣广为之茎围。”

rkan̄(mgo)腿　　胫　　rieŋ　　rken̄

《论语》：“以杖叩其胫。”

rkyan̄ 野马(骡子)　　惊　　kĭeŋ　　rken̄

《左传》隐元年：“惊姜氏。”

mkhran̄ 硬，结实　　劲　　kĭeŋ　　mkhren̄

《荀子·非相》：“筋力越劲。”

ltsan̄ 杨树，柳树　　柽　　tʻieŋ　　then̄

《诗·皇矣》:“其柽其椐。”

than̄ 平地　汀　tʻieŋ　mthen̄

《楚辞·湘夫人》:“搴汀洲兮杜若。”

dan̄(rwa)草地,院子　廷 庭　dieŋ　aden̄

《颂毁》:“立中廷。”

dran̄ 直,真　正　tǐeŋ　sdren̄

《左传》襄七年:“正直为正。”

诚　zǐeŋ　adren̄

《论语》:“诚哉是言也。”

gdan̄ 挂衣钉　丁　tieŋ　mten̄

《仪礼·少牢馈食礼》:“吉日丁巳。”

gdan̄s 病好　丁　tieŋ　mten̄

《急就篇》:“老复丁。”

mdan̄s 容颜,前额　定　dieŋ　mden̄

《诗·麟趾》:“麟之定。”

ban̄ 仓库　庰　bǐeŋ　rben̄

《广雅·释诂》:“庰,藏也。”王褒《洞箫赋》:“处幽隐而奥庰兮。”

ban̄(rgyugpa)赛跑　骋　pʻieŋ　aphen̄

《左传》成十六年:“骋而左右何也?”现声母受“驰”远同化。《说文》从“甹”声。“甹”普丁切。

aban̄s 役使,服从,奴,送信　伻　pʻieŋ　aphen̄

《书·洛诰》:“伻来以图。”

abyan̄ 打扫　迸 摒　pǐeŋ　apen̄

《礼记·大学》:“迸诸四夷。”《广雅·释诂》:“摒,除也。”

gtsan̄ 干净　净　dzǐeŋ　atsen̄

《方言》:“爽,净也。”

tshan̄s 清净　清　tsʻieŋ　tshen̄

《诗·黍苗》:“泉流既清。”

J.ɑtshan̄ 争吵　　争　　tʃeŋ　　rtsen̄

《论语》:“君子无所争。”

zan J.son-in-law　　舅舅　甥　　ʃeŋ　　rsen̄

brotherin-law

《尔雅·释亲》:“姑之子为甥,舅之子为甥,妻之昆弟为甥,姊妹之夫为甥……谓我舅者吾谓之甥也。”

gyan̄ 幸运,骄傲　　幸　悻　　reŋ　　ɑgyen̄

《论语》:“不幸短命死矣。”《孟子·公孙丑》:“幸悻然见于其面。”案:凡以佞幸事上者,遇下必悻悻然。

gsan̄ 密藏　　盛　　zĭeŋ　　ɑsen̄

《左传》哀十三年:“旨酒一盛。”

bsran̄ 矫正,公正　　正　　tĭeŋ　　sthren̄

《论语》:“焉能正人?”

B min̄类

J.mgrin̄ 脖子　　领　　lĭeŋ　　lin̄

《诗·硕人》:“领如蝤蛴。”“令”声通常入真部。见齐风。

btsin̄s 捆　　整　　tĭeŋ　　tsin̄

《左传》昭廿三年:“后者敦陈整旅。”

min 名字,实词(语法)　　名　　mĭeŋ　　min̄

《老子》:“名可名。”《论语》:“必也正名乎。”

rdzin̄ 水池　　井　　tsĭeŋ　　rtsin̄

《易》:“井。”

rin̄ 长　　灵　　lieŋ　　lin̄

《离骚》:“夫维灵修之故也。”太炎先生说“灵修”就是“令长”。“长”兼平仄二音。

sin̄ 树　　生　　ʃeŋ　　srin̄

《管子·地员》:“其阴则生之楂梨。”

C reṉ类

skyen 害羞	赪	tʻieŋ	khen

《仪礼·士丧》:“赪末。”《说文》从巠声。

khens 骄傲	轻	kʻieŋ	khen

《国语·周语》:“师轻而骄。”案:轻亦指轻视他人。

sgren 举	擎	gĭeŋ	gren

《广雅·释诂》:“擎,举也。”两汉人称灯台柄为“灯擎”。

sten 上头,楼顶	顶	tieŋ	ten

《易·大过》:“灭顶。”

ren(s)孤单,分散	零	lieŋ	len

《诗·东山》:“零雨其濛。”

第 27 部　真

A zin 类

sgrin 巧,能,精熟	贤	rien	rgin

《周礼·乡大夫》:“而兴贤者能者。”

drin 仁爱,恩	怜	lien	lin

《尔雅·释诂》:“怜,爱也。”

phyin 误,邪见,走,外	摈	pĭen	dpin

《庄子·徐无鬼》:“以摈寡人久矣。”

byin 腿肚子	髌	pĭen	bin

《大戴礼·本命》:“人生期而髌。”

zin 完了	尽	dzĭen	dzin

《孟子·尽心》:“尽信书。”

zin(tho)记住,到,上前	进	tsĭen	mtsin

《诗·常武》:“进厥虎臣。”

srin 虫子	蚓	ʎĭen	rin

(螟蚣、蛔……)

《孟子·滕文公》:“则蚓而后可者也。”

B gnen 类

bkren 穷,饿,可怜　　廑 僅　　gĭon　　ɑken

《诗·雨无正》:“降丧饥馑。”

skyen 敏捷,活泼　　紧　　kĭen　　kyen

《广雅·释诂》:“紧,急也。”

gnen 亲属　　人 仁　　nĭen　　ńen

《礼记·中庸》:“仁者人也。”注:“读如相人偶之人,亲也。”

mnen 软,韧　　韧　　nĭən　　ɑnen

《玄应音义》十四引《通俗文》:“柔坚曰韧。”《管子·地员》:“淖而不韧。”

rten 根据,依托,礼品　　奠　　dien　　mten

《诗·采苹》:“于以奠之?”

ɑthen 拉,抻　　抻　　tĭon　　rthen

《淮南子·精神》:“熊经鸟伸。”字作“伸”。

bden 真实　　真　　tĭon　　rten

《庄子·大宗师》:“而已反其真。”字从倒“[illegible]”。本“颠”字。

ɑdren 引(水),领　　引　　λĭon　　rdzen

《孟子·尽心》:“君子引而不发。”

ɑdren 引(书),摆　　陈　　ɑdren　　dren
列,算数

《论语》引周任曰:“陈力就列。”

第28部　谆

A btsun 类

kun 一切,全　　混 浑　　ruən　　mgun

《老子》："故混而为一。"

ɑtshun 驯服　　驯　　ziwən　　ɑtsyun

《汉书·武帝纪》："南越献驯象。"

stun 顺应，针对　　循　　ziwən　　ɑdzyun

《书·顾命》："率循天下。"

J.pun 跑　　奔　　puən　　pun

《书·牧誓》："弗迓克奔。"

bun 借给　　分　　bĭwən　　bun

《左传》昭十四年："分贫振穷。"u 变 ju 好像拉丁 unus 派生英语 unit。

brun 屎　　粪　　pĭwən　　rpun

《论语》："粪土之墙。"

mun 暗，模胡，昏迷　　闷　　muən 昏 xuən　　smun

《老子》："我独闷闷。"王注："无所割截也。"案：上文是"人皆昭昭"。《孟子·尽心》"今以其昏昏使人昭昭"，也用"昭昭"、"昏昏"对言。可见《老子》"闷"就是"昏"。

rmun 笨重　　闷

btsun 高贵，尊者　　尊　　tsuən　　tsun

《易·系辞》："天尊地卑。"

gzun 精美，(金)纯　　纯　　ziwən　　dzyun

《国语·晋语》："九德不纯。"

srun 和气，温良　　顺　　diwən　　rsun

《易·说卦》："坤顺也。"

B dn̄ul 类

dn̄ul 银　　银　　ŋĭən　　n̄un

《书·禹贡》："厥贡璆铁银镂。"收尾音受声母同化。

rtul 笨，钝　　钝　　duən　　mtun

《广雅·释诂》："钝，迟也"。对转(-l)作"椎"。《史记·周勃世家》:“其椎少文如此。”《索隐》:“椎如字。”读 * trul。《史记·周勃世家索隐》:“大颜曰:椎音直追反。”

dul 柔和,老实　醇　ziwən　dzun

《庄子·缮性》:“淳醇散朴。”

J.ɑphul 推,给　颁　peən　ɑphun

《周礼·小宗伯》:“遂颁禽。”对转作“排”。《孟子·滕文公》:“排淮泗。”

dbul 穷　贫　bĭən　rbun

《诗·北门》:“终窭且贫。”

yul 地方,区域　员　rĭwən　yun

《诗·长发》:“幅陨既长。”字作“陨”。对转作“围”。

gyul 军队　军　kĭwən　gyun

《周礼·小司徒》:“五师为军。”谐声字有“挥、运”。

C lon 类

J.kron 拴　纶　koən, lĭwən　klon

《诗·采绿》:“言纶之绳。”

khon 生气　恨　rən　gon

ɑkhon 仇恨

《荀子·成相》:“不知戒后必有恨。”

dgon 闲地,阿练若　隐　iən　yon

《易·说卦》:“坎为隐伏。”

ston 秋,收成,粮　屯　duən　don

《广雅·释诂》:“屯,聚也。”今作“囤”。

ɑthon 走,离开　遁　duən　don

《国语·楚语》:“晋将遁矣。”

J.ɑdon 逼迫　敦　tuən　bton

《诗·北门》:“王事敦我。”

J.non 抹泥 　　　　　　幔 　　　　nuən 　　　non

《广雅·释室》:“幔,涂也。”《汉书·扬雄传》作“獶人”。注引服虔:“獶,古之善涂塈者也。”下引“匠石挥斤”故事。师古曰:“乃高反,又音乃回反。本……有作‘郢’者。”“乃回”指向 nol 或 nul。声母同化成 non。

phon 把,丛 　　　　　苯 　　　　puən 　　　spon

《晋书·卫瓘传》:“禾卉苯蓴。”

smon 愿望 　　　　　　勉 　　　　mĭən 　　　rmon

《诗·十月之交》:“黾勉从事。”“免”字《檀弓下释文》音“问”。

r(h)on 聋 　　　　　　惛 　　　　xuən 　　　xon

《孟子·梁惠王》:“吾惛。”

rlon 鲜,生肉,青(草) 　嫩 　　　　nuən 　　　rlon

《广韵》:“嫩,弱也。”《广雅·释诂》:“媆,弱也。”王念孙说:“考《玉篇》、《广韵》媆与嫩同。”

lon 新闻,书信 　　　　论 　　　　luən 　　　lon

《论语》:“世叔讨论之。”

lon 湿,水淹 　　　　　沦 　　　　liwən 　　　lon

《书·微子》:“今殷其沦丧。”

D ben 类

ben 水罐 　　　　　　盆 　　　　buən 　　　bun

《考工记·陶人》:“盆实二鬴。”元音也许是受唇音影响后移。

dbyen 不合,离间 　　　分 　　　　pĭwən 　　　ɑpyun

《论语》:“邦分崩离析。”

E ɑphel 类

J.ɑphel 坟,增加 　　　坟 　　　　bĭwən 　　　ɑpel

《礼记·檀弓》:“古也墓而不坟。”“贲”有 bèi 音。

sel 扫除　洒　siən　sel

《孟子·梁惠王》:“愿比死者一洒之。”“西”声还有“哂”。

第29部　元

A klɑn 类

klɑn 找寻短处,责备　拣 谏　kean　klɑn

《广雅·释诂》:“拣,择也。”《礼记·王制》:“简不肖。”《周礼·保氏》:“掌谏王恶。”

dkɑn 山坡,崖子　干　kɑn　kɑn

《诗·伐檀》:“置之河之干兮。”

rnɑn(pɑ)供献,报酬　献　xĭɑn　sn̄ɑn

《周礼·大司马》:“献禽。”从鬳声。

nɑn 听从　然　ȥĭan　nɑn

《论语》:“子曰‘然’。”《左传》庄廿三年:“征伐以讨其不然。”

brtɑn 坚决　旦　tɑn　tɑn

《诗·氓》:“信誓旦旦。”

ɑthɑn 决心,郑重　亶　tɑn　tɑn

《尔雅·释诂》:“亶,信也。”

phrɑn 部分,少许　判　pʻuan　phɑn

ɑphrɑl 切开,减

《周礼·朝士》:“有判书。”

gzɑn 破,旧　残　dzɑn　dzɑn

《战国策·齐策》:“则汝残矣。”

gzɑn 饲料,喂　荐　tsiən　rdzɑn

J.bzɑn 草地,牧场

《庄子·齐物论》:“麋鹿食荐。”

G yɑn 以上,至　焉　ĭan　yɑn

上,于是

《墨子·小取》:“焉摹略万物之然。”

sɑn 船　　船　　ɕĭwan　　dzyɑn

《墨子·小取》:“船,木也。入船非入木也。”

J.slɑn 修理　　善　　ȶĭɑn　　dzrɑn

《庄子·养生主》:“善刀而藏之。”亦作“缮”。

B gsɑl 类

ɑtshɑl 吃饭　　餐　　ts'an　　tshɑn

《诗·伐檀》:“不素餐兮。”

gsɑl 清楚,干净　　鲜　　sian　　rsɑl

《老子》:“治大国若烹小鲜。”《诗·新台》用“泚、瀰、鲜”押韵。

C yon 类

yon 钱　　锾　　roɑn　　yon

《书·吕刑》:“其罚百锾。”金文作爰。

gson(pɑ)活着,生　　产　　ʃean　　gson

《孟子·梁惠王》:“无恒产而有恒心者。”案:梵文 k 后加 s 变 kṣ,有照原音读的译作“乞洒”。有 k 受同化的,译作“叉”。如 yakṣɑ 后汉译“夜叉”,藏译音 yatśhɑ,“产”字北方音 ts'ɑn 好像是这么来的。

J.lhon 还钱,回去　　还　　roɑn　　rxon

《仪礼·乡饮酒》:“主人答拜还。”

第 30 部　侵

A źim 类

khyim 家,住宅　　宫　　kĭwəm　　khyim

《诗·七月》:“上入执宫功。”今入冬。

khrim 法律　　　钦　　　k'ĭəm　　　khrim
《书·尧典》:"钦若昊天。"
　　　　　　　坎　　　k'ɑm　　　ɑkhim
《尔雅·释言》:"坎、律,权也。"
gyim 音乐,铙钹　　　琴　　　gĭəm　　　gim
《孟子·万章》:"舜在床琴。"
grim 聪明,快,急　　　今　　　kĭəm　　　mkim
《诗·摽有梅》:"迨其今矣。"
sgrim 寻,抓　　　禽　　　gĭəm　　　grim
《易·屯·象传》:"以从禽也。"
ɑdźim 泥,泥塘　　　浸　　　tsĭəm　　　mtsim
《周礼·职方氏》:"其浸五湖。"
J.stim 吸水,溶解　　　渗　　　ĭəm　　　sthim
《素问·至真要大论》:"淡味渗泄。"
thim 没入,失踪　　　沈　　　dĭəm　　　mrim
《周礼·大宗伯》:"以貍沈祭山林川泽。"
ɑbrim(s)散发,布施　　　禀　　　pĭəm　　　aprim
《礼记·中庸》:"既禀称事。"
tshim 满足,饱　　　湛　　　dĭəm　　　dzim
《诗·宾之初筵》:"子孙其湛。"
tshim(byed śiñ)柴,薪　　　罧　　　ĭəm　　　stshrim
《淮南·说林》:"罧者扣舟。"
ɑdzim 持　　　寻　　　zĭəm　　　dzim
《左传》昭元年:"日寻干戈。"
źim 香甜　　　甚　　　ȶĭəm　　　ȶim
《孟子·梁惠王》:"王之好乐甚。"
gzim G(khañ)卧　　　寝　　　ts'ĭəm　　　stsim
室,睡床

《论语》:“宰予昼寝。”或曰昼是“画”字。

rim 次第,品级	林	lĭəm	lim

《诗·宾之初筵》:“有壬有林。”

rim(gro)侍奉,尊敬	凛	liəm	lim

《广雅·释诂》:“懔,敬也。”王念孙引《方言》作“禀”。

śim 合,杂	参	ʃiəm	'sim

《仪礼·大射仪》:“参七十。”注:“参读为糁,杂也”。

B btsem 类

skyem 饮,饮料	饮	ĭəm	kim

《论语》:“一瓢饮。”声母脱落,好像“景”分化出“影”来。

khyem 铲,勺,锄	钤	gĭəm	ɑkim

《说文》:“钤𨰻,大犁也。”《山海经·西山》:“钤而不糈。”

tśhem 光辉,灿烂	闪	ɕiam	sthśem

《文选·海赋》:“蜩像暂晓而闪尸。”

stem 夹,挤,打	砧	tĭəm	rtem

《周礼·圉师》:“射则充椹质。”字作“椹”,见《说文》。

them 门槛,阶梯,枕木	枕	tĭəm	mthem

《论语》:“曲肱而枕之。”

bsnems 犹豫,软,动摇	荏	ȵiəm	nem

《论语》:“色厉而内荏。”

G bem 盖	窆	pĭam	ɑpem

《周礼·遂人》:“及窆。”先郑说:“礼记谓之封。”

G btsem 缝	针	tĭəm 绶 ts'ĭəm	rtshem

《诗·闷宫》:“贝胄朱绶。”

G tshems 1. 受损 2. 同上	侵	ts'ĭəm	tshem

《国语·楚语》:“无相侵渎。”

ɑdzem 羞，忸怩　　惭　　dzam　　ɑdzem

《说文》："惭，愧也。"

gyem 淫乱，娼　　淫　　yǐém　　yem

《周礼·宫正》："去其淫怠。"案：藏语奸淫叫 loggyem。如果认为 log 的-g 是寄生音，前字是 lo，就是定十四年《左传》的"既定尔娄猪"的"娄"。

sems 心，思想　　心　　siəm　　sem

《孟子·梁惠王》："于吾心有戚戚焉。"

第 31 部　覃(冬)

A skum 类

bkum 杀，灭，除　　戡　　k'əm　　khum

khum 除，杀

ɑgum(s) 死，屠杀

《书序》："西伯戡黎。"可能元音本作[o]。

skum(s)屈曲，收缩，蜷　　躬　　kǐwəm　　rkum

ɑkhums 1. 缩 2. 同下

《易·涣·象传》："涣其躬。"《诗·谷风》"我躬不阅"，《礼记·表记》作"今"。"不"保护了 m

bkums 了解，知道　　穷　　gǐwəm　　rkum

《易·说卦》："穷理尽性。"

grum D 獾，穴熊　　鼸　　rəm　　gum

G drum 碎(或作)

《墨子·非儒》："鼸鼠藏而羝羊视。"《说文》："鼸，鼠也。"胡忝切。

glum 醪糟，发酵　　酴　　ŋǐɛm　　ɑgum

《说文》:“酢浆也。”这是作酒作酸了,好像法语 vinaigre。

adum(khra)合同,盟书,和解　　中　　dĭwəm　　rdum

sdum(byed)调解,中人

《论语》:“允执厥中。”

G phrum(bser)风　　风　　pĭwəm　　rphum

《书·洪范》:“曰风。”《周礼》故书作“飌”,与卜辞大同。

tshum 稍微,一寸　　浸　　tsĭəm　　athum

《楚辞·大司命》:“不寖近兮愈疏。”王注:“稍也。”《庄子·大宗师》:“浸假而化予之左臂。”“浸假”即“稍暇”。

źum 惊慌　　羑　　dzĭəm　　ździm

《诗·节南山》:“忧心如惔。”《传》:“燔也。”《释文》:“《说文》字作羑。才廉反”。

rum 胎,怀胎,昏暗　　妊　　ȵiəm　　rnum

《汉书·叙传》:“刘媪任高祖。”字作“任”。

lum 浸透,泉眼冒水　　淋 霖　　lĭəm　　rlum

《左传》隐九年:“凡雨,自三日以往为‘霖’。”《说文》:“淋淋,山下水貌。”

gsum 三　　三　　səm　　sum

《易·范》:“九三。”gṣ→kṣ 像梵文 kṣa,唐译乞洒,同化成ṭsh,汉译“叉”。所以“参”念七南切,又楚簪切。

B dom 类

skyom 振动,摇荡,搅　　撼　　rəm　　akom

《广雅·释诂》:“撼动也。”

khom 闲暇,事少　　歉　　kĭam　　khom

《荀子·仲尼》:“主信爱之则谨慎而歉。”杨注:“不足也。”

坎　　k‘am　　khom

《诗·伐檀》:“坎坎。”“坎坎”就是“空空”。“坎侯”就是“空侯”。

sgrom 箱,柜,盒　　函　　ram　　rgom

《礼记·曲礼》:“席间函丈。”

n̄oms 满意,饱足　　餍　　ĭam　　gyom

《左传》隐二年:“姜氏何厌之有。”孳乳从食。

rn̄om 威猛,高贵　　严　　ŋĭam　　rgom

《书·无逸》:“严恭寅畏。”

tśhom 盗

tśhoms 降伏　　歼　　tsĭam　　stsyom

G atśhom 克服

《春秋经》庄十七年:“齐人歼于遂。”

dom 熊　　熊　　rĭwəŋ　　dom

《国语·晋语》:“梦黄能入于寝门。”金文作 ,象形。《说文》从“炎省声”,犹如凤从凡声。《左传》昭七年作“熊”。《周礼·司裘》:“则共虎侯、熊侯。”

G doms 选择　　禀　　dom　　dom

《汉书·百官公卿表》有“导官”,主择米。《仪礼·士虞礼》注:“古文禫或为导。”说明道声字有读如禫的。

(s)nom 抚,扪,持,抓　　䩺　　n̥ĭwoŋ　　snom

《淮南·氾论》:“太祖䩺其肘。”

nom 资财,利益　　农　　nuəm　　nom

《书·洪范》:“农用八政。”

男　　nəm　　rnom

《书·酒诰》:“侯甸男卫。”字从“力”,即武力,占有“田”。

snom 嗅,香　　歆　　xĭəm　　sn̄om

《左传》襄廿七年:“能歆神人。”《说文》:“神食气也。”

Gtshom 堆,堆顶上物　　崇　　dʒĭwəm　　dźom

《书·牧誓》:“是崇是长。”

tshoms 集会，大厅，院　众　ȶĭwəm　mtśoms

《易·说卦》："坤为众。"

yom 摇动，转　冗　ʎĭəm　yom

《后汉书·窦武传》："太后冗豫未忍。"心理动摇。

rloms 骄傲　任　nĭəm　rnom

《书·尧典》："而难任人。"《皋陶谟》："巧言令色孔壬。"《论语》作"足恭"。是拍马的佞人。事上谄者遇下必骄。

第32部　谈

rkam 贪，爱　甘　kam　kam

《诗·伯兮》："甘心首疾。"《庄子·齐物论》："蝍且甘带。"

glam 潮湿　滥　lam　glam

《诗·瞻仰》："泮沸滥泉。"就是 pirpur 冒出来的泉水。

bgam 试，测验　验　ŋĭam　rgam

《吕觅·察传》："心验之以理。"

agram 吞　嗛 衔　ream　agram

《庄子·马蹄》："诡衔窃辔。"

面颊、边岸　靥　iap　ram

《楚辞·大招》："靥辅奇牙。"收尾音受"辅"字逆同化。日语"三郎"念 sabulo。

rgyam(tshwa)石　岩　yeam　rgam

n̄am 崖，渊

《书·序》："得诸傅岩。"

rn̄am 忿怒，威　严　ŋĭam　rgam

严，壮丽

又作 rn̄om，在覃部。

gtśam 谄，面谀　谗　dʒeam　atśam

《诗·青蝇》:“无信谗言。”

tśham 一齐,完全　　佥　　tsĭam　　tśham

《书·尧典》:“佥曰:‘伯禹作司空。’”

adźlam(thśar) 柔和,细雨　　霅　　tsĭam　　rtsam

ad lam 粥　　饴　　tsĭam　　rtsam

《华岳碑》:“瀸润品物。”字作“瀸”。

ńams 经验,感受　　验　　ŋĭam　　ńams

《淮南·主术》:“验在近而求之远。”

mńam 共同,均等　　俨　　ŋĭam　　nams

《礼记·曲礼》:“俨若思。”即“像真的一样”,“像煞有介事。”

sńam 想,思维　　念　　nĭəm　　mńyam

《诗·文王》:“无念尔祖。”

gtam 话,消息,谣传　　谈　　dam　　dam

gdam 教训

《诗·节南山》:“不敢戏谈。”

adam 泥　　潭　　dəm　　dam

G bdam 汗水

《广雅·释水》:“潭,渊也。”

nam(mkhaa)云空,日光,光线　　南　　nəm　　nam

nam 时间,几时

《诗·七月》:“馌彼南亩。”农田向阳,庄稼好长。

phyam 椽,梯子,桄,架子　　范　　bĭwam　　apyam

《易·系辞》:“范围天地之化。”

aphyam 水河,游玩　　泛　　p‘ĭwam　　phyam

《诗·柏舟》:“泛彼柏舟。”

ɑbyɑms 无限，究　　凡　　bĭwəm　　ɑbẏɑm
竟，扩展
《左传》隐七年：“凡诸侯同盟于是称名。”
rtsɑm 糌巴　　糁　　səm　　stshɑm
《墨子·非儒》：“藜羹不煁。”《广韵》二字同。
粽　　tsoη　　stɑm
《说文通训定声·临部》：“后世以角黍为粽，又变作粽。”
mtshɑm 分，隔　　斩　　tʃeam　　rtsɑm
断，画界
《礼记·檀弓》：“今一日而三斩板。”《左传》昭十七年：“环而堑之。”堑是挖沟，也是划界。
ɑtshɑms 介绍，在中间　　参　　tsʻəm　　gtshɑms
《易·说卦》：“参天两地。”梵文 yakṣɑ 玄奘译“药叉”。k 受ṣ同化加寄生[tṣ]
rɑm(s)兰靛　　蓝　　lan　　lɑm
《荀子·劝学》：“青出于蓝而胜于蓝。”
rlɑm 被鬼迷，贪污，害　　惏　　lam　　lɑm
《广韵》：“惏，贪也。”《论语》：“小人穷斯滥矣。”作“滥”。
gśɑm 下衣，帘子　　苫　　cĭam　　śɑm
《左传》襄十七年：“寝苫枕块。”

《民族语文》1989 年第 2 期、第 3 期

汉藏虚字比较研究

“虚字”这个词是汉语语法里独创的术语。这里头包括的东西挺复杂，难下定义。研究古汉语的人大家共同承认算虚字的大致就是王引之《经传释词》里讲的那些。以后还有人往上添，往下减的不多。西藏话里有添前字、添头字……用“虚字”去称呼它们也不妥当。可是除了用“虚字”这个“包罗万象”的术语以外，再也找不出合适的字眼儿。只好凑合着用。这就叫“难得胡涂”。

一、字以下的形位

“形位”是“形态单位”的简化，等于北美学派好用的 morpheme。不够个字的就指添前字、添头字，造词后缀……。大致说，就是印欧语学家说的 affix。因为藏话定义清楚，可以把汉语里让汉字掩盖住的现象照亮了，所以标题用西藏话。

甲、添前字 ma

端美三菩提祖师对于添前字的用法儿说过底下的话：

“男性的呢，过去时跟被动上（男性添前字 b）
（pʻo ni adas daŋ gʑan-sgrub pʻjir）
中性的，主动被动两个跟现在时（d, g）
（ma-niŋ gȵis-ka da-ltar tɕʻed）
女性的呢，主动现在跟未来时上（a）
（mo ni bdag da ma-oŋs pʻjir）
极女性呢，全成呕！”（m）
（ɕin-tu-mo ni mȵam pʻjir ro）(1)

照他的意思，这个极女性的添前字 ma，可以拿他表示动字的现在，过去，未来，主动，表动，陈述，假设……总而言之：一切动字形式上！请问，这么一来，这个 ma 到了儿算是管干么的呢？用他跟不用他不全一样吗？现在先把这 ma 干甚么用先定了。照 Wolfenden 说，上头那第四句的 mn̥am 字儿的意思是："带 m-的动字是一种不及物性的，或者顶多说明主词的一种行为，而且这种行为并不影响主词或者间接受事词（要是有的话），让他有空间的变动。"(2)所以他认为"m-跟 b-大概跟语尾-ma，-ba 原有关系……m-用在名词性的动词前头"(3)，"m-是泛称指示代名词，或者说实在是反身代名词，指着已经说过的主词"(4)，"……动词用添上助字这个办法儿把他跟主词受事词的关系再返射回去，可以叫反想（recapitulating）动词"(5)。我完全赞成这个话。他又说："m-动词最容易变成纯名词跟形容词。"(6)我在汉语里也找着过这种现象。底下我分两气儿说：头上来先说汉语有带 ma 的字，相当于他所说的动字（verb）的，随后我再说汉语里一个根上加上 m-就由相当于西方的动字的变成相当于名字的例等。

向来讲儒家经书的人，都注意过这么个现象："无"字儿本来当现在的"没有"讲；也当"别"讲，是个禁止的词儿，也写作"毋"，可是在有些地方儿，一点儿否定的意思也没有。所以《诗》经的《文王》篇的"王之荩臣，无念尔祖"这两句的《毛传》说："无念，念也"。陈奂的《疏》说："无，发声；无念尔祖，念尔祖也。文二年左传云：《诗》曰'毋念尔祖，聿修厥德'，孟明念之矣。念德不怠，其可敌乎？《左》释《诗》亦以毋为发声。"(7)现在咱把这一类的句子写到底下：

如彼泉流，无沦胥以败。（小旻）　　民无效焉（左宣 9）

王之荩臣，无念尔祖。（文王）

如彼泉流，无沦胥以亡。（抑）

执竞武王，无竞维烈。（执竞）(8)

咱拿《闵予小子》的"念兹皇祖"，跟《雨无正》的"沦胥以铺"一比，可以知道这几个“无”字儿实在没否定的意思。那么他们是干甚么的呢？请看 Wolfenden 的表：

de ma oŋ—bar m△ t'oŋ—nas
他 妈 来了到 看见 然后

k'ji tɕ'ur | m△ tɕ'oŋs
狗 水到 跳

△ = de ɲid(9)

照 W 的意思推，“无”就是《文王》的“荩臣”，《执竞》的“武王”，那两篇儿“如”字儿前头的主词的重说，这真让人觉着“骇然理解”！

“无”字儿现在北京口语念 ma，写“吗”（“能饮一杯无”?）。书音念 u。这等于隋唐的 ma，mɪwo，《诗经》的 ma，mɪa(10)，作添前字的是 ma。

W 又提过，带 m-的动字很容易变成名字。我在汉语里也找着了仨例子。

a）来麦　甲骨文有“来”字儿，比方“允有来鼓”、“𡳿来亡𡿧”(11)。这个话是《切韵》lɐi，《诗》ləg。还有麦字儿，比方“羽辛丑有告麦?”(12)。这个话是《切韵》mɐk，《诗》mlɐk。

向来从夂的字，比方夋、复、麦、致、夓、畟、嵏什么的，都是说的走道儿的事情。“麦”字儿从夂干嘛？“来”字儿甲骨作，明摆着画的是棵麦子，怎么又成了往来了呢？这像是把两个字儿用颠倒了。可是古代人两个字换用不是偶然的。多半儿是一个根的字（看《论古韵合怗屑没曷五部之通转》燕京学报三十四期）。“来”跟“麦”能是一个根的话吗？

许慎认为是。他说：“周所受瑞麦来麰。一来二缝。象芒朿之形。天所来也，故为行来之来。《诗》曰：‘诒我来麰。’”(13)照他的意思，因为先有行来跟赏来（=赉，釐）的话，所以把天赏的庄稼也叫来。这话得有个先决条件儿：这个字是周朝人造的。是不是呢？不是！那么来跟麦的意思还有关联的地方儿没有呢？有！麦子这种植物的特性是：头年种上了，发了芽儿，出了叶儿，完事儿又冻又干死了。拿古人的说法儿说，“亡”了。赶一到明年开春儿，嘿！又“来”了！要不明年怎么可以叫“来年”呢？来年就是“麦熟”哇！这就是 ləg 可以孳乳成(derive)mlək 的原故！孳乳的办法儿呢，加添前字 m-。

拿“来”代表 ləg，周朝人始终觉乎着不合适，所以他们又造了一个逨字儿。《夨鼎》：“夨从𦌰逨囗。”(14)《三体石经》：“无能往逨兹廸彝教。”(15)都可以作例子。

b）令命　殷末周初的时候儿，光有一个“令”字儿。铜器刻成。照唐立厂唐先生说，这象一个人跪着，别人给他望脑袋上加加冠的形。用法儿有两种。

头一种比方：“贞王大令众人”(16)，《小子𣪘卣》“乙子，子令小子𣪘先以夷于𣪘”(17)，《鲁厌彝》：“唯王令明公遣三族伐东或”(18)，都代表一个相当于外国话的动字的话。

二一种比方：“丁子卜，𣪘。贞有令于弘”(19)，《毓且丁卣》“辛亥，王才廙，降令”(20)，《大保𣪘》“王降征令于大保……用兹彝对令”(21)，都代表一个相当于外国话名字的话。

以上的例子都是殷末周初的。这个时期就拿这一个形体代表两个用法儿，有时候儿，就在一篇儿文章里。比方《夨彝》“王令周公子明保尹三吏亖方……丁亥令夨告于周公宫……公令徃同卿事寮……明公朝至于成周徃令……舍三事令”(22)，《盂鼎》“王方宗周，令盂……受天有大令……我𦖞殷述令”(23)。

因为这两个话不一样，就又造了一个“命”字儿，两下分着用。比方西周末期的《善夫克鼎》“王命善夫克舍令于成周”(24)，《师酉𣪘》“王乎史𦣻册命师酉……勿灋朕令”(25)都是。这习惯跟咱现在正倒一过儿。到了东周就跟现在一样了。底下我把西周跟东周铜器里一样的句子比着写：

西周	东周
《盂鼎》:“受天有大令”	《秦公毁》:“受天命”(26)
《虘豆》:“用匃永令”(27)	《陈逆毁》:“以匄羕命”(28)
《兮甲盘》:“不用令”(29)	《子禾子釜》:“不用命”(30)
《无𣱼毁》:“天子鲁休令”(31)	《齐归父盘》:“鲁命……”(32)

您可以看出来,东周人把令命两个形体分配定了:“令”代表那“动字”,“命”代表“名字”,跟现在人一样。最清楚的是《孟子》“齐景公曰:‘既不能令,又不受命’”(33)这句。咱可以说,令代表 lıɛn,命代表 mlıæn。所以分化,因为意义变了。分化的方式呢,加添前字 m-。

c) 卯刘　《说文》里念得像“卯”的字有茆,贸,昴;念得像“刘”的有珋,柳,飂,聊,留。照清朝的学者说,头里那四个从“卯”声,后头的从“丣”声;“丣”呢,是“古文酉”字儿。这个话的根据是《说文》“柳”字儿底下说:“从木丣声,丣古文酉(34)。”段玉裁说:“许君卯丣画分,而从丣之字,俗多改为从卯。自汉已然。‘卯金刀’为‘刘’之说……许所不信也。俗字丣变卯者今皆更定,学者勿持汉人缪字以疑之。”(35)可以代表一般的意见。可是现在看见的铜器,《留钟》“留”字儿写 ;(36)石鼓“柳”字儿写 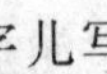;(37)三体石经古文“刘”写 ,(38)别看没刀,左边儿可地地道道是“卯金”!

甲骨文里常有“卯六牢”、“卯五牛”一类的话。王国维发明“卯”就是《尔雅》“刘,杀也”的刘字儿。(39)“卯五牛”就是宰五个牛的意思。这么一来,大家伙儿就闹明白了:《说文》的珋,柳……字实在是从“卯”得声,“卯”又可以念刘。

可是“卯”怎么又可以念刘呢?可没人说过。看过上头那两节就可以知道:卯本来代表《切韵》lıəu《诗经》lıug 跟《切韵》mɐu《诗经》mlug。前头是当杀讲的。后头是经过加添前字 m-分化出来的兵器名字。

关于卯这种兵器,《书经》写“刘”字儿[40],说是大斧子*。作注儿的人到念“刘”,可不准可靠。《说文》还有“刿改,大刚卯也,以逐精鬼”[41]这个话。刚卯又叫“灵殳”[42]。殳照《说文》说是“积竹八觚,长丈二尺”[43],所以知道卯也是一种长把儿的兵器。汉朝人已经不用真的宰牛了。他们光作些小的儿带在身上。《汉书·王莽传》:“夫刘之为字,卯金刀也。正月,刚卯金刀皆不得行。”服虔的注说:“长三寸,广一寸,四方。或用玉,或用金,或用桃。着革带佩之。”[44]甲骨的  就是象这个形。

末了儿,我再声明我对于添前字 ma 的念法儿的见解。从 Franke 发表了吐鲁番古藏文写本[45]以后,大家伙儿看见他把 mkʻjen 写成 ma-kʻjen,都知道藏文的添前字多半早先连元音一块儿念。现在拿诗经可以把这个话证明了。“无念”就是 ma-nɛm, = 西藏的 sȵam,“想”,也许还有 mȵam,“一样”。所以我对于章太炎先生的《一字重音说》可以同意[46]。一个汉字有时候儿实在可以代表不只一个音缀,只要这里没两个根字(root word)的话。《左传正义》引服注说:“寿梦发声。吴,蛮夷,言多发声,数语共成一言。寿梦一言也。”[47]可以证明汉朝人还懂得这个习惯。命代表的 ma-lıæn 或者 mə-lıæn ⟶ mlıæn。现在谐声系统里有些个来明通谐的现象,比方里声有“理”,又有“埋”。我想造字的人拿里这个形代表 lıəg,也代表加上添前字的 mlıəg,所以又能作 lıəg 的主谐字,又能作 məg 的主谐字。并不是平常所说的“复辅音”。

乙、添前字 ba

Wolfenden 说:“b-, m-都是代表重说主词的添前字。不过 m-单用,用在不及物动字头里;可是 b-跟引导字一块儿用,用在及物

---

* 请看陆懋德《书经顾命篇侍臣所执兵器考》(燕京学报三十八期)。

动字上(48)。”

汉语这边儿，顶惹人注意的是《诗经》里有好些个“不”字儿，一点儿否定的意思没有。比方《车攻篇》“徒御不警，大庖不盈”，《毛传》说：“不警，警也。不盈，盈也。”陈奂说：“《传》以不为助句之词也。一字不成词，则用一助字以足之，此其句例。《桑扈》‘不戢’，戢也；‘不难’，难也；‘不多’，多也。《文王》‘不显’，显也；‘不时’，时也；《生民》‘不宁’，宁也；‘不康’，康也。《卷阿》‘不多’，多也(49)。”

这个讲法儿可以有两种异议。头一种是戴震说的，“不”等于“丕”，丕当“大”、“很”讲。他说：“诗之‘不显’、‘不承’，即《书》之‘丕显’、‘丕承’：古字丕通用不。……经传中言‘不显’多矣，古人金石铭刻，‘丕显’多作‘不显’(50)。”二一种是胡承珙的意思，也是普通人情：就是说，这是拿反问当感叹的句子，像现在人说“这不好吗”？是的。换句话说：不＝岂不。

可是还有拿这两个意思讲不通的。所以王引之《经传释词》说：“不，词也；经传所用，或作‘丕’，或作‘否’，其实一也。有发声者……(51)。”他引的例子，像“我生不有命在天”，其实打个？就完了。“其丕能减于小民”当“很”讲也就完了。可是还有：

“不灵承帝事”，

“其丽不亿”，

“万民是不承”，

“先君若有知也，不尚取之”，

“幼壮孝弟，耆耄好礼，不从流俗，修身以俟死者，不在此位也……好学不倦，好礼不变，旄期称道不乱者，不在此位也”。

这几句的“不”字儿，实在没意思。顶清楚的是末一条儿。这本是请客的话，既不是叙述，所以不能当“很”讲，又不是反问，所以也不能当否定字讲。这一节的话是周朝贵族话，因为“子所‘雅言’：《诗》《书》，执礼”，请看刘台拱的《论语骈枝》。

W. 解释 b-的用法儿，用底下的图：

k'os sa-la | k'ur△ brdabs—nas

他 地到 担子 丢 然后 △ = de ņid

咱也可以把“万民是不承”画成：

万民 是(于) | 不 承

除了上头的例子以外，王引之还引过：

《释丘》：“夷上洒下，不漘”，

《释鱼》：“龟，左倪，不类；右倪，不若”，

《周官·司烜氏》：“掌以夫遂取明火于日”，

《礼记·少仪》：“加夫桡与剑焉。[52]”

“不”字儿有一个《切韵》音 pɪwət，原是“弗”字儿的音，现在咱用那个跟“否”字儿一样的，都是 pɪəu，《诗经》音 pɪwəg。“丕”字儿《切韵》音 biĕi，《诗经》音 biĕg。用成添前字，大概代表 bə-。“夫”字儿《切韵》音 bɪwo，《诗经》音 bɪwa，代表 ba。

丙、添前字 da。

Wolfenden 说 da 这个添前字跟 ra, sa, la 三个添头字都是一种放到动字头里表示引导关系的助字，而且就是 du, tu, ru, la, su 的变形[53]。这个话聪明极了！可是有一档子事他不肯承认：du, tu, ru, su 这四个助字本来就是一个 du 字儿，因为纯粹音韵学的理由分裂成四个。这个话我已经证明了*。现在我一提 du，就包括 tu, ru, su 三个。

中国经典里有好几个《切韵》音 jiəu，《诗经》音 diug 的虚字儿：由，犹，攸，繇，猷。古代的注家不懂这几个字可以当“在”当“到”讲，错的不知道多少。从王引之以后，才闹明白了。第三节里讲他

* 请看《汉语的“其”跟藏语的 gji》(燕京学报三十七期)。

们后头有西洋的补语(Compliment)那一类东西跟着的用法儿。这一节里讲他们那"没讲儿"的用法儿。

先说W.的意思。他以为先头这些助字的用处是:把句子头半截儿跟着受事词的助字重说一遍,好像拉丁的 influmen influere, ad suspiciones accedere, ex hibernis educere 一样(54)。到后来才跟后头的字粘上,成了添前字了。这个现象,现在北京话里也有。比方:

"你　给我　把这本儿书　拿开"

也可以说

"你　给我　把这本儿书　给拿开"

这就是重说"给"字儿的形式。为甚么重说呢?因为心理上要求加重口气。可是顶普通的请求句字是这么说:

"你　把这本儿书　给拿开"

这"给"字儿也就变成个添前字了。

西藏话的 du, tu, ru, su 有 a) las 事情, b) tɕʻed 原因, c) rtengnas 方位, d) de-ȵid 反身, e) tsʻe-skabs 时会五种意思。de-ȵid 比方"od du gsal, 放光",汉语不能说"放到光","放繇光"。las 比方"skjabs su mtɕʻi,"汉语不能说"帮到忙","加于庇"。别的都有。王引之说:"由,以,用也……字或作'犹',或作'攸',其义一也。(55)"其实他所说的"用",就是包括 b), c), e)三项的"于是"。

旧日的注家把"犹"当"还"讲,"攸"当"所"讲。要但凡能凑合,就不必像王那么大改。底下是我从他的例子里选出来的。这些个实在不能照旧注儿讲。

"女猷黜乃心"

"女万民乃不生生(=姓姓,家家儿)暨予一人猷同心"。

"予曷其不于前宁人图功攸终"

"予曷敢不于前宁人攸受休毕"

“亦惟尔多士攸服奔走臣我多逊”

“戎丑攸行”

“髦士攸宜”

“朋友攸摄”

“淮夷攸服”

这些个字的用法儿的来历，可以用底下的图表示：

予　曷其不　于一前宁人图功　攸终

王又说：“‘大诰道尔多邦’，文义不顺。‘猷’，‘於’也。……其始改也，升‘猷’字于‘诰’字之上，某氏《传》曰‘顺大道以告天下众国’是也。其再改也，又升‘猷’字于‘大’字之上。《正义》曰：‘此本猷在大上’是也。其他缘例而改者二，改而复脱者一。《多士》曰：‘王曰：猷诰尔多士’，《多方》曰‘王曰：呜呼，猷诰尔有方多士’，《传》并曰‘以道告之’，盖俱是‘告猷’，而晚出古文改为‘猷诰’矣：此缘例而改者也。《多方》曰：‘王若曰：猷诰尔四国多方’，《传》曰‘顺大道告四方’，与‘大诰猷尔多邦’《传》同，则此句经文亦有大字。盖初作‘大告猷尔四国多方’，后改为‘大猷告尔四国多方’，故解之曰‘顺大道告四方’；其后则又脱‘大’字矣：此改而复脱者也。[56]”案：现在出土的三体石经《多士》，“曰繇”两个字明明连着[57]，王一点儿根据没有，就说现在的《书经》四处全错了，硬要照自己的意思改，实在是胆大妄为。全部《书经》的“诰 x”，当间儿向来不插进别的字去。“告”字儿除了一句“奔告于王”以外也没有。王忘了这个通例了。他苦苦要改，无非想证明自己的“猷，於也”就是了。其实这几个“猷”字儿实在是添前字，何必非苦苦的改成独立虚字不可呢？

丁、添前字 a

端美三菩提祖师说，添前字 a 表示主动，现在和未来[58]。Wolfenden 说 a 就是 b-m-的变形[59]。汉语这边儿跟 a 相当的是

"于"字儿,意思好像又不大一样。比起来,还是跟端美三菩提说的像点儿。

上来先说,"于"字儿在汉语好像不是添前字。《诗经》里有好些个"于"字儿,用法儿挺特别:

"王于兴师"——《无衣》
"仓庚于飞"——《东山》
"之子于归"——《东山》
"之子于苗"——《车攻》
"之子于征"——《车攻》
"之子于钓"——《采绿》
"周王于迈"——《棫朴》

这种句子,跟说"之子归"的不一样,跟说"从公于狩"的也不一样。"从公于狩"这个句子明明跟"从子于沃"一样,那狩字儿要翻成外国文,准得翻成名字(noun),这个可不一定。这些个"于"字儿也当"在"讲,可不表示地方儿,他们表示的是时间,"在飞"就是"正飞"的意思。

还有《七月》的"三之日于耜"、"一之日于貉"、"昼尔于茅"三句里的"于"字儿更怪。即便"貉"字儿能当"打狐狸"讲,"茅"字儿能当"砍草"讲,像"渔"字儿、"薪"字儿是的,那"耜"字儿也不能当"修犁"讲。所以这三个"于"字儿,得讲成"弄"、"作"甚么的才成。汉语"在"跟"作"的意思倒确实有关系。比方"在璇玑玉衡"(《书·尧典》)实在是"弄"或者"管璇玑玉衡"的意思。

拿这两个意思比比,还是由一个意思变来的,这个意思像马来话的 me-。比方 laoet 海, melaoet 上海那儿去; roempoet 草 meroempoet 收草=薪,苏。我猜呀,西藏的 a 恐怕原来也是这么个意思,所以又是可以表示"现在",又可以表示"未来"。说实话,这是个复合动字的前一半儿,很难说是添前字。

旧注儿把"于"讲成"往",只有在底下这种条件儿底下,我才能

赞成：像厦门话的

to lai k'i tɕiaʔ pŋ

"倒来去食饭"

lai k'i k'uā ts'ep

"来去看册"

这些话里"去"字儿的意思，实在已经淡到仅仅表现个"要"的意思了。《诗经》的"于"要实足的讲成"往"，那《六月》的"王于出征"就不通了，因为王压根儿没去。

汉语里实实在在像 a 的添前字就有一个，春秋的越国，自己叫"于越"(60)，可是我不能说出来：他跟西藏的 a 到了儿有关系没有。像西藏的 ga 添前字的他就是吴国自己叫"勾吴"或者"攻吴"(61)这一个例子。这两个国家正是周朝人立的，还外带着没受过殷朝人影响。

藏语里还有一个 a，最常用到亲属的称呼上。比方 aku 阿舅，ama 阿妈。汉语这边儿，粤闽吴三种方言里有这种习惯。吴语里用得最多，所以有"阿猫阿狗"这句话。Laufer 有篇儿文章，讲得很细(62)。

戊、-pa　-ba　-p'a

这一类音缀原来有 pa, ba, p'a 三个形式。端美三菩提说：

男性字添到男性字尾的后头(pa, ka)

(p'o jis p'o ji miŋ-mt'a draŋ)

女性字添到女性字尾的后头(ba, ga)

(mo jis mo ji miŋ-mt'a draŋ)

中性字呢，中性呕！(p'a, k'a)

(ma-niŋ gis ni ma-niŋ ŋo)

古代的藏文倒有用 p'a 的，Franke 印的吐蕃残卷里就有 adpulp'a, mtɕ'isp'a, mtɕ'idp'a 这类的字(64)。现在全改成 pa 了。

西藏用这几个音缀，有两种地方儿。头一种，用到所有动字后头。比方：bstadpa，赞美，abjuŋba，生。

汉语这边儿，古时候的书里没记过。现在的口语里可有不少，写在底下；凡是可以当“拔”字儿讲还讲得通的不收，凡是前头的字，在宋以上有-p 尾音的也不收。

剁巴剁巴　　脱巴脱巴　　卷巴卷巴

裹巴裹巴　　团巴团巴　　捆巴捆巴

扯巴扯巴　　撅巴撅巴　　耍巴耍巴　　试巴试巴

以上的是重说的，都有“好好歹歹”或者“试”的意思。还有：

卡巴(k'apa)着腿＝叉开腿

闭过气去了，又给窝巴过来了＝人工呼吸法急救

你怎么这么扭巴人心哪！＝别扭

这人真纣巴＝别扭

以上都是北京话的例子。

二一种在实物字(substantive)里，西藏话用 pa，ba 又有两种用法儿。头一种是跟某一种东西或者事情有关系的人，比方：

ade 这个	adepa 这个人		
rta 马	rtapa 马夫	gru 船	grupa 船夫
loŋ 瞎	loŋba 瞎子	on 聋	onpa 聋子
bzo 工	bzoba 匠	skad 话	skadpa 教员
bod 西藏	bodpa 西藏人	k'ams 西康	k'amspa 西康人

汉族这边儿古书里有《左传》的“是夫也”(成公十四年)＝depa 还有射夫，膳夫，愚夫，懦夫，役夫，驭夫……“不胜枚举”。口语里有北京的：

吃(tɕie)巴　　哑巴　　力巴(生手儿)　　催巴(碎催)

西藏话有时候儿拿-pa 跟-ma 分别人的男女。比方 tɕ'os 是“佛法”，tɕ'ospa 是“和尚”，tɕ'osma 是“尼姑”。有人记的台湾话里，男人是 tsapɔ(厦门 ta-)，女人是 tsabɔ(65)，正跟西藏一样。

二一种是随便什么东西的名字或者品德，后头都可以加上，比

方：

身体 rkaŋpa 腿(胫) pagpa 胳臂 ltoba 肚子
东西 lhanpa 补丁 k'aŋpa 屋子 adzampa 泥
品德 k'aba 苦 ʑimpa 甜

汉语这边儿也有。凡有"片儿"、"柄"、"疤"的意思的不收。

脚巴丫儿(京) 手卡巴儿(k'apər 京)
盐巴(四川) 蛙巴(waipa 滕)
俐巴(轻快，长沙) niapa(黏，长沙)

汉语的"夫"字儿《切韵》音 pɪwo, bɪwo,《诗经》音 pɪa, bɪa, 代表 pa, ba。

己、-ka, -k'a, -ga(Ladak-kad)(66)

西藏这三个音缀的分配法儿，上一节已经说了，用法儿有两种：头一种，用在数目字后头：

gɲis ka 俩 gsumka 仨

汉语这边儿有"个"字儿，《切韵》音 kɒ,《诗经》音 kad。也写成"箇"，《诗经》音 ka。还有"介"字儿，《切韵》音 kɐi,《诗经》音 kɐd。这个声音跟 Ladak 方言相当。

古书里用这个字的有：

一个臣(《大学》) 又弱一个焉(《左》昭 3)
一介臣(《书·秦誓》) 一介行李(《左》襄 8)。

现在的方言全都说"一个人"、"一个月"、"给你一个"。

表一：藏语 ka

周语 kad, ka	隋唐语 kɒ	北京 kə
		苏州 kəu
		厦门 ko
		广州 kɔ

表二：藏语 kad

周语 kɐd 隋唐语 kɐi 客家 kai

古官话里还有写“家”字儿的，像：

凭着我六文家铜钱(67)

四五斗家粟(68)

用到单位字后头，现在看着很特别。

二一种是用到规定别人的字后头，比方：

tadka 前头　adika 这儿　daga 这个，这样儿

古代有“真个”，现在北京话有：

真个的　别价　不好价　好生价

宋朝道学先生的语录跟古官话的小说儿里常见：

成片价　慢慢价　震天价　泼风也似价　镇日价　一味价

小盏家　一会家　数次家

“家、价”字儿《切韵》音 ka，《诗经》音 ka。

二、独立虚字

甲、代字

一、ŋa　西藏人自称 ŋa，按音说，相当于汉语的“吾”字儿。这个字的《切韵》音 ŋo，《诗经》音 ŋa。现在的方言里没这么说的。现在的方言，清清楚楚的指着“我”字儿，《切韵》音 ŋɒ，《诗经》音 ŋad。现在我把这两个字列两个表：

表一：藏语 ŋa

周语 ŋa(吾)　隋唐语 ŋo(吾)？

表二：藏语 ar(aŋ)		北京	uo
周语 ŋad	隋唐语 ŋɒ	苏州	ŋɔu
		广州	ŋɔ
		厦门	gua
		客家	ŋai

这些声音没甚么可说的。客家话的 ŋai 看起来奇怪，可山西汾阳人自称 ŋi。

真出毛病的是：为什么有“吾”跟“我”两个字？

头一个回答这个问题的是胡适的《吾我》篇(69)。照他说：这是一种格(Case)的表现。他举的例子有：

吾师乎

今者吾丧我

所以他主张“吾”字儿是用到主格(nominative case)跟领格(genitive)的形式，“我”字儿是用到受事格(objective)的形式。

我承认他“我”用到受事格这个话。可是主格跟领格必得用“吾”的话可靠不住。我先从《孟子》里举几个例：

主格	圣则吾不能(《公孙丑》)	可是还有	我于辞命则不能也(《公孙丑》)
	吾岂若于吾身亲见之哉(《万章》)	可是还有	我岂若处畎亩之中(同上)
	吾将瞯良人之所之也(《离娄》)	可是还有	我将去之(《梁惠王》)
	吾明告子(《告子》)	可是还有	我明告子(《滕文公》)
领格	不得吾心(《梁惠王》)	可是还有	于我心有戚戚焉(同上)
	吾党之小子(《尽心》)	可是还有	非我徒也(《离娄》)
	此非吾君也(《尽心》)	可是还有	何其声之似我君也(同上)

要说这些个用法儿全一样的得有一半儿是抄错了，可太不近人情了。

这还是单说《孟子》。要用到别的材料上，毛病更大。西周人的铜器里，所有自称的字除了“朕”、“余”什么的不算，就光有一个“我”，连一个“吾”字儿也没有！比方《毛公鼎铭》有：

“俗我弗作先王忧”是主格。

“固我邦我家”是领格。

“虔夙夕惠我一人”是受事格。(70)

《盂鼎铭》也有：

“我𦖞”是主格。

“夙夕召我一人豋四方”是受事格。(71)

《沈子它毁铭》倒有“朕吾吾考”，可又不能当“我”讲。(72)

像胡所说的现象，根本没有。一直到东周，秦国的石鼓才有“避车既工”(73)，《诅楚文》才有“长敹吾不敢”(74)，徐国的《沇儿钟铭》才有“獻以匽以喜”(75)，齐国的《堎镈铭》才有“保虞兄弟”(76)。而且用法儿也跟胡说不合，比方：

石鼓又有“避师既简”，又有“敳我师氏”。

《诅楚文》又有“逑取吾边城”，又有“且复略我边城”。

实在看不出什么分别来。经书呢，《诗》《书》两经简直可以说没“吾”字儿，跟早期的铜器正相合。

我看周朝人刚一入中原的时候儿，他们的话里实在就光有一个 ŋad，到春秋时候儿为止，并没两样儿。

那么“吾丧我”的分别到了儿是怎么回事呢？咱先别管什么“格”不“格”，先看看这两个字在《孟子》里用在语丛里的地位怎么样，用法儿怎么样。照我看，“吾”跟“我”两个字儿的分别，可以拿两句话包括：

“吾”向来不用到语丛的尾巴上，“我”可以，比方“非我也”。

凡是对比重念的地方儿，全用“我”，比方“尔为尔，我为我”，“彼以其富，我以吾仁；彼以其爵，我以吾义”……这一类的。咱可以看出来：“吾”、“我”的分别纯粹是个声音的问题：凡在语丛尾巴上的，或者有对比的，一定念得重，所以是 ŋad。凡后头还有别的字的，因为往往念得轻，所以写的时候儿把收尾音忽略了，就是 ŋa。

这么说，汉语的“我”的重音，实在不跟西藏的 ŋa 相当。轻音才跟他相当哪。要不然就得说，《诗》韵的歌部有一部分字原来没尾音。

还有一种看法儿：“我”原来是 ŋa + x 两个字合起来的。这 x 是代表“自己”这一类意思的字，像西藏的 ŋaraŋ 是的。所以“吾丧我"就是"我把我自各儿丢了"的意思，也说不定。不过这先得把西藏的"你"k'jodre，"他"k'ore 的 re 弄明白了才行，现在还办不到。

二、raŋ　西藏的 raŋ 是北京话"自各儿"的意思。有单用的，比方：

maniŋ raŋ la raŋ mi adʑug

（中性自各儿不跟自各儿接）

也有用别的字后头的，比方：

ŋa raŋ agro-gi jin

（我自各儿去）

现在拉萨话的人称代字是念：

ŋa 我	k'jœ 你	k'o 他
ŋants'o 我们	k'jœnts'o 你们	k'œnts'o 他们

这多数形的 n 其实还是 raŋ 的渣儿：

k'oraŋts'o⟶k'oŋts'o⟶k'œnts'o。头两个字实在有这么写的。第三个平常写 k'ots'o。

汉语这边儿跟 raŋ 声音相当的有"戎"跟"侬"。

头一个把"戎"字儿当代字是郑玄讲的。照他说，《诗》的"戎虽小子"、"戎有良翰"、"缵戎祖考"、"肇敏戎功"(77)的"戎"字儿都当"你"讲。戎字儿《切韵》音 ȵʑiuŋ，《诗经》音 ndiuŋ。

南北朝的吴声歌里好用"侬"字儿。意思也有好些样儿：

无侬不握扇（《子夜四时夏歌》）= 无人不握扇

闻欢得新侬（《读曲歌》）= 闻欢得新人

诈我不出门，冥就他侬宿（《读曲歌》）= 冥就他人宿

发乱谁料理？托侬言相思（《懊侬歌》）= 托他言相思

郎来就侬嬉（《子夜歌》）= 郎来就我（人家）嬉

欢愁侬亦惨，郎笑我便喜（《子夜歌》）= 欢愁我（人家）亦惨(78)

由这些例子可以看出来，侬是"人"、"人家"的意思，并不像《刊缪补缺切韵》说的"吴人云我"(79)。侬《切韵》音 nwoŋ。

现代方言里，吴语还用这个字，当“你”讲。厦门话里念 laŋ，当“人”讲。福州话跟“家”字儿连起来，念 ŋœŋŋa，(〈ŋœŋka〉)当我讲。

表：西藏 raŋ

周语 ndiuŋ(戎)？隋唐语 nwoŋ(侬)

北京 nuŋ

上海 noŋ

广州 nuŋ

厦门 laŋ

客家 nuŋ

西藏的 ŋaŋ 是 raŋ 跟 ŋa 合到一块儿变成的。汉语《诗经》里还有：

印烘于煁(《白华》)

印盛于豆(《生民》)

人涉卬否(＝人家过河我自各儿可偏不去)卬须我友(《匏有苦叶》)

“卬”《切韵》音 ŋɒŋ，诗经音 ŋaŋ。

三、adi　西藏的 adi 等于北京话的“这个”。可以单用，像：

adi sui red　这是谁的呀？

也可以规定别的字，放到后头的像：

mi adi　这个人　　k'aŋpa tɕ'uŋ tɕ'uŋ adi　这所儿小房子儿

放到前头的像：

adits'o 这些个，这群　　adi lta 这种，这样儿的

汉语这边儿跟他声音相当的是“时”《切韵》音 dʑi，《诗经》音 diəg。晚期经典写“之”《切韵》音 tɕio 这个转变大概是因为方音。也许周朝人为省事写之，还念得是 diəg，也没准儿。

“时”字儿的用法儿，也有单用跟规定别的字两种。头一种像：

《书经》：时乃引恶(《康诰》)　　我其可不大监抚于时(《酒诰》)

《诗经》：时维姜嫄(《生民》)　　于时处处(《公刘》)

不如时(《召旻》)

二一种像

《书经》：时日曷丧(《汤誓》)　　相时憸民(《盘庚》)

在时二人(《君奭》)

《诗经》:因时百蛮(《韩奕》)　　率时农夫(《噫嘻》)

时周之命(《赉》)　　杀时犉牡(《良耜》)

"之"字儿也有这两种用法儿,头一种像:

《书经》:天命殛之(《汤誓》)　　勿庸杀之,姑惟教之(《酒诰》)

《诗经》:阴雨膏之(《黍苗》)　　谓之载之(《绵蛮》)

二一种像:

《书经》:今日之事(《牧誓》)　　陟禹之迹(《立政》)

《诗经》:民之失德(《伐木》)　　今兹之正(《正月》)

之子于征(《车攻》)　　我觏之子(《伐柯》)

这后头这一种暗淡到连"这个"的意思都快没有了。高先生(名凯)曾经说过:"在河之洲"的"之"字儿是个"规定词",* 表的是"规定关系"。他又说这个字是由指示字变来的。

我个人对于"河"规定"洲"这个关系,"之"原是指示字这两个意思完全同意。我的主张,就有一处跟他的意思不合:我认为"之"并不等于"的",在古人用这种"之"字儿的时候儿,心里的语象(speech image)还是个指示的语象。底下是我的两个理由。

头一个,周朝人的规定字是"其"字儿,"之"是后来才"取而代之"的。这且不提。汉语的实体字让人家规定的时候儿,大致是像底下这个样子:

好人——这是拿一个音缀规定的

窈窕之人——这是拿两个音缀规定的

要切实的统计起来,这头一种数儿比二一种怕是多得多,因为汉语,古文更甚,原本是单音缀语。由这儿可以看出来,"规定关系"就靠字的次序就是够表示出来了。那第二种的"之"字儿,也不是在意义上或者语法上必要的,而是为念着顺嘴儿(euphony)加上

---

* 等于现在的"的"。

的。拿现在的方言说，除了吴语、粤语，国、客、厦都不容许“好的人”[80]这种话存在：可是“聪明人”跟“聪明的人”倒都通得过去。既然有他没他并不伤害规定关系，可见他的作用纯粹是个声音的作用。

二一个理由：《诗经》里《桑扈》篇第二章尾巴上说：“君子乐胥，万邦之屏！”第三章头儿上说：“之屏，之翰。”还有《假乐》篇第三章尾巴上说：“受福无疆，四方之纲！”第四章头儿上说：“之纲之纪。”要是说这种没头没脑的“之什么”表示规定关系，自然不妥当。要是说他跟上一句的“之”两码事，也太勉强。那么怎么办呢？把他翻译成“这个”就全好办了。所以我看，西周人使这个字，他心里头那“指示”的语象还在着，总得到战国以后，才变成纯粹的规定词。

这个话现在还用，声音是 tī 或者 tə，写“的”字儿或者“得”字儿。

四、ade　藏文平常写 de，Franke 印的古写本作 ade[81]，可见原跟 adi 就差一个元音。他的意思是北京话的“那个”。底下再遇见这个字，还用现在通行的写法儿。

汉语这边儿跟他声音相当的是“是”字儿。也有写“寔”字儿的，“是”《切韵》音 dʑiei，《诗经》音 diæg(?)。也有写“旨”字儿的，《切韵》音 tɕiĕi，《诗经》音 tiĕd(?)。怕是原来嘴里说的原来就是个 de 或者 ded，不过写字随便点罢了[82]。咱拟的上古音也不够正确到连这点儿毛病都不出的。可是《经典释文》给《春秋》“是月也”的“是”字儿作过“徒兮反”的音[83]，这个音等于《切韵》dɛi，《诗经》dɛd，倒是最像西藏话。

西藏话用这个 de 字儿可以单用，像：

de jagpo red
那个好

ŋai k'aŋ-pa de red

我的屋子是那个

也可以规定别的字，像：

mi de　那个人

dpetɕ'a gsarba de　那本儿新书

de ts'o　那些个，那群

de lta　那种，那样儿的

除了这些个还有个常用的例子：

(A) ŋas k'artsaŋ joŋbai mi de ltas bjuŋ(我瞧见昨儿来的那人来着)

我　昨儿　来的　人　那　端相　了

rgjalpos skadtɕ'a jondan jodba de to's nas

皇上　话　理　有　那　听见　以后

(B) norpo rin tɕ'enpo de ŋai red

宝石　价钱　大　那　我的　是

jige ak'jer-mk'an de su jin

信　送　的　那　谁　是

这种形式的特点就是，前头那个语丛太长了，怕人注意力分散，所以再用个 de 把他重新箍结实了。比方：

skadtɕ'a jondan jodba 可以拆成"话"，"有学问的(人)"两个意思，可是拿 de 一勒，这两个就鳔住了，一定得当"有理的话"讲。

汉语这边儿，"是"字儿也有单用的，像：

《书经》：民讫自若是多盘(《秦誓》)　　是惟艰哉(同上)

《诗经》：是用作歌(《四牡》)　　是以有侮(《正月》)

是谓伐德(《宾之初筵》)

《左氏春秋经》：寔来(桓 6)

规定别的字的，像：

《诗经》：正是四国(《鸤鸠》)　　载是常服(《六月》)

成是贝锦(《巷伯》)

"是"字儿顶特别的用法儿是用作倒装句儿的助字。像：

《秦公钟铭》："万姓是敕。"(84)　　《秦公毁铭》："万民是敕。"(85)

《郲公轻钟铭》:“分器是寺。”(86)　《仆儿钟铭》:“后民是语。”(87)

《诗经》:四方是维(《节南山》)　天子是毗(同上)

恶怒是违(《节南山》)　百僚是试(《大东》)

唯酒食是议(《斯干》)　维迩言是听(《小旻》)

匪先民是程(《小旻》)　匪大犹是经(《小旻》)

《左传》:繄伯舅是赖(襄 14)　顽嚚不友是与比周(文 18)

诸姬是弃(襄 29)　而夏肄是屏(同上)

将盗是务去(襄 21)　寡人是问(僖 4)

君人者将祸是去(隐 3)　亦晋之妖梦是践(僖 15)

舍其旧而新是谋(僖 28)　余唯利是视(成 13)

固败是求(僖 15)

咱现在可以看出来,“是”字儿原来就等于西藏话的 de,不过也用到近指上,不像西藏话限制那么严,非用到远指上不可就是了。

这种句子的型式,用传统的话说是:

主语(subject) + 受事(obj) + 是(de) + 动字(verb)

“之”字儿也有作倒装句儿助字用的:

《书经》有　古我前后罔不惟民之承 = 惟承民(《盘庚》)

王其德之用 = 其用德(《召诰》)

《诗经》有　师干之试 = 试师干(《采芑》)

谁(维)暴之云 = 云暴(《何人斯》)

《左传》有　姜氏何厌之有(隐 1)　何臣之为(成 2)

其是之谓乎(隐 1)　大夫其非众之谓(桓 13)

不唯许国之为(定 1)　吾惟子之怨(文 7)

非子之求,而蒲之爱(宣 12)

非无贿之患而无令名之难(襄 24)

相恤之谓也(闵 1)　文王之谓也(僖 9)

我楚国之为(襄 28)　侈故之以(昭 18)

莫之与京(庄 22)　我之自出(成 13)

再把上一节“是”字儿用成倒装句儿的例子合着看,可以知道,这种句子都是在"受事"上特别加重语气的句子，所以字的次序，还按着周朝人跟西藏人还是一家人时候儿的形式，把"动字"放到后头。这个习惯西藏人一直保持到今天。汉人早在周朝就不拿他当平常口气的形式了。

西藏话的脾气，是说过的话，全拿 de 指他，不用 adi，所以刚才咱举的例里净是 de。铜器跟藏语完全一样。到经典里才慢慢儿也用"之"。可是统计起来，还是用"是"字儿的多。

西藏人说这种 de 的时候儿，清清楚楚的有个指示的语象，汉人有没有呢？我看周朝初年人有。比方：

> 乃惟四方之多罪逋逃是崇，是长，是信，是使，是以为大夫卿士(《牧誓》)
>
> 徂来之松，新甫之柏是断，是度，是寻，是尺(《閟宫》)

这些话里的"是"字儿明明还有讲儿，不是个一点儿意思没有的字。

由这儿又扯到"是非"的问题。《诗》《书》里的"是"字儿，除了《金縢》那篇儿伪书有"乃并是吉"以外，没一个当 verb to be 用的。《孟子》里好像有老大的嫌疑。其实咱看看底下的例子：

> 非我也，岁也(《梁惠王》)
>
> 非我也，兵也(同上)
>
> 王之不王，不为也，非不能也(同上)
>
> 在于王所者，长幼尊卑，皆薛居州也，王谁与为不善？在王所者，长幼尊卑，皆非薛居州也，王谁与为善？(《滕文公》)
>
> 此，非君子云言，齐东野人之语也(《万章》)

这些例子里跟"非"对比的并不是"是"，是〇。

有人看见《孟子》有：

> 语人曰，我不能。是不为也，非不能也
>
> 非挟太山以超北海之类也……是折枝之类也(《梁惠王》)

疑心这些"是"字儿是 verb to be。其实这些还是得念"是，不为也”。怎么见得呢？因为“是”字儿后头还能插进别的字去，有时候儿连“非”字儿全插得进去。比方：

是为欲富乎？(《公孙丑》)
是亦不屑就已(《公孙丑》)
是亦为为乌获而已(《告子》)
是又其次也(《尽心》)
是乃仁术也(《梁惠王》)
其设心以为不若是，是，则罪之大者(《离娄》)
是诚何心哉？(《梁惠王》)
是皆已甚(《滕文公》)
是犹恶湿而居下也(《公孙丑》)
是非君子之道(比“此非君子之言”)(《滕文公》)

这些句子的“是”，全跟上头(B)组的 de 一样。

《孟子》里还有：

仁之实，事亲是也；义之实，从兄是也；智之实，知斯二者弗去是也；礼之实，节文斯二者是也(《离娄》)

这跟西藏把 de 用到句子末了儿的一样。比方，像上文的 ŋai k‘aŋ-pa de red 是的。

从上头这两种“是”字儿的用法儿，才演变成现代方言的“是”。可是秦以前“是”字儿没跟 verb to be 相等的。这我有一个最强硬的证据：公孙龙耍了一辈子嘴皮子，他的书里先有 a)“白马，马也”。b)“白马非马”两种命题，连一句“白马是马”或者“x 是 y”也没有！

现在汉语方言“是”字儿没当“那个”讲的了。

表：西藏语 ade, de

周语 dɛd, diɛd　　隋唐语 dʑiei

北京 ʂʅ
苏州 sɥ
厦门 si
广州 si ⎫ 口语不用
客家 sʅ ⎭

五、p'agi 西藏话这个字等于北京话的"那边儿"，也等于"那边儿的"。

汉语这边儿跟他相当的是"夫已"跟"彼其"或者"彼已"。

"夫"字儿《切韵》音 pıo,《诗》音 pıa。"彼"字儿《切韵》音 piei,《诗》音 piæd。这两个都代表 pa。"已"跟"其"《切韵》音 ki, gi,《诗》音 kiəg, giəg, 代表 gi。

周朝的"彼其之子"就等于西藏的 p'agi mi adi。详细的说明在《汉语的"其"跟藏语的 gji》那篇儿文章里。

顺便儿再说说"彼"字儿。汉人古书里又有"时"，"是"，又有"此"，"彼"，有什么分别呢？先看西藏话："往那边儿"是 p'ar，"往这边儿"是 ts'ur。呕！原来"彼此"是带着"地方儿"这个意思的，跟"时"、"是"不一样！不过在古书里可乱了。

六. gagi 西藏话这个字也写 gaŋgi，来源是 ganagi—→gangi—→gaŋgi。原来表示疑问的语根是 ga，现在在 ga-adras（怎么样），gana（哪儿），gatsam（多少），garu（上哪儿），gare（甚么），gala（在哪儿）这些话里还是 ga。gagi 连着用，意思等于北京的"什么"？或者"哪一个"？

汉语这边儿，跟他相当的字是"何其"。"何"字儿《切韵》音 ɣɒ,《诗经》音 gad，代表 ga。"其"字儿还有写"姬"、"期"的，都代表 gi。还有写"居"的，代表 gia。

汉语最早的疑问字本来不写"何"。比方：

> 《曾伯霥簠铭》：叚不黄耇，万年眉寿无疆(84)
>
> 《诗经》：遐不眉寿　遐不黄耇（《南山有台》）
>
> 胡不自南（《何人斯》）　假以溢我（《维天之命》）

"遐"字儿《切韵》音 ɣa,《诗》音 ga。"胡"字儿《切韵》音 ɣo,《诗音》ga。

《石鼓文》里有"可以橐之"(85)、"其鱼惟可"(86)，是古代的铭刻里头一个用歌部字写这个疑问字的。“何其”俩字《诗经》有：

子曰何其(《园有桃》)　　夜如何其(异文作“姬”)(《庭燎》)

实维何其(《频弁》)　　何其久也(《旄丘》)

《书经》有：

若之何其(《微子》)　　予曷其极卜敢弗于从(《大诰》)

予曷其不予前宁人图功攸终(同上)　　曷其，奈何弗敬(《召诰》)

这都是记的 gagi 的音。古人先注意“夜如何其”的其字儿，可不管“何其久也”的“其”字儿。头一个别管说的明白不明白，到了儿还说过“语助”的话。第二个“其”是干什么的连有人理全没有！咱现在倒可以懂得清楚的多了：“何其”就是 gagi，不过不限定当“哪一个”或者“哪儿的”讲罢了。“寔唯何其”就是 de gagi red。

《礼记》里有“何居”，郑玄说是“读如姬姓之姬”(87)。我想当初写书的人记的实在是 gagi + a。

《书经》的“曷”字儿，也许是齐国话。《三体石经》作“曷”(88)，敦煌《隶古尚书》作“害”。“害”是“何”的去声。

以上两节的详情，请看《汉语的“其”跟藏语的 gji》。

乙、否定字

一、ma 西藏话用这个字有三种用法儿：

a) apjadlag adi ma ŋo
东西　这个　别　买

b) ŋa adiru joŋ ma mjoŋ
我　这儿到　来　没　曾

c) bodskad daŋ rgjanag gi skadtɕ‘a gtɕigpa ma red
藏话　同　支那　的　话　一样　不　是

汉语跟他相当的是“无”字儿。也有写“毋”的(90)。代表的声音都是《诗经》ma。还有写“亡”、“罔”的，按现在的读音推，应该代表《诗经》音 mɪaŋ、maŋ 或者 mag 两种。当时也许就是 ma。底下也照这三种用法儿排。

a)《书经》：尔无不信(《汤誓》)　汝无侮老成人(《盘庚》)

尔罔不知(《多方》)

《诗经》:无毁我室(《鸱鸮》) 兄弟无远(《伐木》)

无弃尔辅(《正月》) 毋金玉尔音(《白驹》)

以上等于北京的“别”,是禁止的词儿。

b)《盂鼎铭》:无敢酸 《毛公鼎》:肆皇天亡斁

《诗经》:无有远迩(《盘庚》) 罔有攸赦(《汤誓》)

《诗经》:万寿无期(《南山有台》) 谁无父母(《沔水》)

以上等于北京的“没”,是“有”的反面儿。

c) 王引之《经传释词》说:“无,不也。”他的例子有:

《书经》的“无偏无党”,《汉书》作“不”。

《诗经》的“不大声以色”,“不长夏以革”,《墨子》作“毋”。

《左传》的“国无陋矣”,“无顾土宜”(91)。

以上等于北京的“不”,是“是”的反面儿。

现在的方言里,长沙话用“无”,念 mau,用法儿的是 b)。客家话有两个:c)用“唔”m。b)用 mo, maŋ。厦门话有两个:b)用 bo。c)用 m。广州话有两个:b)用 mou。c)用 m。

表:藏语 ma

周语 ma 隋唐语 mɪo——
{北京 u}
长沙 mau
苏州 mu(呒啥),{vu, u}
厦门 m, bo
广州 m, mou
客家 m, mo

周语 mɪaŋ, maŋ 隋唐语 mɪaŋ, mɒŋ 客家 maŋ

二、mi 西藏话这个字的用法儿,照 Bell 说,是用在“现在时”跟“未来时”上(92),比方:

ŋas k'o ŋo ɕes-gi mi-adug
我 他 面 认 识 不 是

saŋȵin k'o bslebs mi joŋ
明 儿 他 来到 不 来

Jaeschke 可说:所有能用 ma 的地方儿全能用[93]。要拿端美三菩提自各儿的著作看,他用 mi 字儿等于汉语的"不"字儿。还是 Bell 说的对点儿。

汉语这边儿,跟他声音差不多的有"母"、"靡"、"微"、"未"。

先说"母"。《毛公鼎铭》:"女母敢妄宁",《兮甲盘铭》说:"母敢不即餗即市"[94],这个字本来写"母"字儿。古钚里还有"民母不敬"[95]。到《诅楚文》才写"毋"[96]。现在念的是模部"无"字儿的音,周初可是咍部音。这个音就是"无有"两个字合起来的。比方《书经》"无有作好……无有作恶"、实在就是"毋作好……毋作恶"的意思。既然是两个字合起来的,所以不等于 mi。

《诗经》有"微我有咎"(《伐木》),又有"王事靡盬"(《四牡》)、"每怀靡及"(《皇皇者华》)、"入则靡至"(《蓼莪》),意思跟 mi 差不多。可是这两个字也许是"无"跟"非"的混形(blend)。

还有个"未"字儿,也是否定词,可是永远指着过去的时间说的,比方"曰予未有室家"(《鸱鸮》)、"我戍未定"(《东山》)。过去"未有"现在有的不提,现在还没有的话,"未有"就等于"不有"了。所以说,拿"未"跟西藏的 mi 比最合适。单说声音,rmi(睡觉)等于"寐",mi 自然是"未"了。

现代北京话说 mei。有人主张是"靡"。平常可写"没",河南话说 mu,清清楚楚是入声,可见这个写法儿不错。古人写"蔑"的大概代表它。厦门话说 be,才是真正的未字儿。广州说 mei,比方 sik fan mei? 食饭未。

丙、疑问字

一、a　西藏话问人有没有的时候儿,可以问 ajod? 也有写 e 的,比方《仓洋嘉错情歌》就有

agrog-adris　e　joŋ?[97]
伙伴儿　亲　可　作

汉语这边儿，古代人用“与”字儿表示。“与”字儿《切韵》音 jio，《诗经》音 ia，代表 a。

《左传》有：

其人能靖者与有几(僖 23)

其与几何(昭 1)

《国语》有：

亡人何国之与有(《晋语》)

王引之把《晏子》的“正行而遗民乎，与持民而遗道乎”的“与”当“如”字儿讲(98)，还不如当疑问字讲好。

现代吴语里也用 a 这个声音。比方：

倷看阿是？铜钿一塌刮子拨倷，阿好？

章太炎先生《新方言》里说这是“可”字儿(99)。这个话要靠得住的话，那么国语区域也有这种说法儿。安徽阜阳人老说“可对”？“可有这个理”？

表：藏语 a

周语 ia, a	隋唐语 jiwo	苏州 a
		阜阳 k'ɤ

古书里还有“恶在”、“恶用”，“恶”《切韵》音 wo，《诗》音 a。不过旧注儿都当“哪儿”讲，咱也不必“更张太甚”了。

二、pa　现代西藏口语疑问句子后头加上 pa，比方：

k'jod kji rdogp'rad naŋ la gare jod pa
你　的　口袋　里　在　什么　有　吧

古汉语用“夫”字儿。比方《左传》的：

后之人必有任是夫？(成 2)

子之力也夫(成 2)

天败楚也夫(成 16)

辞之不可以已也如是夫？(昭 31)

有令德也夫(襄 24)

不信也夫(襄 30)

若在此语不及此夫！(襄27)

乌乎，必有此夫(襄30)

这些个话都带点儿感叹的意思，也有假定的意思。

现代北京话用“吧”字儿：

你有红铅笔吧

别是忘了吧

表：藏语 pa

周语 pa ——————→北京 pa

三、am 端美三菩提祖师说：

rdʑes-adʑug jige btɕupo la
添后 字 十个 上

drugpa sbjar na abjad-sdud jin
第六 连上 要是 分 合 是(100)

这有两种用法儿。头一种是疑问句终字，像：

k'jod lug jod dam? 你羊有 am?

第二种等于北京话的“要不价”，“或者”，像：

lug gam glaŋ 羊或者牛

咱可以看出来，这是由 a + m(⟨a + ma⟩)和成的字。

中国古代语录里常写“也无”。高先生写给我两个例子：

一切众生有此病也无？

还许某甲去也无？

现代厦门方言里当疑问句终词的，像：

beʔ k'i a m?
要 去 也无(唔)

kau ehŋsi lai am?
遘 夜昏时 来 也无

当“或者”讲的，像：

tioʔ t'eʔ k'i am biɛn? k'a uã k'i a m t'aik'i ho m?

着 持 去 也无 免 较晏 去 也无刣去 好无(要不价甭去好不好)

福州话说 ia mo。客家话也说 a m, a mo，大概是效法闽南话。

表：藏语 am

周语 a ma　隋唐语 a ma

福州 ia mo

厦门 a m

客家 a m, a mo

四、ma Jaeschke 说 Lahoul 方言问话后头加 ma(101)。唐朝人诗里有：

画眉深浅入时无？

幕下郎官安稳无？

能饮一杯无？(102)

现在北京话里说 ma，写"吗""么"俩字。比方：

我画的眉时兴吗？

你近来好吗？

能喝两钟儿吗？

客家话说 mo，比方：

ŋi oi mai mo？

你爱买呒？

表：藏语 ma

周语 ma　隋唐语 ma　北京 ma

客家 mo

丁、助字

我这"助字"是翻译的藏文 ts'ig-p'rad。凡不能拿本节的甲乙丙戊己包括的都是。

一、gi gji kji ji i 藏文的规定字有这五个形式，按上头字的收尾音分用。除了 i ji 是因为韵文音节多少随便用（i 不算一个音缀）以外，别的照底下的表：

bdag gi	自己的	k'al gji	担子的
ɕiŋ gi	木头的	nub kji	西边儿的
rin gji	价钱的	bod kji	西藏的
lam gji	路的	sems kji	心的
gser gji	金的	k'a ji, k'ai	口儿的

由上头的表上看，明明看出来，这些字原来就是一个形式 gji 变来的。详细的说明在《汉语的"其"跟藏语的 gji》那篇儿文章里头。

这个字的用法儿正跟古汉语的"之"字儿或者北京的"的"字儿一样，比方：

ŋai 我的　naggi 黑的　ɕiŋgi 木头的　oggi 底下的

汉语这边儿跟他相当的是"其"字儿，《切韵》音 gi，《诗经》音 giəg，也许代表的本就是 gji 或者 gi。

周朝初年人的规定字是"其"，不是"之"。《书经》里有：

朕其弟（＝朕之弟）（《康诰》）

孺子其朋（＝孺子之朋）（《洛诰》）旧注不词

罔不配天其泽（＝罔不配天之泽）（《多士》）

《左传》里有：

是其生也（桓 6）

以上是把"其"字儿放到一个东西或者事情头里的。用 Jespersen 的话说，是些个 junction。底下还有：

民养其劝，弗救（《大诰》）

作其即位（作＝乍）（《无逸》）

这是把"其"字儿放到一种现象头里的，像北京话的"好好儿的呆着"、"胡里胡涂的输了"一样。用 Jespersen 的话，这是对于 nexus 的头字（head word）的规定。

《诗经》里有：

殷其雷（《殷其雷》）	丝衣其纤（《丝衣》）
兕觥其觩（同上）	零雨其濛（《东山》）

还有：

温其如玉（《小戎》）	温其在邑（同上）
坎其击鼓（《宛丘》）	亟其乘屋（《六月》）
亶其然乎（《常棣》）	芸其黄矣（《裳裳者华》）

温温其恭(《宾之初筵》)　　　依其在京(《皇矣》)

烂其盈门(《韩奕》)

旧日的注家把这后一种“其”字儿当“然”字儿讲,对于“烂其盈门”倒还合适,对于“亶其然乎”可太不合适了。其实这些个跟“何其久也”的句型一样,并不难懂。

还有“熠耀其羽(《东山》)”,“皇驳其马”(同上)那一类的句子,本来也可以这么讲。不过《诗经》是韵文,韵文免不了“倒句以叶韵”,所以“熠耀其羽”可以当“其羽熠耀”讲,不一定非讲成“雪亮的翅膀儿”不可,所以我都没算到里头。要是算的话,可就多了去了。

这种用法儿,战国以后就少了。就还剩下个“何其”。到汉朝以下,连“何其”的“其”也觉乎着没用,就也给去了。

现在方言里就更没用“其”字儿的了。吴语有个 gəʔ,不过是入声。

二、gi 字儿还有个用法儿,是放到动字后头。一种是表示请求的,比方:

agrogi agrogi

走吧,走吧,

还有一种像:

ŋa ni mtɕʻodpa la mi dagi, sn̥iŋ rdʑei sems la dga o!

我 呢 上供 对于 不喜欢不是吗,心慈的 心 对于 喜欢 呕!

《诗经》里有“往近王舅”,《毛传》说,“近,已也”,段玉裁《毛诗传定本小笺》说:“近,已也,已与忌同。《大叔于田》传曰‘忌,辞也’。此《传》谓近者己之假借。《笺》伸之曰:‘己,辞也,读如“彼记之子”之记。’《王风》‘彼其之子’《笺》曰:‘其或作记,或作己,读声相似。’《郑风》郑笺曰:‘忌读如“彼己之子”之己。’盖其、记、己、忌、近五字同,词之助也。”(103)这话挺对。可是他“助”了个什么意思呢？咱可以回答：请求的口气！

《诗经》还有“叔善射忌，又良御忌，抑磬控忌，抑纵送忌(《叔于田》)”。这几个“忌”字儿就跟上头藏文第二个例子一样了。

陆先生(志韦)说：苏州说 tɕʻy gə 有两个意思。头一个是“你可准去”，这是一种希望。二一种是“我去”。不过吴语的 gə 往往是 gəʔ。

三、du tu ru r su 西藏话这几个字的意思像北京话的“在”跟“到”。这五个形式分着用到十种收尾音的后头。底下我列个表。为清楚起见，我把 gi 的用法儿也列到表右边儿，可以比着看：

bod du	bdag gi
ciŋ du	gi
rin du	gji
lạm du	gji
gser du	gji
kʻal du	gji
nub tu	kji
bdag tu	bod kji
sems su	kji
kʻa ru, mir	ji, i

整个儿表都可以说是 du 一个形式变出来的。条例是：

甲）浊音后头保存 d-。

乙）清音后头同化成 t-，-s 后头再同化成 s-。

丙）元音后头，d 跟西班牙文一样，先念 ð，再变成 ru。比方拉丁 meridies 实在是从 medidies 来的。ru 又省成 r。西藏“二十”原说 ȵiɕu，现在也说 ȵer，可以参考。

汉语跟 du 相当的音是“由，犹，攸，猷，繇”，第一节里已经讲过了。那是当添前字用的。底下我引王引之一段儿话，讲那独立用的：

"繇，于也。《尔雅》曰：'繇，于也。'繇、由、猷古字通。《书·康诰》曰：'往敷求于殷先哲王。'又曰：'别求闻由古先哲王。'由亦于也，言'遍求闻于古先哲王'也。《诗·抑》曰：'无易由言。'《笺》曰：'由，于也。'《礼记·杂记》曰：'客使自下由路西。'郑注曰：'客给使者入设乘黄于大路之西。'"(104)

四、ni　端美三菩提说：

gaŋ miŋ-mt'a daŋ mt'unpa ji
任何 字 尾 同 接 着 的
bʑipa la ni i sbjarba
第四 上 呢 i 连上(第四 = n)
dgar daŋ bsnanpai ts'ig du agjur
分开 跟 添上的 字 成 变(105)

这个字的用法儿像底下的例子：

ŋa ni skyo rgju miadug
我 呢 伤心 去 不
adi ni mi p'od do
这个 呢 不 能作哟
da ni mgjogspar brospa jin
现在 呢 快快儿 跑 了

汉语这边儿跟 ni 相当的是"而"字儿，《切韵》音 ȵʑi，《诗经》音 n(d)iəg。还有"乃"字儿，是"而"的洪音，也常换用；《切韵》音 nɒi，《诗经》音 n(d)əg。

像上头头一句的例子有：

《诗经》：彼月而食……此日而食(《十月》)　　鸟乃去矣(《生民》)
《左传》：王室而既卑矣(隐 11)　　天而既厌周德矣(隐 11)
《书经》：我乃劓殄灭之(《盘庚》)　　尔乃尚有尔土(《多士》)
汝乃是不蘉(《洛诰》)

像二一句的例子有：

《书经》：人之彦圣而违之俾不达(《秦誓》)

《左传》：我此乃止(成2)

像三一句的例子有：

《诗经》：秋而载尝，夏而楅衡(《闷宫》)

《左传》：今而始大(昭30)

吾乃今而后知有卜筮(襄7)

其明年乃及降娄(襄30)

现代北京方言里说“呢”字儿，念ni，nə。用法儿像：

哥哥呢，也太不成材料儿；兄弟呢，也太刻薄了

酒呢，也喝完了；饭呢，也吃光了

现在呢，谁也治不了了

这个字本身实在没什么意思，可是能把头里的字单提出来，有加重口气的作用，也有分段儿的效果。古来的人往往非把乃字儿当“就”，“才”讲不可，所以对于《孟子》里齐宣王说“夫我乃行之”的乃字儿老讲不通。其实这个字光把“我”提出来，跟下文儿的“夫子”对比就是了，并没别的作用。“而”字儿这种用法儿的少点儿，可是由“今而知”类推出“往而取”，然后所有一先一后或者一块儿存在的两样儿事，都可以用个“而”字插进去(像《礼记》的“华而睆”)。这就跟印欧的联接词一样了。这种用法儿的，古书里最多。

表：藏语 ni

周语 n(d)iəg	隋唐语 ȵʑi 而	北京 ni
n(d)əg	nɒi 乃	

戊、联络字

联络字的用处，是表明两个命题的关系，像“因果”，“反对”什么的。比方“又要吃鱼，又嫌腥”、“饶好心，倒惹气”的“又”、“饶”、“倒”什么的。

a) jan 这是ja(上头)，跟na(在)合起来的字。意思等于古文的

"于是"。这个"于是"除了指着地方儿说以外，还可以指"因果关系"，所以拿他联络两个命题。比方：

k'o adi mt'oŋs nas, jan p'jinpa red

他 这个 看见 以后 于是 走 了

汉语这边儿跟他声音相当的是"焉"字儿，《切韵》音 ɪɐn，《诗经》音 ɪɐn。

这个字平常都用到句子尾巴上，《论语》、《孟子》一系的方言是这么着。在《孟子》里，"于是"的意思很显著，比一比：

吾何快于是(《梁惠王》)	孔子奚取焉(《万章》)
夫子必居一于此矣(《公孙丑》)	滕更有二焉(《尽心》)
有仕于此(《公孙丑》)	有贱丈夫焉(《公孙丑》)
涕出而女于吴(《离娄》)	二女女焉(《万章》)
何畏焉(《滕文公》)	

就知道了。可是在《诗》、《书》、《左》的方言里，他还可以用到句子头儿上，比方《国语》：

尽逐群公子，乃立奚齐，焉始为令……(《晋语》)

十连为乡，乡有良人；焉以为军令(《齐语》)

必无有二命，焉可以济事(《吴语》)

也有用到所谓"主语"后头的，像：

《诗经》：心焉数之(《巧言》)

《左传》：则戎焉取之(昭9)

《国语》：晋焉作辕田、晋焉作州兵(《晋语》)

这些都当"于是"讲。

《诗经》里还有把"于"字儿又加到"焉"字儿上的，像"于焉逍遥"、"于焉嘉客"(《白驹》)，意思还是"于是"的意思。"于焉"两个字连着快念，就变成"爰"，《切韵》音 ɣɪwɐn，《诗经》音 ɣɪwɐn。《诗经》有"筑室百堵，西南其户，爰居爰处，爰笑爰语"(《斯干》)，跟《晋语》"歌于斯，哭于斯，聚国族于斯"一比就明白了。

上头这个“于是”，“地方儿”的意思很清楚，还有“弓矢斯张，干戈戚扬，爰方启行”(《公刘》)的“爰”，就是一种时间或者逻辑的“于是”了。

Jaeschke 说 rgjalrab 这部书老用 nas jan 当转语字(106)，我猜想古文的“然后”的“然”字儿也是由“乃”或者“而”字儿加上“焉”字儿得来的。不过照我的音轨(sound law)，西藏的 nas 不等于《诗经》的-əg 类音，所以不敢确定 nas jan 就是“乃焉”。要说像可太像了！

要是“我”后头加个“焉”，就写“言”。“驾言出游”(《泉水》)就是“套上车我于是出去逛去”。“言”字永远不用在第一章第一个字的地位上可以证明这一点。

b) na 藏文的 na 是个假定的字，像：

k‘assa ŋas ha go na, bsterba jod
昨儿 我 知 道要是 给了

汉语这边儿声音相当的是“如”字儿，《切韵》音 n̥ʑio，《诗经》音 n(d)ia

中国古书里“如”字儿向来用到句子头儿上，或者“动字”前头，像：

《诗经》：如可赎兮(《黄鸟》) 君子如怒、君子如祉(《巧言》)

普通“如”字儿底下跟上个“或”字儿，连着念成 n(d)iak，写“若”字儿。比方：

《左传》：若犹未也(隐 3) 若不早图(庄 6)
幸若获宥(庄 22) 若使大子主曲沃(庄 28)
君若辱贶寡人(隐 11) 天若祚大子(闵 1)
君若以德绥诸侯(僖 2)。

“若”好像是“如或”俩字拼起来的。不过汉僧“若”念 ñā，所以用“般若”译 prajñā。

现代方言里，厦门话用 na，像：

li na beʔ kʻi, gua ja beʔ kaʔ li tsue tin kʻi

尔 如 要 去 我 亦 要 和尔 做 阵 去(一块儿去)

na si li m kʻi e si, gua ja be? hiu kʻun a.

如 是 尔 无 去 个 时 我 亦 要休 睏 阿

表:藏语 na

周语 n(d)ia　　隋唐语 ȵʑio　　厦门 na

c) o　西藏话用这个字像英文的 well, 比方:

o na, gale rgju a

好 啦 慢 走 哇

汉语跟他相当的是"侯"字儿。《切韵》音 ɣəu,《诗经》音 gog (ɣog?)。也当发语词使,像:

《诗经》:侯谁在矣(《六月》)　　侯薪侯蒸(《正月》)

侯文王孙子,侯于周服(《文王》)

我想"侯"字儿的《诗经》音不准有-g, 不过也没什么证据证明他准没有。

现代方言里有用 ou 作发语词的,可不一定是由《诗经》的"侯"变下来的,所以不收。

d) ste 现在的藏文里这个字有 ste、de、te 三个形式,按前一个字的收尾音分配。g、ŋ、b、m、a 后头用 ste;这是那个原形。n、r、l、s 后头用 te,这是 s 让两边儿的音给吸收了(原来好些个-n、-r、-l 字是收-nd、-rd、-ld 的);d 的后头用 de,是让前头给同化了。端美三菩提就没提过 te、de 两个字。

这个字的用法儿像古文的"学而时习之"的"而"跟北京口语"走着瞧"的"着"。拿他分开时间或者逻辑上一先一后的两档子事,比方:

kʻoŋ gis adi gzigs te, bʑugspa las, ʑalpʻjes te gsuŋba

他　　这个看见 而　呆下 以后　　嘴　　张而说

汉语这边儿跟 de 相当的形式是"是"字儿,跟 ste 相当的,我认为是"斯"字儿。这个字的《切韵》音是 siĕi,《诗经》音也许是 ste 这类的音,我不敢说。这个字的上古音实在不好懂。

汉语用"是"字儿等于"而"或者"于是乎"的有:

《者盪钟》:"子子孙孙,永保是尚。"(107)

《台仲考父壶》:"子子孙孙,永宝是尚。"(108)

《书经》:怨有同是丛于厥身(《无逸》)

不训于德是罔显在厥世(《立政》)

《诗经》:是类是祃,是致是附……是伐是肆,是绝是忽(《皇矣》)

用"斯"字儿的有

《书经》:责人斯无难(《秦誓》)

《诗经》:言归斯复(《我行其野》) 乃安斯寝(《斯干》)

实函斯活(《载芟》)

王引之说:"《礼记·檀弓》曰:'人善则斯陶,陶斯咏,咏斯犹,犹斯舞。'斯字并与乃同意。"(109)

表:藏语 ste te de

周语 斯 st-? 是 dɛd diɛd(diæg)

己、sa 和 mk'an

西藏话的 sa 跟古书的"所"字儿声音、意思、用法儿全相合。不过没汉语"所"字儿那种当"受事"的助字的用法儿就是了。比方:

lhasa 神所	sbjorbai sa 接头的地方儿
gur abub sa 支帐棚的地方儿	dgoŋssa 住的地方儿
sdodsa 呆的地方儿	p'ogsa 受伤的地方儿

"所"字儿的用法儿可以分成三类。头一类是单用当地方儿讲的,头里可以加规定字,比方:

《书经》:天閟毖我成功所(《大诰》) 多历年所(《君奭》)

《诗经》:公归无所(《九罭》) 自天子所(《出车》)

天子之所(《吉日》)

第二种是当助字,可是地方儿的意思还没丢的。比方:

《书经》：尚猷询兹黄发则罔所愆(《秦誓》)

《诗经》：君子所依，小人所腓(《采薇》)　　靡所止居(《祈父》)

《左传》：大官大邑，身之所庇也(襄31)(庇＝被保护)

第三种是表示一般人所谓"被动者"的助字，比方：

《书经》：予弗知乃所讼(《盘庚》)

《诗经》：予所捋荼(《鸱鸮》)　　民人所瞻(《桑柔》)

奚斯所作(《閟宫》)

本来在周朝初年人，用这个字的次序还跟西藏人一样，像《书经》的"王敬作所"(《召诰》)就是。后来常说"无所 x"。这仨字本来是"无所"跟"x"两气儿。后来人弄错了，认为是"无"跟"所 x"两气儿，"所"就成了助字了。比方英语的 preposition，现在常放到动字后头，像"Who are you speaking of"？不说"Of whom are you speaking"？也是这种分段儿的不同。本来是 speaking + of x，后来拿他当 speaking of + x 了。

现在讲汉语古文法的人，因为忘了所字儿第三种用法儿，常打笔墨官司，这毛病全在乎光注意《史》、《汉》以下的古文。那阵儿当然少有第二种用法儿。其实人要看看诗经"毋忝尔所生"这句里(《小宛》)，管祖宗爷娘叫"所生"，正跟秦汉以下管儿女叫"所生"的习惯倒一过儿！那阵儿就想起来，"所"不准是"被动助字"了。古汉语动词主动被动本来不分。照着坊间语法学者的讲法儿，放到"动字"后头的字是"受事"字。可是在《左传》的：

文王所辟风雨也(僖32)

吾告汝所行货(昭23)

要说"所"是受事，那"风雨"跟"货"算什么东西呢？这两句的所字儿后头的"动字"，后边儿还有跟着的字。可见得，所字儿表示的意思是印欧的 locative 的意思，并不是 accusative 的意思。古汉语里并没表示 accusative 的范畴，全给归到 locative 里去了。所以说"楚攻宋"这句话，让说印欧话的人看是："楚国作的攻这个动作影响到宋了”，让周朝人看，他的印象是“有个攻的现象在宋那儿发生了”。因为这两个范畴不分，现在才有人拿所当“被动助字”了。

“所”字儿的《切韵》音是 ʃɪo，《诗经》音 sɪa。

西藏的 mkʻan，用法儿跟古文的“者”字儿一样。这边儿并没跟他声音相当的字，本来不该收。可是他有一种用法儿可以解释《诗经》的一种句法儿，所以也附到这儿。

mkʻan 的用法儿像：

agro mkʻan

走的（行者）

bʑugs mkʻan

坐的（居者）

可是还可以有：

saŋɲin agro mkʻan mi de

明天 走 的（者） 人 那

kʻassa jige gtoŋ mkʻan ˈmi de

昨天 信 送 的（者） 人 那

看了西藏 mkʻan 当规定助字用，让人想起来《诗经》的：

蜎蜎者蠋，烝在桑野（《东山》）　翩翩者鵻，载飞载下（《四牡》）

有頍者弁，实维伊何（《頍弁》）　有菀者柳，不尚息焉（《菀柳》）

这些句子，古人都拆开讲：“蜎蜎的是什么呀？是蠋。他们老在桑树地里呆着。”“有个歪的是什么呀？是帽子。他到了儿是什么？”这上一句还凑合着讲得通，下一句简直像梦话一样。要把头一句类推到“彼姝者子”上，简直就不通了！

咱现在可以懂得很清楚：“蜎蜎者蠋”就是“弯弯的虫子”，“彼姝者子”就是“那个漂亮的人”，“有頍者弁”就是“有顶歪歪的帽子”罢了！

（1）我用的对音的符号儿是，ali：a, e, i, o, u,

kali：像底下左边儿的表

k	kʻ	g	ŋ
tɕ	tɕʻ	dȵ	ȵ
t	tʻ	d	n
p	pʻ	b	m
ts	tsʻ	dz	w
ʑ	z	a	j
r	l	ɕ	s
h	a		

在这个表里，第六行的 a，跟第七行的 a，反正也不能在同一种地位上出现，所以都是 a。这么写法儿就为的是方便，并不包括他们该怎么念啦，他们的分别啦那一类的主张。我引的《松达》(sumrtags)是拉萨刻本儿。为怕看的人没法儿对证，我把 J. Bacot 作的 Les Ślokas Grammaticaux de Thonmi Sambhoṭa(1928, Paris)里收的本子的页数儿也给写出来。这一段见 p.173。

（2）Wolfenden：Tibeto-Burman Linguistic Morphology(1929, London) p. 26.

（3）ibid. p. 25.（4）p. 26.（5）p. 7.（6）p. 26.（7）陈奂《诗毛氏传疏》(家刻本)23/6。（8）我这篇儿文章里引的先秦文学作品的主要来源是：a)《书经》里真的那一部分，也就是平常说的二十八篇，不过再减去《尧典》、《禹贡》、《皋陶谟》跟《金縢》。b)《诗经》的《雅》《颂》再加上王、秦、豳三国的风。c)《左传》《国语》。这三种材料大致代表周朝的秦晋(或者说西北)方言，同时也就是贵族的话。这么限制，为的是避免方言的混乱。像有些人诧为至宝的语族(Word Families)的好例"目"跟"眸"就全不值一谈了，因为这种方言没"眸"这个字。剩下犯语族嫌疑的不过像英语的 sing, song 那一类的。可是那一类问题引不起麻烦；没人拿 song 跟德语的 singen 比，因为有音轨管着哪。（9）p. 17, 51（10）这里用的音值是从《古音说略》上引来的，只有鱼模(段第五)部的《诗经》音不写-g。（11）罗振玉《殷虚书契精华》页 1, 9。（12）请看旧本孙海波甲骨文编索引。今本去了它。（13）《说文解字》(平江洪氏翻孙本)五下/六。（14）罗振玉《三代吉金文存》，卷四。（15）孙海波《魏三字石经集录》(1937，北平考古学社)页 190。（16）同 12。（17）于省吾《双剑誃吉金文选》(1932 北京)上三/27。因为于氏这部书差不多把长点儿的铭文全收进去了，又因为这部书的目录可以当金文材料书的索引使，所以凡是这部书里收的铜器，就不引别处。读者可以按着他的目录找原文去。于氏写下来的铭文免不了改字，可是这改法儿是从宋到清的金文学家一贯相承的，弄惯的人连原文也不必查就可以知道哪个字原来怎么写了。以下凡引这部书，简称于。（18）于下二/9。（19）同12。（20）同14,17,38。（21）于上三/2。（22）于上二/25。（23）于上二/2。（24）于上二/17。（25）于下二/20。（26）于上三/18。（27）于上三/28。（28）于下二/29。（29）于上三/24。（30）《三代吉金文存》十八/22。（31）于下二/24。（32）于下三/7。（33）见《孟子·离娄上》。齐景公是贵族，所以还说的是宗周话。（34）同13。六上/3。（35）《说文解字注》（经韵楼本）一上/37。（36）《说文诂林》6202。（37）于附录/50。（38）同15。页20。（39）王国维《戬寿堂甲骨文字考释》上/5。（40）《顾命》"一人冕执刘"。（41）同13。三下/6。（42）《汉书·王莽传》中注引晋灼。（43）同4。（44）同36,1290。（45）A.H. Franke: Tibetische Handschriftenfunde aus Turfan. Sitzungsber. d. preuss. Akad. d. Wissensch., Philosph.-histor. Kl., 1924。p.11。（46）章炳麟《国故论衡》（浙江图书馆刻《章氏丛书》本）页31。（47）见成公七年。（48）Morphology p.26—。（49）陈奂《诗毛氏传疏》（家刻本）17/32。（50）《皇清经解》（学海堂本）566/25又559/1。（51）《经传释词》（1923，北京华盛书社铅印本）10/2。（52）同上10/4,12。（53）Morphology p.39。（54）p.38。（55）同51,1/6。（56）同51,1/7。（57）同15。（58）同1。（59）Morphology p.31—。（60）见定公五年《春秋经》。（61）勾吴见《汉书地理志》攻吴见《夫差监铭》于下三/16，宣公八年《左传正义》引《氏族谱》又作"工"。（62）B. Laufer: The Prefix a-in the Indo-Chinese Languages, JRAS, 1915, p.757-80。（63）Bacot p.175。（64）p.13。（65）厦门话的b-是由m-变来的，比如bu=母，boŋ=摸，be=糜。（66）见Jaeschke, Tibetan English Dictionary。（67）《诗词曲语辞汇释》，中华，77。365页。（68）同上。（69）《胡适文存》卷二。（70）于上二/7。（71）同23。（72）于上三/2。（73）于附录/3。（74）于附录/2。（75）于上一/15。（76）于上一/7。（77）《民劳》《崧高》《烝民》《江汉》四篇。（78）郭茂倩《乐府诗集》（汲古阁本）44/8,46/6,46/7,46/2,44/5。（79）

《十韵汇编》页五。（80）现在好些个北京人自然也说这类话，不过那是受了“国语”影响了。“国语”自然是长江下游人的话，因为编教科书的都是那一带人。北京人只有单音缀的动词可以这么用，比方“写的字”。（81）p.8。（82）比方北京人说“把”，实在念的是“摆”、“稗”的音。（83）《经典释文》（通志堂本）21/16。（84）于上三/19-20。（85）于附录/3。（86）同上。（87）见《檀弓》篇。（88）同 15 p.25。（89）见罗振玉《鸣沙石室佚书》。（90）请看下节。（91）同 51，10/9。（92）A. Bell: Grammar of Colloquial Tibetan, Calcutta, 1919. p.。（93）Tibetan English Dictionary。（94）于上三/25。（95）同 36，5653 页。（96）于附录/2。（97）于道泉《仓洋嘉错情歌》。（98）同 51，1/2。（99）章炳麟《新方言》（日本铅印本，无出版地及年月）1/2。（100）Bacot p.169。（101）Tibetan English Dictionary ma 字条。不过 Roerich 的 The Tibetan Dialect of Lahul 里并没说过这个话。（102）第二句见《九家集注杜诗》卷 24。第一，三句见。《唐诗三百首》卷 7，8。（103）《皇清经解》624/7。（104）同 51，1/7。（105）同 100。（106）Tibetan Eng. Dict. jan 字条。（107）于上一/8。（108）于上二/23。（109）同 51，8/3。

汉语的“其”跟藏语的 gji

汉语的“其”字儿有几种用法儿，历来没个好讲法儿，有一种就压根儿没人理会过。要净指着中国书，怕是永远找不出个解决的法子来了。不过要肯承认汉语跟藏语原是一个系统的话，再肯承认汉语用“其”字儿跟别的写法儿所记的那个话正跟藏语的 gji 伍的是同根(cognate)的话，就可以把这几种用法儿讲得极透亮。我自各儿当然承认这个话，可是现在可没法儿把我的全部证据都说出来，所以下文儿里根本不讨论这两点。要是有人不放心的话，可以看我的《汉藏语史蠡测》①。其实就不承认也没关系，因为就是不同系的话也有巧合的现象，像德语的 ein Glas Wasser 跟汉语的“一杯水”伍的，也可以对比着讲，只要别因为这些现象太巧了又疑心德汉两种话是一系的就得了。照现在北京流行的马尔(Mapp)学派讲，疑心也不要紧。

一

《切韵》给“其”字儿作的音是“渠之反”②，音值是 gi。《广韵》又添出一个“居之切”来③，音值是 ki。照现在通行的说法儿讲，是由《诗经》音的 giəg 跟 kiəg 变出来的。对于这个 ə，我没甚么话说，因为这个元音跟别管哪一个别的元音都怪像的，也都怪不像的，所

① 还没印。

② 《十韵汇编》(北大，民 19)p.17。

③ p.18。

以没人能攻击他，说他有哪么一点特色跟整个儿音系合不上①。对于这个-g，我可是解心里不信。原来高本汉他们给之哈部的字安这个尾巴的时候儿，他们的理由是：第一，他们跟入声职德部的字押韵；职德韵在《切韵》时代有-k尾巴，在《诗经》时代也有个跟k一个部位的尾巴，要没别的理由，咱们也可以信他是k；所以之哈部也该有个跟k一个部位的音作尾巴。第二，他们跟阳声蒸登部的收-ŋ的字"对转"。叫我看，这两个理由都不够充足的。第一，现在的苏州话的入声字有-ʔ尾巴，可是在冯梦龙的《山歌》里也有拿"罗"、"陆"押韵的②，陆字儿是入声字，可不能拿这个推测罗字儿也有尾巴。第二，北京话把"江米巷"说成"交民巷"，把"弄"说成nou，把"利息"说成liɕin，把"不即不离"说成putɕinpuliər，把"玻璃"说成puolin的现象也是地地道道的阴阳对转，我们可向来没说过*tɕiag或者*nug或者*ɕid那类的怪音。将今比古，之哈部的《诗经》音也不见得准该有尾巴，更甭提甚么g不g了。

"其"字儿又是虚字。凡是虚字，往往都没"本字"，写的人常爱随便写个声音差不多的字就行了。还拿北京话举例吧。北京有个虚字念ˇpǎi或者ˈpài，大概是从古汉语的"俾"字儿变出来的(念的像"稗"字儿了)。可是现在人人都写"把"。要是有人真把"把水喝了"当"攥着水喝了"讲，咱当然笑话他傻。可是要是有人真把这句话说成paʂueixələ，也还是上了写法儿的当了！所以说，就满打算"其"字儿在《诗经》时代当代表giəg或者kiəg这种声音，也不见得就光许代表他们，不许兼点儿别的差。

还有一说，虚字往往是轻声(unstressed)字，很容易把收尾音磨下去，正跟英语的of可以念成ə一个理。所以我想"其"字儿大

① 汉朝人译经，用色字儿代表sec，那么哈登德的元音也不准是ə。
② 《山歌》(传经堂本)p.9.

概从《诗经》时代一直到《切韵》时代始终就光代表 gi 或者 ki。在这篇儿文章里，我就这么写，所以《切韵》音跟《诗经》音一样写法儿。

西藏话的 gji① 有 gji, gi, kji, ji, i 五种形式。ji 跟 i 的分别是为作诗用的，ji 算一个音缀，i 不算。把 ji 跟 i 算一个，这四个就按前一个字的收尾音是什么分着用。此外还有一套虚字 du、tu、ru(r)、su 也有这种情形。底下我把这两套字的用法儿列成一个表，好比着看：

gser gji	（金的）	du
k'al gji	（挑子的）	du
lam gji	（路的）	du
rin gji	（价钱的）	du
ɕiŋ gi	（树的）	du
bdag gi	（自各儿的）	tu
bod kji	（西藏的）	du
nub kji	（西方的）	tu
sems kji	（心的）	su
k'aji, i	（口儿的）	ru, r

由上头这个表看出来几个现象：第一，浊鼻音跟颤音跟边音(liquids)后头用浊辅音。第二，清音后头用清音。第三，浊塞音要是跟虚字的起头儿的音是一个部位的哪，就当浊音看，要不价就跟清音一样。第四，元音后头不用塞音(plosive)。您瞧这有条有理劲儿不是偶然的。咱可以看出来原来这两套虚字只有 gji, du 两个形式，因为受了前头的字的收尾音同化，才分裂成这么些个。这演变的路子可以拿四句话说明白了：第一，在浊辅音后头不动。第二，

① 在这篇儿文章里我拿 j 代表欧洲人常用的 y，拿 ɕ 代表 sh，ʑ 代表 zh，拿 ŋ 代表 ng。

在清音后头，头儿上的辅音也变清了，所以是 kji 跟 tu(tu 在-s 后头又让他同化成 su)。第三，在元音后头 g 念得像德语两个元音当间儿夹着的(intervocalic)g，像 Tage 那些字里的是的，就是 ɣ。ɣji 再省成 ji，再省就剩了 i 了。d 在元音后头念得像西班牙话的 d = đ，然后再改成 r，① 所以 du 变成 ru 了，再省就成了 r 了。这种把元音当间儿夹着的塞音变成摩擦音类的习惯是西藏话的特点。比方文言(written language)管月亮叫 zlaba，现在的人可说 tawa。还有 gji 字在 ŋ 跟 g 后头把当间儿的 j 丢了，那是因为一连气儿念了两个舌根音，筋肉有了惰性，就不容易再念 j 那么紧的音了，所以是 gi。

du 那一套跟本文没关系，所以底下不再提。gji 可是咱在藏缅系的比较还没弄好以前能求出来的最古的形式。这个词儿的声音跟汉语的"其"极像。

二

在先秦的书里"其"字儿当"他的"讲，比方说《易经·咸卦》的"咸其 x"那种句子里用的。也有当"许要"讲的，比方像《诗经·伯兮》篇的"其雨其雨"那种句子里用的。这算是两样儿顶普通的。可是还有一种用法儿，跟古汉语的"之"字儿，现在北京话的"的"ti 字儿，客家话的"介"kai，kɛ 字儿，广州话的"嘅"kɛ 字儿，厦门话的"个"e 字儿，苏州话的"格"kəʔ 字儿一样。这种例子，过去的语法学者差不多全给忽略了。现在把它们写到底下，再加上拿北京话翻出来的说法儿，好比着看：

1 朕其弟(《书经·康诰》)	= 我的兄弟
2 孺子其朋(《洛诰》)	= 小孩儿的伴儿
3 罔不配天其泽(《多士》)	= 没不受老天爷的恩的

① 比方拉丁话的 meridiēs，实在是从 medidiēs 变来的。

4 民养其劝，弗救（《大诰》） ＝人家常常的架秧子，不拦着

5 殷其雷（《诗经·殷其雷》） ＝轰隆轰隆的打雷

6 坎其击鼓（《宛丘》） ＝登登的敲鼓

7 亟其乘屋（《七月》） ＝快快儿的上房

8 是其生也（《左传》桓公六年） ＝这小子的生日

9 非此其身（庄公二十二年） ＝不是在这个人的身上

这些句子里是“其”字儿，作注儿的人多半都没注，也有注的乱七八糟的。

西藏话的 gji 字儿的用法儿正跟这 1，2，3，8，9 五个例子一样，比方 ŋad kji 我的，dei 那个的。要是像 4-7 那几个例子的，他们多半用 par 字儿。

三

古汉语的“其”字儿有粘到前边儿的字上拆不开的，像《诗经》《扬之水》、《羔裘》、《汾沮洳》、《椒聊》、《候人》五篇里一共有十四句“彼其之子”，《扬之水》的《郑笺》说：“其或作‘记’，或作‘己’，读声相似。”① 僖公二十四年的《左传》引的《候人》跟襄公二十七年引的《羔裘》可都写“彼己之子”。《诗》《释文》说：“彼其，音记。《诗》内皆放此。亦作‘己’，亦同。”② 照这个音写下来，该是 ki。可是昭公三年《左传》又有“彼其发短而心甚长”，十二年有“禳之，则彼其室也”，《释文》都没作音，那么也可以念 gi 了。这个 ki 的音实在是根据郑玄的方音作出来的，请看下一节。这些“彼其”的意思是“那个”，“那边儿”，或者“他的”。

“彼”字儿也有写“夫”的。宣公二年的《左传》有“夫其口众”，十二年有“夫其败也，如日月之食焉”，哀公十一年有“夫其柔服”，

---

① 《十三经注疏》（脉望仙馆本）《诗》四之一/16。

② 通志堂本上/21。

意思都是“那个的”，或者“他的”。

“夫其”的“其”字儿也有写“己”的。文公十四年的《左传》说：“终不曰公，曰‘夫己氏’。”杜注儿说“夫己”跟“某甲”的口气一样[①]。后来的人都觉乎着不老合适的：“甲”字儿是十干的头一个，所以拿他代表不定准的名字，“己”字儿算是干么的呢？顾炎武《左传杜解补正》说：“夫己氏犹言彼己之子[②]。”后来王引之的《经传释词》[③] 跟沈钦韩的《春秋左氏传补注》[④] 都跟他一个意思。可是孔广森的《经学卮言》说：“盖桓之六子，商人第六，以甲乙次之，而称为‘己’。杜曰‘犹言某甲’，甚得其解。僖十七年《传》叙懿公于公子雍之上者，以无亏与惠、孝、昭、懿皆尝为君，而公子雍未得立。又五公子之母皆诸侯女，独雍母为宋大夫华氏女。虽言‘如夫人者六人’，传家叙之，自有贵贱，故雍倒在末耳！非长幼之次[⑤]”。洪亮吉的《春秋左传诂》[⑥] 跟焦循的《春秋左传补疏》[⑦] 都用他的说法儿。这个说法儿，别看那么漂亮，可实在不老可靠的：因为古书上称呼人的排行，有“孟氏”、“伯氏”、“仲氏”伍的，可向来没拿天干字儿叫(管老三叫“丙氏”，管老四叫“丁氏”伍的)的。再说这么讲也带不出那呕气的口气来。要肯承认“夫己”就是“夫其”，那口气可就传神的多了：“夫己氏”就是北京话的“那孙子”啊！

“夫”字儿跟“彼”字儿随便换着用正跟“吾”、“我”、“胡”、“何”、“女”、“尔”的关系一样。胡适的《吾我篇》跟《尔汝篇》[⑧] 说这是一

---

① 同 8 左 19/30。

② 璜川吴氏刻本中/8。

③ 上海群学书社本(1929)p.32。

④ 《功顺堂丛书》本 5/4。

⑤ 《指海本》6/5。

⑥ 《授经堂》本 9/27。

⑦ 《焦氏丛书》本 2/14。

⑧ 《胡适文存》卷二。

种格的变化，后来有好些个外国人也跟着瞎说。可是这个说法儿实在靠不住：周朝铜器里就光有“我”跟“女”两个字，并没拿“吾”跟“尔”作代名词的。就拿《孟子》说，我把底下两套句子比了一回，就再也不信里头有什么格不格的问题了：

不得吾心(《梁惠王》)	于我心有戚戚焉(《梁惠王》)
吾党之小子(《尽心》)	求非我徒也(《离娄》)
此非吾君也(《尽心》)	何其声之似我君也(《尽心》)
圣则吾不能(《公孙丑》)	我于辞命则不能也(《公孙丑》)
则吾不知也(《万章》)	我不识能至否乎(《公孙丑》)
吾不忍其觳觫若(《梁惠王》)	我不忍以夫子之道反害夫子(《离娄》)
吾岂若于吾身亲见之哉(《万章》)	我岂若处畎亩之中(《万章》)
吾欲使子问于孟子(《滕文公》)	我欲行礼(《离娄》)
吾将瞷良人之所之也(《离娄》)	我将去之(《梁惠王》)
吾语子游(《尽心》)	我明语子(《公孙丑》)
吾明告子(《告子》)	我明告子(《滕文公》)

我猜这种“鱼歌旁转”的现象是一种轻重音(gradation)的现象。像“尔为尔，我为我”那种句子里，用的是对比的口气，所以用重音的歌部字。照这么说，“夫”也不过是“彼”的一种记轻音的办法儿就是了。正因为他记的是轻音，所以一切发语词(像日本话的アノ)和添前字(,prefix* 像夫挠)才都写他。“彼”字儿《切韵》音 piei，《诗经》音 piæd。“夫”字儿的《切韵》音 pɪu，《诗经》音 pɪa①。恐怕他们在周朝代表的音就是 pɪa 或者 pa②。那么，“彼其”跟“夫其”也就该是 pɪagi，pɪaki，或者 pagi，paki 了。我这么写法儿，也许有人说太把“夫”字的音看得重，太忽略“彼”字儿了。这倒是实情。可是我也是不得已才那么办的。因为我对于《诗经》音的看法儿是建筑在汉

① 音值用《古音说略》，只有鱼部字不写-g，因为我觉乎着小孩儿哭不能是 kwagkwag，大人叹气也不能是 agxag。

② 疑问助字“夫”、“无”现在说 pa，ma，没带 ɪ 的。

藏音系的比较上的。我接受别的音韵学者的讲法儿的时候儿，总先看看他们讲的跟我比出来的结果合的上合不上（自然，我要修改他们的说法儿的时候儿，可不拿汉藏比较的结果作理由），独有歌部的字我没办法儿。因为整部的字连一个能跟藏语认的上亲的我也没找着。请您看后头的附录。

单分析“彼其”或者“夫已”，是有点儿为难。因为汉语的习惯，在“彼”、“此”、“这个”、“那个”这一类指示字（demonstratives）后头，向来不许再加别的“之”、“的”那一类字。可是一翻到藏语里去，可就找着对点子的了。藏语的 p'agi 是个指示字，意思是“那边儿的”或者“那边儿”。用他的时候儿，可以放到让他规定的那个字头里，可是放到后头也行，像 ri p'agi, p'agi ri，“那座山”。p'agi 后头还可以再加 gji，像 p'agi i ri，“那边儿的山”。要拿“彼其”伍的跟他一比，咱就可以懂了：1.“彼”字儿的真正的意思是“那边儿”，和后头的“其”不拆开讲。成十六年《左传》：“彼其子重也。”就等于“那边儿是子重”。2.周朝人拿“彼其”当一个单位看，正好像西藏人拿 p'agi 当一个是的。由这儿还可以推出来 3.“彼其之子”就等于西藏的 p'agi mi adi“那个人”。

四

先秦的古书里用“其”字儿，还有粘到“何”、“曷”字儿上的。比方：

若之何其（《书经·微子》）

予曷其不于前宁人图功攸终（《大诰》）

予曷其极卜敢弗于从（《大诰》）

曷其，奈何弗敬（《召诰》）

何其久也（《诗经·旄丘》）

曷其有佸（《君子于役》）

子曰何其（《园有桃》）

曷其有所（《鸨羽》）

夜如何其(《庭燎》)

实维何期(《颎弁》)

何居(《礼记·檀弓》)

何居乎(《庄子·齐物论》)

这里头《书经》的几个“其”字儿没人作音，自然是“相承音渠之反”了。《史记集解》引的《书经》郑注儿说：“其，语助也；齐鲁之间声如姬。”[①]《颎弁》的《郑笺》说：“期，辞也。”[②]《释文》说：“期，本亦作其，音基。”[③]《檀弓》的《郑注》儿说：“居读如姬姓之姬，齐鲁之间语助也。”[④] 由这些话可以看出来把这种语尾的“其”字儿念 ki，是郑玄的方言的习惯。要由写成“其”、“期”的回数儿多这一点推，周朝人念的怕还是 gi 的面儿大。还有把“居”念成“姬”这件事，我觉乎着不老好懂的。也许写《檀弓》的人本想记一个“何其”后头再加上个惊叹词 a，写《庄子》的人本想记一个“何其”后头再加上个 axa (呜呼)，后来连着写，写成“居”kia 跟“居乎”kiaxa 了。到郑玄的时候儿，只有齐鲁两国的话里还有说成“何姬”的话，他就当是《檀弓》里的“何居”也就是这么个念法儿了。要说郑玄或者齐鲁两国的方音把“之”、“鱼”两部念的一样，怕不怎么对。因为汉朝人的“之鱼旁转”好像光在唇音字里头才有，比方“谋”、“谟”、“腜”、“朊”那一类的。

“何”字儿当疑问字用，起的实在很晚。最古的文章里并不用他。比方《曾白桼簠铭》就有“叚不黄耇，万年霝寿无疆”[⑤]。就是现在的《诗经》本子，《南山有台》篇也有“遐不眉寿……遐不黄耇”；《维天之命》篇也有“假以溢我”，襄公二十六年《左传》引成“何以恤我”；《式微》篇有“胡不归”、“胡为乎中露”：这些用的都是鱼部字。

① 开明本 p.134.

② 《诗》十四之二/20。

③ 中/31。

④ 《礼记》6/1。

⑤ 于省吾《双剑誃吉金文选》上 3/20。

用歌部字的，顶早也不过《石鼓文》的"可㠯橐之"跟"其鱼维可"罢了。① "曷"字儿更是先秦的金石里没见过的字。所以要定"何其"的音，也还是得把鱼部字看得重点儿。"遐"字儿《切韵》音 ɤa，《诗经》音 ga；"胡"字儿《切韵》音 ɤu，《诗经》音 gɑ；"何"字儿《切韵》音 ɤɒ，《诗经》音 gɑd；"曷"字儿《切韵》音 ɤɒt，《诗经》音 gɑt。他们都代表 ga 这个音缀。那么，"何其"的《诗经》音就是 gagi 了。

照汉语的习惯，"何"跟"哪个"这一类疑问字后头也不用规定助字（等于 genitive of possession 的不算）"之"跟"的"那一类字。那么单就汉语讲，"何其"又不好分析了。可是一翻到西藏话里，马上就碰上个 gagi，意思是"哪一个"或者"什么"，用起来当一个单位。咱才知道周朝人用"何其"也是当一个单位用，这就省得说"其"是什么"词品"了。

藏语的 gagi，也有说 gaŋgi 的，经典里用的很多。可是这许是由 ganagi ⟶ gangi ⟶ gaŋgi 来的。原来的语根，实在光是 ga，可以从 ga-adras 怎么样，gana 哪儿，ga tsam 多少，ga ru 上哪儿，gare 什么，gala 在哪儿，这些话里看出来。所以知道 gagi 的构造是 ga + gi。汉语的"何其"想必也是这么回事儿喽。

再回来看，赶情"实维何期"也就是 de gagi red，"子曰何其"也就是 k'jod kji gsuŋ ba adi gagi red 呀！

五

我已经把汉语的"其"字儿跟西藏话的 gji 像得利害的地方儿指出来了。到了儿说这是同根的现象还是碰巧了，那随您的便。可是我觉乎着我把"配天其泽"、"彼其之子"跟"子曰何其"这三种句子结构分析清楚了。我原来想作的正是这个。第一种除了《书

① 同上《附录》p.5。

经》以外就没见过别处有用的。第二种在《左传》以后也没了。第三种呢，要从《汉书·东方朔传》那一段儿"受赐不待诏，何无礼也？拔剑割肉，壹何壮也？割之不多，又何廉也？归遗细君，又何仁也？[①]"看起来，大概也只有"齐鲁之间"还用罢了。

附录　汉藏韵轨[②]

汉语古韵部	藏语韵类	藏语例字	意思	汉字
东	-uŋ	k'uŋ	窟隆	孔
		rduŋ	打	撞
		abuŋs	生，出 到，变成， 碰上	逢
	-aŋ	hraŋ	胡同	巷
		maŋ	多	庞
		zaŋ	铜	铜
冬	-om	dom	熊	熊
		adzoms	聚，多	众，丛
		rom	厚，大	隆
登		（没字）		
覃甲[③]	-im	sgrim	抓住	禽
		gzim	睡觉	寝
		ẓim	香，好吃	甚
	-em	gjem	通奸	淫
		brtsem	针	针

---

① 开明本 p.521。

② 这里头的部目是黄侃的二十八部，因为我不信古韵一部里可以有七八个元音，所以不再分小类。过去研究韵部的成绩比声纽好，所以我也光作得了韵的比较。至于为什么我不等西藏的方言研究好了就动手，我这些结果怎么得出来的……这一类问题，我在《汉藏语史蠡测》里回答。这儿收的字不是全份儿，不过每类举两三个例，给音韵学者们作个参考就是了。

③ 请看黄侃《谈添盍怗分部说》(《黄季刚先生纪念专号》，中大民 22)。这儿的覃＝段 7。

汉语古韵部	藏语韵类	藏语例字	意思	汉字
		sems	心	心
覃乙[②]	-um	gsum	三	三
		btsums	簪子	簪
		abum	坟	窆
	-om	adoms	八尺，一拓	寻
		kʻom	能	堪
		rtsom	开始	暂
添[②]	-am	rams	蓝	蓝
		gam	口袋	函
		bam-	模子	范
唐	-oŋ	spoŋ	不要，弃	放
			禁忌	防
		rmoŋ	看不清	盲
		joŋ, oŋ	来	往，行
	-aŋ	kjaŋ	又	更
		dmaŋs	人民	氓
		sraŋ	一两，称	两，量
青	-aŋ	rkaŋ	干，本	茎
			大腿	胫
		rkjaŋ	野马	惊
		mdaŋs	脸	定
	-iŋ	miŋ	名，字	名
		riŋ	长	灵(令)
		ɕiŋ	树	生
	-eŋ	kʻeŋs	骄傲	轻
		sgreŋ	举	擎
		reŋ	分散	霝(零)
先	-in	bjin	腿肚子	髌
		zin	完了	尽
			上前，到	进
		srin	虫子	蚓

汉语古韵部	藏语韵类	藏语例字	意思	汉字
先	-en	bkren	穷,饿,可怜	馑,廑
		mn̡en	软,韧	韧
		adren	拉,引水	引
			引书,摆给	
			人看,算	陈
痕	-un	kun	全	均
		pun	跑	奔
		btsun	高贵	尊
	-on	lon	信,新闻	论
		non	抹泥	槾
		adon	逼迫	敦
	-en	ben	水罐	盆
		dbjen	不合,不同	分
痕部老跟灰对转的	-ul	gjul	军队	军
		dŋul	银	银
		jul	地方,区	(幅)员
			国	
	-el	apʻel	坟	坟
		sel	打扫	洒
寒	-an	klan	检查,责备	拣,谏
		gzan	吃	餐
			破,旧	残
		dkan	崖子	干,岸
	-on	gson	活,生	产
		lhon	回,还钱	还
		jon	钱	锾
歌		(没字)		
齐		(没字)		
锡	-ag	bkag	隔开	隔
		adẓags	给	锡,赐
		ldag	咶	舓

汉语古韵部	藏语韵类	藏语例字	意思	汉字
锡	-ig	kjig-	坯,没烧的砖	墼
		atʻig	滴落	滴
		tsʻig	字,文章	策,册
灰①	-i	ɕi	死	死
		bʑi	四	四
		rmi	作梦	寐
	-e	me	火	焜
		bgre	老	耆
		ɲe	近	昵
	-ir	apʻir	飞	飞
		tsʻir	次序	次
		kjir	圆	机
	-er	tsʻer	回,遍	次
		tsʻer	蒺藜	茨
		tser	打哆嗦	惴
	-ur	bkur	敬重	贵
		skur	送,给	归,馈
		gur	帐棚	帏
	-or	or	漩涡	回
		or	放下	委
			馁	馁
		tɕor	嘴	嘴
	-ol	kʻol	一小块	块
		bol	腿肚子	腓
		jol	躲	违
	-is	gɲis	二	二
		adris	习惯	肄
	-es	bkres	饿	饥
		skjes	礼品	饩

① 请看《曾运乾教授传》(《国文月刊》46)“脂齐分部”的话。

汉语古韵部	藏语韵类	藏语例字	意思	汉字
没	-ud	skud	系	绢
		stud	重说	述
		dud	烟通	突
	-od	rkod	掘	掘
		sprod	聚,送	畀
		sbrod	麻痹	痹
屑	-id	skid	好	吉
		srid	领袖	帅,率
		ȵin<-d①	日	日
	-ed	pʻjed	分,一半儿	匹
		sbed	藏,秘密	密
曷	-ad	kad	个	介,个
		smad	下头,后辈	末
		gjad	第一人	杰
	-od	god	损害	害
		bgod	切开	割
		gtɕod	切,铰断	绝
怗	-ab	babs	形式	法
		adab	板,片儿	牒
		rgjab	关门	阖
合甲	-ib	adʑib	汁	汁
		ɕib	打喳喳	嗫
		sgrib	遮光	翕
	-eb	bslebs	来到	涖,莅②
		lheb	吸气	吸
		ldebs	山崖子	堞

① ȵid+má⟶ȵin+ma 这是同化现象(assimilation)。ȵin+ma⟶ȵim+ma⟶ȵi+ma 这是同化以后再丢去音的现象,像拉丁 com+lectus⟶col+lectus⟶英语 kəlekt 的道理一样,有人说 ȵi 跟 ȵin 是'word family,'跟平常用这个字的意思太差了。

② 从"立"得声,阳声是"临"字。现在念到收舌头音去,因为后头加了个添后字(suffix)d,正跟藏语后头是-bs 一样。

汉语古韵部	藏语韵类	藏语例字	意思	汉字
合乙	-ub	nub	西边儿，天夕	入
		tub	湿	湿
		grub	完全，好	洽
	-ob	kob	全份儿	合
		skjob	救	急(人之难)
		dob	胡说	沓
咍	-i	sn̥i	穗子	耳
		adzi	辞，不受	辞
		rdzi	管理人，牧人	辭，司
德	-ig	rig	力量，阶级	力
		gʑig	试	试
		dbjigs	财产	富
模	-a	lŋa	五	五
		lta	看	睹
		n̥a	鱼	鱼
	-ar	jar	夏天	夏
		tɕʻar	雨	雨
		gjar	借，乾(爹)	叚，假
铎	-og	log	回来	落
		apʻog	打，拍	搏，拍
		rdog	包儿	橐
侯	-o	tso	主儿	主
		mtsʻo	湖	薮
		apʻjo	洑水	浮，泭
	-u	dbu①	头	头
		nu	奶	乳
		nu	弟弟	孺
屋	-ug	kuk	角，弯	角
		adʑug	连上	属
		rug	收，斂	录

① 《左传》僖公二十四年的“头须”，也作“里凫须”，可以看出 db-的痕迹来。

汉语古韵部	藏语韵类	藏语例字	意思	汉字
萧	-u	dgu	九	九
		k'u	舅舅	舅
		glu	龙	虯
萧入	-ug	drug	六	六
		dug	毒	毒
		stug, at'ug	厚	笃
豪		(没字)		
沃		(没字)		

东汉以前的姜语和西羌语

[提要]《后汉书·西羌传》说："西羌之本，出自三苗，姜姓之别也。"《旧唐书·吐蕃传》说："吐蕃……本汉西羌之地也……于羌中建国……都城号为逻些城……。"笔者在写《汉藏同源字谱稿》的时候，发现藏（吐蕃）语和春秋战国齐人（姜姓，神农氏后裔）语极像，而且不只限于词汇。就从齐人著作，像《公羊传》，还有郑玄、何休那样的齐人经学家的话里搜集后汉以上齐语，把它和羌（藏）语同源现象单抽出来，写成本篇。

1980年，我在北师大学报上发表了一篇《汉藏两族人和话同源探索》。在那篇末尾上说："藏话跟汉话也有亲缘关系。最奇怪的是跟姜姓独有的方言更像。"远在1949年，我在《汉语的"其"和藏语的gji》（燕京学报37期）后头附了一篇缩写的《汉藏韵轨》，指出一些音的对应关系。1989年，我把原稿重新整理，发表在《民族语文》一、二期上，叫《汉藏同源字谱稿》。在这以后，我下决心考察典籍里记录的姜姓的话，看它和西羌（《后汉书·西羌传》说："西羌之本，出自三苗，姜姓之别也。"）话的关系怎么样。结果就是这一篇。

姜姓大国，第一个数齐国。这个国的创始人姜太公，在汉族里简直没人不知道。他的祖先是神农氏。齐立国以后人口繁盛，兵力强大，领土广阔，所以齐话可以作姜话的代表。用齐语写的书，头一个数《公羊传》。书里写的齐语倒真保持先秦一些习惯。本文引公羊经、传、注、疏都用中华聚珍本。1、2b就是卷1页2后。第二个来源是杨雄《方言》。内容只是词汇。可是记的齐语能跟藏语(西羌语的子孙)相合的极多。凡引《方言》,注上周祖谟《方言校笺》的页数。第三个来源是郑注三礼等等零星记录。直接引原书篇章。不注版本页数。

第一节　语音

材料零星。只就齐语和羌语特点相合的摆摆。

从《诗经》韵脚看,《齐风》的韵有一个特点:在 i、e 元音后头的 -ŋ 经常变-n。"令"字金文象往一个跪着的人头上"加冕"形。这就是《周礼·大宗伯》"壹命受职,再命受服……"的"命"字。"命"是从 leŋ 动词根派生的 mleŋ 名词。又引申成"命名"的动词,再派生新名词 meŋ"名"。可是《齐风·卢令》用它和"仁"字押韵,《东方未明》用它和"颠"字押韵(别的《风》也有)。

《说文·厶部》:"韩非曰:'仓颉作书,自营为厶。'"今本韩子作"环"。《公羊传》庄十年:"以地还之也。"何注:"还,绕也。"

《公羊传》僖元年:"公败邾娄师于缨"。《左传》作"偃"。反映齐人"缨"读 yen[①] 一类音。

襄十七年《经》,左氏有"邾子牼",口茎切。公羊《经》作瞯,音闲。声是 k‘-、g-有异,韵异可见把本是 yeŋ 的字念成 yen(或 yan)。后来>an。好比纶字有二音。也像臀念腚。

藏文动词 len-pɑ 的将来式是 blɑŋ-bɑ。元音变是 ɑblaut,尾音 -ŋ、-n 互换也是 e 元音影响-ŋ 变-n。这个字汉译"取",就有一个义项是"取名"。

庄廿八年《传》:"春秋伐者为客,伐者为主"。注:"伐人者为

---

① 照陆志韦先生说,dZ 是"时常"类。

客,读'伐'长言之。齐人语也。见伐者为主,读'伐'短言之,齐人语也。"

藏文动词ẖ bod pɑ 是"叫人来", bos 是过去式,"叫来了"。主人请客用"入声"。叫来的是客人,用-s,"去声"。别看不包含打仗的意思,长短的区别是一样的。详细论证看《汉藏文献学相互为用一例》(《语言研究》91.1)。穀梁隐五年《传》:"斩树木坏宫室曰伐。"

桓十一年《经》:"柔会宋公陈侯蔡叔盟于折。"《释文》:"折,之设反,又时设反。"《广韵·薛韵》:"折,旨热切……又常列切。"用现在的话说,之设,旨热 zhé 是动词。时设、常列 shé 是分词(=形容词)。藏文动词"毁"ẖd źoms pa 的过去时是 bt śompɑ, 命令式是 gźom pɑ。tś 是"之、旨"类, ź 是"时、常"类。① 汉语一字多音,过去的解释是"方俗语有轻重耳","声之转"。我开始用受添前字影响变了音来解释。正跟《左传·正义》引服虔说的"吴、蛮夷:言多发声,数语共成一言"相合。

《颜氏家训·音辞》说:"江南学士读《左传》,口相传述,自为凡例。军自败曰'败'。打破人军曰'败',音补败反。"颜之推认为是穿凿。从藏文反映的情况看 bred 是"害怕",象自败;sbres 是"饥寒憔悴",是叫对手倒霉,使动词,正象打败人军。声母清化是受 s 顺同化。-d 和-s 的关系见上引文。

第二节(上)　虚字

1. **其**　我在《汉语的"其"和藏语的 gji》里证明了《诗》里 14 句"彼其之子"就等于藏文 phɑgi mi ẖdi。引了《扬之水》郑《笺》说:

---

① 本文用 y 代替[j], ẖ 代替添前 a。

"'其'或作'记',或作'己',读声相似。"又引了宣十二年《左传》的"夫其败也",文十四年的"终不曰'公',曰'夫己氏'"。底下又证明了《诗·颂弁》的"实(=寔,是)维何期"就等于藏文的 de gagi red。此外我还证明了藏文的 gji 正等于《书·康诰》的"朕其弟,小子封!……"。现在我还可以加上阮元《积古斋款识》六《召白虎毁》的"主对扬朕宗君其休"。我觉着够了。详见上引那篇。

齐语里"夫其"已经少用了。只有公羊桓二年《传》有"彼其曰"一句,庄二年《传》有两句"夫何敢"?《礼记·檀弓》有:"夫夫也,为习于礼者……我过矣!我过矣!夫夫是也!"说明 phagi 磨剩下 pha 一个音节了。"夫其之子"已经压缩成"夫子"了。

《檀弓》下文有"如之何其裼裘而吊也"?用《书·微子》的"若之何其?"对比,可以证明 gagi 还存在。《檀弓》:"何居?我未之前闻也。"《注》:"居读为姬姓之'姬'。齐鲁之间语助也。"《檀弓》下文还有"吾许其大而不许其细,何居"?从这里看,后汉三国"何其"的音是 gaki。也就是说"其"念"记"、"己"的音。

那"宗君其休"的"其"已经不用了。

可是《公羊传》好用"此其"。隐元年"此其为可褒奈何"?僖六年"此其言围何"?桓元年"此其言即位何"?就是《穀梁传》隐六年也有"此其志何也"?庄六年"此其致何也"。藏文如果有,该是 tshurgi。前人已经说过"公羊"、"穀梁"切出音来都是"姜"。我再加上一条:公羊子叫"高",穀梁子叫"赤"。这两个字加"邑"旁,作"鄗"、"郝",在《广韵》里同音,都是"呵各切"。可能俩人原是一个人!不过太炎先生早说过穀梁氏淡泊寡味,我也就少引用它了。

2. **之**　人人都知道"宗君其休",到后来说"宗君之休"。有人认为"其"、"居"变成"之"是舌根音变舌叶音。这别看有现代方言作旁证(山西洪洞方言"角儿"念 ȶior),可惜有个障碍:《诗·假乐》三章末:"受福无疆,四方之纲。"四章头上说:"之纲之纪,燕及朋

友。”这里的“之”，决不能用本是“宗君其休”的“其”变的解释。这个“之”就是近指代词。《说文》“时”字古文作“旹”，从“之”声。《书·洪范》“敛时五福……惟时厥庶民……时人斯其惟皇之极……立时人作卜筮……时五者来备……”。这里的“时”都是近指。后来作“之”，可能只为省笔画。北京口语表“领有”的平常并不用“的”，只用“这”、“那”：比方“我这本儿书”，“你这条裤子”，“他那双皮鞋”。要说“我的书”就是争论到了儿是谁的了。吴语说“热格茶”，“好格天气”，很平常。北京只为韵律才用：“我|哥哥”，“热|茶”，“倒|霉的|天气”。藏文“那座山”可以说 ri phagi，也可以说 phagiḫi ri，好像也只为韵律。何休很懂得语言。缩小了说，也懂用虚字的韵律。《公羊经》桓五年：“天王使仍叔之子来聘。”何《注》：“加‘之’者，起‘子’，辟一人。”《疏》：“若言‘仍叔子’，则与僖卅三年‘百里子’与‘蹇叔子’[之]类，是一人。”这跟“梅兰芳老师”不等于“梅兰|芳的老师(王瑶卿)”一个理儿。

3. **所** 这个虚字引起过好些争论。我在《论文选》(东京光生馆，1984)里把它虚化的过程列了个表，现简列于下：

无所‖不知→无‖所|不知

没处‖不知道　　没‖不知道(的)|地方儿

有人说“所”是“宾语”，那是没念过《公羊传》僖卅三年“尔即死，必于殽之嶔岩。是，文王之所辟风雨者也”。(左传也差不多)辟的“宾语”明明是“风雨”。让这些人一讲，一个动词挑着俩宾语！其实“所”不过是它后头的话的“名词中心语”(Jespersen 的“首品”)罢了。公羊“所”的“定语”有放在前头的；僖廿八年《经》：“公朝于王所。”藏文“神”在的“地方”叫 lhasa。也有放在后头的。昭十二年《传》：“子曰：‘我乃知之矣！’在侧者曰：‘子苟知之，何以不革？’曰：‘如尔所不知何？’”《注》：“如犹奈也。”藏文 sa bzaŋ“好地”也是这样。

文十二年《传》:"往党,卫侯会公于沓。……反党……"何《注》:"'党'、'所'也。'所'犹'时':齐人语也。"现代物理"时"、"空"两个概念已经打通了。古人说话,也常互相借用。不光齐语。藏文 sɑ rub(字面是"地 + 合")是黑间,也是"所"犹"时"。成公十七年《经》:"九月辛丑,用郊。"《传》:"九月非所用郊也。然则郊曷用? 郊用正月上辛。"这个"所"正是"时"。"所用郊" = "用郊之时"。顺便提一句,丁梧梓先生有"曷 = 何时"一说。

4. **与** 《公羊传》隐元年说:"会、及、暨、皆与也。"这就是北京口语的"和"。藏文"结亲"说 gn'en yɑ, yɑ 是"与",gn'en 就是《礼记·中庸》郑《注》"读如'相人偶'之'人'"。《正义》:"仁谓仁爱相亲偶也。"齐语藏语完全相合。参加会叫"与",羊洳切。隐八年《传》:"公曷为与微者盟。"除此以外,赞许,同意一个意见或事件也叫"与"。僖二年《传》:"不与诸侯专封也。曷为不与? 实与而文不与。"这就是《论语》:"吾与汝弗如也"的"与",就是同意。梵文说 dadāmi。德语说 Ich will diesem Gedanken Raum geben。

5. **以、己** 近来讲古语法的人好分出介词一类来。问他们理由是什么,回说现代汉语有这类。这种论证法是荒谬的:儿子常像爹,是因为有遗传基因。爹必得像儿子算什么理儿?《诗·江有汜》一章说"不我以",二章说"不我与",三章说"不我过"。"过"是动词,"以"、"与"也独立作"谓语",凭什么入另册? "不我以"的"以",就是"拿来"、"带着"。公羊定四年《经》:"蔡公孙归姓,帅师灭沈,以沈子嘉归,杀之。"《说文》作"追"字。哀五年《传》说:"丧以闰数也。"这个"以"北京口语说"连"。"以闰数"就是"连闰月都数上"。

"以"跟"之"迭韵。"以 + 之"还写"以"。僖二年《传》:"请终以往。"昭卅一年《传》:"食必坐二子于其侧而食之。有珍怪之食,盱必先取足焉。夏父曰:'以来! 人未足而盱有余。'"《注》:"犹曰'以彼物来'……"这就是"拿来","把它拿来"!

"以"字篆文作㠯,这就是隶书"已"字。《说文》引贾逵说象苡薏实,全不象。说从反巳也是拘泥。"巳"象胎儿形,从"包"字篆文看得极清楚。"起"从"巳"声。"以"、"已""巳"本就是一个字。《大盂鼎》铭:"巳! 女妹辰又大服。"历来说用作叹词,《广韵》作"作欸",于改切。《书·大诰》两回说"已! 予惟(虽)小子"。事做完了说"x 已",后来用"矣"。从这里引申出"过分"、"太"的意思来。公羊庄元年《传》说:"群公子之舍,则以卑矣。"《注》:"以为大卑。"《释文》:"大音泰。"一翻《考工记》:"轮已庳,则于马终古登阤也。"《注》:"已,大也,甚也……齐人之言'终古'犹言'常'也。"就知道两部书写法不一样,话是一样的。还有一宗,从这儿推,公羊襄廿九年《传》"尔杀吾兄,吾又杀尔:是父子兄弟相杀,终身无已也"的"终身",还有《孟子》"乐岁终身饱"都是用成语表达"常",不必大惊小怪。早看看考工记注,可以省好些话。看《日知录》32.5。

这种"以"、"已"在藏文说 re,比方 brdźid re tśhe"威风太大",ri-ḫi dpaŋs re mtho"山之高已祟"!

"以"羊巳切,"矣"于纪切,"巳"详里切,"起"墟里切。"与"余吕切,"举"居许切,"屿"徐吕切。说明这俩虚字频率太高,发音不规则。王仁昫的《切韵》"炎"于廉反又余念反。闽南话给你说:"与汝",念得和"雨"一样。把编字典的吓住了,写"互汝":笑话!"让人打"说"互侬拍"不成了"对打"了吗? 支谦《化七女经》"卿当雇我五百两金"的"雇"(侯古切)古雅多了。

6. **焉** 这个字平常有两用,好像英语 where,俄语 гие:作疑问代词当"哪儿"讲,像《论语》:"焉用佞?"(哪儿用口才去? =用口才干嘛?)作不定、关联代词(这两样儿汉语没有,汉语光有远指代词用法),当"那儿"讲。像《论语》:"有民人焉。"(那儿有人民)古汉语一个句子分四部分:时间坐标,线索,核心,空间坐标。焉是空间坐标,所以老在句末。

句末的焉表示“在上头”，像《礼记·中庸》：“今夫地，一撮土之多。及其广厚：载华岳而不重，振河海而不泄，万物载焉！”这就是“万物都装在它上头”。又“今夫水……鱼鳖生焉”！这是“在里头”，总起来是“在那儿”，引申成“在那时候儿”。庄元年《传》：“于其出焉。”

“于是”为“焉”，是常用的话。有时候为加重口气，有“于”再加“焉”也行。僖四年《传》：“则曷为独于此焉与桓公为主？”文二年《传》：“然则曷为不于祭焉讥？……则曷为独于娶焉讥？……以为有人心焉者则宜于此焉变矣！”穀梁闵元年《传》：“于杂事乎加之矣。”就不用“焉”。

“于”羽俱切，“於”央居切。西周只有“于”。六国器上才见“於”字。公羊定十年《传》：“言我者未绝於我也，曷为未绝于我？”“于”、“於”混用。“于”不见得光是介词：哀六年《传》：“景公死而舍立陈乞。使人迎阳生，于诸其家。”《注》：“‘于诸’，置也。齐人语也。”这“于”是十足的动词。《广雅·释诂》：“于，凥也。”“于”也是动词，字也作“乎”，户吴切。“何于”也写“恶乎”。桓十五年《释文》：桓，于伪反。桓九年《传》：“……近也，恶乎近？近乎围也。”“乎”(于)也表被动。僖廿四年《传》：“不能乎母也。”就是不被母亲容忍。凡认为“能”只是“助动词”，“于”是介词的都是闭着眼跟马建忠跑的！也忘了“能”还有“奴代切”了。

公羊好说“焉尔”。隐二年《传》：“托始焉尔。”就是“借这件事上开头儿罢了”。“尔”在《红楼梦》里写“呢”。黛玉说：“给你个榧子吃呢！”在吴语区作家好用“呢”。

藏文“在上头”、“上部”是 yan。

7. **若** 庄四年《传》：“有明天子，则襄公得为若行乎？”《注》：“犹曰‘得为如此行乎’？”《释文》：“行，下孟反。”这种用法从《书·大诰》“尔知宁(文)王若勤哉！”就有了。定元年《传》：“则若时可矣。”

藏文“称”叫 ṅaga，缩写 ṅag。《孟子》说：“从许子之道……布帛长短同，则贾相若。麻缕丝絮轻重同，则贾相若……”称正是为“平准”。

8. **者** 这是造名词接尾部，不必细说。公羊文十一年《传》：“兄弟三人，一者之齐，一者之鲁，一者之晋。”藏文造名词后缀是 tśha，也写作 tśa，比方 brgyatśha，lagtśa（百分，工具）。

9. **是** 公羊桓六年《经》：“寔来。”《传》：“寔来者何？犹曰‘是人来也’。”《说文》寔从是声。僖八年《经》：“是月。”《传》：“是月者何？仅逮是月也。”《释文》：“是月，如字。或一音徒兮反。”后头的音是藏文 de，看来“承纸切”的音是 h̠de，和“时”双声。请看 Franke：Tibetische Handschriftenfunde aus Turfan，1924，p.11

第二节（中） 词类

1. **名词动用** 在形态变化磨损的语言里，拿个名词来直接用作动词相当流行。英语给一条军舰配上人员叫 to man，用胳臂肘儿挤人叫 to elbow。公羊用这种法子的最多。隐四年《传》：“吾为子口隐矣！”是用嘴说。人还活着就叫他的谥。庄十二年《传》：“手剑而叱之。”是用手拿剑。藏文 semspa 又是“心”，又是“想”。正好像古汉语“意”是“心意”，《汉书·货殖传》：“赐不受命而货殖焉。‘意’则屡中。”是“推测”一样。颜注：“亿度是非。”“以动”用法见 4。

古汉语名词还可以作状词。公羊僖十九年《传》：“自亡奈何？鱼烂而亡也。”《注》：“百姓一旦相率俱去，状若鱼烂。鱼烂从内发，故云尔。”这就是“像鱼那样儿烂”。《孟子》有“今而后知君之犬马畜伋”，说是“像犬马那样儿养活我”，不过是鲁语。桓元年何《注》：“隐权立，桓北面君事隐也。”这就是“照国君的份儿事奉隐公”。藏文有 rtariŋ（马长），“像马那样儿长鸣”。ña gźib gźib（鱼列），“像鱼那样儿排列”——“鳞次”。

2. **被动** 汉人在金文里记录的语言有个特点：既有"王锡×贝"，像《剌鼎》的"王锡剌贝卅朋"，又有"×锡贝"，像《逋毁》的"小臣逋……锡贝"。赏人受赏都叫"锡"！直到《汉书·东方朔传》还有个人要求"臣赐帛"哪！那么他们不懂"张三打李四"跟"李四打张三"不一码事么？当然不至于！公羊成十六年《传》："不见公者何？公不见见也。公不见见，大夫执……"《注》："不见见者，恚乞师不得，欲执之。""执"是"被人执"，"见见"是"被人见"。那么他们只在文义不明的时候才想办法表达。头一个"见"字表达"遇上"、"遭受"。这才是被动的表现法。总的说汉藏的动词都是中动语气的。必要的时候，靠别的手段补充。齐语靠虚字，藏文靠-s(gjis……)、la 这些助词，都没有拉丁 capit：capitur 那样儿的被动式。

3. **使动** 齐语有使动："x'宾'＝使'宾'x"。公羊僖五年《经》："杞伯姬来朝其子。"《传》："其言'来朝其子'何？内辞也。与其子俱来朝也。"《注》："礼外孙初冠，有朝外祖之道。故使若来朝其子……"桓五年《注》："仅能从微者，不能从诸侯。"这里"朝其子"＝"使其子朝"，"从诸侯"＝"使诸侯从"。

我在《古汉语派生新词的模式》(《论文选》p93—)里论证了：第一阶段，甲骨有"示"字，使动词；第二阶段，"视"字造出来了，"自动"、"使动"两用。公羊宣六年《传》："子大夫也欲视之，则就而视之。"《注》："顾君责己以视人，欲以见就为解也。"这里"见就"是"被他凑过来(看见了)"。"视人"是使动，后代写"示"。用一个字写说明齐人认为自动使动是一个词派生出来的。

藏文 źonpa 是"骑"。skyonpa 是"使骑上"，比方 bu rnams boŋ-bu rnams la skyon nas，"让孩子们骑在驴背上以后……"还有"干"是 skam，"晾干"是 bskams。据格桑居冕同志① 说，藏文表使动的

① 1982 年汉藏语学会论文，这里只叙述他的大意。现代藏方言 b 常念 ph。

办法之一是加添头字 s-,从头一对例字可以证实。他还说多数儿使动加添前字 b-。这样可以假定, s-就是“使”的开头辅音, b-是《书·洛诰》“作伻来”、“作伻从王……”的“作伻”的开头辅音 p 或“平”的辅音 b。添前添头字有从整个语素压缩成的。不过现在还不能确定。这要等汉藏语系比较研究再进一步再说了。

使动以外,还有一种“以动”,英语说 denominative。梵文“以动词”的特点是词干用名词(包括物体词 substantive 和物德词 adjective)。凡“x 之”=“以之为 x”。公羊闵元年《传》:“曷为系之齐? 外之也。”穀梁庄廿七年《传》:“仁其仁。”公羊桓十五年《传》:“皆何以称‘人’? 夷狄之也!”一个分支是“以 x 为之。”穀梁隐三年《传》:“天王崩……其崩之何也?”

有人管这种用法叫“意动”,就是说“认为 x 是怎么怎么”。毛病太大了。《孟子》说“舜……妻帝之二女”,人家是明媒正娶的夫妻。要说光“意”里“认为”,那不成了小光棍儿害单相思了吗?

藏文有“以动”没有可疑。zɑ 是“吃”, bzɑs 是“食物”,可以供参考。

第二节(下) 词组

汉语的词组跟现代结构主义者分析的不一样。结构主义认为词组有“向心”的(英语 endocentric)。“高山”的“心”是“山”,山是名词,高山的“组类”也是名词类的。印度人分析复合词(词组)细致得多。他们讲梵文(相当于汉语词组或)复合词有一种“多谷语积”bahuvrihi。这是直译。意译是“有财”。有好多稻谷的人当然有财么! 近代民谣有“罗锅子① 斗不过一只眼,一只眼斗不过水

① 罗锅=岣嵝倒说,正说的有偻佝,音稍变。

蛇腰”。“一只眼”的“心”是“眼”，可是整个ル词组是形容词类的——“有一只眼瞎了只剩一只好眼的”。“水蛇腰”的“心”是“腰”，可是整个ル词组是形容词性的——“腰像水蛇的”。说它是形容词，因为它在梵文能有三个性三个数八个格，一共七十二变。北京中学生给同学起外号ル，好用这种词组：“大鼻子”，“短腿ル”，“六指ル”，经常用来叫有这种特点的人。梵文 devarupa（神的美形）就用来叫形美如神的人，dīrghabāhu（长臂）就用来叫长臂的人。“向心”≠“心”。因为组成词组以后，不光量变，质也变了。整个ル组算一个单位。公羊文九年《传》：“许夷狄者不一而足也。”“一而足”是“一下ル就足数ル”，=“急”。藏文复合词更多，比方 skye bsu“生+迎”=“稳婆”。也是一个单位，结构“向心”，组性并不是 vp（和“点心”一样）。

第三节(上) 词序

原始汉语的常见词序是“头词”(head—word)在前，“定语”在后。这种遗迹在《诗·大雅》还残存一些，像桑柔（=柔软的桑树条）、王季(顶小的王)。《易》也有，第 2 个“九”叫“九二”。藏语这种排法极多，比方 siŋ ẖdźampo（树柔）。这跟闽南的“鸡母”不一样。那可能是用鸡描写母。

“动宾结构”的次序是“宾语”在前，动词在后，像左庄十年《传》：“‘肉食’者鄙。”《书·洪范》：“唯辟玉食。”玉也借作肉。公羊襄廿七年《传》：“将济于河，携其妻子而与之盟曰：‘苟有履卫地食卫粟者：昧雉彼视！”《注》：“昧，割也。时割雉以为盟。犹曰‘视彼割雉’。”何休用的是《论》、《孟》语的次序。原传用的是齐语。译成藏文就是“sme zemo① phal(＜phala, 或 pharol) h̲zigs śig”! “雉”在前,“彼”在它后头,“视”在最后。这正和我在《倒句探源》里(《语言研究》1981.1)举的“诸姬是弃”、“君命之辱”一样。我这个见解是在1949《汉语的“其”和藏语的 gji》里提出来的:“是”、“之”用法是**指示代词在后**! 如今四十年了,人们还是重复“复指”说。“姬”字就一个音节,还得复指,记性就这么坏吗?《易·剥》“以宫人宠”是“宠及宫人”。

第三节(下) 所谓“主谓”

公羊僖二年《传》:“宫之奇知则知矣。”一般说是“主谓词组作谓语”。用文十四年《传》“则未知齐晋孰有之矣,贵则皆贵矣”印证,可以成立。可是这种句子的“主语”、“谓语”用一个字。北京口语说:“打也打了,骂也骂了,问题可没解决。”说“谓语”是说明主语的人也不想想“打”怎么说明“打”呢? 我不用“主语”,只说线索:提起“打”来,接着用核心反映客观现象:“打了。”

藏语口语可以说 go da go gi h̲dug,“听倒听了”。zas aŋ zas byuŋ, h̲thuŋ yaŋ h̲thuŋ byuŋ。“吃也吃了,喝也喝了。”跟齐语一样。

第四节 词汇

每行从左起是藏文原文,改用宽式音标对音,再往右是简单词义,再往右是典籍记的齐语。

藏语的 ɧ,性质不明确。随习俗用h̲。

① 依 Bell 英藏字典。

第一竖行按藏文词典次序排。音对应请看《汉藏同源字谱稿》。

kad	个、介　《考工记·梓人》:“下两个半之。”注:“个读若‘齐人擠干’之‘干’。”kad 是后藏音。郑音是 kal。看《经义述闻》31。
kyoŋbu	小锄　《释名·释器用》:“锄……齐人谓其柄曰橿。”
dkon	小容器　32 盂……海岱东齐……或谓之盎。(居盎)
bkram	陈列　7……凡人语而过……东齐谓之剑。
h̠gremspa	铺张
rkyos(h̠thab)	纽绳　《聘礼记》:“四秉曰筥。”注:“若今莱阳之间刈稻聚把有名为‘筥’者。”
skadma	4 奈……大也……东齐海岱之间曰奈。
skyeŋ	赧然　3 矜……哀也。齐鲁之间曰矜。
skyomps	熬且搅　48 犟,火干也……有汁而干……东齐谓之犟。
khye(medog)	芑　《诗·采芑·正义》引《陆疏》:“采芑似苦菜……青州人谓之芑。”
gu	弯曲　《说文·肉部》:“齐人谓臞,‘脙’也。”瘦就显弯。
gyod	吵嘴　4·10“孰谓?”从“喟”推,“谓”可能有 g-音。
groŋ	姜(村城)　4·6“犹曰‘吾姜氏’。”姜人定居,羌游牧。
gleb	挤压　6·2“擠干而杀之。”释文:“路合反。”
dguŋ	天穹　《吕览·季春》注:“虹……兖州谓之‘訌’。”

h̲gamba	口含　40“锫……受也”。“齐楚曰锫……受，盛也”。
h̲gremspa	夸大　7 凡人语而过……东齐谓之剑。见上。
rgyam	靠背　7·8“齿著乎门阖。”注：“阖，扇。”
tśaŋ(śes)	箭靶　《礼记·射义·注》：“齐鲁之间名‘题肩’为‘正’。”题是头。现在人头靶也画头，肩。
gtśoŋ	峡谷　《释名·释水》：“今兖州人谓泽曰‘掌’也。”
gtśod	砍、切　6·9“曷为绝之?”
ltsam	房檐　《说文·厂部》：“广……屋广也……齐谓之广。”①
tśham	外套　27 蔽膝……齐鲁之郊谓袡（昌詹反）《说文》襜字注：“凡所用蔽谓之‘襜’。”
tśhir	压挤《礼记·缁衣》引君雅曰：“资冬祈寒”。注：“资当为至，齐鲁之语。”
tśhed	专用　21 彻，列也……东齐曰彻。
mtśhen	注解　40……相难谓之展……齐鲁曰“燀”（今作阐）。
h̲tśhadpa	讲、说　1 知也。齐宋之间谓之“哲”。
ńa(ma)	女　《释名·释长幼》：“女，青徐州曰婚。”
rńaba	欺侮　7·7b“仇牧可谓不畏强御矣。”
sńan	优美　《周礼·司尊彝·注》引郑司农：“献读为牺”（an＞al）snan＞hńal＞ńal＞hyal。

① 广韵有职廉切。

rten	附着 《诗·鸨羽·疏》引孙炎："物丛生……齐人名曰'稹'。"
grtempa	砍 《周礼·圉师》注："杜子春读……齐人……'铁椹'。"
rtolpa	戳刺 《说文·木部》："椎，击也。齐谓之终葵。"
stegsha	磨上撑架 35 槌……其横……齐部谓之持(丁革反。{用武英殿本})
brtanpo	确，察 《诗·猗嗟》："展我甥兮。"《传》："展，诚也。"
tham	木瓢儿 34 禽……齐之东北海岱之间谓之儋。
thog(khebs)	度 21 度……东齐海岱之间或曰度。
tharba	痛快 23·6b"复加一饭则脱然愈。"注："疾除貌也。"
thalba	失言 玄应《音义》引《纂文》："兖州人以相欺为诧人，音汤和反。訑，避(隐瞒)也。"
thallus	抛散 《士虞礼·注》："齐鲁之间谓祭为堕。"
mthoŋ	视野 14·4b"往党。"注："党，所也。所犹时，齐人语也。"视野即乡党。
dudreg	塔灰 40 由迪，正也。东齐青徐之间相正谓之由迪。案："相正"能指扫除。
dega	就那样 13 台……匹也。东齐海岱之间曰台。
dron(śa)	鲜肉 8·6"腶脩云乎。"《释文》"丁乱反"。
gdugs	洗浴 《周礼·司尊彝·注》："修读如涤濯之涤……今齐人命浩酒曰'涤'"。

mdaa	夸大	17 凡人语而过……东齐……或谓之努。
h̲dumpa	调解	16……訦……信也……燕代东齐曰“訦”。
h̲dems	选	《说文·言部》:“燕代东齐谓信‘訦’。”
h̲ded	驱使	13·8“眣晋大夫。”注:“以目通指曰眣”。大结反。
h̲dedpa	驱逐	22 佚,代也。齐曰佚(取而代之)。
h̲dompa	庹	6 寻……长也……海岱大野之间曰寻(音荨)。
speh̲u	埤堄	14 庇……寄也。齐卫宋鲁……曰庇。
spo	楼顶	17·36“踊于棓而窥客。”注:“……加蹑板曰棓。齐人语。”《释文》:“普口反。”
spoŋ	戒断	2·26“昉于此乎。”注:“适也。齐人语。”
pham	礼物	1·9“丧事有赗。”藏俗以食品为主。
phiŋ(śa)	亲密	《说文·女部》:“齐人与妻婢奸曰姘。”
phogpa	日照	48 膊……暴也。东齐……言相暴僇为膊。
phral ba	分开	43 披,散也。东齐……器破曰披。
phun	剩余	6·6b“师丧分焉。”
babs	下马石	15·10 注:“废,置也。置者不去也。齐人语。”金文作“法”,方乏又方肺切。
bam	捆	21·8b“凡为宋灾故也。”凡,皆也。
ber	棍	《考工记·庐人》“勾兵椑。”注:“齐人谓柯(斧柄)为椑。则椑椭圆也。”
h̲bolba	安闲	47 发,税,舍车也。东齐海岱之间谓

之发。

mar	下	8·9"末言尔。"注:"末者,浅也。"
me	火	62……齐言焜,火也。
med	没有	6·6 灭也。
mogpa	衰败	21 瘼……病也。东齐海岱之间曰瘼。
dme	洿	22 浼……洿也。东齐海岱之间或曰浼。
dmepo	近亲	《礼记·礼器》:"不麾蚤。"注:"齐人所善曰麾。"
rtsibo	庄稼	5·8b"粢盛委之所藏也。"注:"黍稷曰粢。"
rtse	高处	8 跻……登也……东齐海岱之间谓之跻。
rtse	立、刺刀	《释名·释言语》:"青徐人言立曰倳也。"《史记·陈馀传》:"莫敢倳刃公之腹中。"注引李奇:"东方人以物插地皆为倳。"音戋。
rtsegri	刺刀	《孟子》:"齐人有言曰:'……虽有镃基……。'"赵注指犁头。
rtsogs	增生	21·6"今若是迮而与季子国。"注:"仓卒意。"
rtswa	草	《孟子》:"驱蛇龙而放之菹。"注:"今青州谓泽有草者为菹。"
mtshams	界,段	43 参……分也。齐曰参。
mdza	亲密	21……休也。东齐曰聚(从周校)。
mdza	和顺	18·36"鲁人徐伤归父之无后也。"注:"皆共之辞。"
h̲dzinpa	记忆	4 靖……思也……东齐海岱之间曰靖。

h̲dzugs	裁值　《释名·释兵》:“镝……齐人谓之镞。”
rgzig	威胁　8·2“大瘠也。”注:“瘠,病也。齐人语也。”
źalźal	粉刷　16·11b“埽帷。”注:“扫地曰埽。今齐俗名之云尔。”
gze	锐　《说文·木部》:“相,臿也……齐人语也。”
h̲ol	水沟　《考工记·㡆氏·注》:“沤……齐人曰涹。”
ya	亲家　18·36“徐伤归父……。”唐本玉篇引注作“馀”。(见上)
ya	共　6·7b“曷为与微者狩?”
yams	传染　22 涸……洿也……东齐海岱之间……或曰涸。
yun(gnas)	耐用　6 允……信也。齐鲁之间曰允。
yoŋ	超越　5·96“越在岱阴齐。”注:“越犹走也”。
gyol	避开　6·1“孰隐。”注:“隐痛……。”
rug	聚集　5·5 注:“当戮力拒之。”
lu(ma)	积水　《书·尧典》:“曰昧谷。”《史记》一本作“柳谷”。《书·大传》郑注:“柳,聚也。齐人语。”
luŋ	把儿　5·6 车辖,齐谓之铣。
lus	身相　47 类,法也。齐曰类。
lenpo	合适　12 东齐言布帛之细者曰绫。
gśegspa	死　24·4“吾欲弑之。”
sa	地方　《释名·释宫室》:“库舍也……齐便谓库曰‘舍’。”《释名·释车》:“车,舍也”。支谦用“鼓车”译 kosala。

sebo	浅白	《诗·瓠叶》:“有兔斯首。”笺:“斯,白也。今俗语斯白之字作鲜。齐鲁之间声近斯。”
snin(skud)	丝线	44 㺃……长也。东齐曰㺃。案:skud是“缉”。
srun	和蔼	42 浚,敬也。齐曰浚。
	轿子	14·7“筍将而来也。”注:“筍者竹箯,一名编舆。齐鲁以此名之曰筍。”
sroŋ	直	15……梗,爽,猛也……。齐晋曰爽。
slebs	莅	10.6b“莅盟者何?”《释文》:“音利又音类。”
slom	筛子	《说文·网部》:“罧,积柴水中以聚鱼也。”
gseba	嗓子劈	43:㾷……散也。东齐声散曰㾷。
bsad	杀	7·8“万臂摋仇牧。”注:“侧手曰摋。”
hrigpa	砍断	《礼记·乐记》:“而卵生者不殈。”注:“殈,裂也。今齐人语有殈者。”《释文》:“呼阒反。”
hrud	粗糙	4·8“曷为以二日卒之?怴也。”注:“怴者,狂也。齐人语。”狂谓错乱。
ar	盗	21 谲,诈也……东齐海岱之间曰㩴。案:乌黠切。

《民族语文》1991年第1期

汉藏两族人和话同源探索

通行的说法是汉、藏、泰是一个语系。到底汉藏近些还是汉泰近些呢？意见很不一致。从三十年前就主张汉藏关系近的有王静如、W·西门和笔者。王比较过汉、藏数字，发表在《史语集刊》上。西门有过几篇论文。笔者也写过两篇，发表在《燕京学报》上。从我们三个人最后晤谈，直到现在我的信念并没改变。但是我们的意见引起的反响是很微弱的。本来么，材料不充足，方法不严密，有种种缺欠，自然产生这样的结果。最弱的是比常用词多，比语法少。我们里头有的人古汉语知识又欠些，免不了胡安排。比方把藏语 bris“写”和汉语“书”联系。他不知道《说文》聿部有“楚谓之‘律’，吴谓之‘不律’，燕谓之‘弗’……秦谓之‘笔’”这些话，也没念过“笔则笔，削则削”这样的作品，也就难怪了。

说“古汉语”，指的是周初金文、《周书》，也许加上《盘庚》、《易》上下经、《诗·大雅》、“逸”《周书》、《左传》和经传子史什么的。这是周人的话。卜辞语系没定，不在内。

熟悉了这些材料，那工作还逃不脱一个更致命的弱点——循环论证。我们一上来说汉话 x 和藏话 y 音、义都近，证明汉、藏两种话是从一个来源分化出来的，也就是说汉、藏话是亲属语言。反过来，我们又用汉、藏同源理论证明汉话 p 和藏话 q(好比“鱼”，北京人说“y”，藏话说“na”)音不近是后来演变的，原来应该一样。这真够引起人冷嘲热讽的。反响微弱，是赶上读者好脾气儿了。

这种循环论证，印欧比较语言学里也有。可是人家材料丰富，方法严密，词形变化相像这种证据很强。别看它那理论始终是个假设,可是人们信这个假设信到把它当作事实的程度。咱们这里就没这些条件。

正面突破做不到,咱就迂回。本文就是企图从语言事实以外找材料来证明汉、藏两种话是同源的。这种材料就是上古史。

要是咱们能用史料证明汉、藏两族原是从一个母系氏族派生出来的,语言同源就得到坚如磐石的根据了。

抗战前,有一位黄籀青写过一本《西藏民族是黄帝子孙之后裔论》。史料用《山海经》,语言材料记音错误很多,结论就靠不住了。现在就是要在前人的努力的基础上力求改善,设法求得比较满意些的成绩。

翻翻古时候的历史书,咱们可以看出来,周朝以上的人也有好些个姓,跟现在的人(说细致点,主要是跟现在的汉人)一样。可是他们那时候一个人姓什么,不是随父亲的姓,是随母亲的姓。所以咱们可以看见这样的怪事:春秋时代晋献公有两个儿子"重耳"跟"夷吾",因为不是一个妈生的,他们的妈又不是姐妹、姑侄,就有人说他们不是"同姓",是"道路之人"。① 重耳听了这话也点头。这就是说,别看社会早已进入父系社会了,可是在姓跟婚姻问题上(照当时贵族阶级的"礼",同姓不许通婚。《左传·僖公二十三年》说过:"男女同姓,其生不蕃。"《晋语》也说"娶妻避其同姓"。从生物学的角度说,这话是有科学根据的。可是这些奴隶主贵族经常犯这条"礼"。《论语》记过"君取于吴为同姓",此外还多着哪!)还保留着太古时候母系社会的一些习惯。在这些姓里头,有"姜"、"姬"两个姓的关系最值得注意。

上头引的《晋语》里那个讲同姓的理的贵族还讲过一段上古史:"昔少典娶于有蟜氏,生黄帝、炎帝。黄帝以姬水成,炎帝以姜

① 《国语·晋语》。凡是引常用的书,只引篇名,不写版本、页数。下同。

水成。成而异德。故黄帝为'姬',炎帝为'姜'。""成",用现在的话说就是"兴旺"。比方商朝的统一天下的王就叫"成"(这是甲骨上的刻辞。书本上叫"成汤"。)从他讲的字面上看,炎黄是一奶同胞:一个大哥,一个二弟。

汉朝有个历史家叫司马迁。他写历史从黄帝开始。他的意思是说黄帝以前的史料掺着好些传说和神话,不甚可靠。不过炎帝神农氏这个朝代他倒是承认的,就是不肯把那些事写下来就是了。唐朝有个注司马迁《史记》的人叫司马贞,他补了一篇《三皇本纪》,里头讲到炎帝,说:"炎帝神农氏,姜姓。母曰'女登',有娲氏之女,为少典妃。感神龙而生炎帝。人身牛首。长于姜水,因以为姓……立百二十年崩,葬长沙。……生帝承……帝明……帝直……帝氂……帝哀……帝克……帝魁……帝榆罔。凡八代,五百三十年。"

司马迁的《史记·五帝本纪》说:"黄帝者,少典之子,姓'公孙',名曰'轩辕'……轩辕之时,神农氏世衰……诸侯咸归轩辕。"这话跟《晋语》可对不上茬口:二弟活了六百来年,等大哥的后代衰微了,才代替他们统治中国! 还有,他怎么又姓公孙了呢?

姓的问题好解决。"姓公孙"这个话是假造的。别说上古,连甲骨文里都没有"公"字,更没有公爵。一直到周朝初年的铜器,像《夨彝》什么的,那铭文里才有"明公"、"周公"。等到春秋时代,诸侯才自己在称呼上升级,称"公"。诸侯的孙子单分出去一支,才拿"公孙"当"氏",这可是父系的氏,不是母系的"姓"。三个字闹了四个错。我看这是后人添的。崔述说:"且公孙者,公之孙也。公族未及三世则无氏,氏之以公孙,非姓也。况上古之时,安有哉!"①说的痛快! 这句话明明是从《商鞅传》抄来的。

---

① 《补上古考信录》卷上 21 页。亚东图书馆本。

岁数的问题,前人早看出来了。司马贞又说:"'少典'者,诸侯国号,非人名也。又案《国语》云,'少典娶有蟜氏女,生黄帝、炎帝'。然则炎帝亦少典之子。炎、黄二帝,虽则相承,如《帝王代纪》,中间凡隔八帝五百余年。若以少典是其父名,岂黄帝经五百余年而始代炎帝为天子乎?何其年之长也?……明少典是国名,非人名也。黄帝即少典氏后代之子孙。贾逵亦谓然。"① 这段话说的合情合理。炎帝跟黄帝是两个部族或者部落联盟的大酋长,也就是这两个部落的代表。这两个部族本来是从一个母系氏族——有蟜氏派生出来的,是兄弟部族。这两个部族的酋长要是遇上,当然称兄道弟。炎帝部族神农氏先兴旺起来,过了五百年,黄帝部族轩辕氏才兴旺起来,并且"取而代之",统治了黄河流域——那时候的"中国",加点水分,也可以叫"天下"。

炎帝为什么长了个牛脑袋?摩尔根的《古代社会》说:"氏族中的成员声称他们是从那作为氏族名称的动物所传下来的——他们远祖是被主宰之神将其从动物变成人形的。"② 这就是说,牛是图腾。他的书里还记过美洲印第安族自己叫"狼"、"熊"什么的。巧咧!黄帝还有个号叫"有熊"氏。唐朝张守节的《史记·五帝本纪·正义》说:"案黄帝有熊氏国君……号曰'有熊氏'。"

把神话和传说里的不可靠的那部分来个"去伪存真",就可能得着些真历史了。

姜水是哪里?《水经注·渭水篇》说:"……大峦水注之,水出西北大道川,东南流入漆,即故岐水也……又屈径周城南……又历周原下……岐水又东径姜氏城南,为姜水。按《世本》:'炎帝姜姓。'《帝王世纪》曰:'炎帝神农氏姜姓,母女登游华阳,感神而生炎帝,

① 《五帝本纪·索隐》。
② 摩尔根:《古代社会》,三联书店 1957 年版,第 57 页。

长于姜水。'是其地也。"① 这么说，炎帝部族是从现在的陕西省岐山县西北兴旺起来的。顺着渭水到黄河，再顺黄河南岸往东移民，先到河南，后到山东："初都陈，又徙鲁。"②

姬水呢？《渭水篇》上文说："……轩辕谷水注之。水出南山轩辕溪。南安姚瞻以为黄帝生于天水，在上邽城东七十里轩辕谷。"③ 姚的话要是可靠，那么黄帝部族是从现在的宁夏自治区兴旺起来的。以后也顺着渭水到黄河，再顺着黄河北岸往东移民，在现在的河北省北部跟一个敌对部族打了一个决定性的胜仗："与蚩尤战于涿鹿之野，遂禽杀蚩尤，而诸侯咸尊轩辕为天子，代神农氏，是为黄帝。"④

从上头这些材料看，这两个兄弟部族发源地都在渭水跟它的支流的源头，兴旺起来以后都往东走，顺着黄河，都往黄河入海口奔。为什么顺着河呢？是因为河里有鱼、鳖、蛤蜊这类吃的，容易生活。越往下游，出产自然也越多。不好懂的是：到了山西南部、河南那些极肥的黄土地带还不住下，接着往海边奔，是干什么呢？到涿鹿（现在的河北省涿鹿县）那么又冷又荒凉的地方是图什么呢？我看是想得一样生活里最必需的东西——盐，还想得的多、得的容易。也许还加上另外两种东西：贝壳跟珠子。铜器《小臣谜毁》说："叡东尸（夷）大反，自懋父以殷八师征东尸……易师，率征自五齵贝。"齵就是海隅的隅字。贝不光是首饰，它会慢慢变成货币。《周易·系辞》说："神农氏作……日中为市，致天下之民，聚天下之货，交易而退，各得其所。"看起来贸易和货币在神农氏时代已经有了萌芽了。珠子也不光是首饰。据《英国百科全书》(77 年，

---

① 武英殿本，第 18 卷，第 5 页。
② 《史记·五帝本纪·正义》引《帝王世纪》。
③ 《水经注》第 17 卷，第 13 页。
④ 《史记·五帝本纪》。

15版),印第安人也用贝壳珠(Wampum)作货币。《尚书·禹贡》说:“海岱惟青州……厥贡盐、絺、海物惟错……海岱及淮惟徐州……淮夷蠙珠暨鱼……”这文章当然是战国人作的,可是拿来说明“姜”、“姬”两姓奔海口去的原因倒也合适。要不然黄帝“东至于海”(《五帝本纪》),就光为游览去么?

总起来一句话,炎、黄走的路一样。这也许是两件事碰巧了一模一样。也许是一股大流的两层波浪。我倾向后头这种看法。因为这两个部族关系太密切了。

黄帝作了天子以后,炎帝的后代还有相当的势力。汉朝许慎的《说文解字后叙》说:“曾曾小子,祖自炎神。缙云相黄。共承高辛。大岳佐夏……”段玉裁《注》说:“炎帝,神农氏也。居姜水,因以为姓……其后甫、许、申、吕皆姜姓之后……黄帝以云纪官。服虔曰:‘其夏官为缙云氏。’贾逵《左传解诂》云:‘缙云氏姜姓也,炎帝之苗裔,当黄帝时任缙云之官也。’……共音恭,谓共工也。《国语》:‘共工虞于湛乐,淫失其身,庶民弗助,祸乱并兴。’贾侍中云:‘共工,炎帝之后,姜姓也。颛顼氏衰,共工氏侵陵诸侯,与高辛氏争王也。’……共工之后皆称共工矣。《国语》:‘尧命禹治水,共之从孙四岳佐之。’贾逵曰:‘共,共工也’……言……高辛时有共工……《国语》:‘太子晋曰,共之从孙四岳佐伯禹,皇天嘉之……胙四岳国,命为侯伯,赐姓曰姜,氏曰有吕。’韦《注》:‘以国为氏也。’《左传》言大岳,亦言四岳。《外传》言四岳,亦言四伯。皆谓一人,非谓四人。《毛传》云:‘尧之时,姜氏为四伯,掌四岳之祀,述诸侯之职。于周则有甫,有申,有齐,有许也。’按:大岳姜姓……封吕侯……历夏殷之季而国微。”许慎叙述他祖宗的历史,比较集中、简炼。可以看出来,姜部族在黄河流域的“华夏族”的形成上,起过不小作用。当然,许慎写的只是“先前阔”的那几支。比方大岳一个人叫“四伯”,大概是四个部落联盟的一个大酋长,当然够神气的!

别的不阔的还有的是。《国语·周语》:“王师败绩于姜氏之戎。”《春秋·僖公三十三年经》:“晋人及姜戎败秦师于殽。”杜预《集解》说:“姜戎,姜姓之戎,居晋南鄙。”戎字可以指一个种族。可是在周朝人嘴里多半用来指一种生活方式——游牧。神农氏时代农业已经有了萌芽了。谁重新过游牧生活,就可以叫他“戎”。《左传·庄公二十八年》说:“晋献公……又娶二女于戎。大戎狐姬生‘重耳’。”《集解》说:“大戎,唐叔子孙别在戎狄者。”唐叔正是晋献公的祖宗。这是在有详细的文字历史的时代进行的。可以证明“戎”字准有这种讲法。回过头来再说当初,移民的时候,也没有一个不剩的,总有留下的。姜部族留在西北的就叫羌。《后汉书·西羌传》说:“西羌之本,出自三苗,姜姓之别也。其国近南岳……舜……徙之三危,河关之西南,羌地是也。”《说文》说:“羌,西戎牧羊人也。”(这是根据《广韵》引的。现《说文》“牧”作“从”)这就是说,姜部族回到游牧生活的就叫“羌”。《后汉书》不说他们是留下的,说他们是绕了个圈子回去的,这问题不大。说他们是三苗,这是不是现在的苗族呢?只好暂且搁开,等史学研究再进一步的时候再说。咱们现有的第一手史料是甲骨文。在这里住在晋南一带跟姬姓的周国一块儿反对殷王朝压迫的,并不叫“姜戎”,干脆就叫“羌”。《左传·襄公十四年》姜戎氏的酋长说:“晋御其上,戎亢其下,秦师不复……自是以来,晋之百役与我诸戎……以从执政……”地下出土一组钟,主人是帮晋人打仗立大功,“命于晋公,昭于天子”的,他可叫“厵羌”,而且管他的酋长叫“戎氏辟”。甲骨文有“多马羌”,也许就是这个部落的前身。其实说姜说羌,不过是说话带点方音罢了。古希腊人管猫叫 katta,拉丁人叫 catta,念音像“嘎达”,德国人叫 katzo,念“咔测”。他们正是三个兄弟民族。拉丁人 Caesar 念“该撒儿”,德国人叫他 Kaiser“凯撒”。这样的口音不一样,哪国也有,什么时候也有。羌字周朝人大概念 Kiang,姜姓自称羌,可以俏皮点打个比方“带点北欧口音”罢了。就在姜水西边轩辕水东边有条羌水，因为最早只在《汉书·地理志》才见过，咱们主要也不靠它来证明什么。不过可以看出来，要说姜、姬两姓的发源地当中还夹着另一支羌人，还不如说羌人就是游牧的姜人。

黄帝的子孙也有姬姓的。《五帝本纪》根据《国语·晋语》说：“黄帝二十五子，其得姓者十四人。”这里的《索隐》说“《国语》文误”，所以咱们引《史记》“……黄帝崩……其孙，昌意之子高阳立，是为帝颛顼也”。皇甫谧《帝王世纪》说：“帝颛顼高阳，黄帝之孙，昌意之子，姬姓也。”①《五帝本纪》又说：“帝喾高辛者，黄帝之曾孙也……于颛顼为族子。”《帝王世纪》说“帝喾高辛氏，姬姓也②。”《本纪》又说：“帝喾以生挚。帝喾崩，而挚代立。”《帝王世纪》说：“少昊帝名挚，字青阳，姬姓也。③”这里两部书打起来了，因为照《史记》说，青阳是黄帝的儿子，辈分差了。这在古史书里是常有的事。咱们眼下没工夫参加这场辩论。不过说明姬部族的实力这时候比姜部族强点罢了。《帝王世纪》：“帝喾……元妃有台氏女，曰姜嫄，生后稷。”《史记·周本纪》说：“周后稷，名弃。其母有邰氏女，曰姜原……生子……初欲弃之，因名曰弃……好种树麻、菽……好耕农，相地之宜，宜谷者稼穑焉……帝尧闻之，举弃为农师……帝舜……封弃于邰，号曰后稷，别姓姬氏。”这个“弃”就是周国人的老祖宗。这个人非常重要，咱得多说他几句。

头一宗，讲“弃”的事情的史料，别看比不上甲骨、金文，也配叫准第一手材料。这就是周人叙述自己的祖先的史诗——《大雅》。照太炎先生说，“雅”借作“疋”。疋字，《说文》说：“古文以为《诗大

① 《太平御览》，第79卷。
② 《太平御览》，第80卷。
③ 《太平御览》，第79卷。

雅》字……一曰'疋,记也'。"章先生的意思,疋就是脚步或者脚印,也就是史诗。①《诗·生民》说:"厥初生民,时维姜嫄。生民如何?……居然生子。诞置之隘巷,牛羊腓字之。诞置之平林,会伐平林。诞置之寒冰,鸟覆翼之。鸟乃去矣,后稷呱矣。"这里头当然有水分,可是把他为什么叫"弃"讲明白了。要弃他,因为他是头生儿。头生儿怎么这么招人恨呢?这不新鲜。还有比这个狠的哪!《墨子·节葬下》说:"越之东有輆沭之国者。其长子生,则解而食之,谓之宜弟。"《鲁问》也有差不多的话。干么大解八块吃了?因为是掠夺婚时代,怕的是抢来的女人生的头生儿不是本部族的种!要不怎么成亲叫"昏礼"呢?抢人没有大白天干的!

二一宗,社会已经进了父系社会时代了。弃跟夏禹同时,夏禹是君主专制政体和父系社会的创始人,所以人们叫他跟他那个部族"夏后氏",说他"传子"。结婚也不再是男的入赘,是女的嫁到,也就是被抢到男的部落去了。

三一宗,禹、弃跟商朝的祖先禼或者夋同时,禼或者夋在甲骨文里出现过,只是文字学家认这个字还有争论罢了。甲骨里出现过的人,他的事情里神话的成分大大减少,可信的程度加多了。

四一宗,周朝人在姓上开始用双轨制。比方弃的妈明明姓姜,可是弃还姓姬。也就是说从这个部落或是部族开始兴旺(成,或者始封)的时候起,这个部落(父系)的人就永远姓这个姓。比方晋献公和齐姜生了一个女儿,嫁给秦穆公,应该叫"穆姜"了吧?实际上不是。《左传·僖公十四年》叫他"穆姬",又叫"伯姬"。正跟《晋语》的原则相矛盾。这个矛盾是从母系往父系过渡造成的。铜器《遲父钟》最有趣。他为夫人(?)作器,说"遲父乍姬齐姜……钟"。好像齐姜嫁到他家就称"姬"了,正像后来的"张王氏"。在当时"姬"

---

① 《章氏丛书·文始》,第五。浙江图书馆本。第101页。

还不当小老婆讲，这字也决不是“媵”字。

五一宗，姜姬两姓，从弃起，辈辈通婚。要是从一个母系氏族派生出来这一点上说，这是不合理的。可是《后汉书·西羌传》说：“十二世后，相与为婚姻。”姜、姬分开年头多了，自然可以放宽限制。在摩尔根调查的材料里，也有类似的情况。姜原这个名字，过去注家说“原”是“字”，还有别的，都说不圆全。其实顶好倒过来讲。周朝人最早的作品里有好些古语言遗迹。《诗》里有管柔软的桑树条叫“桑柔”，管大道边叫“周行”，管林子当中叫“中林”的（《卷耳》、《兔罝》篇）。还有“中唐”……《尚书·康诰》管华夏族的领土叫“区夏”。就是说，附加语放在后头。这和西藏话管汉人叫“rgya nag”黑色的（是指穿黑衣服）jiǎ（夏？）一样。姜原无非是高“原”上的“姜”罢了。看起来后稷也应该是“稷后”——庄稼大王。他的后代有个“公刘”（照后来习惯该叫刘公）跟成汤同时。再过十辈是古公亶父。在《诗·緜》里说他：“……来朝走马。率西水浒。至于岐下。爰及姜女，聿来胥宇。”这个姜女就是“大姜”，文王的奶奶。周统一天下以后，同姓像周、鲁、郑、晋贵族，总是娶齐国姜姓的女儿。《左传·哀公二十四年》说：“自桓以下娶于齐。”所以《诗·衡门》里讽刺说：“岂其娶妻，必齐之姜？”

六一宗，姜（羌）跟姬两个部族说的是一种语言的两个方言。请想想，弃学话不是跟姜原学么？姜原跟弃的父亲说话，古公跟太姜说话还用翻译么？在北美印第安人那里，凡是从一个母系氏族分出来的部落，都说一种话的方言，彼此听得懂。姜、姬的情况也正一样。

《周本纪》又说：“后稷卒，子不窋立。不窋末年，夏后氏政衰，去稷不务。不窋以失其官而犇戎狄之间。”这里，姬姓也走上姜戎的路了。

姜（羌）、姬两姓为什么衰微了？是受“子”姓的殷（商）朝排挤。

周朝人自己认为自己是夏王朝的合法继承人。除了上头引的“区夏”，他们的开国元勋周公姬旦还自己管自己的部族叫“夏”，说：“呜呼！其在受(纣)德暋……帝钦罚之，乃伻我有夏，式(=代)商受命，奄甸万姓。”(《尚书·立政》)照《夏本纪》说：“禹之父曰鲧，鲧之父曰帝颛顼。颛顼之父曰昌意。昌意之父曰黄帝。”这就是说，从父系论，禹和弃是一家子。《吴越春秋·越王无余外传》说：“鲧娶于有莘氏之女……产高密(禹)，家于西羌地。”《帝王世纪》说：“伯禹夏后氏，姒姓也……字高密……长于西羌，夷人也。”[①]《吴越春秋》不甚可靠，可是说的禹的母姓可以参考。《诗·思齐》说：“思齐大任，文王之母。思媚周姜，京室之妇。大姒嗣徽音，则百斯男。”刘向的《古列女传·母仪传》说：“大姒者，武王之母，有㜪氏之女。”原来文王的妃正是鲧、禹家(母系)后人。这个人在铜器《班彝》里提到过，实有其人，怪不得他儿子要承受夏后氏的王朝了。偏巧碰上个殷王朝，对羌和周狠狠的镇压。陈梦家《殷虚卜辞综述》里有详细的论述[②]。镇压周国还有时候来点冷战。镇压起羌人来，简直是血腥的刽子手。因为什么？因为殷王朝想经营淮水流域，怕羌周威胁它的后方——晋南，羌人又特别勇猛。羌(姜)、周忍无可忍，就由周武王姬发当统帅，姜姓的吕尚，也就是姜太公，当参谋长，发动了“武王领导的当时的人民解放战争”[③]。从炎、黄两族，姜(羌)、姬两姓说，还许包含着点“打回老家[④]去”的意味哪！这敌对感相当深。直到战国晚期，别管是儒家孟轲还是法家韩非，讲起揠苗助长、守株待兔这类民间故事来，那胡涂虫主角都是宋人。宋人是殷朝的后代嘿！

---

① 《御览》第82卷。

② 科学出版社版。第276页以下，又第291页以下。文太长，不引。

③ 《毛泽东选集》第四卷，横排本，第1384页。

④ 指曲阜。

在决战以前，武王在军队面前作了一个演说——《尚书·牧誓》。最近于思泊(省吾)先生在《文物》上写文章，怀疑这文章是战国人改写过的，挺有说服力。不过他倒肯定那里的史料不是假的。(其实《尚书》里的文章有好些都经过改写)。在当时听讲的联军里就有羌人。铜器《羌白毁》说："王若曰：羌白！朕不显且文王武王雁受大命。乃且克桒先王，异自他邦！"这些甲骨金文史料比书本上的证据更硬。羌人真出席了，而且他们听话不用翻译。到五百八十年以后的鲁襄公十四年的《左传》里，姜戎氏，也就是麤羌的本家，挨了范宣子的抱怨，才回嘴说："……我诸戎，是四岳之裔胄也……我诸戎饮食衣服不与华同。贽币不通，言语不达，何恶之能为？……赋《青蝇》而退。"这里的"言语不达"是指方言的分歧比原先大点儿了。可是这位羌酋长很会耍外交辞令，又精通周人的文学、音乐。看起来那方言分歧并不太大。

灭殷以后不久，武王死了。政权在他弟弟周公手里。他把举足轻重的大元老召公(这个人看他摄政，有点犯疑心，他就赶紧说了一篇《君奭》去解释，搞好团结。)封到黄帝大战蚩尤的地方去防北狄、山戎。又把最好的军事家吕尚(《史记·齐世家》说他是"东海上人"。)封到齐，去镇压莱夷，正像《左传·襄公十四年》说的"昔伯舅太公……世胙太师，以表东海"。还要他保证鱼盐供应(后来齐国的杰出政治家管仲继承他的传统，也是又会用兵，又会利用盐搞外交)。又把他的大儿子伯禽封到鲁，去防淮夷。后来这个人真把淮夷打垮了。请看：他就是要重整炎帝、黄帝的事业。统一以后，他大封姬姓诸侯跟过农业生活的姜姓诸侯——除了上头提过的齐、申、吕(甫)、许以外，还有州、纪、向……。这样，用姜(羌)、姬作骨干，吸收了别的部、姓的血液，形成一个统一的"华夏族"。等农业生产再上升，加上炼铁工艺，土地私有的封建经济，郡县制的政治大一统，咱们这个"汉族"就形成了。

留在西北的姜姓过着游牧生活，生产力发展得慢。只有零星部落或个人偶然强大起来。像《后汉书·安帝纪》“先零羌滇零称天子”，还有北朝的羌人姚苌进入汉人多的地区，建立了后秦朝。在羌人聚居处始终没统一成王国。《隋书·西域传》里，因为有个叫党项的部落联盟强盛起来了，才写了几句：“党项羌者，三苗之后也……每姓(应该解释成氏族或是它派生的几个胞族)别为部落，大者五千余骑，小者千余骑。织犛牛尾及羖䍽毛以为屋。服裘褐，披毡以为上饰……牧养犛牛、羊、猪以供食，不知稼穑……无文字，但候草木以纪时。三年一聚会，杀牛羊以祭天。”到唐朝，羌人组成吐蕃王国(《唐书》党项羌和吐蕃并存。《党项羌传》里记的不过是几个吐蕃没能统一的零星部落罢了。吴缜《新唐书纠谬》也没讨论)。《旧唐书·吐蕃传》就说：“吐蕃……本汉西羌之地也……樊尼乃率众西奔……于羌中建国……群羌……归之如市……其王为赞普，相为大论，小论……无文字，刻木结绳为约……与其下臣一年一小盟，折羊、狗、猕猴……屠之，令巫者告于天地山川日月星辰之神……三年一大盟……畜多犛牛、猪、犬、羊、马……其人或随畜牧而不常厥居。然颇有城廓，其国都城号为逻些城，屋皆平头，高者至数十尺。贵人处于大毡帐，名曰拂庐……不知节候，麦熟为岁首。”这里说的很明白，羌人胜利地建立起王国来了。这个王国在唐朝叫吐蕃。那地方在明朝叫“乌斯藏”、“卫藏”。就是现在的西藏自治区加青海和川西。这个民族就是汉人五千年来的亲骨肉——藏族！赞普，藏话说 btsanpo，论是 blonpo，逻些是 lhasa，拂庐是 phrug(s)，清朝人管那料子叫氆氇。他们的王是哪里去的无关紧要。[①] 现在的英王室本是德国人，可是他们得说英国话。吐番是羌人的国，谁去作王也得说羌话——现在叫藏话。藏话跟汉

① 樊尼是南凉王族，原姓秃发，这可能就是“土伯特”(英文 Tibet)的原话。

话也有亲缘关系。最奇怪的是跟姜姓独有的方言更像。藏话的近指词是 adi,《尚书》说“时”,远指说 de,古汉语说“是”。两个汉字声纽一样。可是《春秋》桓公六年说“寔来”,《公羊传》说“寔来者何,犹曰是人来也”。这个人是姜姓的州国人。《公羊传》僖公十六年何休注说:“是,月边也,鲁人语也。”《释文》说:“是……一音徒兮反。”声纽正是 d—。藏话管“什么”叫 gagi,《礼记·檀弓》有“何居”,郑玄注说:“居读如姬姓之姬,齐鲁之间语助也。”我在《汉语的“其”跟藏语的 gji》(《燕京学报》37)里有详细的讨论。这些作品是齐鲁人写的,何、郑两个注家都是齐人。可见藏话像汉话,更像姜话。这是因为汉藏本是一个母系氏族分出来的嘿!这就是这篇文章的结论。

汉藏比较语言学出现在印欧比较语言学后头,理论、方法都免不了受印欧学影响。另一方面,处理的材料不一样,总也要有自己的创新。印欧学判断两种话的亲缘,词尾变化的相像是最有说服力的。近来把 Hittite 和印欧语算作亲属语言,那么容易得到接受,主要还是因为 H 的几个变格词尾和印欧语像得很。汉藏语没有变格和变位(比照梵文揑造的不算),虚字的比较就显着突出了。这既有吸收,也有创新。印欧学可以给上古史研究提供材料。汉人的史书是世界上最早出版,质量最高的(拿司马迁和 Herodotus 比比吧!后者有多少迷信!真是“搢绅先生难言之”了)。上古史料反而可以倒过来给比较语言学提供语言亲缘的证据。这个方法简直是创新。这一点,连我自己在着手搜集本文材料以前也是完全没有料到的。当时我不过怀着“姑且找找,试巴试巴看吧”的心情,在上古史范围里浏览浏览罢了。过去的前辈们也从来没在这方面下过工夫。这倒是让印欧学给限制住了。

语言跟氏族血缘不必吻合,因为没一个民族不和别的族混血。血缘跟名称也不必吻合。现在西北在藏族以外还有羌族,那语言没详细调查过，本文里暂且不讨论，这也要声明一句。

（北京师大学报 1980 年第 1 期）

语音变化能不能用质变量变规律说明?

——论北京语音里儿化的影响——

绪　论

自从约·维·斯大林发表了他的《马克思主义与语言学问题》以后,语言学家都一致承认他提出的一个论点是合于语言史的事实的:这就是说,在语言发展过程里,旧质逐渐消亡,新质逐渐积累,年代久了,就会从甲语言发展成乙语言了,并不经过一个爆发式的突变过程。① 不过他的话是指着语言整体说的。语言里的局部现象的发展过程是怎么样的呢?辩证法里最常见的,经常包含一个飞跃式的突变过程的。"从量变到质变"规律在语言的局部现象上还能不能适用呢?这个问题,就笔者耳目所及而论,还没有个详尽的答案。本文就是在观察了从元朝的古官话到现代北京口语里"儿"这个形态单位的发展史和它怎么样影响了北京口语的音位系统的事实以后,企图用肯定语气回答上头提出来的那个问题的一次尝试。

语音变化可以由细微的积累成显著的,这个现象,一般的语言学家都肯定地说有。比方,讲到英语史上的"元音大挪动"(the great vowel shift)的书里都承认这种变化是由积累细微差别引起的。不过还没人拿"量变、质变规律"来解释。语音变化里能用这

---

① 斯大林:《马克思主义与语言学问题》1950年,北京人民出版社　第一版,26—27页。

条规律说明的现象当然也不只“儿”化现象一种。所以本文的目的,只是要证明这条规律在说明儿化现象和它的影响的时候很适用,并不包括底下这两点意思:1)一切语音变化都受这条规律支配(这也不是没有可能性,只是还没经过证明),2)能用这条规律说明的语音变化只有儿化一种。

一个语音单位的“量”怎么衡量呢?这可以从两方面来看。第一,它本身包括几个音位,是三个还是两个……(当然,还可以有音长、音强等等问题,不过不在本文范围之内),第二,它在成段的语言里出现的频率,也就是说,某种语言每用若干个同一级的单位(音位、音节……)里头,它能出现多少次。“儿”在清朝以上是一个包含两个音位和一个调子音位的音节,在清中叶以后只是一个音位。不管从哪方面来衡量,都牵涉到北京语音的音位。所以本文首先先把北京口语的音位系统考出来,算作《前论》。

考出北京口语音位系统以后,也顺便解决了另一个问题:北京话书音系统实际就是较早的北京音系。

“儿”作为一个形态单位,在元朝已经广泛使用。笔者就元朝白话散文、元曲、现代北京口语、现代押小辙的牌子曲四种材料作出统计数字来,说明不拘是在散文里还是韵文里,“儿”这个形态单位的频率都是越来越高了。这一部分叫《本论》。

最后,根据上头的材料,说明“儿”这个形态单位应用次数的量变引起它内部包含音位数的量变,终于引起使它由一个音节缩短成一个音位,丧失了作为一个音节的独立性而粘到前一个音节末尾上的质变,而且顺便论述到新音节形式的产生和音位系统里的变动。这一部分是《结论》。

最后说几点和音位学有关的见解,附到后头,叫《余论》。

前　论

一

现代北京口语的音位，曾经有不少人论述过①。这里头可以分成两派。一派认为声调可以从音节里抽象出来，单成一套音位或第二等的音位，另一派认为声调永远不能离开主要元音，所以用不同声调的几个 a 应该算作几个不同的音位。本文里采取了前一种主张。笔者不采用后一种主张，是因为，a)北京口语里有〔m̩ ˧˥〕"我们"，[ŋ̍˦˥]"唔"这样的音节存在，说声调一定是主要元音的构成部分这个大前提不能成立，b)有些"四声一贯"的音节像"枝儿"、"侄儿"、"枕儿"、"阵儿"等等里的一些音节可能受调子影响而改变主要元音的音色，要是把声调算作主要元音的构成部分，那么这里就不光能有带不同调的几个音色相关的元音，而且还可能出现只带某两种声调的一个某种音色的元音再加上只带另外两种声调的一个另一种音色的元音，比方"枝儿"、"侄儿"的元音开口度显然比"枕儿""阵儿"的元音开口度小。这样就使元音系统更复杂。要是先分用不同符号代表以后再合起来，其结果是和原来把调子抽象出去是一样的，反倒失去利用声调不同这个论据的机会了。

本文论证对象只是北京语音的辅音元音音位，一般地说，不涉及调子。下文如果在标音的时候必得把它标出来，就用 1 表示阴平，2 表示阳平，3 表示上声，4 表示去声，0 表示轻音节里的调子，写到音节末尾右上角。

---

① 科学院语言研究所编：中国语言学论文索引乙编第 40 页。

二

在成段的北京口语里出现的辅音有底下这三组：

A 1. [b̥] 筋肉松软的双唇清塞音。在不同的元音前头可以表现出些不同的发音细节来。比方在[b̥ᴀ]“八”里的嘴唇就不像[b̥u]“不”里那么往前伸。以后凡遇上这类情形就不再说了，读者可以查讲语音细节的书。

2. [pʻ] 像“怕”[pʻᴀ]。

3. [m] 像“我们”[m̩]，“妈”[mᴀ]，“怎么”[d̥z̥əm]。

4. [w] 半元音，像“我”[wɤ]，“花”[xwᴀ]。

5. [ɥ] 半元音，像“约”[ɥᴇ]，“靴”[ɕɥᴇ]。

6. [f] 像“发”[fᴀ]。

7. [ʋ] 唇齿浊摩擦音，摩擦极轻，像“乌”[ʋ̩]，“洼”[ʋᴀᴀ]。

8. [d̥] 像“搭”[d̥ᴀ]。

9. [tʻ] 像“他”[tʻᴀ]。

10. [n] 像“嗯”[n̩]，“那”[nᴀ]，“安”[an]。

11. [l] 像“拉”[lᴀ]。

12. [s] 像“仨”[sᴀ]。

13. [d̥͡z̥] 像“紮”[d̥͡z̥ᴀ]。

14. [t͡sʻ] 像“擦”[t͡sʻᴀ]。

15. [ɕ] 像“稀”[ɕi]。

16. [d̥͡ʑ̥] 像“基”[d̥͡ʑ̥i]。

17. [t͡ɕʻ] 像“欺”[t͡ɕʻi]。

18. [ʂ] 像“诗”[ʂʅ]。

19. [ʐ]　像“日”[ʐʅ]。

20. [r]　没摩擦的通音，像“儿”[ər]。在和有些元音合用的时候，并不能把它和那个元音切成时间相承的两个片断，这个现象在“屋儿”[ur]这样的音节里最显著。可是在多数元音后头也就像“鞍儿”[ar]这样的音节里，它是一个片断是没问题的。所以本文里不采用 ɚ、a 这样的写法。[r]随前头的元音而改变自己的口型和肌肉动作。

21. [d͡ʐ]　像“支”[d̥͡ʐʅ]。

22. [t͡ʂ‘]　像“吃”[t͡ʂ‘ʅ]。

23. [j]　半元音，像“椰”[jᴇ]，“切”[t͡ɕ‘jᴇ]。

24. [g̥]　像“戛”[g̥ᴀ]。

25. [k‘]　像“喀”[k‘ᴀ]。

26. [ŋ]　像“唔”[ŋ̍]，“啊”[ŋᴀ]，“昂”[ɑŋ]。

27. [x]　像“哈”[xᴀ]。

28. [ɣ̃]　没摩擦的舌根通音，鼻化，像“膛儿”[t‘ɑɣ̃r]。过去学者们认为收-ŋ 的音节儿化以后就把 ŋ 完全丢了，只剩下前头的元音鼻化。现在看一下儿发音详情，在 ɑ 这样的低元音后头，舌根上升的动作是很显著的，所以不用旧说。只有 u 这个元音后头才不能显著分出片断罢了。底下咱们把 uŋ 加 r 以后也写作[ũɣ̃r]。这样在讲到音位的时候方便。

B 1. [b]　像“爸爸”[b̥ᴀbɤ ⊢]。

2. [d]　像“红的”[xuŋdɤ ⊢]。

3. [d͡z]　像“儿子”[ərd͡zɿ]。

4.[ȡ͡ʑ]　像"地基"[diȡ͡ʑi]。

5.[ɖ͡ʐ]　像"甘蔗"[g̥anɖ͡ʐɤ ├]。

6.[g]　像"哥哥"[g̥ɤgɤ ├]。

7.[h]　像"点心钱"[d̥jɐə̃hin ȶ͡ɕʻjɐn]①。

8.[ɦ]　在用7.的地方,也有人用[ɦ]。

C 1.[ɾ]　拍音,像"豆儿"[d̥ɾɤ̫ur]。

2.[ɣ]　像"安"[ɣan]。

3.[ʔ]　像"准来,啊!"[ɖ̥͡ʐunlaı, ʔᴀ]。

这里头,C组的音可用可不用,"安"念[an],"豆儿"念[d̥ɤ̫ur]都很好;[ʔ]只表示句子中间停顿了一会儿,不用也还可以。因此这三个音(或体)底下不再讨论。

B组的音在单发一个音节的时候不出现。1到6在一个浊辅音或者元音后头跟另一个浊辅音或者元音前头出现。在这种地方,要是拍子稍慢,[b]也可以用[b̥]代替,所以知道[b]只是[b̥]的变体。照这个样子,[d]归[d̥],[d͡z]归[d̥͡z̥],[ȡ͡ʑ]归[ȡ̥͡ʑ̥],[ɖ͡ʐ]归[ɖ̥͡ʐ̥],[g]归[g̥]。7,8只在紧接着浊辅音或者元音后头的轻音节里出现,和[ɕ]换用,所以只是[ɕ]的变体。

写符号,[b̥]不如[b]好写,[pʻ]也不如[p]好写。所以A组的音可以改写成:1.[b],2.[p],3.[m],4.[w],5.[ɥ],6.[f],7.[ʋ],8.[d],9.[t],10.[n],11.[ı],12.[s],13.[d͡z],14.[t͡s],15.[ɕ],16.[ȡ͡ʑ],17.[ȶ͡ɕ],18.[ʂ],19.[ʐ],20.[r],21.[ɖ͡ʐ],22.[ʈ͡ʂ],23.[j],24.[g],25.[k],26.[ŋ],27.[x];28.[ɣ̃]。

① [ə̃]是[n]在两个以上音节连读的时候的变体。

在这些音里，浊塞音、塞擦音的声带颤动容易丢，清塞音塞擦音一定吐气。[ɕ]在轻音节里可以弱化成[h]、[ɦ]。

[ʋ]和[w]在音节头上可以换用，在音节里第二个地位上只用[w]。所以知道[ʋ]和[w]只是一个音位里的变体。底下一概写[w]。

[ʐ]和[r]发音部位方法都一样，前者只在音节头上出现，[r]只在末尾上出现。彼此换用也不影响意义。所以这两个是一个音位里的成员。以后都写[r]。

[ŋ]除自成一个音节的时候以外，绝大多数的情形是在音节末尾上出现。[ɣ̃]有两种用项。第一种是和在音节末尾上和[ŋ]换用。这常常是在两个以上音节连读后头跟着一个摩擦音的时候才有，比方“挡寒”[daɣ̃xan]。第二种是在音节倒数第二位[r]的前头。这地方[ŋ]不出现。所以知道[ɣ̃]只是[ŋ]音位里一个变体。以后写[ŋ]。

[d͡ʑ]，[t͡ɕ]，[ɕ]三个辅音只在[i]，[y]前头出现。不在[i]，[y]前头出现的辅音有[g]，[k][ŋ]，[x]，[d͡z]，[t͡s]，[s]，[ɖ͡ʐ]，[t͡ʂ]，[ʂ]，[ʑ]三组。纯从分布情形看，把[d͡ʑ]组算作这三组里任何一组的三个音位的变体都有可能，像下头的表：

辅音 后头元音	d͡ʑ t͡ɕ ɕ	g k ŋ x	d͡z t͡ʂ s	ɖ͡ʐ t͡ʂ ʂ ʑ
[i]	V V V	× × × ×	× × ×	× × × ×
[y]	V V V	× × × ×	× × ×	× × × ×
[A]	× × ×	V V V V	V V V	V V V V

正因为这种情形，就有人主张[d͡ʑ]组只是[g]组的变体。不过这种主张有两个短处：a)一个音位的主体是塞音，可是变体是塞擦

音,b)[ŋ]为什么没有变体没法子解释。也有人主张[d͡ʑ]组只是[d͡ʐ]组的变体,可是为什么[ʐ]没有变体也没法子解释。因此在本文里把它们当作[d͡z]组的变体。这不但有a)发音方法没有差异,b)没有多出来的零散音这两种好处,而且还有更强有力的旁证:在少数市民的发音动作里,根本没有[d͡ʑ]组音,只有[d͡zi、d͡zy],[t͡si、t͡sy],[si、sy]。

现在咱们一共有22个辅音,都可以在词里分别意义:1.[bᴀ]"八";2.[pᴀ]"趴";3.[mᴀ]"妈";4.[fᴀ]"发";5.[wᴀ]"洼";6.[dᴀ]"搭";7.[tᴀ]"他";8.[nᴀ]"(姓)那";9.[lᴀ]"拉";10.[sᴀ]"仨";11.[d͡zᴀ]紮;12.[t͡sᴀ]"擦";13.[ʂᴀ]"沙";14.[rᴀ]"(儿)啊";15.[d͡ʐᴀ]"扎";16.[t͡ʂᴀ]"叉";17.[jᴀ]"压";18.[gᴀ]"戛";19.[kᴀ]"喀";20.[ŋᴀ]"(听)啊";21.[xᴀ]"哈";22.[ɥᴇ]"约"。

在这些音里,浊塞音、塞擦音声带颤动容易丢,清塞音,塞擦音一定吐气。[w]在音节头上,上牙可以接触下嘴唇。[r]在音节头上,有相当重的摩擦,在音节末尾上没有。[ŋ]在音节末尾上舌根可以不碰软腭,在倒第二一定不碰。[d͡z][t͡s][s]在[i]、[y]前头,发音部位可以受同化,挪到上牙根。在[si]这样的轻音节里,[s]可以弱化成声门擦音,或清或浊。

在成段的北京口语里出现的元音有底下这些个:

A 1. [i] 像"衣"。
2. [y] 像"迂"。
3. [ᴀ] 像"啊"。
4. [u] 像"乌",在[r]前头舌尖可以卷起来。
5. [ɤ] 像"阿(胶)",在[r]前头舌尖可以卷起来。

B 1. [ɪ] 比[i]低，也靠后，像“哀”[aɪ]。

2. [ᴇ] 前元音，在[e]和[ɛ]中间儿，像“椰”[jᴇ]。

3. [ʋ] 比[ʋ]低，像“熬”[aʋ]，在[r]前头舌尖可以卷起来。

4. [ʅ] 舌尖元音，像“兹”[dzʅ]。

5. [ʅ] 舌尖元音，像“知”[d͡ʐʅ]。

C 1. [e] 比标准元音稍靠后，像“海”[xae³]。

2. [ò] 后元音，在[ɤ]和[ɔ]中间儿，像“好”[xɑò³]。

D 1. [ə˫] 中央的次高元音，比[e]靠后，像“黑”[xə˫ɪ]。

2. [ə] 中央元音，像“恩”[ən]。在[r]前头舌尖可以卷起来。

3. [a] 像“哀”[aɪ]。在[r]前头舌尖可以卷起来。

4. [ɐ] 中央的松次低元音，比[ᴀ]稍高，稍靠前，像“烟”[jɐn]。在[r]前头舌尖可以卷起来。

5. [ɤ˫] 后元音，比 A5. 靠前，像“了”[lɤ˫]。

6. [ɤ̫] A5 加上极弱的圆唇，像“欧”[ɤ̫ʊ]。

7. [ʌ] 后次低元音，不圆唇。比标准元音靠前，在[r]前头卷舌尖，像“窝儿”[wʌr]。

8. [ɑ] 后低元音，像“熬”[ɑʊ]。

E 1. [ɜ] 中央次低元音，在[r]前头卷舌尖，像“所儿”[swɜr³]

A 组的音都可以自成一个音节。

B 组的音(除[ʋ]后头可以有[r]以外)都在音节末尾上出现。[ɪ]只是[i]的变体，用作二合元音的后半。在该用[ɪ]的地方换上[i]，并不影响达意，像[xə˫i]“黑”。照这样，[ʋ]也就是[u]的变体。

C 组的音只和上声调(3)同时出现，在去声调(4)的音节里，有人的发音用 C 组音，有人用 B 组。[e]是[ɪ]的代用品，像[ae³]"矮"，所以它也是[i]的变体。照这样，[ȯ]也就是[u]的变体。

D 组的音，一般地说，都在别的音前头出现。[a]在[i]、[n]前头出现，[ɑ]在[u]、[ŋ]前头出现。[ɐ]在[j]后头[n][r]前头出现。这三个都是[A]受前后音影响的变体。

[ɤ⊢]在[ŋ]前头和轻音节里出现。[ɤ̫]在[ʊ]前头出现。[ʌ]在[j]、[w]后头[r]前头出现。这三个都是[ɤ]的变体。

[ə⊢]在[ɪ]前头出现。[ə]在[n]前头出现。加上 B 组的[ᴇ]（在[j]、[ɥ]后头出现），三个音不对立，合成一个[ə]音位。

[ɤ]和[ə]不能换用，比方[gər]是"根儿"，[gɤr]是"歌儿"，[sjɑʊ³ t͡ʂər¹]是"小吃儿"，[sjɑʊ³ t͡ʂɤr¹]是"小车儿"。

E 组的[ɜ]只在上声调(3)音节里出现。比照 C 组的例，它也只是[ɤ]的变体。

现在咱们一共得着了八个元音：

1. [i]，包括[ɪ][e]
2. [y]。
3. [A]，包括[a][ɑ][ɐ]。
4. [u]，包括[ʊ][ȯ]。
5. [ɤ]，包括[ɤ⊢][ɤ̫][ʌ][ɜ]。
6. [ə]，包括[ə⊢][ᴇ]。
7. [ɿ]。
8. [ʅ]。

要了解[ɿ]和[ʅ]的性质，可以查北京口语句终词"啊"。这个词有好些念法：

A. "天啊"是[tjɐn nA]，也写"哪"
　"听啊"是[tiŋ ŋA]

"盆儿啊"是[pər rA]

B."你啊"是[ni jA],也写"呀"

"五啊"是[u wA],也写"哇"

C."大啊"是[dA jA]

"哥啊"是[gɤ jA]

"鞋啊"是[sjE jA]

"去啊"是[t͡sy jA]

上头的情形可以归纳成三句话:1)辅音后头叠一个辅音。2)[i][u]后头叠一个同部位的半元音,3)元音后头加[j]。

那么[ɿ]和[ʅ]后头的情形怎么样呢?情形是:

[ɿ]后头加[jA],像"孩子呀"[xaɪdzɿjA][①]。

[ʅ]〃 〃 〃[rA],〃"吃啊"[tʂʅ rA]。

这么着,[ʅ]不是一般元音。它或是像A组,或是像B组。可是[ʐ](音节头上的[r])的摩擦相当重,并不是半元音。这么说,[ʅ]是个辅音用到音缀末尾的变体。这个辅音当然就是[r]。那么[r]音位一共有了三个成分了:用到音节头上是[ʐ],用到元音和[ŋ]后头,又在音节末尾的是[r],前头没有别的元音或[ŋ],又在音节末尾上的是[ʅ]。

---

① 为证明[ɿ]后头用[jA],我记录了1959年上半年在中央、北京两个电台里播音的演员的发音:

1月6日	18点50分	刘宝瑞	"弄条子呀"。
2月6日	19点35分	〃	"择个好日子呀"。
2月20日	19点05分	郭启儒	"筛子呀"。
	21点12分	〃	"打吵子呀"。
3月30日	17点40分	马三立	"烤鸭子呀"。
5月2日	18点40分	马增芬	"欠他的租子呀"。
	18点45分	〃	"车跟骡子呀"。

"意思"后头也用"呀",不过没有演员发音记录。自然,单纯用个[A]的发音也是有的。

[ɿ]的待遇和元音一样。上头列的八个元音,除[ɿ][ʅ]本身不算,[i][y][u][ɤ][A]都有独用,也就是说,不和别的元音结合,单独放到辅音后头的机会,只有[ə]元音没有。由此推出来,[ɿ]应该算[ə]独用的形式。这个论断极容易证明,因为在比较不注意的发音里就有人直接用[ə]代替[ɿ],像[xaɪ dzə]。

现在咱们一共得着六个元音:1.[i],2.[u],3.[y],4.[A],5.[ə],6.[ɤ]。

辅音里的[j][w][ɥ]分明就是[i][u][y]在主要元音以前出现的形式,应该归入[i]、[u]、[y]里去。

[ɥ]这个音很特别。别的辅音都能直接放到[A]前头,只有它不能①。它又和[ju]换用。比方"元"的读音是[jwan]或者[ɥan]。[y]这个元音也很特别。在[ər]或[r]前头出现的元音有[i][y][A][ə][ɤ],独独没有[y]。见下表:

马[mA]　子[$\widehat{dz}$ɿ]　歌[gɤ]　米[mi]　兔[tu]　马儿[mar]

子儿[$\widehat{dz}$ər]　歌儿[gɤr]　米儿[miər]　兔儿[tur]　雨[y]

雨儿[iuər]②

从这种分布情形看,[y](包括[ɥ])只能是[iu]两个音互相类化的结果。

这样,咱们就得着了五个元音音位:

1./i/包括[i][ɪ][e][j]。

2./u/包括[ʊ][ò][w]。/i/ + /u/ = [y][ɥ]

3./A/包括[A][a][ɑ][ɐ]。

---

① 到目前为止,凡是咱们已经发现的音位都能放到[A]前头构成音节,并且传达一定的意义。

② 咱们这里上下两行选用同语源的词,只是为方便。把第二行的例全换上别的词也可以。

4./ə/包括[E][ə⊢][ə][ɿ]。

5./ɤ/包括[ɤ][ɤ⊢][ɤ̫][ʌ][ɜ]。

[ʅ]既然是[r]的变体，那个“日”这个音节([ʐʅ]就只有一个音位/r/，发音的时候摩擦前重后轻。照这样，“知”、“吃”、“诗”三个音节的后一半当然也是/r/了。

既然[ȡ͡ʑi]、[ȶ͡ɕi]、[ɕi]只是[d͡zi][t͡si][si]的元音逆同化辅音的结果，那么[ɖ͡ʐr][ʈ͡ʂr][ʂr]也是[d͡zr][t͡sr][sr]里头[r]逆同化前头辅音的结果。这么说，“知”“吃”“诗”是[d͡zr][t͡sr][sr]。这个结论乍一看好像和常识相去很远。可是再看看轻音节里丢音现象吧！带[si]的轻音节常丢辅音只剩[i]，比方“点心钱”念成[diɐə̃^{3}in^{0}tsiɐn^{2}]。带[d͡zr]和[sr]的轻音节常丢辅音，只剩[r]，比方“走着瞧”念[d͡zɤʊ^{3}r^{0}tsjaʊ^{2}]，“多少”念[dwɤr^{1}rɑʊ^{0}]或是[dwɤr^{2}]。这两种情形是完全平行的。

减下去[j][w][ɥ][ɖ͡ʐ][ʈ͡ʂ][ʂ]六个辅音，咱们还剩十六个辅音音位：

1./b/包括[b̥][b]。

2./p/包括[pʻ]。

3./m/包括[m]。

4./f/包括[f]。

5./d/包括[d̥][d]。

6./t/包括[tʻ]。

7./n/包括[n]。

8./l/包括[l]。

9./s/包括[s][ɕ][ʂ][h][ɦ]。

10./dz/包括[d̥͡z̥][d͡z][ȡ̥͡ʑ̥][ȡ̥͡ʑ̥][ɖ͡ʐ][ɖ͡ʐ]。

11. /ts/包括[$\widehat{ts}$‘][$\widehat{tɕ}$][$\widehat{tʂ}$‘]。

12. /r/包括[ʐ][r][ʅ]。

13. /g/包括[g̥][g]。

14. /k/包括[k‘]。

15. /ŋ/包括[ŋ][ɣ̃]。

16. /x/包括[x]。

为写字印书方便，/dz/不如写/z/，/ts/不如写/c/，/A/不如写/a/，/ə/不如写/e/，/ɤ/不如写/ə/。所以全部21个音位可以写成：

/i/ /u/ /a/ /e/ /ə/

/b/ /p/ /m/ /f/

/d/ /t/ /n/ /l/ /s/ /z/ /c/

/r/

/g/ /k/ /ŋ/ /x/

三

北京话读书音和口语音音系的最大差别是：在书音系统里，除了“而、儿、耳、尔、二[①]”这几个念[ər]的音节以外，不再有别的用/r/收尾的音节，“根儿”和“歌儿”的对比不成立。这样，要是[ʅ]另有解释的话，/e/和/ə/两个音位就只能合成一个，因为它们的互相补充的情形是很显然的，像[n]前头只有/e/、[ŋ]前头只有/ə/等等。事实是几乎所有过去讲北京音位的人都只立一个/e/音位，几乎所有过去给北京语音订拼写方案的学派和个人(除了为音位学以外的理由把u前后的ə音用o来记以外)都只给这些音一个字母——e。

“儿”这个形态单位在古官话里的音怎么念呢？根据唐虞《儿

① 年轻一代的现代口语音有用[ar]不用[ər]。笔者个人的看法，这是从大河北方音吸收进来的。

(ɚ)音的演变》[①] 那篇文章里的结论说是从元朝泰定甲子年(1324)以前,在北方语音里已统念[ɚ]了。用音位分析,应该是/erʅ/三个音位的音节。那么从什么时候起它才丧失了作为一个音节的独立性,粘到前一个音节末尾上,从而产生了别的用/r/收尾的音节和"根儿"、"歌儿"的对比呢?

要回答这个问题,光从文学作品里找出一些"××儿"之类的词是无济于事的,因为谁也没法子断定那个"儿"到底是一个独立的音节还是附到前一个音节上。最可靠的证据是押小辙[②] 的韵文。在这样的文章里要是不把/r/粘到上一个音节上,有些韵文是押不成韵的。底下是《霓裳续谱》[③] 里纪录的几首小曲的韵脚:

1) 卷四,十五页:

寄生艸:信、人、岁、坠、唇、信、会。

2) 卷四,二十五页:

怯寄生艸:地儿、人、闷、被、子、回、对。

3) 卷七,六页:

劈破玉:气儿、门、墩、人、信、七、今、昏、分、云、吃、水、水。

4) 卷八,九页:

剪靛花:心、分、金、金、斤、门、觔、身、皮、皮、陪、句、人、人。

5) 卷八,二十一页:

数岔:年儿、船、干、顽、伞、碗、点、番、板、孩、顽、衫、鬐、冠、簪、眼、点、团、边、板、烟、杆、烟、眼、前、带、莲、扇、搧、搧、搧、搭、圈、顽。

6) 卷八,二十三页:

平岔:竿、山、瞒、瓣、莲儿。

---

① 史语集刊二本四分。

② 用/er//ar/收尾的音节。

③ 清乾隆六十年集贤堂刻本。

像上头的1)2)3)4)要不用/er/,5)不用/ar/,就唱不成,5、6)的/ar/更是清清楚楚地写出来了。《霓裳续谱》是清朝乾隆六十年(1795)印的。/er//ar/两种音节的出现可能更早一些。不过在发现新材料以前,只可暂且以18世纪末为“儿”这个形态单位粘到前一个音节末尾上的日子。在这以前,就该说是北京语音应用书音系统的时期。那个时期的韵书像《五方元音》等等,大致就是反映现代北京话书音系统的。

也许有人怀疑当时的辅音系统里可能有[g̥i, k‘i, xi]和[d̥z̥i, ts‘i, si]两组音,或[ȡ̥ʑ̥, tɕ‘i, ɕi]和[d̥z̥i, ts‘i, si]两组音的区别。这个区别倒实在是在韵书里得到过反映。但是从清朝乾隆八年(1743)存之堂著的《园音正考》原序里“第尖团之辨,操觚家阙焉弗讲。往往有博雅自诩之士,一矢口肆笔而纰缪立形①”这一段话看起来,在口头上尖团之分早已没有了。也许有人怀疑当时可能有入声,这也是在韵书里得到反映的。可是从道忞《北游集》里“北京说话独遗入声,盖凡遇入声字眼,皆翻作平上去声耳。”② 这一段话看起来,入声早就消失了。所以咱们可以认为韵书里保留的尖团之分和入声都不过是在纸面上沿袭前代罢了,口头的音早就变了。所以说,在18世纪以前,北京音用的正是今天的书音系统。

本　论

“儿”这个形态单位,从元朝起就用得比较频繁了。特别是在记录语言比较详尽的文体里。现在把当时它出现的频率列在底下。用来统计的材料分作散文韵文两种。散文部分,用了两种材

---

① 道光庚寅年三槐堂刊本,文见第一页。

② 从赵荫棠《等韵源流》转引,1957年商务本,285页。

料。第一种是元人白话碑文[①],第二种是《东堂老杂剧》的说白[②]。韵文部分,也用了两种材料。第一种是《东堂老杂剧》的唱(包括曲牌名)[③],第二种是《秋胡戏妻杂剧》的唱[④]。碑文只是就原书的头50篇作下去,并没有挑选。杂剧可是故意选了用"儿"比较多的。这些材料里表现出来的统计情况如下:

A. 散文

原　文	音节数	"儿"出现次数	每一千音节里"儿"出现
碑文	13206	52	3.9
东堂老白	12322	187	13.67

这两种材料得出来的数字相去不小。这是因为文体不同。不再平均。

B. 韵文

原　文	音节数	"儿"出现次数	每1000音节里"儿"出现次数
东堂老唱	3217	44	15.1
秋胡唱	2798	53	18.9
累　计	6015	97	16.1

这两种材料数字相近。这是因为文体接近的原故。

现代散文材料,我用旧相声段子等等通俗文艺,经过关长庆王世华两位上口念,补上一切汉字漏下去的细节,然后用音位音标记下来。因为分量太大,只在附录里附上一个样子。现代韵文,我用押小言前儿辙的一段岔曲[⑤]。统计的结果像底下的样子:

---

① 蔡美彪:元代白话碑集录,1955,北京。

② 顾学颉选注:元人杂剧选,1957年人民文学出版社本,389—431页。

③ 同上。

④ 同上。

⑤ 原标音谱丢了。请看附录二。

A. 散文,现代口语:

原　文	音节数	"儿"出现次数	每1000音节里"儿"出现次数
第一段	1000	34	34
第二段	1000	42	42
第三段	1000	35	35
第四段	1000	36	36
第五段	1000	36	36
平　均			36.6

B. 韵文:

原　文	音节数	"儿"出现次数	每1000音节里"儿"出现次数
			131.1

"儿"逐渐发展是一目了然的。

结　论

不拘是从散文看,还是从韵文看,从元朝起到现代,"儿"这个形态单位出现的频率是越来越高了。这是什么缘故呢?最原始的原因应该说是社会在那里发展,生活起了变化,用来反映生活的词汇当然也跟着起变化。这其间,某一两个形态单位,像"儿",可能用得多起来了。因为记录不那么详备,究竟元以来的语言里为什么在某一段上下文里非用上带"儿"的词不可是弄不清楚了。这里可以引用一个类似的情况来供参考:在拉丁语变成古法语的时候,好多词也不是由原形变过去,而是先加上"小称"词尾然后再变成古法语词的。解释这个现象的人认为这是因为当时音系急剧化简,引起许多词的形式混淆,加上"小称"就多一些音,多一些分辨的机会①。元以来也正是北方音系急剧化简的时期，也许带“儿”的词用得越来越多是因为可以分化可能同音的形态单位吧！

“儿”的出现频率的量变引起本身音位数目的量变。语言史上最常见的例子都说明一个形态单位的长度是和它的频率成反比例的：一个形态单位用得次数越多，本身也就磨得越来越短。汉语里北京口语的“我们”只磨剩下[m]，“是”在“就是”、“可是”里只剩下[r]；英语的 am 只剩下[m]，is 只剩下[s]或[z]；俄语的 ceья 只剩下[sa]或[s,]……这些事实都是人所共知的，这里就不详细论证了。

“儿”这个形态单位本来包括/ərɨ/三个音位。因为用的次数越来越多，本身也就越来越短，直到 18 世纪后半，只剩了一个音位/r/，它就起了质变，丧失了作为一个音位的独立性而粘到前一个音节上了。

由此可见，这一次的变化是频率量变引起音节长度量变，而音节长度量变引起了飞跃性的丧失作为音节独立性的突然的质变。换句话说，在“儿”这个形态单位本身发展史这个语音变化上，“量变、质变”规律是完全能说明现象的。

余　论

从“儿”这个形态单位的演变史可以看出来一种语言的音位系统怎么起变化。拿 18 世纪后半的北京书音系统作例，这里只要有一个/e/音位就够用了：——

音位	在 i，n 前，i 后		在 u，ŋ 前，w 后			单用
/e/	ə├ə	ᴇ	ɤ̫	ɤ├	ɤ	Ɣ
/a/	a	A，ɐ(n)	ɑ		ɑ	A

① 看 O. Jespersen：Language，1928，London. p. 180 和脚注。

由上头表里看，/e/音位和/ɑ/音位的分布情形是一样的，都是在 i，n 前（后）舌位靠前，在 u，ŋ 前（后）舌位靠后。所以，历来的学派和个人都只各用一个元音字母来记它们：

ei　en　ie/（　）　eŋ　（　）e

ai　an　ia/　au　aŋ　waa

可是自从/r/丧失了作为音节的独立性以后，北京口语里就出现了/ger/：/gər/这样的音节，出现了"根儿"："歌儿"这样的词，势必把/e/音位分成两个。因此/r/粘附到前一个音节末尾上这件事就又引起了18世纪后半以前的北京语音音位系统里/e/音位的分裂。这当然是一次突变。不但这样。现代北京口语里/e//ə/两个音位和/a/音位的分布规则是直接矛盾的——/a/占了/e//ə/两个音位的总分布地位。过去的学者怎么处理这个矛盾呢？结构主义者 Hartman 和 Hocket 都认为这里应该只建立一个/e/音位，而把"根儿"："歌儿"的区别解释成/ger/：/geer/或/geːr/[①]。这种作法主观武断的气味太重了：不光北京语音里没有用长短元音分别词义的别的例，就是整个汉语一切方言里这样的例子也是可疑的。这里就看出这两家的哲学思想是不容许他们的体系里包含矛盾的。可是一个事物本身不包含矛盾，它将来怎么再发展呢？这一点他们两家都不回答，因为结构主义者绝大多数是只管断代研究而不顾历代研究的。这样，就在处理美国英语 latter 和 ladder 两个词中间都用[ɾ]音和俄语词末尾的浊塞音清化现象的时候遇上不可克服的困难了。

照咱们目前的看法，一个音位体系里是存在许多矛盾的。一切"对立"像/g/：/k/，/g/：/k/：/ŋ/……都是矛盾。在这些对矛盾里有一对最重要的，可以在某种程度上破坏一个音位体系内部的

---

① 见1939、1943年的 Language 杂志。

相对均衡,像/er/:/ər/的矛盾就破坏了18世纪后半以前的/e/音位分布规则的均衡,而现代口语/e//ə/和/a/的分布规则之间的矛盾又破坏了现代口语元音体系里的相对均衡。这个矛盾可能是推动本音位体系向前再发展的动力。比方在"傍儿"/paŋr²/这个音节里/a/的舌位明明是靠后的,和"盘儿"、"牌儿"、"杷儿"/par²/里的舌位靠前的/a/分明不同。不过因为/ŋ/音位的痕迹还分明存在,所以不致于"盘儿"……等对立。可是在河北山东多数方言里这个/ŋ/音位已经丢得什么都没有了,这就起了前后a的区别。比方在天津方言里这四个"儿化"词就分成两组,分用/a//ɑ/两个不同的元音:——

/ar/		/ɑr/	
盘儿	牌儿	杷儿	傍儿
	/ai/	/ɑu/	
	牌	刨	
	/an/	/ɑŋ/	
	盘	旁	

这可以说是比北京口语音多走了一步了。推其由来,恐怕也是/r/引起的。将来北京口语音再发展,是不是准走这条路,在目前当然不能确定,不过可能性是很大的。

由此可见,一种音位体系里完全没矛盾的事是不会有的,而一个在某种程度上破坏体系内部均衡的矛盾正可能是本体系进一步发展的原动力,同时也是断代和历代两种研究接榫的"节骨眼儿"。

再往下推,一部分结构主义者要求绝对均衡,不容许矛盾存在的学风分明是受形而上哲学影响的。

后记:这篇文章居然保留下来了。是个奇迹。可是作统计的标音谱丢了。现在重新写了三篇附录，附在后头。读者可以自己核对。

附录一

老 老 禅 僧 不 下 阶 蛾 眉 八 字 似 刀 裁 有
lau lau čiɛn seŋ bu xia giai o mei ba zï sï dau cai iou
人 问 我 年 多 少 两 个 耳 朵 一 个 歪 贫 僧
ʒen uen ŋo niɛn do ʃiau liaŋ go ʒï duo i go uai pin seŋ
是 这 云 岩 寺 里 一 个 小 和 尚 这 寺 是 蔡 衙
ʃï žiɛ iun iam sï li i go siau xo ʃiaŋ žiɛ sï ʃï cai ia
内 家 佛 堂 我 今 日 打 扫 的 僧 房 干 净 看
nuei gia fuo taŋ ŋo gim ʒi da sau di seŋ faŋ gan ziŋ kan
有 甚 么 人 来
iou ʃim muo ʒen lai 66

白 日 不 做 亏 心 事 半 夜 敲 门 不 吃 惊 自
bai ʒi bu zu kuei sim ʃï bon ia kau muen bu či giŋ zï
家 蔡 衙 内 的 便 是 我 这 两 日 有 些 眼 跳
gia cai ia nuei di biɛn ʃï ŋo žiɛ liaŋ ʒi iou siɛ ian tiau
着 这 梁 山 泊 伙 人 搅 的 我 不 自 在、十 八
žiau žiɛ liaŋ ʃan bau xuo ʒen gau di ŋo bu zï zai ʃi ba
层 水 南 寨 里 住 不 的 了 我 如 今 往 云 岩
ceŋ ʃuei nam žai li žiu bu di liau ŋo ʒiu gim uaŋ iun iam
寺 里 躲 避 他 去 这 寺 是 俺 家 佛 堂 谁 敢
sï li duo bi tuo kiu žiɛ sï ʃï am gia fuo taŋ ʃuei gam
来 打 搅 说 话 中 间 可 早 来 到 也 小 和 尚
lai da gau ʃiuɛ xua žuŋ gian ko zau lai dau iɛ siau xo ʃiaŋ
那 里 兀 那 小 和 尚 有 干 净 僧 房 末 你 打
na li u na siau xo ʃiaŋ iou gan ziŋ seŋ faŋ muo ni da
扫 一 间 我 要 住 哩
sau i gian ŋo iau žiu li 112

大人有则这头一间僧房干净也不必打
da ʒen iou zai žiɛ tou i gian seŋ faŋ gan ziŋ iɛ bu bi da
扫大人就在这里面安下
sau da ʒen ziou zai žiɛ li miɛn an xia 26
兀那小和尚打扫我的僧房干净我如
u na siao xo ʃiaŋ da sau ŋo di seŋ faŋ gan ziŋ ŋo ʒin
今吃酒去也我就来也我若回来你与我
gim či ziou kiu iɛ ŋo ziou lai iɛ ŋo ʒio xuei lai ni iu ŋo
买下些好酒儿好羊头退的干净煮的
mai xia siɛ xau ziou ʒï xau iaŋ tou tuei di gan ziŋ žiu di
烂着鸭蛋买下些我来便要吃酒若无
lan žiau ia dan mai xia siɛ ŋo lai biɛn iau či ziou ʒio u
呵我去你秃头上直打五十个栗爆我去
xo ŋo kiu ni tu tou ʃiaŋ ži da u ʃi go li bau ŋo kiu
了便来也
liau biɛn lai iɛ 81
理会的老子也好性儿分付不许多早是
li xuei di lau zï iɛ xau siŋ ʒï fen fu bu xiu do zau ʃï
我认下些卖肉的主顾徒弟连忙打扫
ŋo ʒen xia siɛ mai ʒiou di žiu gu tu di liɛn maŋ da sau
铺下床安上帐子摆上桌凳安排下酒
pu xia čuaŋ an ʃiaŋ žaŋ zï bai ʃiaŋ žau deŋ an pai xia ziou
肉没奈何俺正是在他矮檐下怎敢不
ʒiou mu nai xo am žeŋ ʃï zai tuo iai iɛm xia zem gam bu
低头煮肥羊肉我也要啃他些骨头哩衙
di tou žiu fei iaŋ ʒiou ŋo iɛ iau ken tuo siɛ gu tou li ia
内去了也看有甚么人来
nuei kiu liau iɛ kan iou ʃim muo ʒen lai 87
众兄弟每得罪得罪改日还席酒不
žuŋ xiuŋ di mei dei zuei dei zuei gai ʒi xuan si ziou bu

醒贫僧怕见走云岩寺权为宿头且时
siŋ pin seŋ pa giɛn zou iun iam sï kiuɛn uei siou tou ciɛ ʃï

住暂停留 混践 您些儿改日为友常言
žiu zan tiŋ liou xuen ziɛn nim siɛ ʒï gai ʒi uei iou čiaŋ iɛn

道措大谒儒流自古道客僧投寺宿天
dau cu da iɛ ʒiu liou zï gu dau kai seŋ tou sï siou tiɛn

色昏晚了也寻一个宵宿去处来到这
ʃai xuen van liau iɛ sim i go siau siou kiu čiu lai dau žiɛ

云岩寺门首我试唤门者小和尚开
iun iam sï muen ʃiou ŋo ʃï xon muen žiɛ siau xo ʃiaŋ kai

门来
muen lai 90

来也来也我开开这门问讯天色已晚
lai iɛ lai iɛ ŋo kai kai žiɛ muen ven sin tiɛn ʃai i van

特来借一个宵宿
tai lai zie i go siau siou 22

师父则有头一间房干净可有蔡大人在
ʃï fu zei iou tou i gian faŋ gan ziŋ ko iou cai da ʒen zai

里宵宿吃酒去了你快休惹他他利
li siau siou či ziou kiu liau ni kuai xiou ʒiɛ tuo tuo li

害他便来也则怕不中
xai tuo biɛn lai iɛ zei pa bu žuŋ 39

不妨事我不连累你自歇息去嗨可怎了
bu faŋ ʃï ŋo bu liɛn luei ni zï xiɛ si kiu xai ko zem liau

你仔细着快休惹他天色晚了我跳墙
ni zï si žio kuai xiou ʒiɛ tuo tiɛn ʃai van liau ŋo tiau ciaŋ

去来
kiu lai 33

好酒也好酒也云岩寺里歇息去和尚
xau ziou iɛ xau ziou iɛ iun iam sï li sie si kiu xo ʃiaŋ

每 睡 了 也 这 的 是 我 的 僧 房 推 开 门 里
mei ʃuei liau iɛ žiɛ di ʃï ŋo di seŋ faŋ tuei kai muen li
面 黑 洞 洞 的 灯 也 无 有 这 和 尚 无 礼 也 我
miɛn xei duŋ duŋ di deŋ iɛ u iou žiɛ xo ʃiaŋ u li iɛ ŋo
分 付 着 把 羊 头 退 的 干 净 上 面 是 毛
fen fu žiau ba iaŋ tou tuei di gan ziŋ ʃiaŋ miɛn ʃï mau
尾 这 手 脚 应 了 我 点 起 灯 来 我 看 一 看
vei žiɛ ʃiou giau iŋ liau ŋo diɛm ki deŋ lai ŋo kan i kan
阿 狗 头 上 红 面 上 黑 带 着 红 一 个 黑
o gou tou ʃiaŋ xuŋ miɛn ʃiaŋ xei dai žio xuŋ i go xei
红 和 尚
xuŋ xo ʃiaŋ 92
是 我 的 僧 房
ʃï ŋo di seŋ faŋ 5
这 个 和 尚 钉 子 定 住 了 你 敢 争 我 的 僧
žiɛ go xo ʃiaŋ diŋ zï diŋ žiu liau ni gam žeŋ ŋo di seŋ
房
faŋ 16
且 休 说 你 的 僧 房 就 是 你 的 僧 房 咱 两
ciɛ xiou ʃiuɛ ni di seŋ faŋ ziou ʃï ni di seŋ faŋ zam liaŋ
个 赌 厮 打 打 的 过 便 要 僧 房
go du sï da da di guo biɛn iau seŋ faŋ 26
我 这 一 对 拳 剪 鞭 哩 你 着 我 单 火 轮
ŋo žiɛ i duei kiuɛn ziɛn biɛn li ni žiau ŋo dan xuo luen
14
你 打 多 少 好 汉
ni da duo ʃiau xau xan 6
我 打 五 十 条 好 汉 右 火 轮 也 打 五 十 条
ŋo da u ʃi tiau xau xan iou xuo luen iɛ da u ʃi tiau
好 汉 看 双 火 轮
xau xan kan ʃuaŋ xuo luen 21

则不如单火轮倒好打将来
zai bu ʒiu dan xuo luen dau xau da ziaŋ lai 11
这一个无徒禽兽
žiɛ i go u tu kim ʃiou 7
扯了衣服
čiɛ liau i fu 4
将偏衫袖乱扯胡揪
ziaŋ piɛn ʃan siou lon čiɛ xu ziou 8
我搊搜也不是善的
ŋo čou ʃou iɛ bu ʃï ʃiɛn di 8
卖弄你掐搜气冲牛斗烦恼似长江不
mai luŋ ni čou ʃou ki čuŋ iou dou fan nau sï čiaŋ giaŋ bu
断流打这厮出尽丑
don liou da čiɛ sï čiu zin čiou 23
老子也怎末撞见他
lau zï iɛ zem muo žuaŋ giɛn tuo 8
不索你憔憔撇撇不索你闷闷愁愁
bu ʃai ni ciau ciau piɛ piɛ bu ʃai ni muen muen čou čou
14
我是玲珑剔透的人倒怕你
ŋo ʃï liŋ luŋ ti tou di ʒen dau pa ni 11
卖弄你玲珑剔透美也撞见爱厮打的都
mai luŋ ni liŋ luŋ ti tou mei iɛ žuaŋ giɛn ai sï da di du
领袖我打三颗头
liŋ siou ŋo da sam kuo tou 23
我还你六条臂那三颗头
ŋo xuan ni liou tiau bei na sam kuo tou 10
打你个软的欺硬的怕镴枪头你是个无
da ni go ʒiuɛn di ki iŋ di pa la ciaŋ tou ni ʃï go u
道理无仁义酒魔头打你个强夺人家
dau li u ʒen i ziou muo tou da ni go kiaŋ duo ʒen gia

良人妇你是个吃剑头
liaŋ ʒen fu ni ʃï go či giεm tou 40

这断利害一对拳剪鞭相似我可怎
žiε sï li xai i duei kiuεn ziεn biεn siaŋ sï ŋo ko zem
末了
muo liau 16

你性命当风秉蜡烛俺似水上浮沤病
ni siŋ miŋ daŋ fuŋ biŋ la žiu am sï ʃuei ʃiaŋ fu ou biŋ
羊儿落在屠家手咱两个怎肯平休这
iaŋ ʒï lau zai tu gia ʃiou zam liaŋ go zem kan piŋ xiou žiε
断更胡寻事斗故来承头
sï giŋ hu sim ʃï dou gu lai čiŋ tou 40

打杀我也寺里和尚都来救我怕有那寺
da ʃa ŋo iε sï li xo ʃiaŋ du lai giou ŋo pa iou na sï
院中埋伏着您都来答救我着这莽
iuan žuŋ mai fu žio nim du lai da giou ŋo žiau žiε maŋ
拳头向这断嘴缝上丢泼水难收
kiuεn tou xiaŋ žiε sï zuei fuŋ ʃiaŋ diou puo ʃuei nan ʃiou
则一拳打你个翻筋斗来叫爹爹的呵
zai i kiuεn da ni go fan gin dou lai giau diε diε di xo
休
xiou 59

我着这莽拳头往这断嘴上丢泼水
ŋo žiau žiε maŋ kiuεn tou vaŋ žiε sï zuei ʃiaŋ diou puo ʃuei
难收则一拳打你个翻筋斗来叫爹爹
nan ʃiou zai i kiuεn da ni go fan gin dou lai giau diε diε
有甚么羞哎约这秃弟子孩儿打杀我也
iou ʃim muo siou ai iau žiε tu di zï xai ʒï da ʃa ŋo iε
我拐了他浑家谁和你说来
ŋo guai liau tuo xuen gia ʃuei xuo ni ʃiuε lai 56

黑 旋 风 与 我 先 说 透
xei siuɛn fuŋ iu ŋo siɛn ʃiuɛ tou 8
干 你 甚 么 事
gan ni ʃem muo ʃï 5
你 是 个 强 夺 人 家 女 艳 羞 不 索 你 忧 不
ni ʃï go kiaŋ duo ʒen gia niu iɛm siou bu ʃai ni iou bu
索 你 愁 泼 贱 货 性 命 不 过 九 不 索 忧 不
ʃai ni čou puo ziɛn xuo siŋ miŋ bu guo giou bu ʃai iou bu
索 愁 打 这 厮 将 没 作 有 那 那 那 女 艳 羞 你
ʃai čou da žiɛ sï ziaŋ mu zau iou na na na niu iɛm siou ni
拆 散 了 他 鸾 交 和 凤 友 待 飞 来 难 飞 待
čai san liau tuo lon gau xuo fuŋ iou dai fei lai nan fei dai
走 来 难 走 身 躯 似 不 缆 舟 炎 腾 腾 水
zou lai nan zou ʃen kiu sï bu lam žiou iɛm teŋ teŋ ʃuei
上 浇 油 一 只 手 便 把 衣 领 揪 一 只 手 揝
ʃiaŋ giau iou i ži ʃiou biɛn ba i liŋ ziou i ži ʃiou zam
住 衣 和 袖 滴 溜 扑 摔 翻 一 个 肉 春 牛
žiu i xuo siou di liou pu ʃuai fan i go ʒiou čiuen iou
104
拿 住 了 蔡 衙 内 也 拿 着 见 宋 江 哥 哥 去
na žiu liau cai ia nuei iɛ na žio giɛn suŋ giaŋ go go kiu
一 来 叵 奈 无 徒 歹 禽 兽 摘 心 肝 扭 下 这
i lai puo nai u tu dai kim ʃiou žai sim gan niou xia žiɛ
驴 头 与 俺 那 梁 山 泊 宋 公 明 为 案 酒
liu tou iu am na liaŋ ʃan bau suŋ guŋ miŋ uei an ziou 44
拿 住 蔡 衙 内 也 与 我 拿 出 去 杀 坏 了 者 您
na žiu cai ia nuei iɛ iu ŋo na čiu kiu ʃa xuai liau žiɛ nim
一 行 人 听 我 下 断 则 为 你 蔡 衙 内 倚 势 挟
i xaŋ ʒen tiŋ ŋo xia don zai uei ni cai ia nuei i ʃi kia
权 李 幼 奴 守 志 心 坚 强 夺 了 良 人 妇
kiuɛn li iou nu ʃiou ži sim giɛn kiaŋ duo liau liaŋ ʒen fu

女 坏 风 俗 不 怕 青 天 虽 落 草 替 天 行 道
niu xuɑi fuŋ siu bu pa ciŋ tiɛn suei lɑu cɑu ti tiɛn xiŋ dɑu
明 罪 犯 斩 首 街 前 黑 旋 风 拔 刀 相
miŋ zuei fɑm žam ʃiou giɑi ciɛn xei siuɛn fuŋ bɑ dɑu siɑŋ
助 刘 庆 甫 夫 妇 团 圆
žiu liou kiŋ fu fu fu ton iuɛn 82

---

b:45	p:18	m:43	f:41	v:7	
d:108	t:63	n:209	l:105		
g:82	k:53	ŋ:192	x:82		
ž:67	č:26	ʃ:94	ʒ:39		
z:75	c:17	s:92			
i:787	ɑ:423	u:452	e:116	o:244	ɛ:133
a:4(?)	ï:65				

i:19.14%	u:12.50%	ɑ:11.30%	o:6.40%	n:5.56%
ŋ:5.10%	ɛ:3.54%	e:3.08%	d:2.87%	l:2.80%
ʃ:2.50%	s:2.44%	m:2.4%	x:2.18%	z:2.00%
ž:1.78%	ï:1.73%	t:1.68%	k:1.41%	b:1.20%
f:1.09%	ʒ:1.04%	č:0.69%	p:0.48%	c:0.45%
v:0.19%	a:0.11%			

附录二 一盆儿饭 (/o/ = /ə/)

ba^1 da^2 liŋ^3 sia^4 i^4 sran^1 cuer^1 zrei^4 go sran^1 cuer^1 miŋ^2
八 达 岭 下 一 山 村儿 这 个 山 村儿 名

ziau^4 siaŋ^4 iaŋ^2 tuer^2 siaŋ^4 iaŋ^2 tuer^2 iou^3 bai^3 sr^2 xu^4 ren^2
叫 向 阳 屯儿 向 阳 屯儿 有 百 十 户 人

ziar1 ziŋ3 kau4 sraŋ1 ger1 zro4 i4 tian1 tian1 baŋ1 xer1,
家儿 紧 靠 山 根儿 这 一 天 天 傍 黑儿，

guaŋ3 buo1 la3 ba cruan2 si3 sier4 sro4 iuan2 tuŋ2 zr4 men
广 播 喇 叭 传 喜 信儿 社 员 同 志 们

ciŋ3 zru4 i4 la bau4 gau4 da4 zia1 i2 go xao3 siau1 si zru4
请 注 意 啦. 报 告 大 家 一 个 好 消 息 驻

naŋ2 kou3 zie3 faŋ4 ziun1 tuŋ2 zr4 uei4 lo baŋ1 zru zam2 mo
南 口 解 放 军 同 志 为 了 帮 助 咱 们

da2 ziŋ3 kaŋ4 xan4 pai4 lai2 lo sr2 miŋ2 zran4 sr4 zroŋ3 i4
打 井 抗 旱 派 来 了 十 名 战 士 整 一

ban1 rer2
班 人儿

guaŋ3 buo1 la3 ba cruan2 si3 sier4 si3 sier4 cruan2 bian4 lo
广 播 喇 叭 传 喜 信儿 喜 信儿 传 遍 了

siaŋ4 iaŋ2 tuer2 zraŋ1 da4 bai1 xuei2 zia1 ziau4 lau3 bar4 kuai4
向 阳 屯儿 张 大 伯 回 家 叫 老 伴儿 快

da3 kai zam2 mo si1 u1 do mer2 kaŋ4 sraŋ pu1 xau3 i4 liŋ3
打 开 咱 们 西 屋 的 门儿 炕 上 铺 好 一 领

sier2 zam2 mo dai4 sroŋ siau3 iŋ2 cruer1 toŋ2 cru zan2 do bie3
席儿 咱 们 带 上 小 迎 春儿 腾 出 咱 的 北

faŋ2 lai raŋ4 gei cin1 rer2
房 来 让 给 亲 人儿

cren2 ban1 zraŋ3 dai4 duei4 zin4 lo mer2 lau3 liaŋ2 kour3 lo4
陈 班 长 带 队 进 了 门儿 老 两 口儿 乐

do man2 lian3 siau4 uer2 tuŋ2 zr4 men kuai4 ciŋ3 u1 lo zuo4
得 满 脸 笑 纹儿 同 志 们 快 请 屋 里 坐

m2 lau3 liaŋ2 kour3 zr2 pi2 cier cuŋ2 lai2 bu2 xuei4 ko4
我们 老 两 口儿，直 脾 气儿 从 来 不 会 客

ci cer2 zin4 lo zia1, mei2 uai4 rer2 ciue1 sra2 zr2 guan
气 词儿 进 了 家，没 外 人儿 缺 啥 只 管

ziaŋ^3 i^4 srer^1 (sroŋr^1) guo^1 xo uan^3 piau^2 xo per^2 sruei^3
讲 一 声儿 锅 和 碗 瓢 和 盆儿 水

gaŋ^1 zai^4 uai^4 biar ziŋ^3 kau^4 mer^2, srau^1 crai^2 xuo ie^3 sian^4
缸 在 外 边儿 紧 靠 门儿，烧 柴 火 也 现

crer^2 (creŋr^2) sru^2 zie pi^3 crai^2 liou^3 sru zrer^1, iuan^4 li^3 tou
成儿 秫 秸 劈 柴 柳 树 枝，院 里 头

duei^1 zro iou^3 liou^4 ci cian^1 zier^1 zi^1 ziau^4 san^1 sroŋ^1 ger^1
堆 着 有 六 七 千 斤儿 鸡 叫 三 声 咯儿

ger^1 ger^1 cren^2 ban^1 zraŋ^3 dai^4 duei^4 cru^1 lo sran^1 cuer^1 u^1
咯儿 咯儿 陈 班 长 带 队 出 了 山 村 屋

li^3 tou liou^2 ren^2 lai^2 zuo^4 fan^4 cruei^1 sr^4 iuan^2 li^3 siau^3 ger^1
里 头 留 人 来 作 饭 炊 事 员 李 小 根儿

uan^2 uan siou^4 kour^3 zi^4 uei^2 ciuer^2 tau^2 da^4 mi^3 srau^3 ban^4
挽 挽 袖 口儿 系 围 裙 淘 大 米 少 半

per^2 siau^3 bai^2 car^4 duo^4 lo ger^1 gau^1 bei dian^4 dai^4 lai^3 do
盆 小 白 菜儿 剁 了 根儿 高 碑 店 带 来 的

dou^4 fu ser^1 iuan^4 li bau^4 lo kun^3 liou^3 sru zrer^1 i^2 guo^4
豆 腐 丝儿 院 里 抱 了 捆 柳 树 枝儿 一 过

croŋ^4 u^3 sr zier^1 i^2 cie^4 zrum^3 bei^4 do cra^4 bu lier^2 xua^2
称 五 十 斤儿 一 切 准 备 得 差 不 离儿 划

lo ger^1 xuo^3 crai^2 dian^3 zrau^2 lo zau^4 xuo mer^2
了 根儿 火 柴 点 着 了 灶 火 门

da^4 niaŋ^2 srou^1 guŋ^1 zau^4 dau^4 bei^3 u^1 cruag^4 go mer^2 cuŋ^2
大 娘 收 工 早 到 北 屋 串 个 门 从

sin^1 li si^3 ai^4 zrei^4 xuo^3 nian^2 ciŋ^1 rer^2 tam^1 gan^4 ci xuor^2
心 里 喜 爱 这 伙 年 轻 人儿 他们 干 起 活儿

lai bie^2 ti^2 gou^4 duo^2 dai^4 zier^4 uo^2 dli^3 kaŋ^4 kan cruei^1 sr^4
来 别 提 够 多 带 劲儿 我 得 看 看 炊 事

iuan^2 zruŋ^1 u^3 gei^3 tam^1 zuo^4 sra^2 crer^1 da^4 niaŋ^2 zin^4 u^1
员 中 午 给 他们 作 啥 吃儿 大 娘 进 屋

kan^4 iau^4 u^1 lo za(r)^3 mei^2 rer^2 guo^1 li^3 tou uen^1 zro liaŋ^3
看 呦 屋 里 咋 没 人儿 锅 里 头 温 着 两

go liu^4 ce^2 per^2 i^4 per^2 sr da^4 mi^3 fan^4 xai^2 zr^2 mau^4 ro^4
个 绿 磁 盆儿 一 盆儿 是 大 米 饭 还 直 冒 热

cier^4 i^4 per^2 sr siau^3 bai^2 car^4 su^4 crau^3 dou^4 fu ser^1
气儿 一 盆儿 是 小 白 菜儿 素 炒 豆 腐 丝儿

guo^1 tai^2 sraŋ iou^3 go zr^3 tiaur^2 xai^2 ia^1 zr go bai^2 cai^4 ger^1
锅 台 上 有 个 纸 条儿 还 压 着 个 白 菜 根儿

sraŋ^4 sie^3 zro zi^3 xaŋ^2 ze^4 ko^3 bu^4 zr dau^4 sr^4 sra^2 cer^2 da^4
上 写 着 几 行 字 可 不 知 道 是 啥 词儿 大

niaŋ^2 sin^1 zruŋ^1 zroŋ^4 zai^4 na^4 mer^4 i^4 tuei^1 mer^2 zou^3 zin^4
娘 心 中 正 在 纳 闷儿 一 推 门儿 走 进

lai guei^1 niu siau^3 iŋ^2 cruer^1
来 闺 女 小 迎 春儿

cruer^1 ra kuai^4 kaŋ^4 kan zrei^4 zr^3 tiaur^2 sroŋ sie^3 do sr^4 sra^2
春儿 阿 快 看 看 这 纸 条儿 上 写 的 是 啥

ai^4 tuŋ^2 zr^4 men zren^1 bau^4 cian^4
哎 同 志 们 真 抱 歉

uo^3 zruŋ^1 u^3 zuo^4 lo dun^4 zia^1 sroŋ fan^4 dou^1 guai^4 uo^3 mei^2
我 中 午 作 了 顿 夹 生 饭 都 怪 我 没

ziŋ^1 ian tuŋ^2 zr^4 men duo^1 bau^1 xan
经 验 同 志 们 多 包 涵

uo^3 bau^3 zroŋ^4 siaŋ^4 siaŋ^1 cim men ciŋ^3 ziau^4 duo^1 sr^2 zian^4
我 保 证 向 乡 亲 们 请 教 多 实 践

sian^4 zai^4 uo^3 cian^2 cuer^1 ciu ia^4 mian^4 tiaur^2 xuei^2 lai zai^4
现 在 我 前 村儿 去 轧 面 条儿 回 来 再

gei^4 uo^3 ti^2 i^4 zian^4 cruei^1 sr^4 iuan^2 li^3 siau^3 gen^1 da^4 niaŋ^2
给 我 提 意 见 炊 事 员 李 小 根 大 娘

tiŋ^1 lo i^2 bian^4 sin^1 lo i^2 zrer^4 am^4 pan^2 suan zie^3 faŋ^4
听 了 一 遍 心 里 一 阵儿 暗 盘 算 解 放

ziun^1 zi^3 sr^2 li^3 lai^2 dau^4 zam^2 cuer^1 baŋ^1 zam^2 da^2 ziŋ^3 lai^2
军 几 十 里 来 到 咱们 村儿 帮 咱们 打 井 来

kaŋ^4 xan^4 tuŋ^2 zr^4 men siŋ^1 ku lei^4 i^4 tian^1 ko zem^3 noŋ^2
抗 旱 同 志 们 辛 苦 累 一 天 可 怎么 能

xuei^2 lai cr^1 dun^4 zia^1 sroŋ^1 fan^4 cruer^1 ra bai^3 zrei^4 per^2
回 来 吃 顿 夹 生 饭 春儿 阿 把 这 盆儿

fan^4 duan^1 zan^2 si^1 u^1 ci liŋ^4 zrau^3 go per^2 tau^2 diar^3 zan^2
饭 端 咱 西 屋 去 另 找 个 盆 淘 点儿 咱

zia^1 do xau^2 mi^3 zan^2 na zai^4 gei^3 cin^1 ren^2 men zuo^{4}i^2 duer^4
家 的 好 米 咱 哪 再 给 亲 人 们 作一 顿儿

duei^4
对

iŋ^2 cruer^1 bai^3 na^4 xau^2 mi^3 tau^2 si^3 lo duo^1 bam^4 per^2 zau^4
迎 春 把 那 好 米 淘 洗 了 多 半 盆 灶

taŋ^2 li dian^3 zrau^2 gan^1 sru^4 zrer^1 zuo^4 srou^2 lo i^4 per^2
膛 里 点 着 干 树 枝 作 熟 了 一 盆儿

mi^3 fan^4 siue^4 bai^2 do lier^4 niaŋr^2 liaŋ^3 go sian^1 cru^1 bei^3
米 饭 雪 白 的 粒儿 娘儿 两 个 先 出 北

faŋ^2 dau^4 guam^1 mer^2 nau^4 zruŋ^1 i^3 ziŋ sr^2 ar^4 dian^3 guo^4
房 倒 关 门儿 闹 钟 已 经 十 二 点 过

lo liaŋ^3 san^1 fer^1 cren^2 ban^1 zraŋ^3 da^2 ziŋ^3 srou^1 guŋ^1 dai^4
了 两 三 分儿 陈 班 长 打 井 收 工 带

duei^4 zin^4 lo mer^2 tuŋ^2 zr^4 men iuan^4 li zrau^3 lo kuai^4 in^1
队 进 了 门儿 同 志 们 院 里 找 了 块 阴

liaŋ^2 dier^4 fan^4 xau^3 cai^4 siaŋ^1 iue^4 cr^1 iue^4 sr^4 iou^3 ze^1 uer
凉 地儿 饭 好 菜 香 越 吃 越 是 有 滋 味儿

tuŋ^2 zr^4 men zroŋ^4 zai^4 kua^1 fan^4 cai^4 zro^4 sr^2 xour cruei^1
同 志 们 正 在 夸 饭 菜 这 时 候儿 炊

sr^4 iuan^2 siau^2 lier^3 kaŋ^2 zr mian^4 tiaur^2 zou^3 zin^4 mer^2 da^4
事 员 小 李儿 扛 着 面 条儿 走 进 门儿 大

xuor3 i2 zian4 siau3 lier3 xuei2 lai la zrei4 go sruo1 siau3
伙一见小李回来啦这个说小

lier3 ra zin1 tian1 do mi3 fan4 zren1 dai4 zier4 nai4 go sruo1
李儿阿今天的米饭真带劲儿那个说

duei4 fan4 cai4 dou1 gou4 man2 u3 fer1 siou3 lier3 sruo1 do2
对饭菜都够满五分儿小李儿说得

la tuŋ2 zr4 men uo3 zr1 dau zin1 tian1 zuo4 cuo4 lo srer4
啦同志们我知道今天作错了事儿

srau1 crai2 zau4 uo sr2 zai4 i4 diar3 bu4 muo1 mer2 tuŋ2 zr4
烧柴灶我实在一点不摸门儿同志

men ko4 fu2 zro cr1 i2 duer4 uo3 zie1 srou4 pi1 piŋ tuŋ2 zr4
们克服着吃一顿儿我接受批评同志

men ziou bie2 dou4 ger2 da4 xuor3 i4 tiŋ1 zem3 xuei2 srer4
们就别逗哏儿大伙儿一听怎么回事儿

zian4 siau3 lier3 ian2ian2 su4 su4 xai tiŋ3 ren4 zrer1 siau3
见小李儿严严肃肃还挺认真儿小

lier3 ta faŋ4 sie mian4 tiaur2 lai2 cr1 fan4 boŋ3 zro liar3 xai
李儿他放下面条儿来吃饭绷着脸儿还

bu4 koŋ1 srer1 (sroŋr1) cr1 lo i4 kou3 bu2 duer4 zier4 lia2
不吭声儿　吃了一口不对劲儿俩

ian3 zin3 diŋ1 nai4 go croŋ2 fan4 do per2
眼紧盯那个盛饭的盆儿

zro4 sr2 xour zraŋ1 da4 bai1 srou1 guŋ1 xuei2 zia1 cr1 u3 fan4
这时候张大伯收工回家吃午饭

faŋ4 sie tie3 ciau1 i4 zr2 zou3 zin4 si1 u1 mer2 duan1 zro
放下铁锹一直走进西屋门儿端着

fan4 cai4 crau2 uai4 zou3 da4 niaŋ2 sren1 xou4 zruai4 i1 zier2
饭菜朝外走大娘身后拽衣襟儿

u1 lo ni3 ziou zuo4 bu2 zru4 la a iuan4 lo xau3 ua iuan4
屋里你就坐不住啦阿院里好哇院

li liaŋ^2 kuai iou^3 sru^4 ier^1 zraŋ^1 da^4 bai^1 cr^1 lo kou^3 fan^4

里 凉 快 有 树 阴儿 张 大 伯 吃 了 口 饭

cruer^1 ta niaŋ^2 zier^1 do fan^4 zem^3 cruan^4 ian^1 uai^4 dai^4 iŋ^4

春儿 他 娘 今日 的 饭 怎么 串 烟 外 带 硬

zia^1 sier^1 do^2 lo cr^1 fan^4 xai du^3 bu zru^4 ni^3 do zuei^3 cr^1

夹 心儿 得 了 吃 饭 还 堵 不 住 你 的 嘴 吃

bau^3 lo ziou^4 do^2 pau^2 do sr srem^2 mo ger^1 siau^3 lier^3 ta

饱 了 就 得 刨 的 是 什 么 根儿 小 李儿 他

i^4 tiŋ^1 da^4 niaŋ^2 do xua^4 ban^1 zraŋ^3 zrei^4 per^2 fan^4 li iou^3

一 听 大 娘 的 话 班 长 这 盆儿 饭 里 有

uen^4 tier^2 zrun^3 sr da^4 niaŋ xuan^4 zou^3 lo uo^3 zuo^4 do zia^1

问 题儿 准 是 大 娘 换 走 了 我 作 的 夹

sroŋ fan^4 cuŋ^2 sin^1 iou^4 gei^3 zam^2 zuo^4 lo i^4 per^2 ou^3

生 饭 从 新 又 给 咱们 作 了 一 盆儿 嗽

crem^2 ban^1 zraŋ^3 zou^3 zin^4 si^1 u^1 bai^3 da^4 niaŋ^2 ziau^4 guo^3

陈 班 长 走 进 西 屋 把 大 娘 叫 果

ran^2 zian^4 faŋ^4 zro mi^3 fan^4 i^2 da^4 per^2 i^2 kan^4 ziou^4 zr^1

然 见 放 着 米 饭 一 大 盆儿 一 看 就 知

sr iŋ^4 zia^1 sier^1

是 硬 夹 心儿

da^4 niaŋ^2 iuan^2 lai^2 sr^4 ni^2 lau^3 ren^2 zia^1 iou^4 gei^2 m^3 zuo^4

大 娘 原 来 是 你 老 人 家 又 给 我们 作

lo i^4 per^2 fan^4 na bai^3 zrei^4 zia^1 sroŋ fan^4 liou^2 gei nin^2

了 一 盆儿 饭 哪 把 这 夹 生 饭 留 给 您

ze^4 zi^3 saŋ^1 kou^3 rer^2 crem^2 ban^1 zraŋ^3 zi^1 duŋ^4 do duan^1 ci

自 己 三 口 人儿 陈 班 长 激 动 得 端 起

fam^4 per^2 crau^2 uai^4 zou^3 tuŋ^2 zr^4 men xu^1 la^1 uei^2 lo i^4

饭 盆儿 朝 外 走 同 志 们 唿 喇 围 了 一

ciuer^2 i^2 go^4 gor^4 sin^1 li ro^4 xu sruo^1 bu cru^1 xua^4

群儿 一 个 个儿 心 里 热 忽 说 不 出 话

zraŋ1 da4 bai1 i4 paŋ2 loŋ4 lo srer2 cruer1 ta niaŋ2 zier1 go
张 大 伯 一 旁 愣 了 神儿 春儿 他 娘 今日 个

dau4 di3 sr zem3 xuei2 srer4 ko bu4 noŋ2 i4 zia1 ze ziou4
到 底 是 怎么 回 事儿 可 不 能 一 家 子 就

man2 zro uo2 lau3 tour2 i2 go4 rer2 siau lier3 ta cuŋ2 tou2
瞒 着 我 老 头儿 一 个 人儿 小 李儿 他 从 头

zr4 uei3 sruo1 i2 bian4 zraŋ1 da4 bai1 i4 tiŋ1 a3 lo4 do sicu4
至 尾 说 一 遍 张 大 伯 一 听 啊 乐 得 笑

cru1 srer1 (sroŋr1) i4 per2 mi3 fan4 siau3 i4 ser fan3 zroŋ
出 声儿 一 盆儿 米 饭 小 意 思儿 反 正

sr4 mi3 fan4 xuam4 mi3 fan4 fan4 zroŋ sr4 i4 per2 diŋ3 i4
是 米 饭 换 米 饭 反 正 是 一 盆儿 顶 一

per2 i4 zia1 rem2 bu4 sruo1 liaŋ3 zia1 xua4 zan2 zium1 min2
盆儿 一 家 人 不 说 两 家 话 咱 军 民

i4 zia1 ko ziau4 do sr srem2 mo zrer1 ziou4 sro4 xuei4 man4
一 家 可 较 的 是 什 么 真儿 旧 社 会 慢

sruo1 gei3 cin1 rem2 men zuo4 mi3 fan4 m3 ciuan2 zia1 zrau3
说 给 亲 人 们 作 米 饭 我们 全 家 找

bu cru1 ban4 sroŋ1 iu4 mi3 srer1 zie3 faŋ4 cian2 ciuŋ2 ren2
不 出 半 升 玉 米 糁儿 解 放 前 穷 人

nar2 iou3 go2 ie4 mi3 cian1 kuaŋ1 mi3 uan4 dan4 liaŋ2 tun1
哪儿 有 隔 夜 米 千 筐 米 万 石 粮 吞

zin4 di4 zru3 do xei1 da4 mer2 pin2 sia4 zruŋ1 nuŋ2 cr1 lo
进 地 主 的 黑 大 门儿 贫 下 中 农 吃 了

sraŋ4 duer4 mei2 sia4 duer4 guo1 lo sr4 mi3 kaŋ1 ciŋ1 sruei3
上 顿儿 没 下 顿儿 锅 里 是 米 糠 清 水

ku3 cai ger1 zie4 zrai4 pa4 do sr4 liu2 da2 guer3 ciue1 liaŋ2
苦 菜 根儿 借 债 怕 的 是 驴 打 滚儿 缺 粮

zuei4 pa4 i4 kai1 cruer1 mau2 zru3 si3 liŋ2 dau3 rem2 min2
最 怕 一 开 春 毛 主 席 领 导 人 民

nau^{4} go^{2} miŋ^{4} da^{3} kai^{1} cian^{1} nian^{2} tie^{3} suo^{4} lian^{4} ua^{1} cru^{1}
闹 革 命 打 开 千 年 铁 锁 链 挖 出

uan^{4} dai^{4} ciuŋ^{2} ku^{3} ger^{1} zie^{3} faŋ^{4} ziun^{1} zr^{1} iuan^{2} nuŋ^{2} ie^{4}
万 代 穷 苦 根儿 解 放 军 支 援 农 业

guŋ^{1} lau da^{4} duo^{1} srau ce^{4} zru^{4} min^{2} lau^{2} duŋ^{4} zin^{4} sran^{1}
功 劳 大 多 少 次 助 民 劳 动 进 山

cuer^{1} pin^{2} xia^{4} zruŋ^{1} nuŋ^{2} sin^{1} siaŋ^{4} daŋ^{3} in^{3} tian^{2} sruei^{3} bu^{4}
村儿 贫 下 中 农 心 向 党 饮 甜 水 不

nong^{2} uaŋ^{4} zi^{4} ziue^{2} ziŋ^{3} rer^{2} cian^{1} ian^{2} uan^{4} iu^{3} i^{2} go
能 忘 记 掘 井 人儿 千 言 万 语 一 个

lier^{3}, ziun^{1} ai^{4} min^{2} min^{2} iuŋ^{1} ziun^{1} zium^{1} min^{2} tuan^{2} zie^{1}
理儿 军 爱 民 民 拥 军 军 民 团 结

xau^{2} bi^{3} i^{4} zia^{1} rer^{2}
好 比 一 家 人儿

1 括弧里是正音。

---

b:67　p:33　m:110　f:43

d:113　t:57　n:203(除同化成 ŋ, m 的 31 个)　l:115

g:64　k:41　ŋ:163(从 n 来的 9 个)　x:50

z:142　c:56　s:73

zr:93　cr:52　sr:84　r:184(加 zr……里的共 413)

i:558　u:436　a:501　e:262　o:239

---

i:13.95%　a:12.05%　u:10.90%　r:10.33, 又(-zr……)3.53%

n:6.62%　e:6.55%　o:5.98%　z:5.58%(-zr 剩 3.56%)

s:3.93%(-sr=1.83%)　ŋ:3.85%　l:2.88%　d:2.83%

c:2.70(-cr=1.40%)　m:2.20%　b:1.68%　g:1.60%

t:1.43%　x:1.25%　f:1.08%　k:1.03%　p:0.83%

附录三

ˈuəˌm̆ ˈgə̂rˌliă ˈdàulə ˈziâ·lə ˈdiˌèrˈtiân ˈzăusin ˈm̆ ˈzrə̀ŋ ˌdăi
我们 哥儿俩 到了 家里 第二天 早晨 我们 正 在

ˈiuànze.li ˈliàn ˈgûŋ.fu ˌziə̀u ˈtiı̂ŋ·zin ˌmén ˈkə̆ur ˌdă ˌmén
院子里 练 工夫 就 听见 门 口儿 打 门

ˌgànˈsrémda ˌuə̆ ˌcrû·ci ˌí ˌkàn na ˌgăn·ciŋ sr̀ ˌxuèi ˌiə̆u
干什么的啊 我 出去 一 看 哪 敢情 是 会 友

ˈbiâu ˈziú ˌdă·fə ˈsiău ˌxuệcier ˈsùŋlə ˌliăŋ ˈfèr ˈtiĕ lei ˈcĭŋ
标 局 打发 小 伙计儿 送了 两 份 帖 来 请

ˈm̆ ˌgə̂rˌliă ˌbău ˌbiâu ˌnà ˌkə̆ ˈziê·bu·də a ˌuə̆ ˈzr̂dəu ˈzrə̀r
我们 哥儿俩 保 标 那 可 接不得 啊 我 知道 这是

uə̆ ˈsr·fu ˌsr̆ də ˈxuài ˌiàu ˌkànken ˈm̆ ˌgə̆rˌliă də ˈnə́ŋnei
我 师父 使 的 坏 要 看看 我们 哥儿俩 的 能耐

ˈdâŋˈsŕ ˌuə̆ ˈziəu ˌbăi ˌtiĕ ˈliə́usie lə ˌnĭ ˈziê la ˌkə̆·busr̀mə
当时 我 就 把 帖 留下 了 你 接 了啊 可不是吗

ˌdə̆ŋ、ˈdàulə ˈdiˌèrˈtiân ˌm̆ ˈgə̆rˌliă ˌziə̀u ˈciù lə ˈdàulə
等 到了 第二天 我们 哥儿俩 就 去 了 到了

ˈbiâuˈziú·ze ˌí ˈkàn ˈiuàn. ze ˌdâŋˈziàr ˈdâzr ˌí gə ˈsân ˌzràŋ
标局子 一 看 院 子 当间儿 搭着 一 个 三 丈

ˈgâudə ˈtái ˈsè ˈmiàr ˈsè ˌbu ˈkàu ˌnèi ˌzrăŋ ˈguèidə ˈcrùŋ ˈm̆
高的 台 四 面儿 四 不 靠 那 掌 柜的 冲 我们

ˈgə̂rˌliă ˈí ˌbàu ˈciuán ˌsruə̂ ˈèrˈuèi ˈràŋ ˌuə̆ ˈí ˌbùr ˌuə̆ ˈˈsiân
哥儿俩 一 抱 拳 说 二位 让 我 一 步 我 先

ˈsiàŋci lə ˌsruə̂ ˈuánle ˈxuà ˈì ˌnĭŋ ˈsrə̂r ˌziə̀u ˈsràŋci lə uə̆
上去 了 说 完了 话 一 拧 身儿 就 上去 了 我

gə̂gə ˈì ˌmáu ˈiâu ˌiĕ ˈgə̂nzr ˈsràŋci lə ˌziə̀u ˌcrà ˈnĭ la
哥哥 一 毛 腰 也 跟着 上去 了 就 差 你 了啊

ˈˈuə̆ ie ˈì ˌtái ˈtuĕi ˌziə̀u ˌtīŋ ˈˈguâ ˈˈzì ˈì ˌsrə̂ŋ ˌiĕ ˈsràŋci
我 也 一 抬 腿 就 听 呱 唧 一 声 也 上去

la ˈzièr ˈdàlə ˌdiăr ˌsràŋ· lə ˈfáŋ lə ˈˈnĭ ia ˈbúr ˈuă ˈsr̀
了啊 劲儿 大了 点儿 上 了 房 了 你 呀 不是 我 是

ˌuă. də ˈˈsié ˈˈâi ˈˈiəu ˈdəla ˈˈbié ˈsruâ la ˌuă ˌsruâ ˈlái ˈrénna
我的 鞋 哎 呦 得了 别 说 啦 我 说 来 人哪

ˌgàn ˈsrémma ˈbân ˈtîze ˈˈbié ˌgĕi ˌnĭm ˌlău ˈsr̂ ˌsiàn ˈiăn la
干 什么 搬 梯子 别 给 你们 老师 现 眼 了啊

ˌuă ˈˈiəu ˈì ˌmáu ˈiâu bai ˌcr̂ ˈnăi də zìn ˈciuán ˌdəu ˈsĭˌcrûlai
我 又 一 毛 腰 把 吃 奶 的 劲 全 都 使出来

lə ˈzrə̀ ˌcái ˌsuàn ˈduə̀i·fuzrə ˈsràŋci lə ˌxău ˈgútəu ˌxái ˈˈsruâ
了 这 才 算 对付着 上去 了 好 骨头 还 说

nə ˌdàulə ˈtáisrəŋ ˌcr̂ ˈuán lə ˌxâ ˈuán lə ˈí ˌgə̀ ˈì ˌgə̀
呢 到了 台上 吃 完 了 喝 完 了 一 个 一 个

ˈciuán ˈsiàlei lə ˌzrăŋ ˈguèidə ˈtiàu. sielei ˌì ˈdiă r ˈsrə̂ŋin
全 下来 了 掌 柜的 跳 下来 一 点 儿 声音

ˈméiiŏu ˌuă ˈgə̂gə ˌsiàlei ˌxău ˈsiàŋ ˌí gə ˌmián·xuəˈtuár ˈˈnĭ
没有 我 哥哥 下来 好 像 一个 棉 花团儿 你

nə ˌuă ˌì ˌfân ˈsrə̂n ˈdiàu·sie·lei lə ˌuă də ˈpixu ˌtə́ŋ·lə ˌliăŋ
呢 我 一 翻 身 掉下来 了 我 的 屁股 疼了 两

ˈtiân ˈbié ˈsruâ la ˌdàu·lə ˈsiàbier ˈmĕi ˈrén ˌdĕi ˈliàn ˌtàŋ
天 别 说 了 到了 下边儿 每 人 得 练 趟

ˈgûŋ·fu
工夫

ˌuă ˈgə̂gə ˌziĕ ˌbîŋci ˈzià·zesrəŋ ˈnálə ˌí ˌgăn ˈxuâ ˈciâŋ ˈliànlə
我 哥哥 解 兵器 架子上 拿了 一 杆 花 枪 练了

ˌí ˌtàŋ ˈŭ ˈxŭ ˌduàm ˌmén ˈciāŋ ˌzrèi ˌtàŋ ˈciâŋ ˌliàn də ˈzrə̂n
一 趟 五 虎 断 门 枪 这 趟 枪 练 的 真

sr̀ ˈsrén ˈcrû ˈguĕi ˈrù ˌliàn ˈuán lə ˈmiàn ˈbù ˈgə̂ŋ ˈsə̀ ˌiĕ
是 神 出 鬼 入 练 完 了 面 不 更 色 也

bù ˈlâ ˈfə̂ŋsiəŋ ˌgâi ˌciáu ˈˈuădə la ˌgâi ˈnidə la ˈˈuă ˌziĕ
不 拉 风箱 该 瞧 我的 啦 该 你的 啦 我 解

ˌbīŋci ˈzià·zesrəŋ ˈnálə ˌi ˌkǒu ˈdān ˈdâu ˈliànlə ˌí ˌtàŋ ˈlián
兵器 架子上 拿了 一 口 单 刀 练了 一 趟 连

ˈxuán ˈdâu ˈiuè ˈliàn ˈiuè ˌiǒu ˈzîŋsren ˈiuè ˈliàn ˌiuè ˈkuài
环 刀 越 练 越 有 精神 越 练 越 快

ˈliànzrə ˌliànzrə ˈsiàci ˈiǔ lai lə ˌbú sr ˌsià ˈiǔ ma ˈuàiren
练着 练着 下起 雨 来 了 不 是 下 雨 吗 外人

ˈguâŋ ˌnéŋ ˈkàn ziən ˈˈdâu ˌkànbuˌziàn ˈˈrén ˌuǒ ˈsrênsrəŋ ˌi
光 能 看 见 刀 看不见 人 我 身上 一

ˈdiǎr ˈiǔ ˌméiiǒu ˈxǎu ˈgûŋ·fu ˌzěm ˈxuèi ˌnǐ ˈsrênsrəŋ ˈí gə
点儿 雨 没有 好 工夫 怎么 会 你 身上 一 个

ˌiǔˈdiǎr ˌméi ˌiǒu ˌuǒ ˌdǎi ˈûlə ˌbì ˈiǔ laizrəu ˌzě·m ˈziàn ˈdâu
雨点儿 没 有 我 在 屋里 避 雨 来着 怎么 见 刀

ˌbú ˌziàn ˈrén nə ˈdâu ˌdǎi ˈiuàn.zeli ˈˈfàŋ.zrəlaizrəu ˈxǎu mə
不 见 人 呢 刀 在 院子里 放着来着 好 嘤

ˌliàn ˈuán lə ˌzrǎŋ ˈguèidə ˌsruô ˈliàŋliəŋ ˈbiâu ba ˌuǒ ˌsruô
练 完 了 掌 柜的 说 亮亮 标 吧 我 说

ˈduèi ˈliàŋliəŋ ˈbiâu ˈgôgə ˌnǐ ˌtuô ˈdà ˌguâŋ ˈˈgǎnze ˌuǒ ˌtuô
对 亮亮 膘 哥哥 你 脱 大 光 杆子 我 脱

ˈdà ˈguâŋ ˈˈiǎnze ˈˈsremmə ˌbǎu ˈˈbiâu də ˈbiâu ˈduèi la ˌbǎu
大 光 眼子 什么 保 标 的 标 对 了 保

ˈbiâu də ˈbiâu ˈbú ˌsr̀ ˈrəu də ˌbiâutəu
标 的 标 不 是 肉 的 膘头

ˌsruôzrə ˌxuǒ·ci ˈmên ˈdâ·crulei ˌèr·sr ˈzr̂ ˌdà ˈsiâŋze ˌdǎkei
说着 伙计 们 搭出来 二十 只 大 箱子 打开

ˌsiàŋze ˌí ˈkàn na ˌlǐbier ˈciuán ˌsr̀ ˌdǒuˈdàdə ˌxuáŋ ˈdôŋ
箱子 一 看 哪 里边儿 全 是 斗大的 黄 登

ˈdêŋdə ˈzînze ˌlǎu ˈuôguə ˌlaǔ ˈuôguə ia ˌgàm ˈmá ˈxái ˌiùŋ
登的 金子 老 倭瓜 老 倭瓜 呀 干 吗 还 用

ˌbǎu ˈbiâudə ˈˈnǐ ˌnǎr ˈzr̂dəu ˌxǎu ˈdûŋ·si ˌciuán ˌdǎi ˈlǐbier
保 标的 你 哪儿 知道 好 东西 全 在 里边儿

nə ˌdăkai ˌí ˈkàn na ˌlĭbier ˈzìŋ sr ˈzrên ˈzrû ˈzìŋ sr
哪 打开 一 看 哪 里边儿 净 是 珍 珠 净 是

ˌuə̂.guəˈzər ˈˈbié ˌăi ˈmà la ˈlĭbier ˌmăm ˈmârdə ˈciuán ˌdə̂u
倭瓜子儿 别 挨 骂 啦 里边儿 满 满的 全 都

ˈzruâŋdə sr ˈzrênˈzrû ˈmăˈnău ˈbìˈsĭ ˌzruâŋ ˈmăn lə ˌiùŋ
装的 是 珍珠 玛瑙 碧玺 装 满 了 用

ˌzrúˈciâr ˌì ˈcrâ ˈuàitəu kànzrə ˌsr̀ ˈuə̂guə ˌzrè ˌziàu ˈàmˈbiâu
竹签儿 一 插 外头 看着 是 倭瓜 这 叫 暗标

ˈəu ˈciuán ˌdə̂u ˌsrə̂u·sr ˈxău la ˌdàu ˌcĭˈsrên la ˌm̆
呕 全 都 收拾 好 了啊 到 起身 了啊 我们

ˈgər ˌliă ˈsiân ˌxăm ˈbiâu ˈxàu ˌxăn ˈuánlə ˈbiâu ˈxàu ˌziə̀u
哥儿 俩 先 喊 标 号 喊 完了 标 号 就

ˈzə̆u·sieci lə ˈuàn ˌnĕm ˈciù ia ˈbĕi ˌkə̆u ˈuài ˈuàn ˌkə̆u ˈuài
走下去 了 望 哪么 去 呀 北 口 外 望 口 外

ciu ˈdàursrəŋ ˌkă ˈbù ˌxău ˈzə̆u ua
去 道儿上 可 不 好 走 哇

ˌuə̆ ˈgə̂gə ˈcízr ˌì ˌpî ˈxuáŋ ˈbiâu ˈmă ˈsrə̆u ˌsr̆ ˈì ˌbă ˈzîm
我 哥哥 骑着 一 匹 黄 骠 马 手 使 一 把 金

ˈbèr ˌdà ˌkăn ˈdâu ˈˈnĭ nə ˈˈuə̆ ˈcí də ˌsr̀ ˌì pî ˈˈniə́u ˌzĕm
背儿 大 砍 刀 你 呢 我 骑 的 是 一 匹 牛 怎么

ˈcí ˈˈniə́u ua ˈcí ˈniə́u ˈxău ˈbĭ ˈí ˌuèi ˈgŭ ˈrén ˌbĭ ˈnĕi ˌuèi
骑 牛 哇 骑 牛 好 比 一 位 古 人 比 哪 位

ˈfêŋ ˌsrém ˈbăŋsrəŋ də ˈlăuˈzĕ ˌbúr ˈcín ˈiə́u ma ˌnàr ˈsrén
封 神 榜上 的 老子 不是 骑 牛 吗 那是 神

ˈniə́u ˈˈuə̆ ˈcí ˌnèi ˌpî sr ˈˈrə̀u ˈniə́u ˈzĕm ˌziàu ˈrə̀u ˈniə́u
牛 我 骑 那 匹 是 肉 牛 怎么 叫 肉 牛

ˌziə̀ur ˈrə̀u ˈzrăŋ da ˈbié ˈâi ˌmà la ˈnĕi gə ˈniə́u ˌbúr ˈrə̀u
就是 肉 长 的啊 别 挨 骂 了 哪 个 牛 不是 肉

ˈzrăŋdə nə ˌuə̆ ˌzrèi ˈniə́u kă ˌiə̆u ˈnə́ŋnei ˌiə̆u ˈsrém ˈnə́ŋnei
长的 呢 我 这 牛 可 有 能耐 有 什么 能耐

ta ˌxuei ˈbəŋ ˈí ˈbəŋ ˈsŕ ˈuàn ˈbâ ˈciân ˈlĭ ˈnà kə̆ ˈzrên sr
他 会 蹦 一 蹦 十 万 八 千 里 那 可 真 是

ˈxău ˈniə́u ˌbúguə ˌiəu ˌí ˈiàŋr ˌtâ ˌbú·də ˌài ˈbəŋ ˈduôsrə
好 牛 不过 有 一 样儿 他 不大 爱 蹦 多少

ˌrze ˌbəŋ ˌì ˈxuéi nə ˈiŭŋ ˈiuăn ˌméi ˈbəŋguə ˈnà ˌxái ˈsruô
日子 蹦 一 回 呢 永 远 没 蹦过 那 还说

tə ˌgàm ˈmá ˌuə ˈsrə̆u ˈsr̆ ˈˈì ˌbă ˌdà ˌtiĕ ˈsiân ˌzĕm ˈsr ˌtiĕ
他 干 吗 我 手 使 一 把 大 铁 锨 怎么 使 铁

ˈsiân nə ˈˈie ˌbĭ ˈí ˌuèi ˈgŭˈrén ˈnĕi ˌuèi ˈgŭˈrén ˌziə̀ur
锨 呢 也 比 一 位 古人 哪 位 古人 就是

ˌfə̂ŋsrem ˈbăŋsrəŋ də ˈzrâŋ ˈkuéi ˌsú ˈxuàr ˌsruô də ˌzàu·uəŋˈié
封神 榜上 的 张 奎 俗 话儿 说 的 灶王爷

ˌm̆ ˌgə̂rˌliă ˌbăuzr ˈbâu ˌcrû lə ˌsî·zrˈmén ˌziə̀u ˈí ˌzràn ˈí
我们 哥儿俩 保着 标 出 了 西直门 就 一 站 一

ˌzràn də ˈzə̆u·sieci lə ˌiə̆u ˌì ˈtiân ˈziâŋ ˌzə̆uguə ˌcîŋ.luŋˈciáur
站 的 走下去 了 有 一 天 刚 走过 青龙桥儿

ˌbù ˈiuăn ˈliăŋ ˈbiâr·sr ˈsrân ˌziĕ ˌsrân ˈgə̂urlə ˈfàŋ·crulei ˈì
不 远 两 边儿是 山 解 山 沟里 放出来 一

ˌzr̂ ˌsiăŋ ˈziàn ˌiə̆u·lə ˈsiăŋmă lə ˈsuéi ˈxə̀u ˈí ˈbăŋ ˈluəˈ siăŋ
枝 响 箭 有了 响马 了 随 后 一 棒 锣 响

ˈcrŭlei·lə ˈsânsr ˌduô ˈrén ˈciántəu də ˌnèi gə ˌzrăŋ də ˈxə́ŋ
出来了 三十 多 人 前头 的 那个 长 的 横

ˈméi ˈlì ˈiăn ˈcizr ˌì ˈpî ˈdà ˌbái ˈmă ˈsrə̆uˌsr̆ ˈì ˌbă ˈdà
眉 立 眼 骑着 一 匹 大 白 马 手使 一 把 大

ˈdâu ˈlán ˈlùr ˌí ˈzràn ˈdà ˈxăn ˈì ˈsrəŋ sruô ˈˈdăi ˌzə̆uˈdàur
刀 拦 路儿 一 站 大 喊 一 声 说 呆 走道儿

(《倭瓜标》相声儿)

等韵溯源

这篇文章是我写《后汉三国梵汉对音谱》的副产品。写那一篇的时候，我浏览了不少讲悉昙的著作。这一来，我慢慢儿得着了一个看法：等韵是悉昙的仿制品，太皮毛地忠实的仿制品。打个比喻说，正好像马建忠的《文通》是泰西葛朗玛（拉丁、法语语法）的仿制品，黎锦熙的文法是英文文法的仿制品一样。那二位确实有功劳：提出了好些问题，也圆满地解决了不少问题。他们也确实有点短处：把外国话里的一些框框生搬过来硬往汉语上套①。照我看，等韵犯的生搬硬套病可更狠。这也好懂：和尚们认为梵文和声明是“历千劫而常住”的，是一切别的语言的模式，还能不照猫画虎么？我写这篇文章就是要把这个宗教狂热的内幕揭开给人看看，破除迷信。这么作连我自己也觉着有点不公平——哪儿能把人家的好处全不提了呢？我换了一个新写法。赵荫棠赵先生写了一本《等韵源流》，他在认为等韵模仿悉昙这一点上跟我同意，可是他认为悉昙家教会了汉族人审音是有大功的。我也同意他的见解的一部分。所以每一节前头我往往先引他的话，再说自己的意见。因为不这么办就有抄书、偷料的嫌疑，别看实际上我参考他的书比较晚。我一点儿想跟他打笔仗的意思也没有。我的真正的意图是想动摇等韵加在人们的音韵学研究上的束缚——好些位到底是研究

① 马的“散动”，黎的名词描写名词的时候它自己先变形容词。说“我练武跟过两位师父。一位俗家师父，一位和尚师父”里的“和尚”是形容词，太难懂了。《西游记》十七回，是“妖精菩萨，还是菩萨妖精”同。

汉语语音史的还是给等韵圆谎的我始终闹不清。等韵把咍灰、痕魂算两对儿“一开一合”。一切《切韵》古写本开合口字都在一个韵里,可是从来没有把咍灰、痕魂算同韵的。绝大多数研究家都宁肯信等韵,决不信《切韵》。这不成了“宁言周孔误,莫道郑服非”了么?这种经院式的空气不打破,什么学问也甭想再发展了。

悉昙什么时候在中国盛行起来了?

《等韵源流》第一编[①] 说:“何谓‘悉昙’?在现在说,就是印度的梵文的字书……何时输入中国?这恐怕与佛经之输入有连带的关系……汉末所译之经已达三百余部之多。在这种空气之下,我们很可以推想当时学‘悉昙’者,必大有人在,不过未见诸载籍耳。到魏朝,曹植感鱼山神制‘二十四契’……查无实据……谢灵运,就在‘悉昙’上用过工夫。《高僧传》宋《释慧睿传》云:陈郡谢灵运笃好佛理,殊俗之音,多所达解,乃谘睿以经中诸字,并众音异旨,于是著《十四音叙》……”

为给看不惯佛书的读者扫除文字障碍,咱们这儿补充几句。悉昙是梵文 siddham 的对音。这东西是一种练音表,是小学生刚识字的时候用的[②]。原则是把元音 a, ā, i, ī, u, ū…… 排好队,用辅音挨个儿往上加。这样,第一章就是 ka, kā, ki, kī, ku, kū……kha, khā……。第二章就是 kya, kyā, kyi……,第三章就是 kra, krā, kri……。这不是字典。它一共有十二章,或是十八章什么的。谢灵运只接触到第一章的一部分,他的工作是要给《大涅槃经·文字品》作好注解,远谈不上“在‘悉昙’上用过功夫”。“鱼山神契”是声乐。更和悉昙不相干。印度的声明 sabdavidyā 原来包括练音、语法、唱颂赞几个部分。它是声明的事,可不是悉昙的事。悉昙盛

① 1957 年商务本。以下简称《源流》。第四页以下。

② 义净《南海寄归内法传》卅三说:“六岁童子学之,六月方了。”

行，只能从唐算起。

是有耐性阅藏的人都知道，汉魏人译经，是为求佛理，所以三百多部绝大多数是讲道理的显教经和一两部律。看这些经，特别是安世高的翻译，好像看《新论》、《抱朴子》：文字通顺，中国味浓。支谦《摩登伽经》那样的密教经是很少见的例外。经晋、南北朝，总趋势没变。到初唐（隋跟陈稍微靠前，已经零星有了），实质是巫术的密教开始流行，大规模地介绍进中国，再东流日本。巫术界里念咒儿的地位非常重要。咒儿可以辟邪治病，祈寿求财。错一个音，咒儿不灵了，那还了得！这才兴起介绍、研究悉昙的热潮。

《源流》说："学梵文者当然先知其拼音，因此而悟出来反切……在我想来，'正'与'倒'是受梵文的影响，梵文是拼音文字；拼音文字，无论声母与元音怎样颠倒，俱可拼成字的。例如，以迦(k)阿(a)相拼，则为：

迦(k) ⇄ 阿(a)
↓　　　↓
阿迦(ak)　迦阿(ka)

中国受此影响，而悟出'双反'的办法，更有正纽倒纽之分……'双反'在注音上，无有用处，于是切去一半，而有象'德红'切'东'的那样办法。"

为读者方便，再补充一两点。梵文分音节的习惯是，不管语源怎么样，一切辅音全放到音节头上。比方 agni"火"的分法是 a-gni。这就是说 ak 除了在一行(句)的尾巴上，平常碰不上。离开成段的作品，光念悉昙的人是见不着 ak 那样的音节的，因为这里没句子。还有，就是在句子尾巴上，人们也不能盼着上头的表格总有效。比方把 k 换成 s、c 就得着：

阿 a ⇄ 娑 s　　　阿 a ⇄ 遮 c
↓　　　↓　　　　↓　　　↓
阿诃 ah　娑阿 sa　　阿迦 ak　遮阿 ca

这是因为梵文这种拼音文字还有好些个音便的规矩。说梵文输入影响汉人的审音技能，随后反切就出现了，这个假设极近情理，可是始终没法儿证明。谁想多走一步，谁就要自找麻烦。为讲等韵起源，把反切起源也捎带上，一点儿好处也没有。咱们现在把这包袱卸到一边儿。

悉昙随密教盛行才流行起来。到武周时代，《韵诠》出现了，这就是等韵的萌芽。这话底下还要仔细说。

人们念熟了要分析唐音，并且斟酌用哪一个唐字对哪一个梵音才妥帖。日本释安然《悉昙藏》五说："上代翻译，梵汉不定。真言对注，梵唐粗定。"可以说明唐朝人学悉昙的真正动力。像玄应《一切经音义》动不动说"旧译××，讹也"，那么不肯"尊闻信古"，没有极严肃的宗教热忱作支柱是不成的。结果唐音表——等韵图也造出来了，别看整整费了一个朝代的光阴。有了它，翻密教经，传真言方便多了。释子自利，更贵利他。儒者学等韵，那叫"周瑜打黄盖，愿打愿挨"。用不着随钱大昕在《答问》里瞪眼："岂古圣贤之智乃出梵僧下耶？"

七 音

《大般涅槃经·文字品》① 给的梵文字母是：

字音十四字：裒阿壹伊坞乌理厘黳蔼污奥菴恶

毗声廿五字：	迦呿伽恒俄	舌根声
	遮车阇膳若	舌齿声
	吒他茶咤拏	上咢声
	多咃陀驮那	舌头声

① 从《切韵考外篇》三转引。错字改了。只有这个本子才是 47 个字的，别看还不是真正的经典梵文 47 音。

波颇婆婆摩　　唇吻声

虵逻罗缚奢沙娑呵　此八字超声

从这里的分类原则看,“七音”没什么重大意义,不过是七组音的意思罢了。前十四个都是元音。不过“菴”是代表梵文的 anusvāra 和 anunāsika,也就是鼻化的元音,“恶”是代表梵文的 visarga,也就是元音到后尾上声带停止振动。释智广《悉昙字纪》上说:“十摩多后字傍点名毗洒勒沙尼(bhisarsaṇi)。”就是指的 visarga 的别名 visarjanīya,不过传抄有错字罢了。

超声主要就是摩擦音包括半元音。《悉昙藏》二管他们叫“张口遍满声”。“张口”是说气不受闭塞,“遍满”就是从 va 双唇音到 ha 声门各处都有。

从这里看,七音并不是很有科学性的分类。

后来悉昙家也有把七音解释成七个发音器官部位的。《悉昙藏》五说:“气风触其七处而发声也。”是哪七处呢? 二说:“言七处者,《智度论》云:‘忧陀那风触七处而成声:谓齐心(中国叫丹田)、顶、喉、腭、舌、齿、唇’。”又日本释了尊《悉昙轮略图抄》六引《玖多波那记》说:“凡人欲语时,口中有风……还入至脐,响出时触顶及断、齿、唇、舌、喉、胸七处而退,是名语言。”这只是一种见解。印度声明家的意见并不统一。吴晓铃学长译的伐罗陀罗阇的《逻求悉昙娇么理》就只讲喉、颚、断、齿、唇、鼻六处,可是他还给了“喉唇音”(o),“唇齿音”(v),那又不只七音了。

郑樵《通志七音略》说:“七音之作,起自西域,流入诸夏……”又说:“故江左之儒,知纵有平上去入之四声,不知横有宫商角徵羽半徵半商之七音。”

张麟之《韵镜序》说:“或曰:‘字惟五音而曰七,何耶?’曰:‘音非七则不能尽声中之韵。亦犹琴始五弦,非加文武二弦则不能尽音中之声……五音定于唇齿喉牙舌,惟舌与齿递有往来,不可主夫一。故舌中有带齿声、齿中而带舌声者。古人立来日二母、各具半徵半商乃能全其秘。若来字则先舌后齿，谓之‘舌齿’；日字则先齿后舌，谓之‘齿舌’，所以分为二而通五音曰‘七’。”

这下儿可热闹了。不光跟宫商角徵羽钩上了，连七弦琴也扯上了。不用急，金木水火土，青黄赤白黑随后就到！

从语音学讲“来”的部位反正得跟 t、d 一样，舌就是舌，没什么半不半的。日纽的“若”字唐音值，据诸桥辙次《汉和大辞林》注是吴音ンャ，汉音シャ。这在《悉昙藏》四里有证明：“难陀读 jnaya 以为‘若吴音野’(naya)，宝月读云‘尔汉音若吴音野’(jnaya)。”其实从汉后就有把 jñ 念成 ñ 的习惯，所以 prajñā 才写“般若”。照吴音，它该算人们叫“舌上音”的合进娘纽。照汉音，它该算正齿三等合进神纽。哪儿来的这一个半齿半舌呢？只为等韵家皮毛地遵循悉昙，又并没深入研究声明，才出这种笑话！高本汉定的 hź，倒是半舌半齿。他平常很信等韵。这回偏对着干，也不知道为什么。

清　浊

《源流》说：“……清浊……等韵图上所用的……虽与等韵前的音韵家所用的……字面相同，在实际上却未必相同。……清浊……在等韵图上是专指声母而言的，而在此以前，却有指韵类而言的。”

清和浊本是音乐上常用的术语。《韩非子·十过》就有“清商”、“清角”等等乐调。到南宋的姜白石还管比“黄钟”高一个八度的音叫“黄清”。换句话说，“清”在一定的上下文里可以等于“高”，“浊”可以等于“低”。印度声明家的 svasah, aghoṣaḥ 要是在辅音上用，最自然的是译成“清”；nadaḥ, ghoṣaḥ 最自然是译成“浊”。因为辅音，特别是塞辅音的声带振动一般地说是低频的。辅音影响字调。全国大多数分清(阴)浊(阳)平的方言，都是清高浊低。广州话最是典型的。它的四声每一种都是清高浊低。人们用"浊"表示辅音带音不是再自然不过了么？日本释明觉《悉昙要诀》一说"初低终昂之音可为上声之重"，说明这个现象早就有了。本来上声是高调udatta。

从《悉昙藏》里就有"柔声"、"怒声"。日本释信范《悉昙秘传记》说："一云'或体文五句中以柔声清音为女声，以怒声浊音为男声……'。"又说：图云：体文五句者：

ka kha	ga gha	ṅa
柔声	怒声	非柔非怒声

这里清浊的用法就跟后来一样了。

《韵镜》每一组辅音上头分清、次清、浊、清浊等类，显然是照抄悉昙家的。信范引的"图"不知道是什么时候的作品。也许是印度声明家的学说。比方《逻求悉昙娇么理》就说过："声母中每行之前二字……皆为'洪'、'清'及'非乐音'。后三字皆为'细'、'浊'及'乐音'。"说鼻辅音"非柔非怒"，无可非议。《四声等子》或是他的原型照这么个格式给疑、泥、娘、明……那些纽造出个"不清不浊"的考语来，可就不通又不通了。

声明家管"毗声"五行里的头一个叫"第一字"prathama，二一个叫"第二字"dvitīya……用唐朝释子的话说，可以叫"初"，"次"……"次清"原来不过是第二个清音的意思。等韵家先犯"数典忘祖"病，后犯"望文生训"病，奇谈怪论就多了。《四声等子》误认"次"是等外品的意思，就管"见"等等纽叫"全清"，也叫"纯清"。江永《音学辨微》管它们叫"最清"。《康熙字典》前头的韵图更进一步。给"全清"画了一个直观图——○，表示一清如水；又给"次清"画了一个图——⊙，表示它像阿Q的脑壳，有块癞疮疤！这么以讹传讹，还叫学术么？密教不像法相，僧侣好些个文化不高，才有这种笑话。

喉　音

上头引《大般涅槃经》,管迦……叫"舌根声"。《悉昙藏》七《明五十字》节在讲完迦行以后说:"此五字舌本声竟"。又叫"舌本"。用丹麦叶斯柏森《语音学教本》的话说,这是从主动器官分类。

智广《悉昙字纪》在迦行底下说:"已上五字牙声。"《悉昙集记》附《林记》说:"以舌中近腭上,开于唇,跓牙锋。自两牙间而出此声……故以迦为牙声。"据日本平凡社(1953 版)《大人名事典》第三本说,《悉昙林记》是宗睿著的。这个人跟空海一块儿上唐朝留过学。他这个分类是从叶氏叫"被动的器官"分类。凡念 k 类音,舌中后部肌肉紧张,容易接触后槽牙。

后来刘复《敦煌掇琐》收的《守温韵学残卷》和以后的等韵家管见溪群疑叫"牙音"的都是按被动器官分类。

《悉昙藏》五又引《涅槃文字》说[①]:"……迦佉……是喉中声。"这是把"喉"Kantha 这个名称扩大到软颚后部。印度声明家就有这么办的。不足为奇。章太炎在《国故论衡·古双声说》里说:"昔守温、沈括、晁公武辈,喉牙二音故已互易;韩道昭乃直云'深喉、浅喉':斯则喉牙不有异也。"也是属这一派的。

《悉昙集纪》上附《林纪》说:"迦、遮、咤、多、波者,牙、齿、舌、喉、唇句也。"管"多、他、陀、弹、那"叫"喉声",很出人意外。日本释信范《悉昙秘传记》说:"ta tha……以上五字'喉声',又曰'龈声'。"从这儿看,这个怪论是抄手抄错字引起的。咱们设想底下这个过程:

龈→垠→堠→喉

大概可以得着真相。

---

① 日本释明觉《悉昙要诀》二引作"裴家涅槃文字"。从年代和行事推,是裴子野。

舌头舌上

《悉昙藏》五引灌顶《涅槃疏》说："……多、他等是舌上声，吒、侘等是舌头声。"又引惠均《玄义记》说："宋国谢灵运云：'……第三从"吒"下五字明舌头声也。第四从"多"以下五字明舌上声。'"这是一派。

又引《涅槃文字》说："ta……已上五字竝是舌头声。"这又是一派。

说ṭ行是舌头音有理，因为舌头要卷起来，接触硬颚的是舌尖儿。说是舌上音也有理，《源流》说："'上'字为动词。"

说t行是舌头音也有理，因为有些声明家把它们跟s都算齿音，说明有一种发音法是齿背音。说是舌上音也有理，照上节"齦音"看，可能有人用舌叶(blade)发音，跟英语的t近似。

后来到底定于一尊了：t归舌头说胜利。要单论唐音，ṭ归舌上说也对了。这是华僧的创造。

转

《悉昙藏》四说："前十七章於卅四体文字母次第为体，以一十二悉昙音韵次第为转。"又说："如用ka字声对a阿i伊u瓯等十二韵呼之，则生得下ka迦ki机ku钩矩侯反等十二字。次用kha字……得kha佉khi欺khu丘区侯反……次生ga伽gi其gu求瞿侯反。"又说："字体以为上声，点画(梵文a元音是自动随辅音的，别的元音靠附加号表示)以为下声……ku迦邬合成矩音……迦翳合成醢(鸡)音……迦爱合成吤音……"

以上的"转"就是"轮转"的"转"。在一行里用元音轮流跟一个辅音拼，在一章里用辅音轮流跟一切元音拼就叫转。

《悉昙十二例》说："诸合字中有异呼法……或于多少上字随呼

下转音，馀十一转呼么多音。”这是说辅音群除最后一个，别的也要受逆同化，作下头元音的势。《悉昙集纪》举的例是“rku 欧鹿苟上 rku 欧鹿钩平 rke 翳力蓟 rkai 翳力介……nki 应纪上 nkī 应机 nku 蓊句俱口反……nken 蘡於顷反荆……”后尾《悉昙藏》四作“蘡於顷反蓟 nkai 蘡介 nko 摊句 nkau 摊憍脚傲”。四还有“kəu 骨础”。

这里的“转”是“转变”的“转”，两个意思都跟轮回有关。

汉语的韵数很多，在一章里轮转做不到。只好在一个图里用声母轮转，在全书用几十个图轮转。

内　外

《悉昙藏》五引惠均《玄义记》说：“其卅四字中，廿五字声从内出转至唇外。”廿五字就是毗(比)声，也叫五五相随声。五行，每行五个字母。按现代语音学被动器官分类，就像底下的表：

字母	k…	c…	ṭ…	t…	p…
器官	后颚	中腭	龈后	齿背	唇

按次序排，正是从口腔“内”往外排。《悉昙藏》每一章(除《孤合章》不算)都按这个次序往元音队上拼。c 组本来是塞音，用舌中在中腭发音。后来才挪到[tɕ]的地方去，成了塞擦音。请看美国惠特尼《梵文法》(二版，六印，1941)第 44a 节。

《玄义记》又记：“九字声从外还内。”上文引吉藏《涅槃疏》说：“ya 馀家反亦馀歌反……此九字从外入内。”九字也叫“三三相随声”，也就是超声。超声一共八个字母：ya, ra, la, va, s([ɕ])a, ṣa, sa, ha。后来因为 kṣ 辅音组里起了逆同化，产生了[tʂʻ]音，《悉昙藏》五说：“亦如 kṣa 乞叉或直呼叉。”多数悉昙章就加上一个字，成了九字。现在把它去了再看。ya 在东天竺念 ja，到现在孟加拉语还这样。《悉昙藏》六说：“蛇(j)者南云耶(y)。”ja、ra、la 论被动器官是从外往内排。va、śa、ṣa 是从外往内。sa、ha 是从外往内排。

这就叫三三相随,从外入内。

可以看出来,这跟等韵的内外转毫不相干。

我从另一个角度摸索一条新路:看译密咒用了那些字。我拿义净译《金光明最胜王经》十卷里的密咒列表,看它用了哪些字,这些字都出现在《古逸丛书》本《韵镜》的哪一个图里。比方内转第一开有东董送屋一共有"独、木、闪初六反、陆、目"五个字,就写 1(5)。内转第十合微尾未废用了一个"吠"字就写 10(1)。外转第十三开有"咍皆齐三韵,a 类咍韵、b 类皆韵没字,c 类祭韵有"世誓制滞例�"6 个字,d 类齐荠霁韵有"鼙底帝薜剃陛提醯体谜眯泥啇唎鸡鼙计闭谛黎"20 个字就写 13(aØ[1] bØc6d20)。照这样子,列成底下的表:

内 1(5)	内 2(aøb1)	外 3(ø)	内 4(14)
内 5(ø)	内 6(16)	内 7(ø)	内 8(6)
内 9(ø)	内 10(1)	内 11(ø)	内 12(a19b17)
外 13(aøbøc6d20)	外 14(a1bøc1dø)	外 15(a2bøc2)	外 16(ø)
外 17(aøbøc14)	外 18(a5bø)	外 19(ø)	外 20(3)
外 21(a2b1cø)	外 22(aøb2cø)	外 23(a14b2c13c3)	外 24(a9bøc1dø)
外 25(a1bøcødø)	外 26(ø)	内 27(13)	内 28(6)
内 29(18)	内30(ø)	内 31(a11b4)	内 32(ø)
外 33(a1b1)	外 34(ø)	外 35(aøbøc2)	外 36(ø)
内 37(a4b3c1)	内 38(1)	外 39(a7bøc4d2)	外 40(a4b1c1d2)
外 41(1)	内 42(a3b2)	内 43(ø)	

这里用来表示单个辅音的不算,比方 sti 写"悉底",这个"悉"不算。viṣnu 写"吠率怒","率"不算。内 9 有"计"字,算到外 13 去了。底下打横杠儿的是合口。梵文 v 出现频率是 5%弱(惠特尼 75),很

① 为避免误认,零为 ø。

高，可是像 hvayati 那样直跟着辅音的“合口”可极少。所以内 5 内 7……那样的没字不奇怪。

除了上头说的以外，内 2a 内 9 是字太少。外 41“梵”字是历古相承是例外。总起来说，凡译“内典”有韵字全用的是“内转”，有整韵不用的是“外转”。内 11 古怪，恐怕叫内 12 吸收同化了。只有外 23 外 40 我不能解释。聊发新议，供大家研究。法师一位，经书一部，才不过九牛一毛哪！

摄

《源流》说：“‘摄’有以少持多之义。《悉昙字母并释义》云：……於一声中摄藏无量功德……‘摄’字搬到等韵上，则有《四声等子》与《切韵指南》之十六摄及《切韵要法》之十二摄，其实皆由梵文之十六韵而来……我们现在先录出最早的记载，以供参考：

> 如真旦《韵诠》五十韵头，今於天竺悉昙十六韵头，皆悉摄尽，更无遗馀。以彼罗卢何反家古牙反摄此阿阿引；以彼支章移反之止而反微无飞反摄此伊伊引；以彼鱼语居反虞语俱反模莫胡反摄此邬乌引；以彼佳胡縢反齐徂兮反皆古阶反移成西反灰呼恢反咍呼来反摄此翳爱；以彼萧苏聊反宵相焦反周之牛反幽於虯反侯胡沟反肴胡交反豪胡刀反摄此污奥；以彼东德红反冬都宗反江古邦反钟之容反阳移章反唐徒郎反京古行反争侧耕反青仓经反清七精反蒸之应反登都藤反春尺伦反臻侧铣反文武分反魂户昆反元愚袁反先苏前反仙相然反山所奸反寒胡安反琴渠今反岑锄簪反覃徒含反谈徒甘反咸胡谗反严语坎反添他兼反盐余占反；及以诸入声字；摄此暗恶。如摄韵头，从韵皆摄。以彼平上去入之响，摄此短声，或呼平声，或呼上声……

我们从此段材料，很可以知道等韵的摄，确是受悉昙的影响而来的……”

上头引文我用《大正藏》校改过，略加删节。

摄的意思等于现代说“概括”、“包括”。比方《因明入正理论》头几句就是“能立、与能破、及似，唯悟他。现量、与比量、及似，唯自悟。如是总摄诸论要义”。再比方《悉昙藏》七说：“或以二字摄止观等种种二法门。”主动被动都用这个字。《悉昙集纪》说：“上十五章所除当体两字重者皆摄此章……前十除之者可摄此……上十七章所不摄者悉摄此中。”

仿照悉昙跟佛书用摄字不奇怪。怪的是千方百计凑十二、十六的数。

梵文元音一共 14 个：a、ā、i、ī、u、ū、r、r̄、l、ī、e、ai、o、au。外加两个附加号“大空点”ṁ，跟“涅槃点”ḥ。这只是附加号。比方大空点 anusvāra 就可以加到各个元音上得 am，ām，iṁ，īṁ，uṁ，ūṁ，“暗”只是个代表。“恶”也一样。数元音数出十六来是因为加上了暗恶。

另一派因为ṛ·ṝ·ḷī 少用，后头又不能加 ṁ ḥ；ị 根本不用；所以不数这四个。所以他们的元音是十二。

十二、十六章的悉昙都有过，可是按辅音分！比方智广的第一章是 ka，kā……第二章是 kya，kyā…，第三章是 kra、krā……。安然引的《韵诠》原文(?)，生凑十二类，非常勉强。到《四声等子》为凑十六摄，把蒸登也挤进庚耕清青一块儿去，再注上“内外混等、邻韵借用”，那就是典型的削足适屦了！

《韵诠》十五卷在《新唐书·艺文志·小学类》里著录了。列在孙愐《唐韵》后头，唐玄宗《韵英》前头。又把“尤”韵改成“周”韵，风派气味十足，看起来成书在周朝。武后时代正是大规模译密教经典的时代。这部书毫无疑问得算等韵的萌芽。它在《日本国见在书目》里有十卷本，还有十二卷本。十卷是五的倍数，该是书的本体。二卷可能是《明义例》等等，也许有了萌芽韵图了。

轻　重

《源流》说："……《切韵序》……'欲广文路，自可清浊皆通；若赏知音，即须轻重有异'……所举的例字，偏偏都是韵目，可见他所说的清浊并非……单指声母……《悉昙轮略图抄》卷一云：'笼唇则言音尽浊，开齿则语气俱轻'……是清音与浊音全以前后而区分者……至于等韵之轻重，当以日本沙门遍照金刚所撰之《文镜秘府论》所载为最早见。"

用轻重两个字说得最清楚的数《涅槃文字》。这部书继承法显在梵文 ka 底下注"稍轻呼之"，kha 底下注"重声呼之"，ga 底下同 ka，gha 底下注"稍重呼之"。从这儿推出来他的"轻"就是 alpaprāṇa，照字面翻是"小气"。他的"重"就是 mahāprāṇa，照字面翻是"大气"。换成现代话，就是不送气跟送气。这本来极简单。不幸的是等韵家抓住这个区别不放，硬往塞音、塞擦音以外推广。结果搅成一锅粥。

陈澧《切韵考外编》说："'四声等子'既分内外转，又有'重少轻多'，'重多轻少'，'轻重俱等'，'全重无轻'诸名目。《七音略》又分'重中重'，'轻中轻'，'重中轻'，'轻中重'。又有小注'内重'、'内轻'。戴东原《声类表》亦分'内转重声'、'内转轻声'、'外转重声'、'外转轻声'。然而何谓重、何谓轻，绝无解说，茫无凭据：皆可置之不论也。"底下夹行小注说："《七音略》以东韵为'重中重'、冬钟韵为'轻中轻'，真不可解。又有'重中轻'，注云'内重者'，'轻中重'，注云'内轻者'，'重中重'；注云'内重者'，'轻中轻'，注云'内轻者'。谁能解之？岂非欺人之说乎？"

打中要害了！人当然有权不遵照印度声明，自己创新。只要别来云山雾沼，没头没脑。

重 纽

《广韵四支》“奇”是“渠羁切”，“衹”是“巨支”切。《韵镜》把“奇”填到三等，把“岐”填到四等。脂、真、先……等等，“三四等合韵”里也有这个现象。王静如、陆志韦先生叫“重出喉牙唇音”，别位叫“重纽”。我不信等韵。我可信《颜氏家训·音辞》的话：“岐山当音为奇，江南皆呼为‘神衹’之‘衹’。”现在《广韵》岐在衹纽。“奇”跟“岐”，“笔”跟“必”，“乙”跟“一”的区别到底是什么？

梵文的ṛ、ṝ、ḷ、ḹ四个元音本来是拿响亮的辅音(ligulds)作音节主元音用。在汉语里很难表示。有一派念这四个音带u音色[1]像《悉昙集纪》引谢灵运就作“鲁、流、庐、楼”。另外有一派人念ṛ·ṝ后头带l元音。这一派在印度本土跟欧洲多极了。所以《集纪》中附《林记》引的古经本作“梨、梨、楼、楼”。《悉昙藏》五说：“光宅法师以鲁字为履音……卢字为‘乱吼’。”到唐朝释慧琳作《一切经音义》，第廿五卷里把ṛ·ṝ写成“乙上乙去声”。很显然，他的读音是跟Monier-Williams《梵英字典》一样——ṛl, ṛi。从这儿进一步往下推，他的“乙”念ʔrid，“一”念ʔyid[2]。这一下儿可以分清一连串音了：

字音 等					
三	笔 prid	密 mrid	暨 krid	乙 ʔrid	△ ɣrid
四	必 pyid	蜜[3] myid	吉 kyid	一 ʔyid	逸 yid

① 金克木学长告诉我这是南印流派。记忆错了由我承担责任。

② 日本释玄照《悉昙略记》用“壹”注 i(ccha)。释明觉《悉昙要诀》二说：“i……玄奘云‘壹’……。”

③ 梵文 madhu，俄语 мед。这是个国际性的字。

要是这个假说成立，志韦先生的 I "比 i 低而且后"的音色也好定了。而且弄明白一件事——为什么来纽在这种韵里向来不到四等去！从汉朝人用"乌弋山离"译 Alexandria 看，"离"本是 ria，来纽字里本有好些古 r。商汤叫"天乙"，见卜辞。可在《论语·尧曰》里他自称"予小子履"。《系传》"礼"字乙声。太炎《文始》说："乙履一也。"

把这个学说再扩大到齿音上去。为什么正齿二等跟三等古人认为不必分呢？可以设想，既然四等格儿叫精清占了，这里二等装的是-r-字，三等装的是-y-字。也就是说，在正齿音二等格等于三等，三等格等于四等。不分，因为它们互补。

《切韵考外编》说："四声等子则置……照穿床审禅于精清从心邪之下……精五母有一等四等，无二等三等……照五母有二等三等，无一等。遂以相补……可谓巧矣。"他说"巧"，指的是省纸。还有另一种巧他没想到：跟现代某些音位理论相合。

在悉昙章里 ka、kā、ki……是第一章，kya、kyā、kri……是第二章，kra、kra、kri……是第三章。在等韵里，根 kɐn(?)[①] 是一等，巾 krin 是三等，紧 kyin 是四等。这里照着葫芦画瓢的痕迹不是很明显么？

"四等"随想

这一节里是我的一点儿个人想法，还不成熟，不能跟上头几节比。

江永《音学辨微》讲四等的区别是元音开口度："一等洪大、二等次大、三四皆细而四尤细。"要是他的话合唐五代人原意，这个启发从哪儿得来的呢？

---

① 密咒里痕是 han([hɐn])。

梵文有一套元音分等级的习惯。它说元音可以加强 guṇa，最强 vṛddhi。把三对最常用的列到底下：

原级	a ā	i ī	u ū
加强	a ā	e	o
最强	ā	ai	au

这里反映的是印欧母语里的轻重音影响元音，英国的斯维特好说的“元音等第”(vowel gradation)的情况，不过倒着说罢了。

义净译《金光明最胜王经》avabhasati 写“阿婆[1] 婆萨底丁里反，下皆同”。他用“底”，因为“止”韵只有“知”纽字“徵”，没有舌头端纽字。用底元音又不对。只好另注反切。

除这个以外，他用的字可以列一些个：

剃 te(the)帝 te 陛 be 枳 ke 鞞 bhe 丽 le 誓 se 绝大多数是“蟹摄四等”字。

梵文 a 念音稍窄，是[ɐ]。我学的音 ai 念[ei]。上文引的《悉昙藏》四就用“介”对 kai。这是二等。

梵文 ɑ̄ 是十足的后 a。照陆先生说，“切韵音”哈的“a”也是，还加些圆唇。可以设想，等韵家又加了一级——一等。

喉牙唇音切上字三等(包括重纽的四等)另有一套，一二四等自成一套。咱们可以替等韵家拟一个表：

原级	蟹摄ei	效摄ou	四等
guna	ai	au	二等
vrddhi	ɒi	ɒu	一等

这就是等韵家的“等”的原型！

① 这个 v 念 b，是东印、孟加拉习惯。

释　疑

看了上头的文章，准得有人生气："等韵怎么得罪你了？你是又想搞批深、批透、批倒、批臭了么？"我声明一句：我自己已经"深透倒臭"多少回了，还有"踏上亿万只脚"呢！"己所不欲，勿施于人"，我还是信。我只是请大家回想回想：咱们自己不也犯过宗教狂热么，哪怕是受裹胁的？咱们自己不也犯过伪造历史或是信伪造的历史的过错么？不也疑神疑鬼拿庄子寓言当过真话么？那就别怪古人犯狂热。这比"断臂"、"舍身"文静多了。

您不知道教徒的宗教狂热有多么利害么？好！请看《源流》："《音切谱》为李元编……只录其字母……。

§ 字母：本节历述各家字母，多犹人之言，惟以守温字母本于舍利卅母，是其特见。所谓舍利卅字母者，则是：

迦佉伽歹……　　结茄桀聂……　　打塔大纳……

巴爬跁麻……　　匝擦杂挖……　　屑萨阇鸦……

髻拉协沙……　　哈遏……

按悉昙家所输入之梵文字母，比声如迦……等组，皆五五相比，三十六字母每组四字；此中不同之处，必有来源。"

什么来源？现在我把西藏人端美三菩提造的藏文字母的对音写到底下：

k　khg ñ　　c ch jñ　　t th d n

p　ph b m　　ts tsh dzw　　ź z ḥ y

r　l　ś s　　h a

请看，这位狂热到要用七世纪藏文字母讲十八世纪汉语了。

《源流》又说："所谓西域卅六字母者，则是：

迦倈佉歹　打塔大纳　咤茶跢拏……

案旧籍所载，未有以守温作如此之字母形式者。"

藏文字母舌音有 ta、tha、da、na。字形作ཏ……。对梵文咒的时候,遇上ṭ组,就用反写字母象ཊ……。他这套卅六字母不过是用藏文拟音罢了,“咤茶踪拏”就是“知彻澄娘”,他拟成ṭa、tha、ḍa、ṇa,比莘田先生早一个半世纪!

赵先生精研等韵,可不好佛学,少接触宗教狂热,才叫他这套生搬硬套,云山雾沼给弄得疑云千丈!您还别认为李元是坏人。他真心认为活佛就在人间呢!他还认为自己正弘宣佛法呢!

结 论

等韵书绝大部分生搬硬套悉昙,又不真懂声明,弄出好些玄虚来。不把它的真面目亮出来,不把崇拜它的狂热动摇,音韵学研究一定要受束缚,缩手缩脚,走上经院化的路。我破这个偶像,并不想建立印度声明或是什么别的权威,当然更不想建立我自己的权威。我只想鼓动大家一齐解放思想,不作“套中人”,齐心合力,推动音韵学研究跨进一步就是了。

(《音韵学研究》第一辑 1984)

古四声平议

俞子伏案计字，手为之战，目为之眩。或见而怜之。问曰："先生自苦乃尔！将何以为也？"答曰："将以求古汉语四声之分剂也。"

问曰："自今日言之，则昨日以往悉得称'古'。先生所指，当何属与？"答曰："兹之所称，上不及卜辞，下遮两汉，即清儒所习称，姑沿用之耳！殷人与周人，氏族果出一源以否，言语果属同系以否，皆未可必，故不敢及也。两汉以来，文非儒经，清人言古音者往往忽之，论议有所不及。今亦从略也。"

问曰："顾氏有言：'入为闰声。'是与？非与？"答曰："非也！凡设喻者务求其切。夫闰月之设，以日月躔度，于推步有不合，置之以济穷。常年可无也。今有入之区，大江以南，以迄儋耳，语有其声，声载其义，岂得谓之常言可无乎？'一、六、七、八、十'，周于日用，遍于十口。当直其未闰，将何以通情达意乎？此所谓比拟失伦者也。"

问曰："段氏初为《诗经韵谱》、《群经韵谱》，犹存去声之类。及定《六书音均表》，则悍然宣称'古无去声'，此非无所见而然也。先生今遍计四声字数多寡，殆不以段说为是也与？"答曰："信然。段氏不列去声，以其入韵之字少也，或以与上声字相叶，列于上类。或以与入声字相叶，则列于入类。其去声自相叶者，直以散入上声：《瞻卬》五章之'富、忌'是也。竟无只字以申明之。此则以众暴寡，非治学者所当法也。秦皇讳政，今方言'正月'多作平声。使古无去声，今方言何自来也？"

问曰："'忌'从'己'声，以入'上'类，似不为无本也。"答曰：

"'富'从'畐'声，大徐于'读若伏'下出'芳逼切'反语。尔则又当归'入'声矣。以今通行简字比况之，'进'从'井'声，岂得以入'上'类邪？况一'入'一'上'，强上字以从下，诚所谓恣意取舍、进退失据者也。"

问曰："孔氏'古无入声'之言，持论适与段氏反。岂有所胜乎？"答曰："孔氏所言，推顾氏之论以至极者也，非苟求异于段氏者也。其为夸而失当盖尤过于段氏矣！言入失尾音蜕而为去者颓然顺也。逆而行之，尾音何自生乎？"

问曰："蕲春黄君有《诗音上作平》之论，先生以为何如？"答曰："戴氏之论段氏也，有曰'顾亭林平仄通押之说未为非。所定四声，似更张大甚'。又曰'帝舜歌"喜、起、熙"，二上一平，音节自佳，若并读平声，喜、起转嫌于积韵'。此语不仅切中段氏之敝，亦得以移赠黄君也。今北方俗曲通用平声偶句韵，亦间杂以仄声。高元钧于《景阳岗》偶句用'两'韵'强'是也。岂得谓山左方言无上声乎？"

问曰："诸家之未尽善，诚如所云。先生之见，可得闻与？"答曰："余于治经，功力至弱，又拙于文辞。请以算对。《易·上经》之兴也早在周初。且书未经秦火，当可尊信。其中用字多寡，有如下表：

声	平	上	去	入	总
字　数	912	426	353	373	2064
百分比	44%	21%	17%	18%	100%

青铜器铭文，数千年物，既无讹夺，亦无别写。《大盂鼎》，康王时器也。其用字有如下表：

声	平	上	去	入	总
百分比	41%	19%	19%	21%	100%

然则可得而说矣。平声独多，此后世韵书平声多具二卷之源也。去声略绌，此六朝经师多借去声分新语、新义之故也。与故语相淆乱之机差少也。观乎此而后周初汉语四声之大略可知也。持以校《颜氏家训·慕贤》：平 44%，上 23%，去 18%，入 15%，未有大异也。”

问曰：“《盂鼎》之数，恰与世所谓‘或然率’合，何其较若画一如是也？”答曰：“文过短故也。通篇除不能识者，得二百八十四字，不足以使各声之性显也。譬之西人罕见华人日人，使之辨廿人之为华为日，彼亦信口以应之，中否当亦约略合于‘或然’之率。使历观千人则庶几有别矣。”

问曰：“然则江氏晋三所称‘古有四声’为中的矣。”答曰：“此近之矣，而未能言其多寡及其消长之故也。”

问曰：“先生之论新奇，出人意表。案诸本经固合，不审揆诸他卷能通否也？”答曰：“余弟子谢生纪锋计《洛诰》四声如下：

平 46%　上 22%　去 15%　入 17%

似与《易·上经》不相远也。

刘生广和为《二南》。如下：

平 51%　上 24%　去 11%　入 14%

平声独多，此由‘兮’字之数见也。上声亦嫌少过，此‘作平’说之不可从也。去声独少，此段氏所由误也。

施生向东为《学而》、《为政》、《八佾》三篇。如下：

平 39%　上 28%　去 16%　入 18%

聂生鸿音为《记·檀弓上》。如下：

平 42%　上 28%　去 14%　入 16%

二者上声皆大过。此则‘孔子’、‘子’诸语累见使然也。

诸生或囿于方音，恐疵纇不免。余亦未暇覆校。通观大体，与《易》固不远也。或有绌申，则所道之物有以致之云。

世之言汉藏比较者多以藏语声调后兴，悬揣汉语亦尔。此固近情，惟不可与论周初之世耳!”

问曰:“有大名家焉，近又申‘古无去声’之论，先生此作，不嫌于立异而失礼让之义乎?”答曰:“恶! 是何言也? 子以褊陋拟议名家，不尤失礼乎? 名家之论，余尝少窥之矣。‘视’字入上，此因《大东》以韵‘匕、砥、矢、履、涕’而从段也。案之经传，‘视’本‘示’之增偏旁字，表自动，‘示’则使动也。(‘来’，自动也。《孟子》‘劳之来之’，《说文》引作‘勑’，此亦增偏旁表使动也。)《书·洛诰》曰:‘视予卜休恒吉。’孙星衍《尚书今古文注疏》曰:‘“视”同“示”。《曲礼》云:“幼子，常视毋诳。”注云:“视，今之‘示’字。”夫‘示’，《大宗伯》以为地‘祇’字。宣二年《左传》‘提弥明’，《公羊》作‘祁弥明’，《晋世家》则作‘示眯明’:然则言‘示视’之本为平声，证佐夥如，其为上则无徵也。‘孺’字归入，由《常棣》以韵‘豆、饫、具’也。《说文》:‘孺、乳子也。一曰:输孺也(段本)。’段注:‘输孺，叠韵字……《方言·十二》曰:“儒输、愚也。”郭注:“‘儒输’犹‘愞选’也。”“输孺”即“儒输”也。’段氏此说，贯穴群经，合声音训诂而一之，堪称精当。造《音韵表》时犹疏也。‘俞’声之字，从无入声。‘孺’可知矣。藏语还有‘弟’、‘乳’二训，尤足明‘孺、乳’不得有入声也。名家为清儒所误，不能衡以经传子史，乃有此未洽。或成篇仓卒，不及寻检与? 余于名家，宁为诤臣。子欲佞臣我乎?”

问曰:“先生出此创举，亦足以成家言矣。”答曰:“何子之见之浅也。此非创举，余有所受之:哈佛齐餔匐氏《动力语言学》是也。余自弱冠，服膺叶斯柏森氏书。战后读北美杂志，希道及之矣。卅许年前，余在台北推行国语，旅途无书，假于同寅王先生玉川。获见齐氏书。心醉其论格林定律及梵语词尾重音，以为妙悟入神，可夺施来歇尔诸大师之席。去今两年，晤北美学人，常问讯之，竟无知其姓字者。因知世无所谓名家也。庄生有言:‘生也有涯，知也无涯。'学譬犹火矣,待薪而扬。世之学人譬犹薪矣,为焰而销。吾见火之日炎炎矣,未尝见不销之薪也。各尽其材,使火日盛,固所愿也。夫在冶而踊跃,犹为不祥之金,乌得求为不灰之木哉!海宁范西屏,清雍乾间善弈者也。其自序《桃花泉》有云:'勋生今之世,为今之弈。后此者安知其不愈出愈奇,用以覆酱瓿耶?'善哉!艺也而几乎道矣!”

(《训诂研究》1981 第一期)

永明运动的表里

历来讲文学史的,一提起“永明体”来总没什么好评语。最通行的是“形式主义”。这当然并不能说冤枉:永明诗人确实是追求形式美的。可是他们为什么追求形式美呢?他们的最高理想境界是什么呢?说法就不太一致。有人说的就含胡了。当然也有平恕一点儿的。他们说这是唐律诗的先驱。可是先驱提倡的是什么,后人接受的是什么呢?是全盘接受还是扬弃了一部分呢?说法就又不太一致。有人说的就又含胡了。我个人看见的,年代又早,解释又比较准的得数刘师培《中国中古文学史讲义》。可是在提他的说法以前,有些事先得说清楚了。头一件就是诗的声音美。

一、诗的声音美

要懂诗的声音美,先得懂语言的声音和用它构成的美。要懂诗语言的声音美,最好扩大范围先懂人声的美。人声美里头一个大部门就是声乐。这里包括的美,主要是用声音的高低(腔儿)、节拍(板眼)和快慢(尺寸)、强弱安排出来的。用老百姓的话说就是唱曲儿、唱歌儿好听。唱曲儿多一半儿有词儿,这就扯到语言上了。当然,也有那么一种花腔儿女高音,可以有一大段甚至于整个儿曲子就唱一个 a 音。可是这是出现频率很低的现象。

语言里也有高低。在印欧和别的系语言里用“气段”(H. Sweet 叫 breath group)或者句子作单位表现出来语调。在汉藏泰系语言里也兼用音节作单位表现出来——字调。就它本身说,它是通讯信号,没什么值得注意的美不美的问题。通常说话什么地方该高,什么地方该低,由社会习惯约定,个人没权更动。除高低以外,还有长短,轻重,音色(是元音,是辅音,是塞,是擦,是清,是浊……)。这些也都是通讯信号的构成原件。一般地说,也没什么美不美的问题。语调比较容易跟声乐发生关系。Schubert 给 Goethe 的 Erlkoenig 作的曲子,有几句是小孩儿害怕喊出来的,那音乐就是语调的夸大和美化(不是原封不动的搬用)。

有些语言作品,配上音乐,很叫人爱。比方《武家坡》老京戏词儿里有句"一马双跨西凉川",唱起来真是"痛快淋漓"。拿走音乐,看看原词儿可以讲成"一匹马两回跳过西凉川",这别说不美,连剧本原意都弄歪曲了。

有些词,配上不合适的音乐,也可以显着不好听。《沙家浜》里有"第一桩",原来是唱 1 5 6 1——"第一"俩字听着像"低乙"。这就叫"倒字"。后来改成 6 4 1——就好听了。要是音乐先作得了词是后填的,就不得不考虑用什么调的字。这就是填词作曲词讲究四声的原因。

钟嵘这个人,文学史家、文艺理论家给他的评价好像都不低。提起声乐美和诗里利用的语言声音的美来,他胡涂得连这两件事都分不清。《诗品·下》说:"古诗颂皆被之金竹,故非调五音,无以谐会。若'置酒高堂上'、'明月照高楼'为韵(rhythm)之首。故三祖之词,文或不工,而韵入歌唱。此重声韵之义也。与世之言宫商者异矣。今既不备管弦,亦何取于声韵耶?"这简直认为离开声乐,诗,特别是朗诵诗,就没有声音美了;或者说有了前一样就不必管后一样了。

诗的声音美可以靠辅音、元音、字调的重复和错综来构成。"玲珑"里头重复了开头收尾辅音,"暧曃"重复了后半个音节。重复开头辅音的俗话叫“双声”，重复后半个音节的叫“迭韵”。“雎鸠”的字调重复，“阜螽”的字调错综。古印欧语言的诗利用元音长短安排错综和重复；现代印欧语言，利用重音强弱安排错综和重复。这是语音本身的安排产生的音乐美，跟声乐里的美几乎没什么关系。

当然，有人愿意把两种美综合起来，来个“二难俱”，人们也喜欢。上头说的 Schubert 是给诗谱曲。唐朝李白填《菩萨蛮》，是给老曲子配新词。可是这不等于说两件事不可以分开，更不等于说两种美是一回事。

《文心雕龙·乐府》说：“子建、士衡，咸有佳篇。并无诏伶人，故事谢丝管，俗称乖调：盖未思也。”别管他原意是什么，反正他懂诗可以脱离音乐。

二、永明运动也有积极因素

从两汉到魏，诗常靠声乐作拐棍儿。魏武帝是杰出的诗人，可是作品多半是乐府。魏文帝才气极高，可是最好的作品是《燕歌行》。那么诗就不能离开这个拐棍儿了吗？“无诏伶人，事谢丝管”的诗——朗诵诗就找不着音声的美了吗？

产生了问题，问题也催着人们去探索。

探索的不必是一个人，探索出来的路也不必只一条。

大规模地宣扬自己探索到了一条新路，并且旗帜鲜明地申述自己的主张的是永明运动的主将沈约。他在《宋书·谢灵运传·论》里说：“夫五色相宣，八音协畅，由乎玄黄律吕，各适物宜。欲使宫羽相变，低昂互节：若前有浮声，则后须切响。一简之内，音韵尽殊；两句之中，轻重悉异。妙达此旨，始可言文。至于先士茂制，讽高历赏。子建《函京》之作，仲宣《灞岸》之篇。子荆《零雨》之章，正长《朔风》之句:并直举胸情,非傍诗史。正以音律调韵,取高前式。自骚人以来,多历年代。虽文体稍精,而此秘未睹。至于高言妙句,音韵天成,皆暗与理合,匪由思至。张、蔡、曹、王,曾无先觉;潘、陆、颜、谢,去之弥远。世之知音者,有以得之,知此言之非谬。如曰不然,请待来哲。"

从这段文章看,沈约自己以为他探索出来了一条路。他承认过去作品有和他探索出来的理想境界合拍的。可是那是碰巧了暗合,不是有意的安排——匪由思至。这发明权还归他。

当时就有人不同意。《南齐书·文学·陆厥传》里陆给沈写信说:"范詹事自序,性别宫商,识清浊;特能适轻重,济艰难。古今文人,多不全了斯处。纵有会此者,不必从根本中来。沈尚书亦云:自灵均以来,此秘未睹。或暗与理合,匪山思至。张、蔡、曹、王,曾无先觉;潘、陆、颜、谢,去之弥远。大旨欲使宫羽相变,低昂舛节。若前有浮声,则后须切响。一简之内,音韵尽殊。两句之中,轻重悉异。辞既美矣,理又善焉!但观历代众贤,似不都闇此处,而云此秘未睹;近于诬乎!案范云'不从根本中来',尚书云'匪由思至';斯可谓揣情谬于玄黄,摘句差其音律也。范又云'时有会此者',尚书云'或暗与理合'。则美咏清讴,有辞章调韵者,曾有差谬,亦有会合。推此以往,可得而言。夫思有合离,前哲同所不免。文有开塞,即事不得无之。子建所以好人讥弹,士衡所以遗恨终篇。既曰'遗恨',非尽美之作,理可诋诃。君子执其诋诃;便谓合理为暗;岂如指其合理,而寄诋诃为'遗恨'邪?……故愚谓前英已早识宫徵,但未屈曲指的。若今论所申,至于掩暇藏疾,合少谬多:则临淄所云'人之著述,不能无病'者也……将急在情物而缓于章句。情物文之所急,美恶犹且相半。章句意之所缓,故合少而谬多:义兼于斯,必非不知明矣!"

沈约的回信说:"宫商之声有五,文字之别累万。以累万之繁,配五声之约。高下低昂，非思力所举，又非止若斯而已也。十字之文，颠倒相配。字不过十，巧历已不能尽，何况复过于此者乎？灵均以来，未经用之于怀抱，固无从得其仿佛矣。若斯之妙，而圣人不尚，何耶？此盖曲折声韵之巧，无当于训义。非圣哲立言之所急也。是以子云譬之'雕虫篆刻'，云'壮夫不为'。自古辞人，岂不知宫羽之殊、商徵之别？虽知五音之异，而其中参差变动，所昧实多。故鄙意所谓'此秘未睹'者也。以此而推，则知前世文士，便未悟此处。若以文章之音韵，同弦管之声曲，则美恶妍蚩，不得顿相乖反……"

这两家同意的是有意提倡安排朗诵诗的声音美是沈约的功劳。他们不能同意的是前人在探索上有过功劳没有。陆说有，沈说没有。看起来，暗地里碰上撞上，实在不该说没有。这一点沈也承认。有意的安排，实在该说没有。可是有意地安排多少受"暗中摸索"的人的作品启发，怕是不可避免的。

从沈的回信可以看出来一点：他把声乐美跟诗的声音美两件事分得很清楚："文章之音韵"是朗诵诗的声音美，"弦管之声曲"是给声乐伴奏的，那是表现陪衬声乐美的。

从这一点往下推，永明运动也有它积极的一面：让朗诵诗安排得具备声音美，离开声乐这个拐棍儿！

这一点刘勰也懂。他不但知道魏晋以下诗人有些摆脱音乐的"并无诏伶人，故事谢丝管"，而且在《声律篇》里说："故知器写人声，声非学器者也。故言语者，文章神明：枢机吐纳，律吕唇吻而已。"这就是说言语是第一性的，音乐是第二性的；肺排气是发语音的原动力，嘴里的发音器官是生语音美的具体操作机器。我在现代人写的诗论里还没见过这么简练清楚的话哪！

三、永明诗人的理想境界

这里有四个问题，应当分别谈：a.永明运动的主将、副将跟友军。b.主将的主张——理想境界是什么。c.从主将的作品里反映的情况。d.友军的主张是什么。

a.《南史·陆厥传》说："时盛为文章。吴兴沈约、陈郡谢朓、琅玡王融以气类相推毂。汝南周颙善识声韵。约等为文皆用宫商，以平上去入为四声，以此制韵，有平头、上尾、蜂腰、鹤膝：五字之中，音韵悉异；两句之内，角徵不同，不可增减。世呼为'永明体'。"

《南史·沈约传》说："又撰《四声谱》，以为在昔词人，累千载而不悟。而独得胸衿，穷其妙旨：自谓入神之作。武帝雅不好焉。尝问周舍曰：'何谓四声？'舍曰：'"天子圣哲"是也。'然帝竟不甚遵用约也。"

《南史·庾肩吾传》说："齐永明中，王融谢朓沈约，文章始用四声，以为新变。"

从这些引文可以看出来。主将是沈，副将是谢、王，友军是周。不幸越往后，人们的叙述离主将的主张越远。

b.沈约自己的话说"一简之内，音韵尽殊；两句之中，轻重悉异"。"宫商之声有五，文字之别累万。以累万之繁，配五声之约……十字之文，颠倒相配，字不过十，巧历已不能尽……"

首先，他的安排声音美的单位是十个字，后来讲律诗的人叫一"联"。他总称"一简"，分说"两句"、"十字"。凡是用四个字、五个字作单位讲些什么的，不光不是他的原话，有些简直不是他的原意。

第二，他谈五声、五音，是指喉牙舌齿唇，不是指平上去入。平上去入是“四声”。典型的错综地用四声的人是周舍。周舍当然是接受、应用周颙的学说。也许有人问：他不是作过《四声谱》吗？对！可是他作它是为说明双声。日本释安然《悉昙藏》卷二引《四声谱》：“凡四声字为组，或六字总归一入：皇晃潢镬禾祸和……”把这些字排成一串儿，是为告诉人两句里要用了头四个字或是后四个字里的两个字就是重大的过失(后来叫正纽。这里用的术语跟近代讲音韵学的人不一致。)

第三，他并不排斥错综地用平上去入。但是他注重的不在这里。他把四声分成两类：“浮声”跟“切响”。《文心雕龙·声律》说：“凡声有飞沉，响有动静……沉则响发而断，飞则声飏不还。”从这里看，刘的“飞”=沈的“浮”，刘的“沉”=沈的“切”。刘给“沉”、“切”下的定义是“响发而断”。一看就知道这是指入声说的。他给“飞”下的定义是“声飏不还”，这当然指平上去说。这样的分类法和后世的平仄的分别并不吻合。据《南史·王筠传》叙述，沈约作了一篇《郊居赋》，拿给王筠看。王筠念到“雌霓 niè 连踡”，沈非常高兴，说：“仆常恐人呼为霓 ní。”这里他喜欢的不是王念仄声，他喜欢的是他用切响。钟嵘是反对沈约的。他推崇的“置酒高堂上”正是后世的“仄仄平平仄”，“明月照高楼”正是“平仄仄平平”。要是沈约也主张这个，他反对沈约是干什么呢？那不是大水冲龙王庙去了吗？

第四，他追求的理想境界是一种极端的错综美。发一千句议论不如拿出一条证据。咱们就把沈约自己作的诗选两篇列在底下。每个字底下注上声纽和韵类，请读者自己判断。

c.从沈约两篇作品，可以看出他追求什么：

三月三日率尔成篇

丽　日　属　元　巳　　年　芳　具　在　斯

来霁日质禅烛疑元邪止　泥先敷阳群遇精代心支

开　花　已　市　树　　流　嘤　复　满　枝

溪咍晓麻以止精合禅遇　来尤影耕非屋明缓章支

洛　阳　繁　华　子　　长　安　轻　薄　儿

来铎以阳奉元匣麻精止　澄阳影寒溪清并铎日支

东　出　千　金　堰　　西　临　雁　鹜　陂

端东昌术清先见侵影愿　心齐来侵疑谏微遇邦支

游　丝　映　空　转　　高　杨　拂　地　垂

以尤心之影映溪东知猕　见豪以阳敷物定至禅支

绿　帻　文　照　曜　　紫　燕　光　陆　离

来烛庄麦微文章笑以笑　精纸影霰见唐来屋来支

清　晨　戏　伊　水　　薄　暮　宿　兰　池

清清禅真晓置影脂出旨　并铎明暮心屋来寒澄支

象　筵　鸣　宝　瑟　　金　瓶　泛　羽　卮

邪养以仙明庚邦晧生栉　见侵并青敷梵云麌章支

宁　忆　春　蚕　起　　日　暮　桑　欲　萎

泥径影职昌谆从覃溪止　日质明暮心唐以烛影支

长　袂　屡　以　拂　　雕　胡　方　自　炊

澄阳明祭来遇以止敷物　端萧匣模非阳从至昌支

爱　而　不　可　见　　宿　昔　减　容　仪

影代日之非尤溪哿见霰　心屋心昔儿蹄以钟疑支

且　当　忘　情　去　　叹　息　独　何　为

清马端唐微阳从清溪御　透翰心职定屋匣歌云支

这里第三联阳长迭韵，第四联金临迭韵，是因为地名不能换字。第六联照曜迭韵，绿陆离双声，是因为连绵字不能更动。第十一联见减双声，因为用《诗经》成句；宿昔双声，因为是连绵词。真正犯双声是第九联的忆萎。可是这是零声母字，开合不同，严格地说，也不是双声。真犯双声是第五联的游扬。要标平仄，就像底下的样子：

| | | — |　— — | | —　— — | | |　— — | | —

| — — — |　— — — | —　— | — — |　— — | | —

— — | — |　— — | | —　| | — | |　| | — | —

— — | — |　| | | — —　| — — | |　— — | | —

| | — — |　| | — | —　— | | | |　— — — | —

| — — | |　| | | — —　| — — — |　| | | — —

这里只有打括号的是律句。能叫律联的只有第十一联。

应诏乐游苑饯吕僧珍诗

丹　浦　非　乐　战　　负　重　切　君　临

端寒滂姹非微来铎章线　奉有澄送清屑见文来侵

我　皇　秉　至　德　　忘　已　用　尧　心

疑帑匣唐邦梗章至端德　微阳见止以用疑萧心侵

愍　兹　区　宇　内　　鱼　鸟　失　飞　沉

明轸精之溪虞云麋泥队　疑鱼端筱出质非微澄侵

推　毂　二　崤　道　　扬　旆　九　河　阴

透灰见屋日至匣肴定皓　以阳并泰见有匣歌影侵

超　乘　尽　三　属　　选　士　皆　百　金

彻宵船澄从轸心谈禅烛　心狝崇止见皆邦陌见侵

戎　车　出　细　柳　　饯　席　樽　上　林

日东见鱼昌术心霁来有　从线邪昔精魂禅漾来侵

命　师　诛　后　服　　授　律　缓　前　禽

明映生脂知虞匣候奉屋　禅宥来术匣缓从先群侵

凾　辗　方　解　带　　岩　武　稍　披　襟

匣覃匣删非阳见蟹端泰　疑萧微麌生效滂支见侵

伐　罪　芒　山　曲　　吊　民　伊　水　浔

奉月从贿明唐山山溪烛　端啸明真影脂出旨邪侵

将　陪　告　成　礼　　待　此　未　抽　簪

精阳并灰见号禅清来荠　定海清纸微未彻尤庄侵

这里细柳上林用地名典，芒山是地名，不能换字。犯双声的只是底下打“。”的字。这是应诏诗，没时间推敲，重复的音就多些了。

要是论平仄，就像底下：

—|—||　　|||——　　|—|||　　—||——

|——||　　—||——　　—||—|　　—||——

—||—|　　||—|—　　——|||　　||—|—

|——||　　|||——　　———||　　—||——

||——|　　|——|—　　——|—|　　|||——

这里打括弧的是律句。第三、七、八、九是律联。

从这首看，沈约在时间仓促，来不及仔细推敲的时候，也不排斥友军提出的格律。可是在他有机会充分发挥的时候，他还是尽可能贯彻自己的主张。

现在再把他推崇前人“暗与理合”的“子荆零雨之章”也标出来：

征西官属送于陟阳候作诗

晨　风　飘　歧　路　　零　雨　被　秋　草

祥真非东滂宵群文来暮　来青云麿并纸清尤清晧

倾　城　远　追　送　　饯　我　千　里　道

溪清禅清云阮知脂心送　从线疑哿清先来止定晧

三　命　皆　有　极　　咄　嗟　安　可　保

心谈明映见皆云有群职　端没精麻影寒溪哿邦晧

莫　大　于　殇　子　　彭　聃　犹　为　夭
明铎定泰影鱼书阳精止　并庚透谈以尤云支影篠
吉　凶　如　纠　缨　　忧　喜　相　纷　绕
见质晓钟日鱼见黝明德　影尤晓止心阳敷文日小
天　地　为　我　炉　　万　物　一　何　小
透先定至云支疑翤来模　微愿微物影质匣歌心小
达　人　垂　大　观　　诫　此　苦　不　早
定曷日真禅支定泰见桓　见怪清纸溪姥非尤精晧
乖　离　即　长　衢　　惆　怅　盈　怀　抱
见皆来支精职澄阳群虞　彻尤彻漾以清匣皆并晧
孰　能　察　其　心　　鉴　之　以　苍　昊
禅屋泥登初黠群之心侵　见鉴章之以止清唐匣晧
齐　契　在　今　朝　　守　之　与　偕　老
从齐溪霁从海见侵知宵　书有章之以语匣皆来晧

这里犯了十个字里用双声迭韵的病的一共 28 处。要是把连绵词除去，只有 20 处。全诗 100 个字。犯声病的 20%。实际上还应该减半，因为犯病只是半个字。所以真正的得数是 10%。这才是沈约欣赏“子荆《零雨》之章”的真原因。要解释成沈的理想只不过是律联，那孙子荆才不过配得 50%。

刘师培《中国中古文学史讲义》说：“然沈周之说所谓‘判低昂、审清浊’者，非惟平侧之别已耳！于声韵之辨，盖亦至精。彦和谓‘响有动静，双声隔字而每舛，迭韵杂句而必睽’，即沈氏所谓‘一简之内，音韵尽殊’：谓一句之内不得两用同纽之字及同韵之字也。彦和谓‘响有飞沉。沉则响发而断，飞则声飏不还’，即沈氏所谓‘前有浮声、后须切响；两句之中，轻重悉异’：谓一句之内，不得纯用浊声之字或清声之字也。”这话基本上正确，也说出了沈约他们的理想境界是极端的错综美。只有把轻重讲成清浊是粗心了点儿。在梵文里“轻”是 alpaprMāṇa，指不送气，“重”是 mahāprāṇa，指送气，法显就这么用了。

凡事情有陪衬，就更鲜明。一首诗里只有错综，没有重复陪衬，连那错综的特点也显着不突出了。《老子》说过：“天下皆知美之为美，斯恶矣。”就是这么个理儿。这一点，沈约忽略了。

d. 沈约的友军是周颙。《南史·周朗传附颙传》里记载周颙几句名言，也可以说是警句。有人问他“山中何所食”的时候，他回答“赤米白盐，绿葵紫蓼”。这里不但有声韵错综，而且安排成“|||-，|-||”对平仄的格式。再问他“何味最胜”的时候，他回答“春初早韭，秋末晚菘”。这里是“--||，-||-”，又是个对句。人问他跟一个姓何的学佛有什么缺点的时候，他回答说“周妻何肉”，这又是一个“---|”式的句子。周舍是他的儿子。说话敏捷有口才。有个裴子野自己说从来不吃姜，他“应声”说：“孔称‘不彻’，裴乃不尝。”这是个“---|，-|--”式的对句。据孙奕《示儿编》说，“不”字通用“逋骨切”。这个音起源很早。要是那样，这两句恰好是“--||，-||-”式的对句。这明明是唐宋骈文的先河吗！

这父子俩个的诗《文选》里没收。从这几句警句里看出来，这支友军的主张跟主将有一点差别：他主张利用四声，而且允许重复。

怎么叫重复呢？就是连用两个字调一样的字。他给四声分的类跟沈约也不一致。沈约把“切响”，也就是入声从“浮声”，也就是平上去分开。周家爷儿俩是把平声从非平声分开。谁合理点儿呢？

王仁昫《刊谬补阙切韵》每卷头上有个《旧韵》收字总数。上平 2908，上声 2070，去声 2332，入声 2156 个字。唐兰唐先生据《封氏闻见记》说《旧韵》就是陆法言《切韵》，收 12158 个字。从这里减去上头的数，得出来下平字是 2692 个字。折合成百分比就像底下：

上平	下平	上声	去声	入声	总数
23.9%	22.1%	17%	19.1%	17.7%	99.8%

那么平声占 46%，几乎一半儿了。

成段儿的文章，用嵇康《与山巨源绝交书》作统计：

调	平	上	去	入	总数
字　数	663	331	297	233	1524
百分比	43.5	21.6	19.5	15.3	99.9%

从这里可以看出来，把四声分成平仄两大类比分成“浮声·切响”两大类合理。要再考虑上押韵绝大多数用平声字，就可以推测出来，周颙的主张要是贯彻了，一首诗里平仄可以大致一半儿对一半儿。这就是友军比主将容易抓住群众的地方：一是好懂，二是匀称。

周的主张跟沈最有分歧的地方还是他容许字调重复。重复的长度通常是两个音节。

为什么是两个一截儿？因为重复的最小单位是二。音乐里分节有一板三眼、一板一眼的。前一个是四拍子一节，后一个是两拍子一节。从屈原以后，汉语的双音节词显著增加了，也是一股侧面的动力。

沈约的弱点是节奏感不强。周颙就会安排节奏。他的主张甚至于影响到沈的作品。上头咱举的第二个例子就是证明。在这一点上，沈约当然欢迎他来壮声势。不过得记住：他不是永明体的嫡派。

四、从永明过渡到唐律诗

永明诗人的主张，可以用五句话归纳起来：

a)让诗不必依傍声乐，独自发展自己的朗诵(就是《王筠传》里的“读”)的声音美，在这上头建立起一种新形式——格律。
b)理想的境界是声韵极端的错综。
c)同时也不反对两个字一节的字调重复。
d)诗格律的单位是十个字，也就是一“联”五言。
e)用字的时候，喜欢沿用从早就有的对仗，特别是不是在一篇开头和结尾的地方。

b)是很难作到的。钟嵘别看不懂永明运动的真意义，他可很会挑这批人的毛病：“故使文多拘忌，伤其真美。”这是一切追求形式美的企图都容易产生的副作用。

永明以后的人，一般地说，不愿意接受这个主张，因为这需要审音的才能。南朝文人信佛的多，都多多少少受过印度声明的一些影响。像日本释安然以下的悉昙研究家常引谢灵运讲梵文十四音的话就是好例。不过拿这个标准去要求普通文人就未免太过分了。说起来也可怜，恰巧是主将的核心主张受到扬弃！

反而是年辈晚一点儿的周颙的两个字一节的利用字调的技巧得到推广。这不光好懂，而且好安排。除去韵脚字，或者说句末字暂时不管，上头就需要安排个

— —｜｜
｜｜— —

就好了。横着看每一句就又有重复又有错综。

再推进一步，要求竖着看也照这样排行不行呢？行！这样，四句就是

— —｜｜
｜｜— —
｜｜— —
— —｜｜

"律联"这个单位扩大成"近体",联和联中间产生了"黏"的问题。什么叫"黏"？"黏"就是重复吗？这也不等到唐朝就出现了。这是从 d)发展的。

可以看出来 c)d)e)是唐律诗产生的先驱。从这里再迈一步，近体格律诗就产生了。

回顾这个发展过程,谁也不该忘了 a)。从这个意义上讲,永明诗人是有功的。在"形式主义"这类贬辞后头,应该看得出来让朗诵诗独立,摆脱音乐这条拐棍儿的进步意义。细心的观察家得能从表看到里,从劈头盖脸的破口大骂里看出一个运动的合理、进步(当然是在真有的时候)的部分来。要不然咱们的思想水平就永远离不开幼儿园的程度——"沈约是好人坏人?"——了!

古汉语派生新词的模式

在先秦的文献里，有不少派生新词的痕迹。随着新词的产生，往往也造出新字来。造这些新词跟新字的时间并不一定平行。字常常比词落后。也有根本没造字的。现在举两个典型的例看看吧。这还挺有趣儿。

卜辞里有个  ①，小篆写 ，这就是楷书的“知”字。周金文作  ②，小篆作 ，这就是楷书的“智”字。

在早期的文献里，“知”是动词，像《书·盘庚》③ 就有“罔知天之断命”。后来发展出来一个名词。有作“知识，知觉”讲的，像《庄子·养生主》：“已而为知者，殆而已矣。”这个读音直到今天没分化。还有一个当“智慧”讲的。《墨子·经说上》说：“知也者，所以知也。”这个读音今天相传念去声。从这里再派生形容词“聪明”，也念这个音。《襄廿一年左传》说：“子离于罪，其为不知乎？”这些文献，都反映第一个阶段和以后的阶段里保守派的习惯。

等有了“智”字以后，形体有了两个，可是分配习惯不定。有时候用它倒回去写早生的词。《墨子·耕柱》说：“岂能智数百岁之后哉，而鬼神智之，是故曰‘鬼神之明智于圣人也……’”这反映第二个阶段的习惯。

最后分配定了，“知”代表动词和当“晓得”讲的“知”，“智”代表

① 《殷虚书契》5.17

② 比方《智君子监》。

③ 凡引常见书，不注卷·页数。只写篇名。

名词“智慧”和形容词“聪明”。《孟子·公孙丑》说：“智足以知圣人。”就让两个形体适当地分工了。这反映第三个阶段和后代标准化派的人的习惯。

和“知”字的情况大致一样的是“示”字。《说文·示部》说：“‘天垂象见吉凶’，所以示人也。”这个形体甲骨里已经有了，别看并不当“示人”讲。《易·系辞》说：“易有四象：所以示也。”这是个使动词。查一查梵文，使动词是从自动词根派生的。古汉语的规律并不见得一样。也可能有反孳生（back-formation）的例子。别管怎么说，“眎”、“视”两个形体出现得晚得多了。

“示”本是使动词，上头引了。《庄子·徐无鬼》说：“尝语君吾相狗也……中之质，若示日。”就是记新派生的自动词了。这是第一阶段。

后来“视”字造出来了，也用来记那使动词。《诗·鹿鸣》说：“德音孔昭，视民不恌。”当然也用来记自动词。《礼记·大学》说：“视而不见。”这是第二阶段。

最后分配定了：“示”记使动，“视”记自动。《史记·廉颇蔺相如列传》说：“秦王大喜，传以示美人及左右。左右皆呼万岁。相如视秦王无意偿赵城……”这是第三阶段。

从上头这两个例子可以归纳出派生新词的征兆来：本来只有一个语词，一般地说也只有一个形体。后来在第一阶段，新词派生了，新旧词合用一个形体。在第二阶段，有了两个形体了，可是分配不定，新形体也许记早出的语词。在第三阶段，两个形体分配定了。多一半儿是新形体表示新生的词。可是也有倒过来的。

按这个结论推下去，底下这些组字代表的词可以说是从一个词派生出来另一个的。

A. —ø—：—ĭ—

这一组是从中古音看上去，早出的词没有介音（在这里用○表示。为防备它跟[o]元音混乱，打上个斜杠），新派生的词有个短 i 介音，在一般的音韵学书里叫"三等介音"。派生次序也有倒过来的。

1. 罗：离罹

《礼记·月令》说："田猎：罝，罘，罗，网。"这是个名词。后汉人译梵文 arhan，中亚古和阗文 arahan 用"阿罗汉"，可以证明罗的后汉音是 la。当然也有是 ra 的可能。不过从后代悉昙家好用"啰"来注 ra① 看，还是写 la 妥当。从这里派生出一个动词，当"遭罗网，被禽"讲。《汉书·于定国传》说："其父于公为县狱史，郡决曹。决狱平。罗文法者，于公所决，皆不恨。"这个新词的音有—ĭ—介音。从《后汉书·西域传》用"乌弋山离"对 Alexandria 看，"离"的音是 lia。d 不译，因为它是让 n 跟 r 夹着，容易教人当寄生音看待——拉丁 camera 变成法语 chambre 就是最明显的例子。这个新词，据颜师古注说："罗，遭也。"正是《离骚》的"离"字另一种写法。《史记·屈原传·索隐》说："应劭云：'离，遭也；骚，忧也。'"可以作证。在这个阶段，还没造新形体，只用"罗"兼职，或是写"离"字。《襄廿一年左传》说："子离于罪，其为不知乎？"《管子·重令》说："犯难离患而不辞死。"

第二个阶段，为区别起见，分化出一个"罹"字。这是就"罗"字改装，从"维"跟从"惟"几几乎一样。因为分配不定，也有用它来写名词的。《诗·小雅·斯干》说："无父母诒罹。"就是别给父母带来罗

---

① 见释安然的《悉昙藏》等书，收在《大正藏》里。

网或麻烦罢了。

最后两个形体分配定了，“罗”代表名词，“罹”代表动词。《诗·兔爰》说：“雉罹于罗。”

2. **隐:稳**

《庄子·齐物论》说：“南郭子綦隐几而坐。”隐是个动词，当“靠”讲。从声音说，这个词跟“依”关系最近，正好像《诗·大雅·大明》说：“自彼殷商。”《礼记·中庸》写“壹戎衣”，铜器大丰毁写“丕克气衣王祀”一样。这个词有—i—。

从“靠”派生出形容词“安定”。音作—ø—。罗什译《妙法莲华经·譬喻品》说：“见诸子等安隐得出。”词句好像沿袭晋竺法护译《正法华经》“长者见子安隐而出”。到杜甫的《丽人行》就有“珠压腰衱隐称身”的“稳”字，《广韵》也收了。只不过“隐”字下注“安也”一个意思，还留下一字两用的痕迹罢了。

3. **勾:句**

《说文》说：“句，曲也。”段注说：“凡曲折之物侈为倨，敛为句。《考工记》多言‘倨，句’……又改曲字为勾……古侯切，古音也……以钩取物亦曰‘钩’。”现在《考工记》就管戈类兵器叫“句兵”。这是个动词，是—ø—类型的。后来生出个新词“句”。《史记·滑稽列传》说：“辄止乙其处。”换成现在的话，就是打个钩儿。打钩儿的文章就叫一“句”。段玉裁说：“凡章句之句，亦取稽留可钩乙之意。”这个名词的音是—i—型的。九遇切。

近代人把字形分化。旧词用“勾”，新词用“句”。

4. **封:邦**

卜辞“封”字作 ，象形。《召白虎毁》同。又是人手，拿着树苗去栽。栽树作边界，在土旷人稀的时代是唯一可行的省事的法子，树苗底下带着一块土，这是移苗的常识。《昭二年左传》说："宿敢不封殖此树。"就用"封"表达培土。这是个动词，是—i—型的。

有了边界，就有国家，于是乎派生出了一个名词。《国语·楚语》说："郑几不封"，说它几几乎不成个国家了。《墨子·兼爱下》说："若予既率尔群封诸群(君)以征有苗。"这是新派生出来的名词，是—ø—型的。在这个阶段里，"封"一个形体代表两个词。

后来出现了从邑的"邦"字。查查卜辞金文，不过是画个完整的人形罢了，跟单画只手不过是详略不同。这个形体也用来记原有的词：《书·序》说："武王既胜殷，邦诸侯……成王既伐管叔蔡叔，以殷余民邦康叔。"孔颖达《疏》说："古字邦封同。"

到最后分配定了，封记动词，邦记名词。《周礼·大司徒》说："制其畿方千里而封树之。凡建邦国……。"这就跟现代习惯一样。

5. 入：内纳

卜辞说："乙亥卜，曳贞：之七月王勿入，其入口?""壬辰卜，曳贞王于八月入。①"《书·禹贡》说："夹右碣石入于河。"入是个自动词，是—i—型的。后来又派生出来一个内字，是名词，看底下论内纳项。后来又产生了一个使动词，声韵和—i—型的"入"一样，就是—ø—型。这个字就兼了新职：《周礼·大仆》说："出入王之大命。"《墨子·杂守》说："入柴：勿积……材木不能尽入者燔之。"

后来有了"内"这个形体，用来记名词。也偶然记自动词。《无惠鼎》说："司徒南中无惠内门立中廷。"别的器绝大多数写"入门"。

后来分配定了。内写使动：《诗·烝民》说："出内王命。"这样还嫌不清楚，就又加上糸旁。今本诗写"出纳"。《书·尧典》："夙夜出

---

① 《殷虚书契》4.30

纳朕命。”《孟子·公孙丑上》说：“今人乍见孺子将入于井……非所以内交于孺子之父母也。”《成十八年左传》说：“……国人迎而立之，曰‘入’……诸侯纳之……以恶曰复入。”就分得很清楚了。

藏文西边儿叫 nub。这是日“入”的“入”。不过音是—ø—型的。

6. 终：冬

金文有个字。从字形看是一条绳子头儿上打着两个疙瘩。也许是象一条腰带，一头儿系着个环儿，一头儿系着个带钩。地下出土的带钩都是扁圆的。从上往下看，就看见形。这是象“终了”的形。铜器《殳季良父壶》作，魏三体石经作。这个字后来复杂化了。《说文·糸部》说：“古文‘终’。”这个在《书·大诰》“予曷其不于前宁(文)人图功攸终？”里用过的词是个动词：这从它前头有“攸”可以证明。最古的文献像《易·上下经》的“有攸往”，《书·大诰》的“若涉渊水，予惟往求朕攸济……”都可以说明。这个词是—ĭ—型的。《不𣪘毁》说“永屯霝冬”，就是《诗·生民》的“令终有俶”。

从动词派生出来的是名词“冬”，这是—ø—型的。要论记录，它早就出现了。

到《诗·葛屦》说：“冬之夜。”它就有专用的字了。

刘熙《释名·释天》说：“冬，终也。”说语源说得很准，两个字也分别得一清二白。

7. 男：任

“男”是个名词，是—ø—型的。原始的意义应该是《诗·斯干》里的“乃生男子”。后来引申成《夨彝》的“眔者侯侯田男”和《书·召诰》的“侯甸男邦伯”。这是直接管理生产的最低一级的贵族。

男子是一家里的主要劳动力。他的天职是“任”。《诗·生民》“是任是负”里就采用这个—ɪ—型动词。

在古书里，经常用任代替男。《白虎通·爵篇》引上头那句《书经》，就写“侯甸任卫作国伯”。

8. 人:年

“人”是个—ɪ—型的名词。人的眼睛中心有一个小黑点，可以反映对面的人，这叫“童子”，或者叫“瞳人”。李贺《唐儿歌》：“一双瞳人剪秋水。”拉丁 pupilla 也有类似讲法。引申以后，一切瓜果的核儿、子儿里的白心都叫人。《颜氏家训·养生篇》说：“邺中朝士有单服杏仁……”写“仁”字，这从《神农本草》的“薏苡仁”就开始了。不过宋朝的苏轼的《过汤阴市得豌豆大麦粥示三儿子》诗里还写“夏旱臞麦人”。李厚注说：“《本草》：荞麦取人作饭。”跟《四部丛刊》本金刻《重修政和证类本草》正相合。可见得古本作“人”，后人随手改的不知道有多少了。

金文年字作 ，从禾人声。这实际上是个加偏旁字。“年”本来是说谷类结“人”了。这是个农业概念，跟“岁”不一样。《春秋经》写“大有年”是记好收成。现在意义变了，跟“岁”混了。正好像“秋”本来也是收成，现在变成季节名字一样。这是派生出来的—ø—型名词。

《韩非子·外储说左上》说：“皆为郑人争年也。”两个字就分得很清楚了。

9. 生:姓

《孟子·告子》说：“生，我所欲也。”这是个—ɪ—型的动词。卜辞、金文早都有了。

母系社会里，一位女酋长的地位正像蜂王一样：最高的品德就是生。一个老奶奶生下来一大群女儿、孙女儿、孙子……这就叫一“姓”。一起头词分化出来了—— —ø— ——型的名词。可是字还是一个。它就兼了两个职:《兮甲盘》说:“者侯百生。”这明明是“姓”,可是跟“既生霸”的“生”字一样。古文献也有。《书·盘庚》说:“汝万民乃不生生暨予一人猷同心。”其实是“姓姓”。底下“往哉生生”也一样。

到后来“姓”字造出来了。《隐八年左传》说:“天子建德,因生以赐姓。”就分清了。

10. **集:杂**

雧字甲骨里已经出现了。记录一个—ĭ—型的动词。东西多了,不免参差不齐。所以派生出来一个形容词“杂”,是—ø—型的。《诗·女曰鸡鸣》说:

“杂佩以赠之。”

新造出来以后,分配没定,人们常用“杂”字记—ĭ—型动词。段玉裁注《说文》“集”字说:“汉人多假‘襍’为‘集’。”其实先秦也有。《墨子·兼爱中》说:“连独无兄弟者有所杂于生人之间。”《汉书·隽不疑传》说:“诏使公卿将军中二千石襍视。”实际就是集中来看。字亦作“雥”。

到后来就分清楚了。段氏上文说:“许善心《神雀颂》:‘嘉贶雥集。’”

以上都是用加—ĭ—派生新词的。这个音音色到底是什么,不能定。汉语的“笔”,藏语作 bris,梵文的 amṛta(悉昙家通常念 amṛita,现代欧洲人同。)隋唐译“阿密哩哆”。等韵图把 * mṛid 填在三等,* myid 填在四等,像 mitili 写“蜜窒唎”。可是把正齿音 + - * ṛid 填在二等,比方 tuṣita 写“兜率”,新译“斗瑟哆”;把正齿音 + - * yid 填在三等,比方 śiri 写“室唎”。

W. Simon 有篇文章,发表在 Asia Major 卷十九上,假定藏文鼻塞音后头的 r 后来都经过易位成了添头字了。可以参考。要是从古汉语推测,还不如倒过来说合适。不过现在汉藏比较学还刚开头儿,要讨论这类问题还早着哪! 他还有一篇《经典藏文里的喻化和颚化》(Iotization and palatalization in classical Tibetan)也可以参看。

B. p—:b—

这一组里的比较早的词,是用清音开头的。新派生的词是用浊音开头的。p.b 只是代表。这种模式怎么建立的呢? 最早很可能是前头加了个浊音词头。后来这词头磨掉了,剩下的痕迹是新词开头辅音变浊了。当然也不排斥有反孳生。

开头辅音变化在塞尔特系语言里很显眼。比方据《英国百科全书》(1956 版)说:

Goelish	Old Irish
Sindos Kattos koilos	in caet call
Sindi Katti koili	in chait chair

这里 c:ch 的变化是变前一个音节尾音影响的。

1. 降

金文"降"字作 ,跟"陟"正相反,是一幅大写意的下坡儿图。《书·禹贡》说:"是降丘宅土。"这是 k-型的动词。

后来派生出来一个新词——被放下来了,《诗·草虫》说:"我心则降。"这是 g-型的。到隋唐是 æ-型的。

这一组的新字形始终没分化出来。

2. 期

《诗·桑中》说:"期我乎桑中";《国语·周语》说:"期于司里"。这里的期是 g-型的,当订约会讲。

后来派生出来一个名词:一年,周期。《丧服》三年以下有"期服"。《论语·阳货》说:"钻燧改火,期斯可矣。"《说文·月部》:"期,会也。"段注说:"会者,合也。期者要约之意,所以为会合也。假借为期年期月字……《周礼·质人》、《士虞礼》古文期年字作'基'。"这是 k-型的名词。这次孳生方向是反着的。

段氏举的异文很有趣:要不是夹杂着方音,要不是写字的人马虎,那么 k-g-的区别从晚周就有了,不是六朝经师的创造。

3. 閒(闲)

《说文·门部》说:"閒,隙也"。这是 k-型的名词。《墨子·经上》说:"有閒,中也……閒,不及旁也……纑閒、虚也。"《经说上》说:"閒,谓夹者也(夹用被动义),纑间虚也者,两木之间,谓其无木者也。"

段注说:"语之小止曰'言之閒'。'閒'者稍暇,故曰'閒暇'。今人分别其音为户闲切。"《礼记》有《孔子閒居》篇。在当时 g-型词已经分化出来了,可是字还用"閒"。

《荀子·解蔽》说:"闲居静思则通。"就找着个新形体了。《诗·十亩之閒》说:"十亩之閒兮,桑者闲闲兮。"两个字就分开了。要不是抄书的人随便改,那么这个分化模式不是六朝经师随便造的。

4. 比

"比"这个形体,在甲骨文里是"从"的又一种写法。到篆文里,从的人形朝左,就用它代表另一个词了。

《礼记·学记》说:“比物丑类。”《周礼·乡大夫》说:“三年则大比。”这是个 p-型的动词,到今天还通用。

“比”是比较。凡比较都得靠近。近引申成密的意思。段玉裁注说:“许书无‘篦’字,古祇作‘比’。见《仓颉篇》、《释名》、《汉书·匈奴传》。”《释名·释首饰》说:“梳……数者曰‘比’。比于梳其齿差数也。比言细相比也。”这是 b-型的名词。

一起头只有一个形体。后来派生出“篦”来。

5. 解

《战国策·齐策》说:“齐多智而解此环。”这是个 k-型的动词。到今天还通用。从中古的“衣不解带”到近代的“解铃”都保持不变。特别值得提一句的是《世说新语·捷悟》的“吾才不如卿,乃解三十里”那一类当“理解”讲的,一直用这个音。

后来又派生出一个当“拆散”讲的动词,用 g-音。到隋唐用 æ-音。《宣四年左传》说:“宰夫将解鼋。”还有《庄子·养生主》的“庖丁解牛”都用这个音。

一直到现代北京口语里,变戏法儿的人的行话里还有“大解八块”。不过多数人写“装卸货”的“卸”,这是因为尖团音混乱了。

6. 断

这是个 d-型的动词。《韩非子·显学》说:“水击鹄雁,陆断驹马。”都是截断的意思。《墨子》兵法里斩首也叫“断”。《号令》篇说:“昏鼓,鼓十。诸门亭皆闭之。行者,断……夕有号。失号,断。”

段玉裁注“断”字说:“会意。徒玩切……《广韵》徒管切。”又说:“今人断物读上声,物已断读去声。引申之义决断。读丁贯切。”

决断的词，像《礼记·乐记》说："临事而断。"《史记·李斯传》说："断而收行。"这是 t-型的形容词。

段说的今人，指宋朝人重修《广韵》和《集韵》，甚至于再早。现代方言里不见得守这个规矩。

这次孳生的方向也是反着的。

7. **校**

"校"本是个名词，当枷讲，从《易·上经》"何校灭耳"里就有了。引申成马圈。《周礼·校人》说："六厩成校。"从这里引申出比较的意思。段引郑玄《周礼注》说："校之言挍也。主马者必仍挍视之：校人马官之长。"又说："按：此引申假借之义也。"《国语·齐语》说："比校民之有道者。"要是有个地方教育人，经常考校，这也叫"校"。《孟子·滕文公》说："夏曰'校'，校者，教也。殷曰'序'。序者，射也。"铜器《虢季子盘》说："王各周庙宣射。"序字直接写"射"。后代写"榭"，这是没墙的房子，好射箭。《孟子》说的语源不错。"校"的语源也该是比箭的"校"。《国语·齐语》说："比校民之有道者。"这个动词是 k-型的。

刚派生的名词是 g-型的。这就是《襄卅一年左传》的"郑人游于乡校"的"校"。从《集韵》给"校"字下的"教学之宫"注解看，这个音早就流行了。现在闽南话、北方话都用这个音。

8. **奇**

《说文·可部》说："奇，异也。一曰，不耦。"这两个意思哪一个比较早呢？大概是"不耦"，也就是单数的意思早点儿。比方从奇声兼会意的"踦"，《说文》就是"一足也"。"觭"，《说文》说是"角一俯一仰也"。也就是说只有一只犄角是正常的。"锜"，郭璞注《方言》说"三脚釜也"。从这里引申出"意外、古怪"的意思。

英语的 odd 本来也当“单数”、“第三者”讲，后来也引申出奇怪的意思，可以作旁证。

古兵法家说的“奇兵”，本来是预备队的意思。一点也不“奇怪”。在决战激烈，胜负难分的时候，把预备队用上去就叫“出奇兵”。这就出敌人的意外了。把军队分两份儿，轮流担任正面作战和当预备队的任务，就叫“互为奇正”或是“奇正相生”。这是个 k-型的形容词。

后来派生出来一个名词，用 g-型的音。《老子》说“以奇用兵”，这才成了专表达意外意义的词了。

9. 朝

金文“朝”字作  。象太阳刚出来在“水草之际”形。这是个 t-型的名词。《诗·氓》说：“靡有朝矣。”早晨吃饭就叫“朝食”。《成二年左传》说：“余姑剪灭此而朝食。”

后来派生出来一个动词：朝见。《成十二年左传》说：“朝而不夕。”这就是早朝。《宣二年左传》说：“晨往，寝门辟矣，盛服将朝。尚早，坐而假寐。”这一节可以说明。要不然“日在水草之际”谁敢说不是太阳落山儿呢？这个动词是 d-型的。

从这里又派生个使动词。《孟子·梁惠王》说：“然则王之所大欲可知已。欲……朝秦楚而莅中国也。”

另外还派生一个动词：长潮。段玉裁注《说文》“淖”字说：“《禹贡》……荆州……江汉朝宗于海……古说则谓潮也。”这个动词也是 d-型的。

10. 长

这个字形卜辞作 。和老比起来，它显得很不完整。《说文·长部》有个古文长作 ，跟卜辞相合。正篆作 。照这个形体推，

原始长字应该作 ,象人头上有两根羽毛,伸手拄着一根拐杖。后来羽毛变成“倒亡”,大拇指切下来跟拐杖配成“匕”,脑袋成了一根棍儿。说解驴唇不对马嘴。这个形体本来代表 t-型的名词。意思是“长老”。《书·盘庚》说:“邦伯师长百执事之人。”

长老一般地说都是长寿的人,所以派生出一个形容词,长短的长。这个词的音是 d-型的。《墨子·经上》说:“圜:一中(圆心)同长(半径)也。”《诗·泮水》说:“顺彼长道。”《蒹葭》说:“道阻且长。”

11. **子:字慈**

子字卜辞里已经有了。用法和现代一样。《殷虚书契》4·25说:“妾  有子。”这是个 ts-型的名词。殷王的儿子好像就叫子。《小子畬卣》说:“子令小子畬先以人于萛。”

从这里派生出一个以动词来,用 dz-型的音。当抚养讲。《书契》4·26·7 说:“己亥卜,王。余弗,其子帚侄子?”这就是《书·皋陶谟》里“启呱呱而泣,予弗子”的“子”。《豖多父盘》说:“多父其孝子(慈)。”《礼记·乐记》说:“子谅。”郑注说:“子读为‘不子’之‘子’。”《墨子·非命上》说:“是以入则孝慈于亲戚。”《尚贤中》说:“入则不慈孝父母。”《庄子·渔父》说:“事亲则慈孝。”意义扩大了,不过可以证明盘铭。《论衡·问孔》说:“帝敕禹毋子不肖子也。”一字两用。

后来分化出一个新形体“字”,《说文·子部》说:“乳也。”这是《易·屯》“女子贞不字,十年乃字”的“字”。另外还有个后一些的“慈”字。

咱们可以发现这两个形体逐渐代替“子”了。上文的《皋陶谟》、《列子·杨朱》就写“子产不字”。《晏子·外篇》说:“久丧循哀费日不可使子民。”《墨子·非儒下》作“不可使慈民”。《礼记·缁衣》说:“故君民者子以爱之……故长民者贞教尊仁以子爱百姓。”《白虎通·葬丧》说:“原天之意子爱周公……”《国语·周语》就写“慈保庶民”。

最后分配定了。“子”记名词,“字”、“慈”记动词(因为“字”还有“文字”一个讲法,它逐渐让位给“慈”)。《仆儿钟》说:“丝貉之元子,而徕之字父。”《书·大诰》说:“于父不能字厥子。”《韩非子·显学》说:“慈母有败子。”《新书·道术》说:“亲爱利子谓之慈,子爱利亲谓之孝。”

12. 干:扞

金文干作 ,象盾牌形,上头有两根羽毛。这是k-型的名词。《书·牧誓》说:“比尔干。”

后来又派生出一个 g-型的动词。一上来没字可写,只用“干”兼职。《毛公鼎》说:“以乃族干吾王廷。”“干吾”读作“扞禦”。这是叫他带卫队了。《诗·兔罝》说:“公侯干城。”毛《传》说:“干,扞也。”就是说这里的干字代表平常的“扞”。《韩非子·八说》说:“搢笏干戚……干城,距衡冲不若穴堙伏櫜。”里头一字两用:前头是“干”,后头的是“扞”。

动词的专用字出现得不晚。《大鼎》说:“大䮁召大以氒友入攼。”《成十二年左传》说:“此公侯之所以扞城其民也。”

“扞”、“攼”从“干”。也有从“旱”的。《书·文侯之命》说:“汝多修扞我于艰。”《说文·攴部》引作“敦我于艰”。《文六年左传》的“亲帅扞之”,在《礼记·祭法》里就有“能捍大患则祀之”那种写法。这就说明 g-型音不是六朝经师造的。就算康有为《新学伪经考》说铜器都是刘歆造了埋在各处的(那也就是赞美他比孔子伟大得多)是真话,也早在六朝经师以前了。

13. 哉:才裁

《说文·才部》说:“才,艸木之初也。”卜辞作 ,金文作 。形体出现得极早,不过用作“在”字。“艸木之初”是萌芽状态呢?还是

栽种的形象呢？也不清楚。《书·康诰》的“惟三月哉生魄”写“哉”，《法言·五百篇》说：“月未望，则载魄于西。”写“载”。从这里看，读音是 ts-型的。不过意义是开始，属动词或形容词类，是没问题的。

从这里派生出时间短暂和刚刚的意思。段玉裁注“才”字说：“引伸为凡始之偁。《释诂》曰：‘初、哉，始也。哉即才，故‘哉生明’亦作‘才生明’。凡才、材、财、裁、纔以同音通用。”《说文·雨部》说：“䨮，小雨财霁也。”《汉书·杜钦传》说：“钦恶以疾见诋。乃为小冠，高广财二寸。由是京师更谓钦为小冠杜子夏。”最后有了“裁衣服”的裁。这个音是 dz-型的。

从“才”字写成“哉、载”，它自己又代替“在”讲，这种音的分化在西周就有了。也不是六朝经师的创造。

14．教：傚

《说文》说：“教，上所施下所效也。”这是个 k-型的动词。《论语·子路》说：“‘既庶矣，又何加焉？’子曰：‘教之。’”这是个 k-型的动词。

有老师教，学生就学了。这就派生出仿傚的动词。《诗·角弓》说：“尔之教矣，民胥傚矣。”《管子·弟子职》说：“先生施教，弟子是则。”《诗·鹿鸣》说：“是则是傚。”《释名·释言语》说：“教，傚也。”这条讲语源讲得很准。这个新生的动词是 g-型的。

梵文√vid 是“了解”，使动 vedayati 是“教给”。比照这例子，“效”应该在先，“教”应该在后。事实可不是这样：卜辞已经有“教”字了。所以咱们不说“效”派生使动“教”。因为梵文跟汉语可能各有各的规律。

15．见：现

金文见作 ，卜辞除了把圆化作方以外，也没别的样子。这是人用眼睛看的形象。这个动词是 k-型的。《易·蒙》说:"六三,勿用取女。见金夫,不有躬。"

见的使动用法用 g-型的音,"孟子见梁惠王"是"谒见"。"见(g-)于王"是出现在王面前,换句话说,就是"使王见"。这也是使动词。

《宗周钟》说:"南尸东尸具见,廿又六邦。"

《易·乾·九二》:"见龙在田,利见大人。"《释文》前一个"贤遍反",后一个"如字"。《汉书·公孙弘传》说:"权轻重之数,论得失之道,使远近情伪必见于上,谓之术。"这也是贤遍反的词。

藏文 mkhen 是见的意思。可以用来跟见对比。

16. 皆:偕

《诗·丰年》"降福孔皆","皆"当普遍,均匀讲。这是个 k-型的形容词。

《仪礼·聘礼》说:"大夫奉帛入,三揖,皆行。"郑注说:"皆犹并也。"这是个 g-型的动词,当合伙儿、作伴儿讲。

后来分化出来一个新形体——"偕",《集韵》"居谐"、"雄皆"两切。《诗·陟岵》说:"夙夜必偕。"《击鼓》说:"与子偕老。"都用它记 g-型音。韵书收两个音,说明在写韵书的人心里它的来源是清楚的。《襄二年左传》引诗作"孔偕"。

此外还有"谐"字。意思是合作,协和。《书·尧典》说:"八音克谐。"这个毫无疑问也是"皆、偕"的一家眷属。用它可以证明 g-音不是六朝经师造出来的。

17. 半:叛

半字早就有了。是个 p-型的名词。增加偏旁字作"胖"。《周礼·腊人》说:"荐脯膴胖。"杜子春说:"礼家以胖为半体。"这就是现代北京口语叫一扇儿，或者一片儿的话。

古文献里也有用“半”代表“片”的。《汉书·李陵传》就有“一半冰”的话。半原来不必代表百分之五十。要不然北京口语的“一个汗珠子摔八半儿”就不能讲了。郑玄说：“胖之言片也。”就避免给人 50％的印象。

后来派生出一个 b-型的动词来——“叛”。《说文·半部》说：“叛，半反也。”《系传》说：“离叛也。《春秋》曰：‘弈盈入于曲沃以叛’：使其邑于国分半也。”后来没什么人同意。这是徐锴措辞不当。要是说“半，犹今人言分裂也”就好懂多了。“反叛”是从封建统治者立场上说的。真相可能不是那么回事。这跟咱们没关系。咱们说“分裂”，是中性的。别的归史学家去管。

18. 包苞：袍

《易·否》说：“系于苞桑。”《泰》说：“苞荒。”《释文》说：“苞本又作包，必交反，下卦同。”照这样看包、苞好像就是一个字。用草包东西，也适合当时生产力水平。《说文·勹部》说：“勹，裹也。象人曲形有所包裹。”《包部》说：“妊也。”无非因为里头从“巳”。他要知道卜辞十二支“辰”下是“子”，就该说是“抱”的本字了。应该说这两个字都代表一个 p-型动词。《诗》说：“野有死麕，白茅苞之。”最是典型的例子。

后来派生出一个 b-型的名词来了。《释名·释衣服》说：“袍，丈夫著下至跗者也。袍，苞也，苞内衣也。”这条语源讲得正确。《论语·子罕》说：“衣敝缊袍。”就是棉袍儿。所以《诗·无衣》说：“谁曰无衣，与子同袍。”

19. 增：层

《说文·曰部》说：“曾，词之舒也。”《曾白霥簠》字作 ，下头是一个两层的蒸吃食的锅,上头画些热气。这就是"甑"的原始形体。这是个 ts-型的名词。派生出增加的动词。《孟子·告子》说:"曾益其所不能。"用现代话说,就是加一层。

从增加的意思派生出 dz-型名词。《楚辞·招魂》说:"曾台累榭。"就是"层台"。《汉书·司马相如传》说:"岔入曾宫之嵯峨。"《淮南子·地形》说:"摇昆仑虚……中有层城九重。"

20. 骄:乔

《诗·硕人》说:"四牡有骄。"这是个 k-型的形容词。骄就是高。引申的意义是骄傲,也就是自高自大。这个字本来也可以直接写"乔"。《礼记·坊记》说:"富斯骄。"这就是《论语·学而》的"贫而无谄,富而无骄"的反面。

《说文·夭部》说:"乔,高而曲也。"段注说:"《尔雅·释诂》、《诗·伐木》、《时迈》《传》皆曰:乔,高也。……按乔不专谓木。浅人以说木则作'桥',如《郑风》'山有桥松'是也。以说山则作'峤'。《释山》'锐而高:峤'是也。"徐灏《笺》说:"'桥'、'峤'等字皆周秦以来相承增偏旁……按:从乔之字如'侨'、'骄'、'跻'、'桥'之类皆取高义。"这些词多数是属 g-型的名词。

这个例子是文字早晚跟词派生先后不一致的。

21. 晶:晴

《说文·晶部》说:"晶,精光也。从三日。"徐灏《段注笺》说:"晶即星之象形,故曑,曟字从之。古文作   二形。"这是个 ts-型的名词。

《说文·夕部》说:"姓,雨而夜除星见也。"段注说:"《卫风》:'灵雨既零,命彼倌人,星言夙驾……'《韩诗》曰:'星者,精也。'《史记》'天精而见景星',《汉书》作'天暒'。孟康曰,'暒者',精明也。《汉书》亦作'精'。韦昭曰:'精者清朗也。'郭璞注《三仓》云:'暒者雨止无云也。'古'姓'、'暒'、'精'皆今之'晴',而《诗》作星。《韩非子》曰:'荆伐陈,吴救之。军间三十里。雨十日,夜星。''夜星'即'夜姓'也。雨夜止星见谓之'姓'……引申为昼晴之称。"晴是 dz-型的形容词。《韩非子》见《说林》篇。《说苑·指武》作"夜晴"。

22. 过:祸

《论语·子张》说:"言游过矣。"这是个 k-型的动词。凡是事情作得过当就出差错。《说文》"过"字说解是"邮也"。经典当"错误"讲的字写"尤",比方《诗·载驰》的"许人尤之"。汉人的宗教感情微弱,只会说"积善之家,必有余庆;积不善之家,必有余殃"。鬼神给一切犯错误的人降祸,给一切作事得当的人降赏。也不像佛子那样细心,有前生后世的说法来解释例外。

《管子·立政》说:"德厚而位卑者谓之过。"还有两可的讲法。《礼记·大学》说:"见不善而不能退,退而不远,过也。"就只能当惹祸讲了。

《玉篇》说:"禍,神不福也。"《汉书·五行志》说:"数其禍福。"颜注说:"禍,古祸字。"这个字从"旡"。这并不是《说文》的簪子的旡。这怕是⺧的变形。从⺧跟从辵可不是一样么?这就是用过字表示新派生的名词"祸"g-。

到《老子》里的"祸兮福所倚,福兮祸所伏",用法和字形就和现代一样了。

23. 乾:旱

《说文·乙部》说:"乾,上出也。"段注说:"上出为乾,下注则为湿……倝者,日始出光倝之也。然则声中有会意焉。"《易·噬嗑》说:"六五,噬乾肉。"《周礼·腊人》:"掌乾肉。"这是 k-型的形容词和使动词。

后来派生出个 g-型的名词来：天乾为“旱”。《诗·云汉》说：“旱既太甚。”《春秋繁露·五行》说：“旱之为言乾：万物伤而乾不得水也。”

24. 谛：禘

《说文》、《方言》都说：“谛，审也。”《关尹子·九药篇》说：“谛豪末者不见天地之大。”这是 t-型的动词。

后来派生出来一个“禘”，是 d-型的动词和名词。段玉裁注“禘”字说：“经言‘吉禘于庄公’，传言‘禘于武公’……皆专祭一公，僭用‘禘’名，非成王赐鲁重祭周公得用禘礼之意也。昭穆固有定，曷为审谛而定之也？禘必群庙之主皆合食，恐有如夏父弗忌之逆祀乱昭穆者，则顺祀之也。”这里说“禘”的语源很清楚。所以《说文》说：“禘，谛祭也。”这是个 d-型的名词。

25. 収：共

《说文·収部》说：“収，竦手也。”《广韵》作廾，引《说文》。音“居竦切”。这是个 k-型的动词。这就是《论语·为政》的“譬如北辰，居其所而众星拱之”（《释文》引郑本）的“拱”字。是好些星星围绕一个中心的意思。

好些人合起来作一件事，或是享受一样东西，就叫“共”。这是个 g-型的动词。《论语·公冶长》说：“愿车马衣轻裘，与朋友共。”这个音是“渠用切”。

以上这些，都是从 p-派生 b-的，也有反孳生的。新生的词辅音变浊，可能是受一个词头影响。从藏文 mken 看，这个词头可能是 m-。《诗》的“无念尔祖”，毛传说：“无念，念也。”这个“无”不是否定词。它是个表达完成体的词头。正好像俄语用完成体，比方

prochitayu，表示将要作的决心一样。

有些派生词显然是名词。后代造名词加“所”。《周易》用“攸”。从汉藏音轨说，它在周音是 * du。藏文“头”是 dbu（〈 * dbo），《僖廿四年左传》有个“头须”，也作“里凫须”。可见周音有用 d-或 r-作词头的。

C. kh：g

1. 圈

《说文·囗部》说：“圈，养畜之闲也。”《集韵》“驱圆切”。注解说：“屈木盂也。”同音的蠸、腃都是当弯曲讲。现代北京口语和好些别方言都用这个 kh-型动词。一般地说，当“作圆形”讲。直到现在，评改文章还靠圈和点。

用木头栅栏把牛、羊什么的围起来就叫“圈”，用 g-型音。这是“养畜之闲”。《汉书·张释之传》有“虎圈”。

2. 土：敷

卜辞土字作 ，象一块土坷垃。这就是《僖二十年左传》的“野人与之块”的“块”。大片土地也可以叫“土”，《礼记·大学》说：“有土斯有财。”这是 th-型名词。

作土工也就叫“土”。《诗·击鼓》说：“土国城漕。”土工里有一项“塞向墐户”工夫，《说文》说：“敷，闭也。”《周礼·柞氏》注引《粊誓》：“敷乃穽。”现在的《费誓》作“杜”。《晋语》说狐突“杜门不出”，也就是北京口语堵上门儿。《周礼·大司马》也有“犯令陵政则杜之”，这都是记的 d-型音。

3．披:被

《说文·手部》说:“披,从旁持曰披。”徐灏《段注笺》说:“《一切经音义十三》[①] 引《纂文》曰:‘披,分也’。《左氏成十八年传》:‘……披其地。’《史记·魏其武安传》:‘不折必披。’灏案:训‘分’者,字之本义,引申之乃为‘从旁持’耳!《释名》:‘两旁引之曰披。’”这个音是 ph-型的。

“分”就是“披荆斩棘”的披。要是把头发分散,或者是把长衣裳散披着,那也叫“披。”《汉书·杨雄传》说:“被芙蓉之朱裳。”颜注说:“被音披,又音皮义反。”这个新产生的词是从“披”派生出来的。《襄三年左传》有“被练三千”。

从这个新音 b-产生了使动词“笼罩”。《书·尧典》说:“光被四表。”

从动词又派生出一个名词。《说文·衣部》:“被,寝衣;长一身有半。”“被”原不像衣服那么贴身儿,不过是裹上身子就是了。

4．坎:陷

《周易·上象》说:“习坎,重险也。”《说卦》说:“坎为水,为沟渎。”这是个 kh-型的名词。这个话一直保存到现代北京口语里,成了迷信行话,又流进一般人的词汇里。仓石武四郎先生的《中国语辞典》收了这个词——kăr。在北京上了岁数的人里,六十六、七十三、八十四都是“坎儿”,就是说,老年人不易活过去的“难关”。这个词儿现在北京青年都不懂了。

水坑,水沟,谁要是掉进去,就叫陷。这是个 g-型的动词。段玉裁注《说文》“陷”字说:“……自高入于下亦曰陷,义之引申也。

---

① 这是玄应的作品。

易曰‘坎,陷也’,谓阳陷阴中也。凡深没其中曰‘陷’。”《礼记·中庸》说:“驱而纳诸罟擭陷阱之中。”这又派生出一个新名词来了。

这一组是 kh-和 g-的关联。方向是固定的,总是 kh-型词在文献里出现得早,有时候是在逻辑上早。这种变化,从藏文 mkhen 看,可能是 m 词头影响 kh-变成 g-。比方 mkhen 就可以跟“现”联系。

k-〉g-, kh-〉g-,这关系是怎么回事现在还不懂。

D. kh:x

1. 气:氣

卜辞有个“三”字,过去各家释成“介”。这种望文生训,和把 [illegible] 释成“霾”一样,属猜谜派,方法实在不精密。于思泊于先生根据战国气字作“[illegible]”推定卜辞的“三”就是气,同音通借作迄,这个字才得着正确的解释。

《说文·气部》说:“气,云气也。”段注说:“引申为凡气之偁。”这是个 kh-型的名词。《易·系辞》说:“精气为物。”用“氣”字。这是个 kh-型的名词。

《论语·乡党》说:“惟酒无量,不使胜食氣。”这个字是 x-型的。《集韵》写作“餼”,注解说:“饱也。”《说文·皀部》作“既,小食也”。引《论语》。这是个再派生的名词。

2. 虚:墟

《说文·丘部》说:“虚,大丘也。‘昆仑丘’谓之‘昆仑虚’。”段注说:“《海内西经》曰:‘海内昆仑之虚在西北,帝之下都。’即《西山经》‘昆仑之丘,实惟帝之下都也’……按‘虚’者,今之‘墟’字……

虚本谓大丘，大则空旷，故引申之为空虚，为鲁少皞之虚……又引伸之为凡不实之称，《邶风》‘其虚其邪’，毛曰：“虚，虚也。”谓此‘虚’字乃谓空虚，非丘虚也。一字有数义数音，则训诂有此例。”这一节讲语源，讲得很透。当大丘讲的虚，后来单分出一个形体：“墟”。音是丘于切。这是个 kh-型的名词。

空虚的意思，就用休居切。这就是 x-型的形容词了。

现代西南方言，有不少管“赶集”叫“赶场”的，也有叫“赶墟”的。

3. 卿：乡

殷末金文里已经出现过 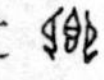 和  。这分别演变成后代的“卿”和“鄉(乡)”。原始的形态存到《金文编》的附录里——  。这是两个人脸儿对脸儿〈向，嚮〉吃东西(享，饗)的图形。《襄廿五年左传》说：“郑伯享赵孟。”这是 x-型的使动词。《书·盘庚》说：“兹予大享于先王，尔祖其从与享之。”这是一个使动，一个自动。《诗·烈祖》说：“来假来饗。”这是自动。

要是查查甲骨金文，就可以发现，“乡”字经常出现在这样的上下文里。甲骨有“王  □酒①”，《宰 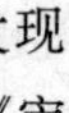 毁》有“王乡酉”，《征人鼎》有“天君乡祾酉”，《效尊》有“东宫内卿于王”，《白誓毁》有“用卿孝”，最后一条可以和《姬鼎》的“用孝用亯”对比。

古文献里也有在这种上下文里用“乡”字的。《墨子·尚贤中》说：“则天乡其德。”这也是亯字的上下文。《明鬼下》的“帝享女明德”，可以作证。

饗字难写，后代就多用“享”。《书·无逸》说：“肆中宗之享国七十有五年。”三体石经的隶书和《史记·周本纪》都还写饗。

① 《殷虚书契》4.22.8

《休毁》说："益公右走马休入门立中廷，北乡。"这在经典里都写"向、嚮"。《隐六年左传》说："如火之燎于原，不可乡迩。"现在的《书·盘庚》作"不可嚮迩"。这些词都是 x-型的动词。

"乡"字还出现在 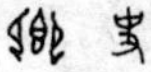 这个词里。这是个 kh-型的名词。《墨子·尚同下》说："故古者建国设都，乃立后王君公，奉以卿士师长，此非欲用说也。"《尚同中》作"夫建国设都，乃作后王君公，否用泰也。轻大夫师长，否用佚也"。这个"轻"字是什么时候写的，现在没法儿确定。可是总不能说是六朝经师的创造。这些经师的工作也"未可厚非"，因为他们把经典常用汉字的形体、音切、训义大致定了。用现在的话说，就是作了"规范化"的工夫。不过《墨子》没资格算"经典"罢了。这个字的写法可以证明 kh-的音不是瞎造的。当然，从"轻"、"卿"音近这一点说，恐怕得晚到战国以后。因为只有战国铜器才有  这样的字形。这种字形是庚、京、卿、兄……这一批字开始变得跟阳唐押不上韵的痕迹。

在古文献里，"卿士"都写"士"。可是《书·洪范》疏引郑注"谋及卿士"这句的话说："卿士，六卿掌事者。"看起来郑本有可能作"事"。比方《夨彝》就有"卿事寮"。《小子罸毁》说："己未，卿事易小子罸贝二百。"《夨彝》的原文是"公令徙同卿事寮"。也有单称"卿"的。《邾公钊钟》说："及我正卿。"

词分化了，形体没分配好。《墨子·耕柱》说："子墨子使管黔敖游高石子于卫，卫君致禄甚厚，设之于乡。"毕沅说"乡"是"卿"字。

到最后，现在的两个形体分配定了。《墨子·尚同下》说："卿之宰又以其知力为未足独左右其君也，是以选择其次，立而为乡长家君。"

"乡"和"卿"的语义有什么关联呢？《说文·𨛜部》乡字下说："封圻之内六乡，六卿治之。"段玉裁注说："……谓周礼也。'封圻'即'邦畿'。《周礼》：'方千里曰国畿。六乡地在远郊以内。五家为比，五比为闾，四闾为族，五族为党，五党为州，五州为乡。乡老：二乡则公一人，乡大夫每乡卿一人。'"注"卿"字说："天子六卿，乡老：二乡则公一人，乡大夫每乡卿一人，即此六乡也。"这就是说：卿和乡的关系是领主和领土的关系，正像梵文 rājan 跟 rājya，英语 king 跟 kingdom，俄语 tsary 跟 tsarystvo 的关系一样。

"卿"跟"乡"两个形体本是一个分化出来的，没法儿确定谁先谁后。两个词也是这样。所以咱们没法儿列出一个谁派生谁的顺序来。

4．考：孝

"考"是殷周人称呼老年人，特别是父亲的称呼。这是个 kh-型的名词。

在最早的时期，没有专用的字。暂且借用丂这个形体。《司土彝》说："𤔲土𤔲乍氒宝䵼彝。"《同毁》说："用乍朕丂叀中隮宝毁。"这里"氒丂"可以跟《书·大诰》的"若考作室既底法，厥子乃弗肯堂，矧肯构。厥考翼其肯曰……"比。"文丂"可以用来跟《礼记·缁衣》引《太誓》的"予克纣，非予武，惟朕文考无罪……"来比。

到后来好歹算造出来一个专用字——考。《大丰毁》说："王衣祀于王不显考文王。"

从这里派生出一个动词来，正好像从"子"派生出"字"来一样。后来的金文证明这个动词是 x-型的。不过在这个阶段还没有专用字，只好用一个"考"字兼职。《丰兮尸毁》说："丰兮尸乍朕皇考隮毁。尸其万年子子孙孙永宝、用亯考。"《仲师父鼎》说："其用亯用考于皇且帝考。"

这么一字二用到底不方便。于是乎就有分开它的企图。《都公毁》说："用亯考于氒皇且于氒皇丂。"《諴鼎》说："用追亯丂于皇且考。"用《诗·六月》的"张仲孝友"比比《曆鼎》的"考友隹井"，用《诗·载芟》的"以孝以亯"比比《其□勾鑃》的"台亯台考"，就知道这里的企图是没法分开新生的 x-词“孝”了。

后来孝字造出来了。可是用法还不稳定。所以《曶鼎》说:“曶用兹金乍朕文孝弃白□牛鼎。”《杜伯盨》说:“其亯孝于皇申且孝。”

最后“孝”的用法才确定了。《善夫克鼎》说:“天子明悊覞孝。”《□姬鼎》说:“用𩱶用尝,用孝用亯。”

在这以后,人们可以看见跟现代人习惯一样的用法。《齐陶氏钟》说:“用亯台孝,于匃皇且文考。”《书·大诰》:“矧惟不孝不友,大伤厥考心。”《酒诰》:“奔走事厥考厥长……用孝养厥父母。”

这么长的演变过程,这么复杂的千姿万态真能叫人眼花缭乱。可是两个亲属词的派生过程,有这么多金文作证,简直毫发无间。这是碰巧了赶上“考孝”都是极常用字,才能列出这样的清帐。别的条底下不能这么详尽,只因为“书缺有间”了。

5. 参:三

“三”字卜辞已经有了。这是个 s-型的数词。

后来一切多数的意思都可以用“三”概括。《说文·又部》说:“三指者,手之列多略不过三也。”汪中《释三九》里有详细的论述。世界的语言有“数”这个范畴的,有分“单、多”的,有分“单、双、多”的,再分“单、双、三、多”就是极个别的了。可见得用“三”代表“很多”,是相当普遍的。

凡是把多数东西放到一块儿,互相比较,就叫“参”。这是个 tsh-型的动词。《易·说卦》:“参天两地。”《说文·又部》说:“伍,相参伍也。”段注说:“凡言参伍者皆谓错综以求之。《易·系辞》曰:‘参伍以变。’《荀卿》曰:‘窥敌制胜,欲伍以参。’《韩非》曰:‘省同异之言以知朋党之分。偶参伍之验以责陈言之实。’又曰:‘参之以比物,伍之以合参。’《史记》曰:‘必参而伍之。’《汉书》曰:‘参伍其价,以类相准。’”

这一次的派生好像是个反孳生的例。

藏文"三"是 gsum。要是原始汉语也是这样,那么 g 可以受逆同化变清。ks-变 tsh-可就不奇怪了。梵文 yakṣa,唐译"药叉",可是后汉译"夜叉"。这ṣ<s。Whitney Skt. Gr. 180a 有解释。

6. 缞:衰

《说文·衣部》说:"衰,艸雨衣。"段注说:"艸部曰:'萆,雨衣。一曰"衰衣"'。《小雅》'何蓑何笠'……《公羊传》'不蓑城也'。何云:'若今以艸衣城。'……俗从艸作'蓑',而'衰'遂专为等衰、衰绖字,衰绖字本作'缞','衰'其假借字也。以艸为雨衣,必层次编之,故引伸为等衰。"

段氏讲等衰的意思讲得明白。可是讲"缞"字有些拘谨。既然"寝苫枕块",有什么不可以穿艸衣的呢?而且斩、齐、大功、小功、缌也跟等衰的意思不违背。我看 tsh-型音可能就是等衰的形容词音。从这里再分出一个名词"缞"来是完全可能的。

E. d:t

1. 勺:酌

段本《说文》说:"勺,枓也。所以挹取也。"朱骏声《说文通训定声·小部》说:"一切经音义引《说文》:'勺,枓也。'按,所以挹者:《考工·梓人》'勺一升'。《玉人》'黄金勺'杜注'酒尊中勺也'。《仪礼·士冠礼》'宾勺'注:'尊,升。所以斞酒也。'《礼记·中庸》:'一勺之多。'"这是个 d-型的名词。段注"勺"字说:"此字当依《考工记》上灼反,《中庸》市若反,《篇》、《韵》时灼、市若切。"

从这里派生出一个动词,是 t-型的。正好像"尊"有名、动两个身分一样。《说文·酉部》说："酌，盛酒行觞也。"朱骏声说："《仪礼·有司彻》'尸升坐取爵酌'……《周语》'而后王斟酌焉'……又《诗·周颂·酌·序》：'酌，告成大武也。言能酌先祖之道以养天下也'……《左传》作'汋'，《内则》作'勺'。"从这一节看《内则》的"勺"是兼职的。"酌"是增加偏旁字。

派生的方向好像是浊音变清。目前还不懂。

2．折

《论语·颜渊》说："片言所以折狱者。"折就是断。《诗·将仲子》说："无折我树杞。"也是弄断。这个音是旨热切，是 t-型的动词。《论语》释文引郑注说：《鲁论》作"片言可以制狱"。"制"征例切，可以证明"折"的 t-型音。《大戴·劝学》说："朽木不知。"也可以证明。当然也不是六朝经师造的。

从这里派生出来一个形容词——已经断了，被弄断了。这个音《广韵》"常列切"。现在河北山东方言还保留这个音。《通鉴·卷一百五》说："不觉屐齿之折也。"就是这个形容词。

从这一条看起来，派生的方向又好像是 t-派生 d-了。可是一个字两个音，谁也没法儿定出先后来。暂且用"勺"作标准。认为方向是 t-〉d-。也许我弄倒了。这两条都该入 B 组。

F．s:j

1．说

《说文·言部》说："说，说释也。"段注说："'说释'即'悦怿'。说悦、释怿皆古今字。许书无'悦怿'二字也。说释者，开解之意，故为喜悦。"这条讲意义引申讲得很精。说是 s-型的动词，意思是解释。

j-型的音是形容词。一件事情，有人给讲明白了，心里豁亮，就叫"悦"了。

j-音可能是 si-在浊音词头后头的音变形式。梵文在家修行的人叫 upāsaka，后汉人译作"优婆塞"，女的叫 upāsika，就译成"优婆夷"。

2．释

"释"是 s-型的动词。《尔雅》十九篇，每篇的第一个字都用"释"。后汉人译佛姓写"释迦"。这是 śa kya。当时"释"念 śak〈śag。

后来派生的形容词用 j-型音。这完全跟"说"字平行。

后汉安世高译《㮈女经》- 就把 viśālā 写成"维耶梨"。可见后来的"怿"字应该念 jak。

G．z-:j-

1．巳:已

卜辞、西周金文十二支的第六个都写"子"。后来改成巳。这个形体《大盂鼎》里已经有了，写成 ，用作感叹词。

《说文》作 ，正和  里一样。论象形，大约是象胎儿的形。

用作十二支的巳，《广韵》"详里切"。这个音从早就有了。《诗·维天之命》疏引《诗谱》说："子思论诗于穆不已。"孟仲子作"于穆不似"。这个异文说明这个音从战国就是 z-型的了。

后来出现了用十二时纪一天的习惯，巳正在午的前头。从一个在午时说话的人来说，凡是未时作的都还没作，所以"未"引申成"尚未"。凡是巳时作的已经作了，所以派生出来"已经"的"已"。《广韵》"羊已切"，就是j-型的音了。《墨子·经上》说："已：成，亡。"《经说上》说："已。为衣，成也。治病，亡也。"翻成现代的"了"字正好。在句尾多数写成"矣"。章炳麟《新方言》有论述。

2. **颂(容)**

《说文·页部》说："颂，皃也。"《系传》说："此容仪字。歌颂者，美盛之形容也。故通作'颂'。后人因尔乱之。以此为'歌颂'字。今世间《诗》本，《周颂》亦或作'讼'。"《说文·言部》说："讼……一曰歌讼。"

颂字"余封切"，是j-型的名词。派生出"似用切"的z-型名词来，给跳舞伴唱的歌。

从作"讼"的写法看来，它在汉朝就不通行了。可见得z-型的音不是六朝经师造的。

当然，上古音到底有没有z现在还不能定。中古音的体系是齿音一行有五个，比方："精、清、从、心、邪"，"照、穿、神、审、禅"。从梵汉对音反映出来的后汉情况是"精、清、从、心"和"照、穿、禅、审"，根本没浊擦音。人们当然可以说：这是因为梵文没有这样的音，所以译音的人用不着。不过梵文viśālā安世高译成"维耶梨"，支谦译《维摩诘》经作"维耶离"，显然可以证明在两个元音之间(intervocalic)已经浊化。可是两位大师都用"耶"，说明后汉语并没有ʑ那类音，更没念ʑ-的字。从"优婆夷"译upāsika看来，后汉语也没有z-类音，也没用念zi的"兕、似"等等字来记浊化的-s-。从这儿再推，上古的z到底是擦音不是，甚至于到底有没有也就可疑了。

H. l-：m-

1. 来：麥

卜辞“来”字作 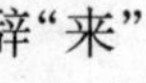，象形，画的是一棵冬小麦。这个词在所有汉语现代方言和中古音切里都用 m-起头。这个汉字在现代方言和中古音切，和上古文献通借字里都记的是个 l-音。这是怎么回事呢？

《说文·来部》说：“来，周所受瑞麦来麰也……天所来也，故为行来之来。”《诗·思文》郑《笺》说：“武王渡孟津，白鱼跃入王舟。出涘以燎。后五日，火流为乌。五至。以谷俱来。”从卜辞看，麦子殷朝已经有了，不用等上天赏周武王。那形状也就是平常麦子，也没一点儿瑞气。郑玄、许慎是后汉人。后汉朝创始人刘秀好说鬼话，也信鬼话，许、郑两位跟着说点儿，情有可原。难得的是许君看出来“来”、“麦”两个词的语源上的关系。

来字现在代表的是一个 l-型的动词。从一出现到现在意思没怎么变，确实是当来去，也就是许慎说的“行来”讲。那么它跟麦子在语源上有什么联系呢？意思有什么关联呢？原来麦子这种东西，头年秋分种上，发芽儿长叶儿，好容易长个一尺来高，一场霜就给冻死了。用古汉语说，“逝”了。到第二年春上，阴魂不散，又“来”了。《孟子·滕文公》说：“今兹未能，请待来年。”上头已经说过“年”是结仁儿，那么“来年”本来当“麦子熟了”讲。后来才引申成“明年”。

l-型动词怎么派生 m-型名词呢，这得靠往前头加词头 ma〉m-。《诗·文王》说：“无念尔祖。”毛《传》说：“无念，念也。”这个 ma 不是否定词，是表示完成态的词头。从印欧系的话举例，过去分词常常变成名词，比方德语的 gelehrt 派生 der Gelehrte 就是好例。此外还有《小旻》的“无沦胥以败”也是。

原来  一个形体记两个词。这总不方便。《夨鼎》说：“夨从罵逨囗。”三体石经《君奭》说：“无能往逨兹迪彝教。”《汉书·功臣表》引《诗》说：“徐方既徕。”这都是为把动词分出去造的字。再回头看卜辞，已经有“𧻚”字了，形体作 。 就是象脚印形。从辵的有逨，从彳的有徕，剩下的就是  了。这个字明明是为 l-动词造的。可是在两个形体分配的时候，来了一个颠倒：用旧字写新词，用新字写旧词。这种情况在卜辞里已经是定型了。

2. 令:命

卜辞令字作 ，象往一个跪着的人头上加冕的形。这就是《周礼·大宗伯》里“一命受服”的情况。这个字在卜辞时代就代表两个词。

一个是 l-型的动词。卜辞有“贞勿令弘①”，《小子𠤳卣》说：“乙子，子令小子𠤳先以人于堇。”《鲁侯彝》说：“隹王令明公遣三族伐东或。”这里都是动词用法。从金文的“霝冬”等于《诗》的“令终”推测，这个词用 l-开头，用-ŋ 收尾是没一点儿疑问的。

另外一个是 m-型的名词。卜辞有“丁子卜。𣪘贞有令于弘②”，《毓且丁卣》说：“辛亥，王才廙，降令。”《大保𣪕》说：“王降征令于大保……用兹彝对令。”这是个名词。从后来的发展看，音是 m-型的。

原来的“令”形体从一有记录就是兼职的。比方《夨彝》的铭文说：“王令周公子明𠊧三事四方……丁亥，令夨告于周公宫……公

① 《殷虚书契》5.15

② 《殷虚书契》5.15

令徙同卿事寮……明公朝于成周，徙令……舍三事令。”前三个是动词，后两个是名词。《大盂鼎》说：“王才宗周，令盂……受天有大令……我䎽殷述令。”前一个是动词，后两个是名词。

后来“命”这个形体造出来了，论理应该分配给名词，可是也还没作到约定俗成。比方“铃”字在《毛公鼎》里就写成“鈴”。后来才逐渐稳定下来。《毛公鼎》已经有“即君命”，《师望鼎》有“虔夙夕出纳王命”。《秦公毁》并也不学《盂鼎》了，写“受天命”。《陈逆毁》再也不学《虘豆》的“用匃永令”了，自己写“以𦣞羕命”。《子禾子釜》再也不学《兮甲盘》的“不用令”了，自己写“不用命”。《齐归父盘》再也不学《无異毁》的“敢对扬天子休令”了，自己写“鲁命……”。这些写“命”的器都晚到东周了。

也有一种习惯是不管记什么词，一概写“命”。《㒼毁》说：“王命㒼眔弔𦈡父归吴姬□器。”《谏毁》说：“王乎内史㝉册命谏。”这显然是跟《师兑毁》的“王乎内史尹册令师兑”的习惯不一样。《豆闭毁》说：“王乎内史册命豆闭……敢对扬天子不显休命。”《白晨鼎》说：“王命䡅医白晨……勿灋朕命。”就是“命”字两用的。

从后代文献看，“王命”和“册命”好像是从 m-再生出来专表“任命”意义的动词。《周礼·大宗伯》说：“王命诸侯。”《内史》说：“凡命诸侯及孤卿大夫则策命。”都是绝好的例子。

有一个阶段，两形体分配好了，可是用法跟现在的用法是颠倒的。《善夫克鼎》说：“王命善夫克舍令于成周……釁寿永令霝冬。”《师酉毁》说：“王乎史䚄册命师国……勿灋朕令……对扬天子不显休令。”所以作例子。

到《孟子·离娄》：“齐景公曰：‘既不能令，又不受命。’”分配才算最后定了。《周礼·大司徒》说：“正岁，令于教官曰：‘……以听王命。’”《司马法》说：“不用命者斩之。中军以鼙令鼓。”都跟现代用法一样了。

《韩非子·主道》说：“令名自命也，令事自定也。”《墨子·非攻下》说：“同命白黑之名而不能分其物。”这是个从“名”分化出来的动词，和上文没关系。《书·金縢》说：“名之曰‘鸱鸮’。”《史记·鲁世家》引作“命之曰鸱鸮”，可以作证明。不过同时也证明了“命”的东周读音和“名”一样，是 m-起头的。

3. 卯

《说文·木部》说：“柳……从木丣声。丣，古文酉。”《酉部》说：“丣，古文酉。”这个学说从大徐开始，到清朝成了定论。段注“珋”字说：“许君卯、丣画分，而从丣之字俗多改为从卯，自汉已然。‘卯金刀’为‘刘’之说……许所不信也。”

清朝学者不理会《石鼓》的“柳”字作“”，又有些人不管《留钟》里“留”字作，一口咬定卯酉有分。其实《说文》的古文酉出在漆书上。漆书笔末总是墨不足。看古文酉，实在是想写成，因为两笔断了，才错成现在的样子，正好像金文的篆文成了一样。这证据本就脆弱。再看汉印，“刘”字绝大多数确实是“卯金刀”，更叫人不信卯酉有分的话。等甲骨文一出来，“卯五牛”、“卯六牢”的文章一公布，清朝人吹起来的这个肥皂泡就破了。

本来古文献里有个 l-型动词，当杀讲。《书·盘庚》说：“无尽刘。”《周书·世俘》说：“咸刘商王纣。”“咸刘”就是“既杀”。甲骨写“卯”。

从这里派生出一种兵器。《书·顾命》说：“一人冕执刘。”《汉书·王莽传》说：“夫刘之为字，卯金刀也。正月，刚卯、金刀之利皆不得行。”颜注引服虔说：“长三寸、广一寸、四方。或用玉，或用金，或用桃，著革带佩之。”这是小型的首饰一类东西。实用的怕大得多。《说文·殳部》说：“毅改，大刚卯也，以逐精鬼。”这个，据《后汉书·舆服志》说，又叫“灵殳”。“殳”可是“积竹八觚，长丈二尺”。见

《说文》。恐怕这才是“执刘”的“卯”。卜辞的 卯 大约是象这个形。这是 m-型的名词。

4. 䜌:蠻

《说文·言部》说:“䜌,乱也。”乱包括紊乱、整理两个意思。这是个 l-型的动词。

金文经常用它写“鸞”这个词。《礼记·月令》管车衡上有鸾的叫“鸞路”,郑注说:“取有虞氏之车有鸞和之节为名。”《说文·金部》作“鑾”。说:“銮,人君乘车四马镳八鑾,铃象鸞鸟之声。”《休毁》就有“䜌、旂”,别的器上不知道有多少。从鸾銮两个字可以证明䜌字的音。

从这里又派生出一个 m-型名词——“蠻”。这是汉族用来称呼南方的异族的带侮慢口气的词儿,正好像晚期拉丁文管斯拉夫人叫 Sclavus 一样。

因为只有一个字,所以咱们看见金文里净用它写“蛮”这个词。《兮甲盘》说:“母或敢入䜌妄賓”。《虢季子白盘》说:“昜用戉,用政䜌方。”《秦公毁》说:“虩吏䜌夏。”

《史记·宋世家》记宋景公名字叫“头曼”,可是《竹书纪年》就写“䜌”。宋金文鼎铭作“宋公䜌”。可见得“䜌”这个字的确有过 m-的音。

总起上头的四组例子看,l-音前头加 m 词头是派生新词的一种模式。ml-连音,l 常叫 m 吞了,变成个像 i 的音。后来蔓字、曼字都成了“无贩切”,就是为这个。有人管 ml-这类叫复辅音。这好像说俄语 cd'elat' 里的 cd'-是复辅音,光管语音,不管语法,总不能说准。真相是,一个 l-型词,像“里”,可以用作“理”、“鲤”的主谐字;带上 m 词头,就可以作“埋”(霾)里头的主谐字。这并不等于一个原始辅音组 ml-不带条件任意分化成 m-、l-两组。最后这一点是讲复辅音的人的主张里最脆弱的地方。

I. s-:l-:dz

1. 史使:吏(理李里):事(士)

卜辞里已经有字。下面象手形,上头的是册字简化以后的形式。手拿册子写字,这是管记帐的。《周礼》每个官底下常常写上"府二人,史四人"这一类话。这是管仓库的跟管文书的。前一种什么人都能干。后一种是知识分子的行当。

《史兽鼎》说:"尹令史兽立工于成周。"这种史可就高级了。

派人传信,办外交,就让史官去。这次给他带上个旗子:——。这是从"史"字改装的。卜辞写""。《殷虚书契》1·50说:"贞勿人于羔;贞人于羔。"这已经是从名词再派生的动词了。后来的文献里写"使"。

从"使"——差遣——又派生出一个dz-型名词来——差事。这个字后来的文献写"事"。卜辞写"亚立①"。又有一片有"羌弗哉朕事②"。《玳鼎》说:"己亥,玳见事于彭车弔。"《师害父殷》说:"休氏成事。"

一上来字形并不是分配得好的。《殷虚书殷》8.3.7片说:"戊辰子卜,贞今岁又史。"《殷虚书契》4.28.3说:"贞乎旬罘宊入印史。"可以跟《书·大诰》的"大诰猷尔多方,越尔御事"比。后代文献也有这个遗迹。《周礼·条狼氏》说:"誓小史曰墨。""史"该念"事"。王引之《经义述闻》里有详细的说明。

史除了管文书以外,也演变成一般的办事员,这就是"吏"。这

① 《殷虚书契》6.8.6。
② ibid.4·4·7。

个形体不过是𠬝的省略。它一上来跟“事”分不清。《旨鼎》说：“匽医旨初见吏于宗周。”一比《书·康诰》的“见士于周”，就知道该念“事”。参看上文“卿”字条。《国差𦉜》说：“国差立吏岁。”一比《书·立政》的“我其立政立事”，才知道也该念“事”。《番生𣪘》的“卿吏大史寮”，卿吏也就是“卿事”，《书》的“卿士”。看上文。

真正的官“吏”，文献纪录得比较晚。

“事”这个名词再派生一个当“事奉”讲的动词。《大丰𣪘》说：“吏喜上帝。”《三代吉金文存》卷一、五十四页有个《郘口钟》说：“余颉冈吏君。”真正的经典写法应是“颉颃事君”。

“吏”也有当“使”讲的。《守𣪘》说：“王吏小臣守吏于夷。”《小臣鼎》说：“隹十月吏于曾。”《师嫠𣪘》说：“女敏可吏。”至于《免𣪘》的“易女赤 ◯ 市，用吏”，就念“使”念“吏”两可了。

“吏”还有当“史”用的。《趩𣪘》说：“王乎内吏册令趩。”后代文献偶然也有这类例子：《墨子·号令》说：“巫祝吏与望气者。”

“史”也有偶然用来写“事”的。《䚄𣪘》说：“王若曰：䚄，乍𤔲工，官𤔲量田甸眔𤔲应……眔𤔲工史。”

这几个形体陆续孳生，用法不易确定。《竞𣪘》说：“白犀父蔑钔史䚃曆。”《大盂鼎》说：“在雩钔吏。”《滔罍》说：“滔钔事。”别管那音、义是什么，反正三个形体都能使。

倒过来说：一个形体可以代表几个词。这往往就在一件器上出现。

《曶鼎》说：“令女更乃且考𤔲卜吏（事）……用吏（事）……吏（使）爰以告斪。”《齐镈》说：“余三吏（事）是台……是辝可吏（使）。”《齐侯壶》说：“用御天子之吏（事）……余不其吏（使）女受册逓。”这是“吏”字用法。

《豦多父盘》说：“用及孝妇嫼氏，百子千孙，其事（使）……利于辟王卿事。”这是“事”这个形体的用法。

两个字分配不定还不合用字人的心思,别说仨了。所以从早期就有分开它们的倾向。

分开“史”跟“事”的倾向在《遹鼎》里有:“遹从师雒父外史遹(=述)事于䣄医。”《史颂𣪘》有:“史颂……休又成事。”

分开“史”跟“吏”的倾向在《善夫克鼎》里有:“易女史、小臣、霝□鼓钟……夙夜用吏。”

分开“史”、“吏”、“事”三个形体的倾向在《毛公鼎》里有:“雩之庶出入吏于外尃命尃政……彶兹卿事寮大史寮于父即君命。”当然,这里的分配法不一定跟经典里相合。

到晚周这分配就大致成了现代习惯的祖本了。《墨子·号令篇》说:“吏卒民欲言事者为传言。”又说:“事已、守使吏身行死伤家。”

不过有一两句话该补充的。要是假定现存的本子还是刘向的原本,没经过改动,那么后代文献里也还留着早期的痕迹。《墨子·号令》有“事卒民相盗”,《晋语》有“赤也,外事也”。《墨子·公输般》的“臣从三事之攻宋也”,《战国策》作“臣以王吏之攻宋”。墨子时代,“三事”已经是古词了。

《墨子·备城门》说:“凡挈轻重,所为吏人各得其任。”《韩子·外储说右上》说:“甘茂之吏道穴中之日。”这里的“吏”都是“使”。

“事”也有用来代替“使”的。《韩子·内储说上、经》说:“卜皮事庶子”;《说》作“卜皮乃使少庶子佯爱之”。《墨子·尚贤上》说:“是在王公大人为政于国家者不能以尚贤事能为政也。”《尚贤中》作“故古者圣王甚尊贤而任使能……此谓事能”。《吴子》作:“四曰陈功居列,任贤使能。”

史这个职务分化成六种官:

史(文书)┬史(文书)————史
　　　　├史官(史家)——┬史(《左传》"里克",《史记》作"李克")
　　　　│　　　　　　└使(外交使者,《左传》作"李")
　　　　├事(卿事)———┬卿事(卿,《书》作士)
　　　　│　　　　　　└吏(办事员)
　　　　└理(档案,法律)—理(《书·尧典》作"士",《说苑》作"理",《管子》作"李"。)

s-派生 l-,大约是 l-先加 s 成 sl-,然后-l-变成 i 型的音,成 s-。不加的成 l-。单文孤证,暂且不细说了。dz-怎么构成的,完全不懂。

J. -b:-s

这一节原来是论"入、内","立、位"……那一类用变收尾音作派生新词的手段的,过去已经抽出来单写成《论古韵合怗屑没曷五部之通转》发表了。这为省纸而不再重复了。

那篇发表以后,有位评论的说"尤为不经"。"经"大概就是"墨守一先生之言,不敢逾越"的意思。这是"经学"精神。那位大概是极信高本汉 *nwəb 异化成 *nwəd,再变成"内"的。这据说跟 *nəp"纳"是一家眷属。不幸的是您没注意另一条"经":在上、中古音里开口合口极少混乱。到底那个 w 从哪儿钻出来的,钻出来起什么作用,都没法儿解释。也有图省心的:不再往下追问了,"经"上没有。这种"经学"我不能接受。我疑心病太重——瞧它像八股儿。

自从作了《后汉三国梵汉对音谱》以后。从梵文 stupa 译成"塔",康孟祥译《兴起行经》译巴利语型方言 thupa 写"偷婆",证明了汉语有-up 或是-ub 式韵。从康僧会译《六度集经》把 devadatta 写成"调达",带东印方音的祥公把 debadatta 写"地婆达兜",知道支谶译《般舟三昧经》Avalokiteśvara 作"廅楼亘"的"廅"实际是 ab,

他译《放光般若经》paritta-bha-写“波利陀廬”。也是一理。康僧会译《旧杂譬喻经》√jīv 写“涉”实际是 jīb，支谶译《阿阇世王经》mānava 写“摩纳”的“纳”实际是 nab……知道后汉闭口入声收-b。这一来 *nwəb 就成了肥皂泡儿了。

藏文“来到”说 bslebs。汉语“立”也有当“临”讲的。《周礼·乡师》说：“执斧以莅匠师。”故书作“立”。这是从-b 型动词派生出-s 型的动词、名词的例子。

支谦译《撰集百缘经》tiṣya 写“蛭驶”；昙果译《中本起经》写“替疏”。康僧铠译《昙无德》antarvasat 写“安陀会”。果公《中本起》aśvapastya 写“颂陛”。谶公译《道行般若经》abhāsvara 写“阿会亘修”。这都说明“替、蛭、会、陛”这些去声字在后汉收-s。

用这些情况合起来，说明这“五部”派生新词的模式，是-b：-s。比方“立”可能是 *bleb，派生 *blebs 是加了个词尾。b 丢了，留下个 w 合口呼，l 变 i 型音，收尾-s 到六朝变-y 就成了“位”了。

《颂毁》说：“旦，王各大室，即立。宰宏右颂入门立中廷。”这里立还是一个字记俩词。前头那个是“位”，后头的是“立”。金文“立”作“位”讲的好几百。《周礼·小宗伯》说：“掌建国之神位。”故书作“立”。郑注说：“古者‘立’、‘位’同字。古文《春秋经》‘公即位’为‘公即立’。”这叫章太炎在《文始》里把“位”算“立”派生的字。只有朱骏声才说：“立……为‘位’之误字”。好像上百件铜器一齐错了。这才真“不经”哪！当时阮元的《积古斋款识》早刻出来了。

K. -s：-n

1. 尉

段本《说文·火部》说：“尉，从上按下也。从𡰥又持火，所以申缯也。”段说：“说持火之意也。字之本义如此。引申之为凡自上按下之俑。《通俗文》曰：‘火斗曰尉。’”这是个-s型动词。

现代方言，“熨斗”念iùn-。这是派生出来的-n型名词。《集韵》焮韵有个字作“煴”，“纡问切”，注说“以火申物”。字形变了。《易·革·象传》说：“君子豹变，其文蔚也；小人革面，以从君也。”这证明“尉”字可以有-n音，从十翼已经开始了。

过去音韵学家好讲“阴阳对转”。就本条讲，它跟说“令、命”是复辅音一样不准。

※　　　※　　　※

后记：这篇文章创始是在1939年。当时我读了高本汉的《汉语词族》(Word-families in Chinese)，看见他把“辆”，“辌”算作“一族”，有点儿骇然。推测起来，他没看过《史记·秦始皇本纪》，所以不知道“辒辌车”有写“温凉车”的，所以看见两个字音都是lĭaŋ，就算他一族。我深深慨叹，离开文献讲语言实在太危险了。由着他的性儿去讲英语词族，必然把莎氏比亚用的当“禁止”讲的let(〈O. E. lettan)跟当“允许”讲的let(〈O. E. lātan)当成一族甚至一个词的“相反为训”。这种“皮相”的“一见钟情”式的方法非破坏乾嘉以来朴学的精萃不可。于是先写了一篇《释两》，随后写了这篇。目的是想在“音近”、“义近”以外，探求出一条可以比“相面”、“望气”可靠一点儿的方法。为这个迁延四十年。现在精力日衰，只好把还不成熟的见解写出来。我不敢盼望普天下都赞成我。我只盼同道提出更好的方法，让“相面”法失去市场，埋头读文献的风气扩散出去，那么我的工夫就不白费了。顺便再冲讲复辅音、阴阳对转的师友致歉。我并不想否定这两种说法。我只想告诉他们：“太笼统了”。要是有人嫌我“寒酸”——四十年才凑出这么点儿东西，我就要说：请看我怎么抓古汉语的精神吧——“九方皋相马，遗其牝牡骊黄可也”。我抹去的比写出来的多得多哪！　一九八〇年八月十二日长孙出生之日记。

古汉语里面的连音变读(sandhi)现象

1·1 “连音变读”是 sandhi 的不甚恰当的译名。所谓 sandhi 本来就是梵文文法里的术语，那些个印度老师念他们那经典的时候儿，发觉了一种通例：在两个音连接起来的时候儿，其中的一个常是受了另外的那一个的影响，而改变了他的发音部位呀伍的，于是乎替这种两个语音因为地位接近而交相影响的现象取了这个名字①。在这种现象的背后，隐藏着许多心理学上的事实：精力的节省，差别的缩减，等等，这是因为语言是让活人使唤着的，无论人家怎么样儿的努力保存古代的读法，经过相当长的时期以后，总不能不从讽诵的人的口里头，无心的加上些变动的缘故；如果汉语曾经活过，自然亦会有这类现象。但是我们随便翻一翻现代的汉语学的著作，可以感觉到好些个音韵学者最擅长的是填方格儿，画圆圈儿，在音标上头加 diacritics 这一套把戏。在他们的手里，汉语变得枯燥，机械，死气沉沉。其实我们除了会查字书韵书之外，还能读些个用连串的语言写成的文献(connected texts)，就很容易发现那“活汉语”的真面目。这决不像许多学者形容给我们看的那么样儿呆板，而是那么生动，活跃，近人情——自然必不可免的有点儿凌杂散乱的——一副面孔。随处都可遇到宝贵的材料，可以启发我们多见识一点儿活的语言里面的不可少的现象：sandhi 呀，音的

① 印度人的原意似乎是说，在某种条件之下，某音必须读某。咱们是说“可以”读某。

消失和语词的缩短哪,力(stress)的重轻啊伍的。笔者平日最关心的是活汉语,亦曾经留意过古汉语里面若干活的成份,现在抽取一点作些个简单的讨论;如果能让我的读者因此舍去了表格,加多些connected texts里面的观察,那就是笔者所馨香祷祝的了。

1·2 本文里所讨论的音变,大体分为四种典型。第一种典型是:两个紧紧接连着的语音里的一个,受了另外一个的影响,而把发音部位或方法改得和后者相同或相似。这在印欧系的语言里的例证多不胜举。最显著的是日耳曼系(Germanie, Teutonic, Gothonic)的n同后面的k或g连接起来变成[ŋ]这个例子,现在我们通常以ng表示〔ŋ〕的习惯亦还是蒙他所赐。第二种是,两个或两组语音虽然分在两个音缀里,但是却因为这两个音缀的地位紧接着,所以其中的一个或一组就蒙上了另外一个或一组的色彩①。日耳曼系的umlaut的来源,便是最好的例证。总合一二两种,我们通常称为同化现象。第三种是,一个在前边的音缀的末一个音读得长了一点,听起来好像占着两个音的长短,于是后一期的语言里,后边那个音缀的头上突然添出一个音来。第四种是和第三种相反的:前边的音缀的末尾,受了后边的音缀的影响,添出一个尾音。这两种本是一个典型中的两个不同的变法儿。在拉丁语的子孙,如意大利、西班牙等等语言里面,有无数的双音,如cc, 11, nn等等,其来源大部分都是如此的②,但是这四种现象不仅印欧系的语言里面有,即便在现在的北平方言里面亦很充斥的,不过少有人注意罢了。在本文里,我们就每一类典型从北平方言里举一两个例,来解释那原则,顺便亦就把这类例子随着他的名称而呼为"某某型",以代替那不易用得妥当的术语。把这许多型综合起来,显

① 亦叫"远同化"。

② 拉丁的ocŭlus, comoedia, crēvit到意文就变成occhio, commedia, crebbe了。

示出了古汉语里一个最通行的促成音变的原动力——sandhi。这内容的范围自然和那些印度老师所规划的不尽相合，但是笔者却再也想不出什么更好的名称，只得暂且借用一下。

2·1 第一种典型的音变，在北平方言里面多得很，现在拈取"暖和"这个语词作例。我们知道，"和"字在现在的北平语里是开口的，音作(xə)，但是"搅和"这个成语里的"和"却有[xuo]的说法儿。现在北平方言里的"暖和"的"和"恰巧同在"搅和"等成语里一样，保持着(uo)的读法。但"暖"的读法却是[nuaŋ]。这个道理倒亦容易懂：[nuan]的尾音[n]受了[x]的同化，改了发音部位，变成[nuaŋ]。虽然北平话里这四个音都有，但是向来没有这么个配合法儿：我们向不以[nuaŋ]这个音缀代表什么意义。为了[nuaŋ]的不合习惯，再把他变成[naŋ]。如果以简单的公式来表示这次音变，就得下面的样子：——

nuanxuo ⟶ nuaŋxuo ⟶ naŋxuo

2·2(1) 属于"暖和型"的音变，在古汉语里有许许多多例。最明确而趣味浓厚的是"道"、"导"变为"禫"这一条。《仪礼》士虞礼记："朞而小祥……又朞而大祥……中月而禫。"郑注："中犹间也。禫，祭名也。与大祥间一月。自丧至此凡二十七月。禫之言澹澹然平安意也。古文禫或为导①。"《经典释文》"禫"字下面所作的音是"大感反"②。又《礼记》丧服大记："禫而内无哭者。"郑注："禫或皆作'道'③。"《释文》"道"字下注"音道"二字。④《说文》㐁字下的说解说："读若三年导服之导。"段玉裁注："士虞礼注曰：'古文禫或为导。'《檀弓》、《丧大记》注皆曰：'禫或作道。'是今文礼作

① 清同治十二年江西局翻刻阮元《十三经注疏》·《仪礼注疏》卷四十三，十四页。

② 通志堂刻《经典释文》。《仪礼音义》三十三页。

③ 同①，《礼记注疏》卷四十五，十页。

④ 同②《礼记音义》之三，十五页。

‘禫’，古文礼作‘导’。郑从今文，故见古文于注；许从古文，故此及木、穴部皆云‘三年导服’，而示部无‘禫’；今有者，后人增也。导服者，导凶之吉也。棪窞㐭读若导服，皆七八部与三部合韵之理……不云‘读若导’而云‘三年导服之导’者，‘三年导服’之导，古语盖读如澹，故今文变为禫字：是其音不与凡导同也。”① 案：段氏此说极精，但是“七八部与三部合韵之理”究竟不成为理由。依瑞典高本汉教授的拟测，导字在上古音的价值是[d‘og]。“大感反”的上古音当是[d‘uθm]，这已由李方桂《切韵 â 的来源》② 和罗先生(常培)《切韵闭口九韵之古读及其演变》③ 二文陆续证明，详见二文，现在不再引了。到了汉朝的初年，上古的[-uθm]变成[-om]，所以在关西的方言里，有时会变成[-oŋ]，(>《切韵》[uoŋ])和冬韵音相同。于是常有所谓“冬侵二部同居而旁转，故农字音转则为男，戎字音转则为荏，临冲作隆冲，隆虑作林虑”④ 等等现象出来。这个禫字既然是今文礼里面特有的字，而今文礼的写定在汉初，然则禫字是秦汉之际造的无疑，所以我们可以确定他在汉初的读音是[d‘om]。那么这个[d‘og]怎么会变成[d‘om]呢？这理由亦极简单：因为“导服”是丧礼里头的成语，两个音缀常常连着用，所以“导”的尾音[g]受了“服”[b‘juk]的[b‘]的影响，改变了发音部位而变成[b]。但是汉语里没有用[b]作尾音的习惯，——至少在《诗经》以后的时期如是——所以再变为[m]。这时候儿写书的人觉着用道或导来代表[d‘om]似乎太不合适，于是造了从示覃声的字，又用来改《士虞礼》和《丧服大记》，而《释名》《释丧记》便说“孝

① 清道光九年刻《皇清经解》，卷六百四十三上，二页。

② 《史语集刊》第三本第一分。

③ 《史语集刊外编》、《蔡元培先生六十五岁庆祝论文集》四六九——五二三页。

④ 见《章氏丛书》，民国八年浙江图书馆刻本：《国故论术》上九页。

子之意澹然哀思益衰也①”了。但是在亦喜欢以声为训的《白虎通》里面尚且有“禫,澹也”的话,可见郑刘二家所说的意思是起得很晚的。又《礼记·檀弓》有“孟献子禫②”,又有“是月禫③”,这两个字恐怕亦是经汉代的经师改过了的。总结起来,我们可以列一个简单的公式:——

d‘ogb‘juk ——→ d‘obb‘juk ——→ d‘omb‘juk(——→ 切韵 d‘amb-‘juk)

2·2(2) 《仪礼·燕礼记》:“凡公所辞皆栗阶。”郑注:“栗蹙也,谓越等急趋君命也。”④ 凌廷堪《礼经释例》说:“凡升阶皆连步,唯公所辞则栗阶。”又说:“今考连步是升阶常法,犹之平敌相拜不云顿首也……敖氏继公曰:‘越等而上曰栗阶,下曰躇阶。’栗与历声相近。窃谓历阶当即是栗阶⑤。”案:凌氏此说甚是。《礼记·檀弓下》:“杜蒉入寝,历阶而升⑥。”《燕礼记》的“栗阶”亦就是《檀弓》的“历阶”。“历”字当作“越”字讲。《孟子·离娄》下:“礼,朝廷不历位而相与言,不逾阶而相揖也⑦。”“历”和“逾”同义。朱骏声在《说文通训定声》“栗”字下面说:“假借……为历,《仪礼聘礼》‘栗阶升’;案:越也⑧。”这话很正确。但是这个成语的第一个音缀分明是[liek],为什么会用一个平常读作[liet]的“栗”字来代表他呢?这理由很明显:因为两个音缀分读虽是[liet]和[kai],但是连读起来,第一个音缀的[t]会自然而然的被第二音缀的[k]给同化成[k]呀!

---

① 四部丛刊影印明嘉靖翻宋本,六十四页。

② 清同治十二年江西局翻刻阮元《十三经注疏》。《仪礼注疏》卷六,廿一页。

③ 同上,卷八,二十五页。

④ 同上,卷十五,二十三页。

⑤ 清道光九年刻《皇清经解》,卷七百八十四,十至十一页。

⑥ 同②《礼记注疏》卷九,三十页。

⑦ 同上《孟子注疏》,卷八下,四页。

⑧ 民国十七年扫叶山房石印本,卷十二,七十一页。

写《仪礼》的人的方言里面，同化现象一定很普遍，所以他会用“栗”字来代替“历”字。列起公式：——

liet kai ——> liek kai

2·2(3)　《论语·先进篇》：“鲁人为长府，闵子骞曰：‘仍旧贯如之何？何必改作？’”① 《释文》在“仍旧”二字下面说：“鲁读仍为仁，今从古。”② 案：这两句本是所谓“郑校周之本，以齐古读正凡五十事”之一，连文句亦都是直用郑注，现在《集解》所引的郑注把这两句关于校勘的话照例删去，只剩下其余解释文义的几句，文作：“长府，藏名也。藏财货曰府。仍因也。贯事也。因旧事则可也，何乃复更改作。”③ 刘宝楠《正义》说：“惠氏栋《九经古义》：‘扬雄《将作大匠箴》云：“或作长府而闵子不仁”，用鲁论也。’臧氏庸郑注辑本释云：‘鲁读仁字为句。言仁在旧贯，改作是不仁也。义虽通而稍迂。古作仍，字义益明，故郑从之，仍仁音相近也。”④ 案：“仍仁音相近”这话本不错，只是含混一点。“仁”字的上古音是[ńjen]，“仍”字是[ńjəŋ]。但是从汉初人的韵文看起来，《广韵》的真谆臻和欣文痕魂几韵是分不开的。“仁”字在汉初可以读[ńjəŋ]而不读[ńjən]，至少在一部分的方言里如是。那么“仁”和“仍”所差只是前者的尾音是[gʻ]，便可以懂得是因为什么这个鲁人用“仁”字可以代表[ńjəŋ]了，不过和2·2(2)的道理一样而已。公式：——

ńjəngʻjog ——> ńjəŋgʻjog。

2·2(4)　《说文》：“邯，赵邯郸县。”段玉裁注：“赵国邯郸二《志》同。《左传》有邯郸午。秦始皇置邯郸郡。汉赵国，故邯郸郡也。张晏

① 清同治十二年江西局翻刻阮元《十三经注疏》。《论语注疏》卷十一，五页。
② 通志堂刻《经典释文》·《论语音义》，十三页。
③ 同①。
④ 《皇清经解续编》清光绪十四年原刻本，《论语正义》十四，十页。

曰，邯山在东城下。单，尽也。城郭从邑，故加邑。"① 案：张晏的话见于《前汉·地理志》集注②，依此，邯郸二字本可拆开来讲的。《左传》见定公十年。此外《庄子·秋水篇》有"邯郸学步"的故事。《释文》两处都说："邯，音寒③。"《前汉·地理志》赵国邯郸下的师古注亦同④。大小徐的反切都用"胡安"二字⑤，切三寒韵邯字亦是'胡安反'。注云：'邯郸，县名⑥。"《广韵》亦同⑦。但是案邯字从甘得声讲起来，邯字应该入谈韵，胡甘切，才合适。这个音亦是实有的，《前汉·地理志》乐浪郡有誹邯县，颜师古注说："邯音酣⑧。"又《高帝纪》："秦将章邯距破之。"注："苏林曰：'邯音酒酣之酣。'师古曰：'音下甘反⑨。'"这些音都给邯字一个[m]尾，和音寒时的用[n]作尾巴大不相同。那么为什么同是人名地名而独独邯郸之邯念法特别？照我们的讲法，在先秦邯字的读法本和酣一样，都是"gam⑩"，因为郸[tam]的头音是[t]，所以把[m]同化成[n]，如是而已！公式：——

gamtan ——→ gantan（＞切韵 ɣantan）

---

① 清道光九年刻《皇清经解》卷六百四十六下，二十七页。

② 王先谦《前汉补注》清光绪二十年原刻本，卷二十八下，十四页。

③ 通志堂刻《经典释文·春秋左氏音义》之六，十二页；《庄子音义》中，二十二页。

④ 同②。

⑤ 大徐用清嘉庆十四年孙星衍翻宋小字本，卷六，六至七页。小徐用《四部丛刊》影宋本钞宋本，卷四十七页。

⑥ 文中所引切韵唐韵残本，皆见于民国二十四年北京大学所印《十韵汇编》，简称俱依该书《凡例》，此见该书五十二页。

⑦ 同上。

⑧ 王先谦《前汉补注》清光绪二十年原刻本，卷二十八下一，五十八页。

⑨ 同上，卷一上，十页。

⑩ 通志堂刻《经典释文》，高本汉认为切韵时代的匣纽只有一二四等，群纽只有三等，所以在他的上古音系统里，合作一个音位，都写作 g'；但是匣纽自有他的三等音，所谓'喻纽三等'，陈兰甫的'于类'是也；与群何干？现在姑且把《诗经》音的匣纽写作 g，详细的理由，留待另文再讲。

这一条亦可以兼入3·2类。

2·2(5) 《汉书·地理志》金城郡有浩亹县,原注云:“浩亹水出西塞外。”集注:“孟康曰:‘浩亹音合门。’师古曰:‘浩音诰,浩,水名也。亹者,水流峡山,岸深若门也。’《诗·大雅》曰:‘凫鹥在亹。’亦其义也。今俗呼此水为‘阁门河’,盖疾言之,浩为阁耳。”王先谦《补注》:“河水注:‘阁门河即浩亹河。出西塞外,东入塞……又径浩亹县故城南。’阚骃云:‘浩读阁也。’故亦曰阁门水,两兼其称也①。”案:浩字的上古音是[gog],诰是[kog],亹是[muən]。浩的尾音[g]受[m]的同化变为唇音[b]或[p],浩亹的写法不过是经籍相承如是,实际的口语恐怕就变成‘阁门’了。所以孟康、阚骃都以“阁”、“合”来作音。而小颜所听见的俗语亦念阁门。于是《唐韵》合韵古沓切下就添出一个浩字。注云:“浩亹,地名,亹音门。加。”《广韵》亦就沿袭下去了。切三和王二的合韵里还没收这个字。公式:——

kogmuen ⟶ kopmuən(>切韵 kapmuən)=阁门

gogmuən ⟶ gopmuən(>切韵 ɣapmuən)=合门

2·2(6) 《吴志·虞翻传》注引翻别传云:“又奏郑玄解《尚书》违失事……古大篆‘卯’字读当为‘柳’,古柳卯同字,而以为‘昧’。”今本《尚书·尧典》作“曰昧谷”。段玉裁《古文尚书撰异》云:“壁中古文本作‘卯谷’,郑读作‘昧谷’……伪孔本作‘昧’,用郑说也……郑于双声求之,读当为昧,正与《诗笺》‘茅搜韎声’,茅韎双声一例。”又云:“《尚书大传》言‘大交,柳谷,幽都’,即古文《尚书》之‘南交,昧谷,幽都’也……《尚书正义》卷二曰,夏侯等书‘昧谷’为‘柳谷’,是与郑注不同也。”案:“卯”的上古音是[muəg],“昧”是[muəd],“穀”、“谷”是[kuk]。为甚么郑把“卯谷”读作“昧谷”呢?

---

① 同上页注②,卷二十八下一,七页。

无非是因为昧的尾音(d)和榖谷的首音连读的时候,可以被同化为[g]而已。公式:——

muəd kuk ⟶ muəg kuk

若依义来推,"昧谷"与"旸谷"对言,自然该较早,"卯谷"反是同化后的写法,我们所以随着段玉裁说是郑氏开始改字亦无非是,因为彼此都是推想,并无证据,就不必争执而已。

3·1 第二类的音变在北平话里亦很普遍。原来北平话里的双音缀语词,最容易显示出 vowel harmony 的特性。例如和"垂"的意思有关的语词,就有[tili tala, tulu, taŋlaŋ, tənlən]等不同的说法,——意义和用法亦有细微的区别——但是都属于"迭韵"型的。受了这些语词的影响,北平方言老喜欢把双音缀的字变成迭韵型的。我们通常有一个语词(kutau),意思大体和"播弄"相近。在《儿女英雄传》里写作"鼓捣"。又有时候儿倒过来说[tauku]。因为重音(stress)是在第一个音缀上,所以有时候儿亦说[kutəu]和"知道"说成[tʂʅtəu]一理。但是第二个音缀我们亦可以说成[tu],那就是受了前面音缀的同化了。公式:——

ˊkutau ⟶ ˊkutu

3·2(1) 古汉语里有一个最确实的"鼓捣"型的例——"蚯蚓"变为"螼蚓"。上古音"丘"和"蚯"都读作[k'jug]。"蚓"字和"引"字一样,依《广韵》是"余忍"和"余刃"二切,属喻纽四等。但从谐声系统看起来,"引"字的上古音是用一个和[s]性质极近的摩擦音,这个音我们现在定为[ś],经过 ś→j 的步骤变为《切韵》的[j][1]。——《切韵》的 zi 出于上古的 dzi,和拉丁语的 z 变为法语的 z——例别有说。不过上古汉语里还有一个动词[śjen]写作"申"和

[1] 用友人周祖谟说。详见周著《陈氏切韵考辨误》,《辅仁学志》第九卷第一期,十至十五页。

"伸"。又或因和"信"[sjen]的音极相似，所以有时写"信"：《周易·系辞上传》说"引而伸之"，而《考工记》"鲍人之事"一节里说"引而信之"，本是一句话。"申"[śjen]和"引"[źjen]本来是一个语词的两种形式，因为在语法上的作用两样儿而分开的。恰如西藏语 shing 和 bzhing 相仿。这语法的不同究竟何在呢？答案是：申字有自动(neutre verb)和使动(causative vb)两种用法儿，而引字只有后一种：引＝使申，——普通语法书上以为是"外动"(transitive)。所以由这一点我们更可以设想引和蚓的上古音是[źjen]。那么蚯蚓就是[kiugźjen]了。从英语的 example，exact，和 examine 念作[egzampl，egzækt，egzæmin]的事实，我们得到一个音变的方式：在元音当间儿夹着的[ks]，每每变成[gz]，——这亦是一种同化现象。如果知道[egzækt]的[gz]出于[ks]，把[kjugźjeu]的[gź]亦恢复一下看，得个什么结果？得[kjukśjen]。如果写成汉字应当怎么写？写"曲伸"！这泄露出一个惊人的秘密：这种虫子的得名的由来，——原来我们所以要把他叫作"蚯蚓"，不过因为他老是一曲一伸而已。照这么说"蚯蚓"和"曲伸"的音相近，比"螼蚓"和"曲伸"的相近程度大一点，自然"蚯蚓"这个形式亦产生得早一点。《尔雅·释虫篇》有"螼蚓"①，《释文》说："螼，羌引反。"② 这个语词经传里没见过，不晓得编《尔雅》的人从哪儿抄来的，但是无论如何总是"蚯蚓"的形变无疑。因为重音在"蚯"字上③，所以"蚯"受了同化变成"螼"。如果这个现象晚到汉武帝，当时蚯读[k'iu]，蚓读[źjen]，螼读[k'jen]，我们的公式就该这么写：

① 《四部丛刊》影宋本，卷下八页。

② 通志堂刻《经典释文》·《尔雅音义》下，十四页。

③ 这可以用下面的两句书来证明：《孟子·滕文公》下："则蚓而后可者也。"荀子《劝学》："蚓无爪牙之利。"既然在孟荀二人的方言里，"蚯"这个音缀已经磨掉了，可见在早期的语言里，重音是在后一音缀上。

k‘jużjen ⟶ k‘jenżjen

如果这个音变早到先秦的话，左边儿就要改写[k‘jug]，这在原则上自然没什么两样，但是笔者个人是愿意用前说的，是愿意把《尔雅》的成书年代向后挪的。王引之《广雅疏证》说：“‘螼蚓’，‘蚯蚓’，声之转也。”理论除了含混一点外，倒不错误。不过他把“螼蚓”放在头里，就未免受了“周公作《尔雅》”这些谣言的迷惑了。

3·2(2)和3·2(1)同类的有“䭡餖”。《方言》：“餥，飵，食也。陈楚之内相谒而食麦饘谓之餥。楚曰飵。凡陈之郊南楚之外相谒而餐或曰餖，或曰飿；秦晋之际，河阴之间曰䭡餖：此秦语也。”郭注：“今关西人呼食欲饱曰䭡餖①。”《说文》“䭡”下说解说：“秦人谓相食麦曰䭡餖②。”“䭡”郭璞音“恶恨反”。曹宪《博雅》“䭡”音“乌困又于恨”，“餖”音“五困③”。《王一》慁韵“䭡”在“乌困反”纽内，注云：“相谒食。又于恨反。”“餖”在“五困反”纽内，注云：“食，又五恨反④。”无论是乌恨、五恨或是乌困、五困，都是迭韵型的，但是郭璞亲自听见关西方言的说法，所记自然近真一点，因此我们认为这两个字的音，从汉到隋都应当是[θənŋən]。但是我们知道扬雄记方言的时候儿常造新字，䭡餖二字不见于经籍，恐怕就是他自己造的，那么他为什么拿“岂”来作念[ŋən]的字的声符？岂不是太不恰当了吗？退一步讲，即使这个字不是他自己所作，他亦应该放弃了这个写法。再退一步讲，即使他保持了这个不合适的写法，许慎引他的话的时候，亦会发现这个不十分合适的谐声，而加上一个读若，和“敳”下加上“读若豤”一例。但是事实又不如是，除了“敳”以外，“岂”声的字再没有念“五恨”切这一类音的。这只能有一种解

① 《四部丛刊》影宋本，卷一，八页。

② 同上，卷五，二页。

③ 清光绪五年淮南书局刻王念孙校本，卷二，三页。

④ 民国二十四年北京大学所印《十韵汇编》，二百一十八页。

释：就是“餲”本和“剀”、“硙”、“鎧”、“皑”等字一样读法的，在扬雄许慎时代读作[ŋəi]，在郭璞的时代关西方言里方才变作[ŋən]。照着正常的变法，汉朝的[ŋəi]到魏晋以下应当变成[gai]，剀、硙等字就恰好是这样儿。但是“餲”字之所以不和他们一样变法儿是为什么呢？亦就是因为他受了“饐”的同化而已。段玉裁在《说文》“餲”字下面注云：“五困切，十三部。岂声在十五部，合音也。”稍嫌含混一点。如果用我们的解释，就片言可了：——

ʔənŋəi ——> ʔənŋən。

曹宪替“饐餲”作反切都用“困”字，变为合口，和郭音不同。这是因为第一“饐”字受了“稳”字的读法的类推影响[analogy]而读[ʔuən]，随后“餲”字又受了一次同化为[ŋuən]；所以《王一》用“乌困”“五困”来作第一个读音。这一次的变化方式是：——

ʔuənŋən ——> ʔuənŋuən。

4.第三四两种音变又是另外一种典型，另外的一种原动力促成的。我们知道，如果有两个音缀连着读起来的话，这两个音缀当中的界限很难分划。就笔者耳目所及，在二三十年以前，我们的语音学者们很少有人能有一个斩截的划分法。H. Sweet 在 A Primer of Phonetics 里面曾经对于这个问题作下面的回答：假如他（笔者案：他指一个音缀说）含有一个清晰的重音（全重或半重）的话，他的起始点和重音的起始点相合，我们把下面的例比较一下就明白了。……at all times, a tall man; at action, attack①。但是同时他亦承认：“an aim 和 a name, allas 的用长 l 和用两个 l（的两种读法），分别不甚显著②。”实际说起来，在一般使用语言的人的心目中岂止不显著而已！好多历史上来源不合规律的语词，都是为这一个

① Oxford 1910 §156
② idid §160

现象的推动而产生的，最好的例就是英语的 nick—name 出于 eke—name[①]，nick 的 n—乃是由前面的“an”挪过来的。在古汉语里面后一个音缀头上添出一个和前音缀的尾音相同的音来的例子，尚且少见；但是前一个音缀的尾巴上添出和后音缀首音相同的例子，就多不胜举了。

5·1 早期的北平话里有一个惊叹词“啊”，读作[a]。经过长久的使用分裂成五个不同的新词：[a]，[ua]，[na]，[ŋa]和[ia][②]。我们的方言文学的创作者亦曾经替他们造了几个新字：“呀”、“哇”和“哪”。如果我们用旧的术语来讲，我们可以说：“皆迭韵之转也。”但是这些个不同的起首音由哪里来的？这个问题不必回答，只要我们把这个新惊叹词的用法列举起来，就自然而然的明了了。

“来呀”的读法是[laiia]，

“走哇”的读法是[tsouua]，

“天哪”的读法是[t‘iɛnna]，

“儿啊”的读法是[əIa]。

所有第二音缀的起首音都是由第一个音缀的末尾借来的。亦许有人要问：‘北平话里的音，可以出现在一个音缀的末尾的并不是只这五个。为什么那些个音没有依着这个例子促成新语词的产生？回答是：辅音能出现在音缀的末尾的，除了在同化现象之下才出现的[m]——例如关门[kuammən]——以外，就只这[n，ŋ，I]三个，现在都有了。元音虽不只两个，不过有作升二合音[rising diphthong]的前半的资格的，只有[iuy]三个。但是[ya]这两个音连起来在北平话里并不代表什么意义，我们对于这个音缀感觉生疏，所以在“去呀”这一类

---

① 详见 N. F. D. ‘an’ ‘newt’ ‘nick-name’ 各字下，又见 W. Skcat: An Etymological Dictionary

② 出现于“儿化”的语词之后，笔者的反对“ɹ”这个符号亦因为此。

的话里亦只用“呀”：[tó‘yia]。其余的元音后面所用亦同。

5·2 应用这个原理我们可以解释汉语学里的一个最大的谜：“亨”[xəŋ]字为什么可以念[p‘ən]？由字形来讲，“亨”和“享”隶楷有分，篆文本只是一个“”字。由经典的用字来说，“亯”和“鄉”——铜器铭文都写作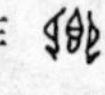，的象器皿，象食物；象两个人相对跪坐，即是饗字——“饗”本是一个字的三种不同的写法，所以“亯”“饗”常常互换着用。这话段玉裁讲得最详细：“按《周礼》用字之例，凡祭亯用亯字，凡饗燕用饗字：如《大宗伯·吉礼》下六言‘亯先王’，《嘉礼》下言‘以饗燕之礼，亲四方宾客’，尤其明证也。《礼经》十七篇用字之例，《聘礼》‘内臣亯君’，字作亯。《士虞礼·少牢馈食礼》‘尚饗’，字作饗。小戴记用字之例，凡祭亯、饗燕字皆作饗，无作亯者。左传则皆作亯，无作饗者。毛诗之例，则献于神曰亯，神食其所亯曰饗，如《楚茨》‘以亯以祀’，下云‘神保是饗’，《周颂》‘我将我亯’，下云‘既右饗之’，《鲁颂》‘亯祀不忒’、‘亯以骍牺’，下云‘是饗是宜’，《商颂》‘以假以亯’，下云‘来假来饗’，皆其明证也。鬼神来食曰饗，即《礼经》尚饗之例也。献于神曰亯，即《周礼》祭亯作亯之例也。各经用字，自各有例……亯象荐孰，因以为饪物之称，故又读普庚切。亯之义训荐神，诚意可通于神，故又读许庚切……其形，荐神作‘亨’，亦作‘享’；饪物‘亨’，亦作‘烹’……故隶书作‘亨’，作‘享’：小篆之变也①。”案：由亯、饗的互用和“亨通”的亨字的读法来推测，亯的上古音只有[xaŋ]和[xjaŋ]两种。那么这个“普庚切”的读法究竟是从那里来的呢？“亨”的意思本来是煮肉，所以《周礼·天官·序官》郑注说：“亨人，主为外内饔煮肉者②。”所煮的肉亦叫“亨”，恰和肉酱叫“醢”，而剁肉

① 清道光九年刻《皇清经解》卷六百四十五下，廿一至廿二页。

② 清同治十二年江西局翻刻阮元《十三经注疏》·《周礼注疏》卷一，九页。

酱亦叫“醯”一例;《周礼·天官·大宰职》:“及纳亨,赞王牲事。”郑注云:“纳亨,纳牲将告杀;谓飨祭之晨,既杀以授亨人[①]。”《释文》:“亨,普庚反[②]。”惠士奇《礼说》:“纳牲与纳亨异。《礼运》:‘祭玄酒荐毛血为法太古。腥其俎,孰其殽为法中右。退而合亨,体其犬豕牛羊为今世之食。’《礼器》:‘纳牲诏于庭,血毛诏于室,羹定诏于堂。’《祭义》:君牵牲,穆答君,卿大夫序从。’此之为纳牲。而纳亨者谓合亨之后,羹定之初,荐孰未食之前,盛之于俎,先以告神于堂也。祭礼血腥之属,尽敬心耳,要当以为正。五官奉牲羞其肆者六牲之体,是为纳亨[③]。”案:惠氏把“纳亨”和“纳牲”分开,比郑注正确。“亨”是祭品,“纳亨”和北平话的“上供”的句法组织是一样的。这个手续在古礼里极普遍,所以“纳亨”是一句很流行的话。“纳”的上古音是[nəup],经过相当长时期的使用,“亨”的头上就受“纳”的尾音的影响,添出一个[p]来。如果一个简单的式子来表示这次的音变,那么就该是:——

unəpxaŋ ⟶ nuəp pxaŋ ⟶ nuep p'aŋ。

这种连续的音在听觉上和(p)很像,就是粗糙点儿,现在陕西方言里就有这种音,见刘文锦的《咸阳方言记》[④]。笔者的故乡,天津的方言里亦是如此。天津人说“烹”的时候儿还是说[pxəŋ]的。亦许有人要问:在“纳亨”这个语里,因为“纳”字尾音[p],所以“亨”字添出一个唇音来;但是如果“亨”字和“纳”字拆开来,难道还保持得住这个[p]? 我们的回答是肯定的,因为我们有 nick—name 和 newt 的离开冠词而独用的事例为证。就是“导服”的“导”在音变之后,下面偶然没有连着“服”字,他的原音亦不会恢复。或许又有人要问:

---

① 同上页②,卷二,廿一页。
② 通志堂刻《经典释文》·《周礼音义》上二页。
③ 见清道光九年刻《皇清经解》。
④ 《史语集刊》第三本第三分册。

1."亨"和"享"、"饗"是否的确是一个语词的两种形式?"亨通"、"元亨"与"享饗"和"烹",意义果然相连吗? 2.现在普庚切的"亨"字,是不是另外一个来源的语词,偶然不正确的用了一个假借字?关于第一点我们可以这样回答:"亨"是煮肉,但用所煮的肉来献神的仪式一样亦叫"亨":恰如"瀹"的意思是瀹菜,而用所煮的菜来献神的仪式亦叫"瀹"相同——这个仪式后来有个专字:禴。饗神和神饗是一个动词的使动自动两种用法,恰和"甯戚饭牛"的饭和"君祭先饭"的饭字一例:所谓"施受同辞"。由神饗的意思再引申为亨通。这些意义本是很连贯的。关于第二点,我们的回答是:我们没有一个意义相近的字是和"普庚切"的音相近的。《广雅释诂》:"鬺,熟也。"《释言》:"鬺,饪也"。曹宪的反切都是"普衡"二字[①]。这似乎该是那"本字"了吧? 实际不然,"鬺"只是亨的一个借字而已。《广雅释诂》这一条本于《方言》,《方言》正作亨字[②]。因为王念孙在《释言篇》的《疏证》里说:"鬺,经传通作亨[③]。"害得章太炎先生在《文始》的鬺字下注云:"即今烹字",又把"鬺"算作"羊"所孳乳,和"亯"字无关[④]。其实他忽略了一点:王书的下文还有"说见卷三鬺饪熟也"下一句话,而卷三的《疏证》里正引得有这条方言哪!

6·1 第四种的音变,在北平方言里亦有实例。我们有一个双音缀的惊叹词:"aia",在《传灯录》的写法是"阿唧"[⑤],《水浒传》里的写法是"阿也[⑥]",《红楼梦》里写"阿嗄[⑦]"。但是《儒林外史》里面

---

① 曹宪《博雅》卷三、一页,又卷五、一页。

② 《方言》卷七、三页。

③ 清道光九年刻《皇清经解》卷六百七十,上,三页。

④ 民国八年浙江图书馆刻《章氏丛书》·《文始》五,百五十九页。

⑤ 此据清翟灏《通俗编》卷卅三所引,笔者编检《传灯录》未得。

⑥ 一百廿回的《水浒》。上海商务印书馆民国廿一年铅印国学基本丛书本。第十册;第五十三回,四十八页;又第五册,第二十三回,十页。

⑦ 济南会锦堂木刻本,八十七回,七页。

已经有"哎呀"这种写法[①],而现代北平人的口里就决不会再有"啊呀"出现了。我们都说[aiia]。这个[ia]的来源极古,和"来呀"的"呀"截然二事,不可混为一谈。章先生说:"《韩非子难》篇:'哑,是非君人者之言也。'今音转如'牙'。或含不然意,或含惊意,俗作'呀'。汉《郊祀歌》曰:'遍观是邪谓何。'此含惊意,'邪'亦今'呀'字[②]。"这话很正确。这个[ai],出于古代的"唉"、"欸"、"诶"[③] 的,亦无关。"阿"的所以变成"哎"不过是:——

aia ——> aiia 而已。

6·2(1) "哎呀"型的音变在古汉语里的实例,以出现于佛经的咒语的音译里面的为最多。我们有一个佛经里极流行的语词:"南无。"梵文的原文是 namo。这个译法发生在什么年代,我们不能确切地断定,但是用无来译 mo 这一个特点总还能给我们一点儿启示。据王荣宝《歌戈鱼麻古读考》说:"魏晋以上,用鱼虞模韵之字作 a 的对音[④]。"实际上这次稍微粗疏。当时钱玄同就指出来过鱼虞模可能念[θ]。这个译法最早不过东汉,因为以上没有译经事业。东汉三国初时期正是译经的事业很兴盛的时期。那些和尚为保存咒语的神秘的力量起见,译音非常认真,力求正确。但是他们为什么竟会突然把 na 写作"南"[nam]? 当然不过是把无的[m]读长了一些,因而在前面一个音缀的尾巴上亦多添出一个[m]而已。公式:——

namo ——> namma

此外像 ālā ma 译作"阿蓝磨",alā ya 译作"阿赖耶"之类的例子,不胜枚举。

---

① 上海亚东图书馆铅印本,民国十一年四版,第十七页。

② 民国八年浙江图书馆刻《章氏丛书》·《新方言》一,五页。

③ 同上,二页。

④ 《国学季刊》第一卷,第二号,二百四十一页。

6·2(2) 在南汉时期，中亚细亚同中国交通，时常有外国物品和外国语输入。白叠布亦是这时期流入的。《后汉书·马援传》说："是时公孙述称帝于蜀，嚣使援往观之……礼毕，使出就馆，更为援制都布单衣。"章怀太子注云："《东观记》(曰)都作答。《史记》曰：'答布千匹。'前书《音义》曰：'答布，白叠布也①。'"今本《史记·货殖传》作"榻布皮革千石"。《集解》云："徐广曰：'榻音土合反。'骃案《汉书音义》曰：'答布白叠也。'"② 案：答布由外国流入，原来的叫法，现在没有记录，但是史汉既用"榻"、"答"来记它的音，那个字后来又写作"毾"和"氎"，可见汉朝通行的读法是[toppo]。《马援传》所根据的记载的作者所以把[top]写作"都"亦不过因为他的方言里面有：

topo ⟶ toppo 的习惯，在"布"字前面，"都"字很容易读成"答"而已。如果彼时"都"的音还有[-g]尾音，这一条就得入2·2。

现在看起来，那个说法不成立。

6·3(1) 反过来看汉语里面的语词，亦有这类变化的实例。《尔雅·释鱼》："科斗，活东③。"《释文》说："'活东'，谢施音括；舍人本作'颗东'④。"案："颗东"在后汉朝的读法是[k'uatuŋ]。颗字到了郭注的本子里变成活[k'uat]，这甭提，又是老例喽！公式：——

k'uatuŋ ⟶ k'uattuŋ

6·3(2) 左氏《春秋经》昭公十年"季孙意如"⑤，《公羊经》作"隐如"⑥。意如两个字在汉初是[ʔjθińjo]，隐的读法是[ʔjθn]。我

① 王先谦《后汉集解》，民国四年家刻本，卷廿四，二页。

② 日本泷川龟太郎《史记会注考证》东方文化学院东京研究所铅印本卷一百廿九，三十四至三十五页。

③ 《尔雅》四部丛刊影宋本，卷下，九页。

④ 通志堂刻《经典释文》·《尔雅音义》下，十七页。

⑤ 清同治十二年江西局翻刻阮元《十三经注疏》·《春秋疏》卷四十五、十页。

⑥ 同上，《公羊注疏》卷廿二，十五页。

们所以会有 ʔjθińjo ⟶ ʔjθinńjo ⟶ ʔjθn ńjo 的变化，关键亦全在如字的[ń]上。

7. 经过这一番详细的讨论，我们感觉我们所研究的对象——古汉语——确不是四方格子和圆圈儿所装得下的。他是那么样儿的活泼，流走，有生气。我们所希望认识的是活汉语，而不是表格或字典里面所装的汉语的语词作成的木乃伊。如果我的读者能因为这篇短文而对于活汉语的研究发生了兴趣，那就是笔者所希望的最大的报酬了。应用我们所确定的原则，我们可以给音韵学者添出一种方法来解答两个重大的问题：a. 什么叫作'旁转'？章先生说："夫言语流转，不依本位，多循旁转对转之条：斯犹七音既定，转以旋宫，则宫商易位，错综以变①。"这真有点"玄之又玄"了。其实我们把他所说的"支至旁转，若㯃阶即历阶矣"②，和本文的 2·2 (2)比较一下，可以懂得一部分旁转的现象是什么来由。依笔者个人的看法，一大部分的旁转，都可以用我们的"暖和""鼓捣"原理来解决的。b. 我们现在所拟构的古代音值是否正确？由"邯郸"一条来看，高本汉教授的[-an]和 [-am]都是正确的了。由"纳享"一条来看，他的[-p]是对了。但是他那[-r]呢？我们是不是亦可以由"脂至旁转""脂支旁转"的现象来抽出几条用"脂 + 舌头音⟶至 + 舌头音"或"脂 + 舌根音⟶支 + 舌根音"来解释？如果可能的话，他的[-r]是否还能成立？天下读古书比笔者熟的人有的是，我们希望能从他们得着一点指教。笔者本人的绵薄之力算是止于此矣。最后还要向吾师高名凯先生道谢，没有他的敦促，这篇文章始终还是一迭儿碎纸片儿而已。

---

① 《章氏丛书》·《文始叙例》六页。

② 同上页⑤，《国故论衡》上，十一页。

后　记

这篇文章是八年前写的。当时只有这么点儿材料:前年回到北平以后,清理旧稿子,又找着几条儿笔记,现在附在后头:——

(1) 该插到 2·2 节里的:三家《诗》的"慎其祖武",毛作"绳其祖武",训戒。n + g′→ŋ + g′

《方言》"布谷",自关而东西梁楚之间谓之"结诰",周魏之间谓之"击谷"。t + k→k + k。

《考工记·梓人》:"数目顧脰",故书作"牼脰"。ŋ + d‘→n + d‘。

《韩诗》"磬天之妹",毛作"俔天之妹"。ŋ + t‘→n + t‘。

《礼记·坊记》引《诗》"相彼盍旦",《说文》作"渴鴠"。p + t→t + t。

《中山》经的"寇脱"草,《尔雅·释草》作"活莌"。g + t‘→t + t。

陆玑《诗疏》的"击迷"树,《唐本草》注作"荚迷"。k + m→p + m。

(2)该入 3·2 的:《字林》的"獮余"聚,到《颜氏家训》里成了"獵间"。l—j—→l—l—。

(3)该入 6·3 的:《礼记·少仪》:"加夫襓与剑。"注云:"夫或为烦。"a + n→an + n。

《月令注》管"布谷"叫"搏击"。a + k→ak + k。

《汉书·西域传》有"乌秅国",注引郑氏云乌秅音"鷃拏"。a + n→an + n。

(《燕京学报》35 期 1948)

汉语的句子

一、过去的学者怎么给句子下定义

什么叫一个句子？这是语法学家最难回答的问题。老早就有人回答过。可是那些答案都免不了犯两种毛病：①含义太宽，模糊。②含义太窄，例外太多。

要追问这种现象怎么产生的倒也有意思：谁也不敢用归纳法，把天下所有语言里的所有的句子全搜集了来，再找出一个完全的定义来。这么作根本是超出人的能力的。于是乎语法学家就常走另外两条路。第一条是从别的科学或是别人的著作（本族的，外族的语法书）里借。这种法子的毛病是容易歪曲事实，容易武断。第二条是选出一定数量的句子来，从这里头归纳定义。这种法子的毛病是科学家掌握的材料越多，就越感觉那些现象是复杂万端，叫他吓住了，这个也不敢说，那个也不敢说。临完了，只可弄几句四平八稳的空话来凑数，说了跟没说一样。

现在咱们可以把过去最通行的定义拿一两种来看看。

有一种定义说，“一个句子得有主语，系辞，谓（述）语三个部分”。这是从旧的逻辑学里借来的。照逻辑的定义讲，判断的对象是主语，断语是谓语，中间用系辞连接起来，合成一个命题：“花是红的”。要是语言材料里的句子不合这个格式，就该先把他改成这个格式，比方“他走了”，虽然不合这个格式，但是可以改成“他（主）是（系）走了的（谓）”。

谁也不否认，有些句子可以这么改，改了以后还不失原意。可是有些句子并不能这么改。底下咱们作几句样子看看。

改以前	改了以后
你快去吧	你是快去的
你说什么	你是说什么的
可热死我了	可热死的是我 天是可热死我了的

大家可以看出来，右边的句子，要不是走了原意的话就变成不同的句子了。

逻辑里每一个命题都等于语言里一个判断句。在研究判断句的时候，借用逻辑的定义还勉强可以。可是语言里的句子远不止判断一类。所以借来的定义就不能到处适用。

还有一种定义是说“一个句子有主语谓语两个部分”。这个说法也是由来已久了。它的好处是把句子分成两部分，比较跟多数的语言事实相合。可是，它也有短处：一方面不信任逻辑学里现成的定义，一方面又借用它的名词儿。大家都知道，在下定义的时候，定义本身里包括的每一个名词儿都该是含义非常确定的才可以。现在既然不信任逻辑学，“主语”、“谓语”当然也不能用逻辑里的含义，那么这俩东西就成了本身含义不确定的东西了。

有些语言学家发愤用功，要从语言材料里归纳出“主语”和“谓语”的定义来。到现在已经有人得出了几种结论了。我发愁的倒还不是这些结论可靠不可靠，我发愁的是这些位学者怎么能躲开方法上的严重缺点：循环论证。

语言材料里只有一批现成的句子。这上头并没有记号，标明了哪一截儿是主语，哪一截儿是谓语。这怎么能归纳呢？势必得在归纳以前，先作一道辨认的功夫。可是语法学家又怎么能辨认出来某一个句子里的哪一截儿是主语，哪一截儿是谓语呢？他势必得先有一种个人的看法:“主语是什么什么,谓语是什么什么”,才敢去辨认语言材料的句子去。可是既然先有了成见再去辨认,那辨认出来的东西还有个不跟他的成见相合的吗?这是什么归纳法?干脆就是循环论证么!所以照我看,在讲语法的时候随便用“主语”、“谓语”这两个名词儿就是严重违反科学方法。这两个名词儿真给语法学家带来了不少麻烦。有好些学者除了讲语法里有“主语”、“谓语”以外,还努力找“逻辑的主语”、“逻辑的谓语”。找的结果最奇怪的大概得数一位德国学者。照他说,在 schreiben 这个字里,-en 是逻辑的主语,schreib 是逻辑的谓语。这些劳动其实都可以省下。

用这种循环论证的方法求出来的定义里,有一条最流行的是“主语是作事的人,谓语是他作的事”。换个说法,“主语和谓语的关系是作事的人和作的事(actor action)的关系”。这个说法本就勉强。比方说“我是天津人”,这个句子里的“是天津人”是“我”作的事就很难让人同意,因为“是天津人”这件事原不是那个“我”作得了主的。不幸的是有不少人真信这个定义,说“主语必定是动作的主体”、“主语是施事者”等等话,而且用这些话作大前提再去推论别的。大前提本身就是用不科学的方法得出来的成见或是偏见,那底下的推论就可想而知了。所以这样的辩论是一万年也得不出结论来的。

二、汉语里有句子吗?

在问“汉语的句子是什么”这个问题以先,还有一个问题更应该先问问:“汉语有没有句子呢”?这乍一看好像很荒唐。其实在科学里什么事情都是可能的。世上也真有些语言没有词和句子的分别,像某些红印度话就是。一个人只要成见不太深,这类问题还是问问好，省得争了半天，争的是实际上不存在的东西。

随便拿一节汉语的语言材料来，咱们就可以发现里头有些地方是声音和意思的分界，停顿的地方，比方：

你这就回去吗怎么不多坐会儿呢见了你们大哥替我问好儿就说我想他哪说下礼拜二我在家里等他等到三点三点他还不来我就出去了。

哪怕不懂一点儿汉语语法的人也能知道在“吗”、“呢”、“哪”、“了”后头是分界的地方。再细心观察，还可以看出来在“哥”、“儿”、“点”、“来”后头也是。这是怎么知道的呢？怎么敢肯定“见了你们大哥”后头的停顿或是分界不可以在“大”或是“替”后头呢？这倒简单，分界线放错了，得出来的“见了你们大”，“见了你们大哥替”都不成话。照这样子，主要的靠“吗”、“呢”、“了”这些语言材料上原来带着的记号，其次靠意思通不通这两个标准，咱们可以把一段话里的再小的单位的分界找出来。每两个分界线当中夹着的单位就可以叫一个“句子”。

这么说，汉语是有句子的。

这种句子并不一定就和英国人的 sentence 或是德国人的 Satz 完全相当，也并不一定就不一样。这得看这些东西本身表现出来的情形怎么样了。

三、一个句子里头还可以再分成几部分吗？

一个句子还可以再分析。比方说：“这孩子真淘气”，这句话就可以再分析成代词“这”、名词“孩子”、形容词“真”、形容词“淘气”四个。这种做法是把句子直接分析成词。很可能，汉语的句子只有这一种分析法。那么一来，讲造句法的人就辛苦得多了。

可是过去的语言学家还有另外一种分析法，就是把一个句子分析成几个部分,比方上头那个句子就可以分析成“这孩子(主语)真淘气(谓语)”两个部分。

这里头提到的分法是不是正确,定的名称是不是合适,当然应该讨论。不过更应该优先讨论的是:汉语的句子能不能再分成几个部分。要是能的话,那么句子里就除了词以外,还有另一种单位叫“句子部分”。

现在咱们拿一个最简单的句子来看:

你进来吧

在上头这个句子里有三个词“你”、“进来”、“吧”。这三个东西显然可以分成两截儿:“你”、“进来吧”。咱们可以分,是因为

1) 在第一截儿后面,可以有一个比较长的停顿,除了停顿以外,还可以加上“呀”……那一类语气词,比方“你呀,进来吧!”

2) 在感情强烈的时候,两截儿的次序可以颠倒,比方“进来吧,你”。(可是“进来”和“吧”不能颠倒。要是原句子“你哥哥,回来了”的话,“你”和“哥哥”也不能颠倒。这么说,一个部分的内部是不容许颠倒的。)

由这儿可以看出来,汉语的句子的确能分成“部分”。这种部分可以由一个以上的词担当(进来吧),可是也可以由一个词担当(你),一个部分并不见得比一个词长。也可以说:“部分”和词的区别并不是量的区别,“部分”也不是句子和词当间儿的一种中间性单位,像“尺”是“丈”和“寸”的中间性单位一样。

四、一个句子能有几个部分?

现在咱们可以追问追问,在汉语的一个句子里到底能有几个部分。拿一个长一点儿的句子来:

昨日晌午呀,德胜门外头哇,一个老头儿啊,钓上来了一条十

斤重的鱼。

这里有三次加语气词的停顿，那么说，一共有四个部分了。咱们管"昨日晌午呀"叫甲部，"德胜门外头哇"叫乙部，"一个老头儿啊"叫丙部，"钓上来了一条十斤重的鱼"叫丁部。

要是多找些句子(像"前日晚上啊，天安门哪，人哪，挤极了"之类的)来观察，咱们就发现这些东西各有各的特点。

丁部经常出现在句子末尾上，他的后头可以加上一切语气词，这里头的"吗"、"吧"是不能加到其余的三部分上去的。

丙部后头经常加"嘿"、"呢"、"啊"和它的变音这三个语气词，比方：

我嘿，还什么都没学会哪！

我呢，还什么都没学会哪！

我呀，还什么都没学会呢！

乙部常用"在"这个词开头，除了有两句话连着对比的时候以外，就只能用"啊"这个语气词。甲部绝大多数不用"在"开头。除了有两句话连着对比的时候以外，也只能用"啊"这个语气词。比方。

昨日个呀，雨可真大！

前门外呀，人可多了去了！

甲乙两部分前头要是原没有用"在"开头，加上个"在"也不影响意义，这是这两个东西的共同特点。

这四部分的用处是什么呢？这四部分的地位是不是完全平等的呢？现在咱们可以查查。咱们拿一个句子来试着望下减他的部分，看那后果是什么。比方用上头那个句子减下部分去，就得着：

1. 德胜门外头哇，一个老头儿啊，钓上来了一条十斤重的鱼。

2. 昨日晌午呀，一个老头儿啊，钓上来了一条十斤重的鱼。

3. 昨日晌午呀，德胜门外头哇，钓上来了一条十斤重的鱼。

4. 昨日晌午呀，德胜门外头哇，一个老头儿啊。

大家可以看出来,1、2是很好的句子,别看不是很详细的新闻;3是一个还可以通的句子;可是4就完全不像话了。这么说,丁部绝对不能减,减了就能把全句的意思损害了。咱们说,丁部是全句的"核心"部分,是反映客观现象(钓了一条鱼)的时候最不可少的部分。别的部分只不过是为丁部服务的,要是环境和上下文许可,可以省下去。

甲乙丙三部怎么给丁部服务呢?甲、乙很清楚:一个表示丁部反映的那个现象发生的时间,可以叫"时间坐标",一个表示"空间",可以叫"空间坐标"。有这两个东西就可以把宇宙里一切现象记录下来而不怕有重复的现象互相混乱。

可是同时同地发生的事也不少,所以再加上丙部,用一个跟这个现象关系最密切的人或东西作"线索",好叫听话的人知道这现象在这个人或东西身上发生,别误会到别处去。这就是丙部的用处。

合起来,用"时间坐标"、"空间坐标"、"线索"来帮助"核心部分"把客观现象反映得最精确。

要反映一个客观现象,有四个要点应该照应:1)时间,2)空间,3)质,4)量。汉语的句子是用甲部表时间,用乙部表空间,用数量词放到丙丁两部里表量,用丙丁两部和他的附加语补足语表质。这么说,汉语的句子结构是最有理性,最清楚、最可爱的东西。

在实际的语言材料里,甲乙两部往往是靠上下文和环境来表明的,所以用得比较少。这就给人一种错觉,以为一个句子只有丙丁两部,也就是说,"主语+谓语"。这当然反映一部分事实,只不过不能反映全体事实罢了。谁要拿这个格式来要求一切句子,就是"强不齐以为齐"了。仔细统计起来,汉语的句子里只有一个丁部的,分量几乎占一少半(这是北京师范大学的研究生用《龙须沟》剧本的一幕作出来的)。所以咱们管他叫最不可少的"核心"。

这种句子结构是一元的。

在日耳曼系的语言里，一些个可以叫一元结构的句子像古一点儿的英语的 Me thinks，德语的 Mich friert 正在受淘汰，逐渐把句型用二元结构统一了。在不必要说出丙部，或是根本说不出来丙部的时候，他们也需要用一个形式的丙部，比方，It rains，Es regnet。国内念英语的语法学家多，所以也把二元结构搬到汉语里来用，说"只有一主语一谓语才是句子"。

五、古汉语的句子分部

古汉语里的句子原来也有这四部。只是排列的次序是 1)时间，2)线索，3)核心，4)空间，把空间坐标放到最末尾上，和现在不一样。比方：

春	公	矢鱼	于棠
夏五月	郑伯	克段	于鄢
昔者	吾舅	死	"焉"(="于是"，也就是说，老虎爪子下头)
今	吾子	又死	焉

这些句子都是完全合格式的。最有趣的是，"焉"这个词，本来不是语气词，本来也不限在句子末尾上出现，可是就因为古汉语这种排列法，就有不少人误会了，把"焉"看成和"乎"、"也"、"矣"一类的东西了。

六、闽南方言的句子分部

现代汉语的方言里，句子分部的痕迹最显著的是闽南方言。在研究句子结构的时候，闽南方言的重要性超出一切方言之上。

闽南话里每一个重音节都有两个调子。一个是用到别的重音节前头的咱们叫进行调。还有一个是用到轻音节和停顿前头的，咱们叫休止调。闽南话的调子就可以照底下的表描写：

名词	阴平	阳平	上声	阴去	阳去	阴入	阳入
例字	花	人	好	去	病	八	日
进行调	-˧	22	-˧33	˥55	V51 或˥55	-˨21	-˨22
休止调	-˧33	∧25	V51	-˨21	-˨22	-˧32	-˦44

在闽南话的语言材料里，每见着一个休止调，就必然有一个句末或是句中的停顿。所以说闽南话里一句话还可以再分成部，是由语言材料本身表现出来的，用不着语法学家多作主张。咱们用/代表休止调，标一句闽南话试试：

thautua/ti koelɔtiŋ/ tsit tiŋ khata? tshia/

头著仔　在街路顶　只　顶　骹踏车

a/ = V　tiŋ/ = V　　tshia/ = ¯|

方才　街上　一　辆　自行车

tolo? khi a/

倒落去　也

摔倒　了　a 轻音

大家可以看出来，在这四个/的地方用了四个休止调，也就是说，表示说话的人心里认为这个句子可以分成这么四截儿。这四截儿是什么呢？一眼就看出来了，thautua 是甲部，ti koelɔtiŋ 是乙部，tsit tiŋ khata? tshia 是丙部，tolo? khi a 是丁部。咱们可以下个结论，闽南话的句子分部是和现代汉语、古汉语的分法完全吻合的，而且和透明的玻璃那么清楚。要是一个语法学家没有先入为主的成见，他就能同意：与其用哲学的空话或是别的民族语言的句型作出发点来研究汉语的句子结构，还不如从这种汉语的材料本身表现出来的线索着手好。

闽南话的句中停顿的条例还有不少细节，不过在本文里不能接触了。

七、丙部的价值

在底下这两个句子里，丙部用同一个词：

在昨天的张各庄战斗里，李又白打死了三个鬼子。

昨天的张各庄战斗里，李又白打死了。

但是“李又白”和“打死……”这个现象的关系并不一样。用别的语法的名词儿说，上头的句子里的“李又白”是施事者，下头的句子里的“李又白”是受事者。汉人的认识里当然会分辨这种情形，可是汉人的句法里可只给他同一种格式。这说明在汉语的句子结构里，内部只是用来给人一个线索，告诉人丁部反映的现象是出现在谁身上的，至于他是不是施事者倒并不在这里表示(可以用别的词汇手段表示……出来。至于别的语言像英语，德语……的相当于内部的东西就不同了；除了地位像汉语的丙部的地位以外，往往还有一个变格词尾来说明他是施事者。这一点是汉语和那些语言最不同的地方。有些人常会忽略这一点，所以才有“主语是施事者”那种主张。

从古汉语起，汉语的丙部就一直只起线索作用，这是从金文的“××蔑历”起到《汉书·东方朔传》的“臣赐帛”为止这些句子表现出来的。正因为丙部并不一定只许代表施事者一样儿或是受事者一样儿，所以后头的核心部分里的某些词(特别是动词)常有“施受同辞”现象。

八、甲乙两部的性能

早先的学者不知道或是不承认句子里有甲乙两部，所以常引起好些无谓的辩论。比方：

台上/坐着主席团。

公园门口儿/摆着两只大石头狮子。

这样的句子,本来都是包括乙丁两部的分子。要是管丙部叫主语的话,“台上”、“公园门口儿”也不该是主语。可是有些学者说:“一个句子只有主谓两部分,‘坐着’……是谓语,那么‘台上’……一定是主语。”反对的人说:“主语一定是施事者,‘台上’……怎么配作主语?”大家可以看出来,那带着重点的话本来只是两句没有事实根据的偏见。用两条偏见作大前提来辩论,那就一万年也得不出结论来了。

甲部和乙部虽说是表示时间和空间的,但是并不一定得用专门表示时间和空间的词。比方:

十三岁/参加村子里的土改斗争。

买票/请排队。

这两个句子里的“十三岁”是普通的数量词,“买票”是一个动补词组,只不过起时间坐标的作用罢了。

古汉语里也有这样的情形：

于我乎/夏屋渠渠。

今也/每食无余。

“于我乎”和“今也”同样是甲部,可是“于我乎”并不是专用的表示时间的词。

这些用成甲部或是乙部的词,在别的地方当然也可以用成丙部什么的,比方：

十三岁/是入初中的年龄。

买票/可不是容易的事。

所谓时间坐标、空间坐标是指着某些词在句子里起的作用说的,并不包括单有些专用的词。有些书上在讲词的分类的时候,在名词底下单有时间词、方位词两小类。那些主张的是非咱们不提。咱们要弄清楚的是:和这里的甲乙两部完全风马牛不相及,请大家别误会。

九、结论

把句子分成四部分的办法是不借外力,不受成见影响,单就汉语语言事实归纳出来的办法。在今天,还不过是刚提出来,自然不能说这就是最后定论了。我很愿意同道的前辈和朋友们多多指教,尤其愿意有人把我漏下去没能观察到的古语、方言和现代汉语的语言现象指给我看。要是闽南籍的同志们有兴趣的话,更可以把这个宝藏多挖一下子(我单有论闽南话句中停顿的文章,另作后图)。至于名词儿就更好办:只要承认这四部分的作用是这个样子的,就用用"主语"、"谓语"也可以,只不过声明一句,这是暂且借用的就是了。

在四分法的基础上给句子下定义,应该说:句子是语言里反映客观现象的单位。就结构说,必须有一个核心部分,可以有时间坐标、空间坐标、线索三样东西里的一两样或是全部。

这个定义只能在汉藏语系里适用。希望大家不拿它去勉强范围印欧语言去,正像不拿印欧语系的定义来范围咱们的语言一样。

(《中国语文》1957.7 期)

古汉语的“所”字

在形态变化较少的语言里，虚字或者叫虚词多些。有些虚词本是实词，逐渐变成虚的了。法语有个 pas，本来是实词，从拉丁 passus 变来的，当“步”讲。一上来它只跟“走”、“迈”这类意思的动词搭配，比方“Je ne marche pas”。（我不迈一步）。慢慢地能和它搭配的多了，比方说它也能和“想”、“计划”搭配了。再往后也能和“看”搭配了。日久天长，它几乎能和多数动词搭配了，于是乎出现了“我不唱一步”、“我不说一步”这样儿的句子。这时候 pas 就把实词的身份丢了，变成了一个只为加强语气，和 ne 合作表示否定的虚词了。

古汉语里的虚词也有从实词变来的。“所”字就是一个。现在咱们就查查它的历史。很有可能是一段挺有趣的故事。

一、“所”字的前身

现存的古汉语书面记录，最早又保存最完整的是《周易上、下经》。在这里头，用法和稍微晚一点儿的文献里的“所”字的主要用法一样的是个“攸”字。《坤卦》：“君子有攸往。”陆德明《释文》说：“音‘山’，‘所’也①。”这是用的《尔雅·释言》。王引之《经传释词》卷一说：“……史记……于‘阳鸟攸居’……悉以‘所’字代之。”可见“攸＝所”是西汉学者里流行的公式了。现在咱把《周易上、下经》

① 凡引常见的书，只注篇名·卷数，不注版本。下同。

里的“攸”字的用例列在底下，再附上北京口语的翻译：

“……有攸往。”(《明夷》)有地方儿去，有去的地方儿。这话可以颠来倒去说，直到现在咱还说“(看书)有些地方儿不懂”，“有些不懂的地方儿”。

“无攸利。”(《蒙·六三》)没地方儿得“益”。

“无攸遂。”(《家人·六二》)没地方走到底。

比《周易》稍微晚一点儿是周初人记录的《商书》。底下也举几个例子：

“予则孥戮汝，罔有攸赦！”(《汤誓》)

“先王不怀厥攸作……汝不忧朕心之攸困……”(《盘庚》)

当然《周书》里也有：

“若涉渊水，予惟往求朕攸济①。”(《大诰》)

“予曷敢不于前宁(文)人攸受休毕。”(同上)

“罔攸辟(避)。”(《梓材》)

“乃或言尔攸居。”(《多士》)

这些“攸”字都可以用“所”代进去。

就在“攸”还通行的时候，“所”字就开始“取而代之”了。《周易》的用例有：

“不永所事。”(《讼·初六》)

“无所往。”(《解》)

“斯其所取灾。”(《旅·六二》)

当然，比起“攸”的出现次数少多了。就有三个！

《书》里也有这种情况：

“予弗知乃所讼。”(《盘庚》)

人们免不了要问：“攸”字用得好好儿的，又弄来一个“所”干什么呢？这几个例也许是抄书的人抄错了吧？

---

① 下文有“敷贲”俩字，这是下文“敷前”衍文。

抄错的情况可能有。《解》里的“无所往，其来复吉，有攸往夙吉”，一句话两个字分用，也许真是抄错了一个。不过后代“攸”字这种用法没有了，“所”字越来越多，可也是事实。翻翻《十翼》就可以证明了。

为什么淘汰“攸”呢？因为它发展出另外一种用法——“于是乎”。请看《书·洪范》的例子：

“帝乃震怒，不畀洪范九畴：彝伦攸斁……天乃锡禹洪范九畴：彝伦攸叙……”

经后人改写过的《禹贡》的例子：

“阳鸟攸居……澧水攸同。”

《诗·绵》的例子：

“戎丑攸行。”

这是派生出来的意思。

由“这里、那里”派生出“从这儿起，于是乎”的例子在语言史上也普遍。比方英语的 where（那里）和 whence（打那儿起）就是一个词根派生出来的。“攸”字既然有了歧义，人们用“所”来代替它的一种用项也就没什么可怪的了。

二、“所”字虚化的过程

“所”本来就当地方讲，像《书·大诰》“天閟毖我成功所”，就是“成功的地方”。《诗·吉日》：“天子之所。”

最有典型性的是《孟子·万章》引子产的话：“得其所哉！得其所哉！”翻成北京口语就是“可‘得’dǎi 着好地方儿啦！”它变成虚字，和“攸”一样，都是受前头的“有”、“无”影响。本来“无所不知”应该照底下这样分析：

无所 ‖ 不知　　没 地方 ‖ 不懂

无|所　不|知　没|地方儿　不|懂

后来人们把它的分析方式弄"错"了，(妈妈们教孩子说话都是一句一句地教，没人讲造句法)，就分析成：

无‖所不知

无　所‖不知

所　不|知

这一来"没地方儿不懂"就变成"没不懂的地方"儿了。大家回想上文咱讲"有攸往"的话就了然了。

这种分段法改变的事在语言史里多了去了！比方英语说："我们正谈论 Joe"是

We are talking ‖ about Joe.(about 是介词)

可是日久天长，人们把分段法改了，于是乎问话就成了

Who(m) are you talking about? (about 是副词)，谁要说"Of whom are you talking?"就带学究气了。

"所"字的最大特点是它的修饰语在后头。它的来源是分段法改了。《论语·子路》说："君子于其所不知，盖阙如也。"这阵儿想把跟它后头的修饰语拆开也办不到了。

"不懂的地方儿"也就是"不懂的东西"，"不懂的对象"。到"所"字一可以和"闻""尝"结合，它也就变成了个虚词了。

三、"所"字的词性

"词性"是指一个词属什么类。我年轻的时候和《马氏文通》的著者一样，先学会了一种外语(英语)，接触了它的语法，回来看汉语，觉着英语里有的词类我这儿也有。不过《马氏文通》的作者学的是拉丁——当时人们把它看作最合逻辑的话，上帝的话。后来

越来越发现这么认识有毛病；就倒过头来，不承认汉语的词（至少是实词），可以分类。最后在北京口语里发现北京人给三种词三种不同的待遇，又倒过来承认实词可以分类了。这么来回一折腾，我明白了一个道理：弄清楚一个词的各种用法比把它分进某个类里去要紧得多。分类也不是不可以做。可是在没彻底查清以前还是粗一点儿好。因为分得越细例外越多。

马建忠比我幸福多了。在他那儿简直是拉丁有的汉语也该有。他把“所”算“接读代词”，说：“所字……或隶外动，或隶介字，而必先焉……‘所’必居宾次①。”

说它在动、介字前头我赞成，因为我观察的结果和他一样。我不信古汉语有介词，一概算动词，也不和他矛盾。我不承认的是他把它算在“宾次”casus accusativus，佛教徒说的“业声”。在这儿得插一段题外的话，讲讲所谓“动宾关系”。

四、什么是汉语的动宾关系

用词造词组，有“向心结构”，也有别的。什么叫向心呢？是说这组里有个核心，它反映最主要的意思——客观事物。别的是“修饰”它的。这里又分两种：一种叫偏正词组，好比“长方桌子”。

桌子是一类东西的总名字。这里包括着好些有共同特征可又不一样的东西。每样儿单起一个名儿办不到：语词有限，客观事物无穷。那么就用修饰语缩小它的范围，加上“长方”。您反映的就不包括四方、腰圆儿、六角儿的了。结论：“偏”缩小“正”的词义范围。

还有一种是所谓“动宾”词组，比方：

---

① 《马氏文通校注》，54年中华本，上册64页。

看

书　报　电影　房子

在这里头,单说“看”是眼睛受客体反映的光线刺激。加上“宾语”,它还是那么回事,词义没缩小,也没扩大。只是具体化了。读者自己可以试试“搞”后头加东西的效果是什么。最极端的一两个词像“打”,除了有个模糊的跟“捶”差不多的使用频率最高的意思以外,简直空洞极了。请把底下这一串词加上试试:

铁　水　油　票　电话　呵欠　哈哈　比方

草稿　报告　闪　马虎眼　交道　麻烦

要没后头的词,“打”简直空洞极了,具体内容全靠后头。

在我拟的语法名词里,“偏”修饰语叫“约语”,“宾语”叫“显语”。随大家习惯,我宁可把后一个叫“补语”;不打引号,我从来不用“宾语”这个称呼。

我讲的是词和词的关系,这是语法的事。有人讲“动宾”,常是讲动词反映的“事件”跟“宾语”反映的事物的关系。这是百科全书的事。我佩服这样人的勇气。可是怕听这些话。有人说“外动”是“射及他物”的动作,“宾”是挨射的,我老想不通“他有个大哥”的“有”是怎么个射法。“盖房子”里的“盖”又怎么射呢?您“盖”的时候还没有房子,等有了房子,也就用不着“盖”了。我更不懂“打枪”是射敌人呢,还是射枪。一句话:汉语的“动宾”关系跟印欧语不一样。我更闹不明白介词从来不表示“射”,凭什么带宾语。

马氏和别位还分“直接宾语”、“间接宾语”。比方:

> 我　给　你　一　本　书　　“你”是间接宾语,因为它在拉丁是“与声”casus datīvus。

不过这在拉丁里也有例外。比方该撒的《高卢战纪》第一本里就有

Interim cotīdiē Caesar Aeduōs frūmentum……flāgitare　这样的句子,那“宾语”两个都是 acc。“凡是表示人的‘宾语’都是‘间

接'的",是把语法模式放到英语上的人的偏见,在古典印欧语里(比方梵文的 arthaya 什么的)并不通行。不幸的是英语的群众太多了,人们也就容易犯我小时候的毛病。

这样一来,人们一看"所"可以翻成"对象",还不叫它在"宾次"么? 实在是"正次"。

说"所"是代词我倒赞成。它的性质极像 H. 苏维特叫"prop-word"的 one①,就是不需要"前词"。给他起名,可以叫"虚位代词"——专为接受修饰构成名词性词组的代词。

五、泰西葛郎玛害人

先请读者看一段文章。杨树达《高等国文法序例》说:

"余于所字,纠马氏代名词之说,定为表被动之助动词……有某君者……论及所字,以余纠驳马氏为是,又谓余欲一贯余之被动助动词说,误与马氏同。因举一例证云:

卫太子	为	江充	(之)	所败
大官大邑(为)		身	之	所庇
冀北之土(为)		马	之	所生

三句除'之''为'两字外(……二字为某君所增)词位相当。依第一句改译为'江充败卫太子'之例,则第二三句当译为'身庇大官大邑'、'马生冀北之土'亦当相合。而事实不然,故知杨氏之说为误云云。

余……告之云:'卫太子为江充所败'当与'身为大官大邑所庇'、'马为冀北之土所生'相等。如此则字字相当,不劳别加'之'、

① 请看大塚高信的 Dictionary of English Grammar,比 N. E. G. 原作材料丰富。大塚叫它"支持语"。

'为',强相比附。'卫太子为江充所败'可改译为'江充败卫太子',同样地'身为大官大邑所庇'可改译为'大官大邑庇身','马为冀北之土所生'可改译为'冀北之土生马'。君谓余误同马氏者,乃君自误比,非余之误也①。"

这位某君也是语言学界一位老前辈,贡献也不小。在古代汉语和古文献的研究上,可比杨先生差多了。可是人一辩论问题,往往不能克制感情。某君话里也有合理的部分:头一句是叙述句,二三两句是判断句。这三个句子不是一个类型的。可惜他没把问题说得清楚。杨先生也有小疏忽,照他最后改译得的句子再复原应该得到:

身(者)　大官大邑　之　所庇　也

马　冀北之土　之　所生

这可不是人家左丘明的原文了。

当时我们这些"后生小子"都替两位老先生惋惜,怕他们伤了感情。

其实这两位都是受了泰西葛郎玛害的人,也都是受了马氏这位"削足适屦"的鞋匠的害的人。马氏一口咬定"庇"、"生"是外动,"所"在宾次;这才是病源!说到这儿还得谈谈古汉语动词的特征。

六、古汉语的动词

印欧语法里动词是"自(中、内)动"还是"他(外)动","主动"还是"被动"这两种区别非常严。古汉语的动词可并不这样。特别是主动被动,干脆就写一个字。请看金文的例子:

"王乎自朕易自遽贝十朋。"(《师遽𣪘》)

① 1955年商务本。《序例》。

“王令易自(军队)……小臣逨……易(受赐)贝。”(《逨毁》)

直到《汉书·东方朔传》里,有个人还嘻皮笑脸地要求“臣赐帛”哪!

“受(=授)民受畺土。”(《大盂鼎》)

“受(被授)天有大令。”(同上)

书面纪录有:

“师行而粮食(被吃)。饥者弗食。”(《孟子·梁惠王》)

“语曰:‘其母好者其子抱(被抱)。’然则其为之反也:‘其母恶者其子释(被扔开)。’”(《韩子·备内》)

《汉书·张良传》引这句谚语作“母爱者子抱”。

如果问:这不显着乱得慌么? 请放心。粮不吃人,所以乱不了。这种古语法叫“施受同辞”。

古汉语动词倒有个分别挺重要:“自动”和“使动”。自己吃是“食”,叫别人吃是“飤”。后头这个字周铜器已经有了。

有些语词音分化了,有些造出新字来分配给两下里。现在从书面记录里举几个例子:

自动	饮	学	入	视	来	至	见
使动	饮	学	纳	示	徕	致	现

《孟子·万章》说:“莫之致而至者。”翻成北京口语就是“没叫他来他自己来了”。

把话头拉回来再说“身之所庇”、“马之所生”吧。杨先生跟某君他们老二位要不是上了马氏的当,拿“庇”、“生”当“外动”,想着它们也许是“被动”,那辩论就起不来了。马氏偏把这三个例子算一类,在“外动字单用,先后无加,亦可能为受动①”那一节里又不肯来个互见(因为他不承认“庇”、“生”是“受动”),真把人害苦了。

也许有人怀疑“所被生”不成话。请看看:

“无忝尔所生”(《诗·小宛》)=别辱没你的父母。照马氏该改成“儿

① 同上册64页又211页。

女”。

“白净王者，是吾累世所生之父……是吾世之所生母也”。（《修行本起经》）

后头的也许有人说是受了梵文语法影响①，前头的可不能这么说。看了这一段就可能把“身之所庇”、“马之所生”分析明白了——一半儿！

七、“所”的虚化根本没彻底！

周秦两汉人是拿“所”当虚词用。顶彻底的例子是《墨子·经说下》：“仁仁，爱也。‘义’，利也。爱、利，此也。所爱所利，彼也。爱利不相为内外……”这真够虚的了，翻成“对象”是合适。可是他们从来也没忘了“所”当地方讲，从来也没停止过这么用它：

“蔽芾甘棠，勿翦勿伐：召伯所茇！”（这是召伯打歇儿的地方！）

“召伯所憩。”（休息的地方）

“召伯所说。”（＝税驾的“税”）《诗》

就连马氏引过的《襄十四左传》：

“狐狸所居，豺狼所嗥。”

也是狐狸住的地方，豺狼号的地方。可惜他被葛郎玛迷住心窍，连《左传》都看不明白了。“嗥”这个“外动”有个地方作“宾语”，怎么讲还有：

“文王之所辟（＝避）风雨也。”（《僖廿八左传》）“辟”是“外动”，它的“宾语”明明是“风雨”。照马氏讲“所”也是在“宾次”的代字。这下儿可热闹了！“外动词挑着俩宾语！”谁看见这样儿的语法规律不生气呢？“所辟风雨”除了当避风雨的地方讲，还能有别的讲法么？

① 梵文“她生了个儿子”是 Putras tasyāṁ jayate，她用“于声”。

康僧会译《六度集经》三讲了因为食物难得，“道士欲徙，寻果所盛”。这是果子多的地方。

加了这一段，读者就能正确的分析上头二、三两个句子了：

身之所庇也 = 本身受保护的地方

马之所生　= 马的出生地

这里用的是“所”的本来面目——名词。

直到《汉书·司马相如传》：

“钧猎者之所（对象）得获，徒车之所阐轹，骑之所蹂若，人之所蹈藉（后三个全是地方）……

地方不过千里而囿居九百，是草木不得垦辟而民无所（地方）食也……而乐万乘之所（东西）侈（认为奢侈）；仆恐百姓被其尤也。”

看看吧，两种用法紧接着。谁让葛郎玛迷了眼，就“视而不见”了！

八、“所”的分枝

《文十三公羊传》说：“往党，卫侯会公于沓。至得与晋侯盟。”何休注说：“党，所也。所犹时，齐人语也①。”

“所”当时候讲，也早就有了：

“多历年所。”（《周书·君奭》）“年”字从禾人声，意思本是“收成”，引申成“年数”。“所”指统治时间。地方是空间，用来指时间，在北京口语里就有：

“打这儿起咱俩人谁也别理谁。”

“这儿”=“现在”。何休这位注家真伟大，他算把好些语言现象吃

① 《四部丛刊》影宋本。

透了。再往高处说,他暗含着跟最现代化的自然科学一致:相对论发明以后,据56年版《英国百科全书》space-time条引数学家Minowski的话:"从今以后,空间自体和时间自体不过褪成影子了,只有二者的个结合体才保持独立的存在"。

"党"这个话差不离就等于白话的"当儿"。"所"表示时间,"修饰语"也还是在后头:

"所不与舅氏同心者,有如白水!"(《僖廿九左传》)

"所不归尔帑者,有如河!"《(文十三左传》)

这种用法并不难懂。读者想想用欧洲语法写汉语的作品吧!"当我们一起进行麦收……",就明白了。这是赌咒发誓的话:"我不跟你一个心的时候,就像河水似的一去不回头(死了)!"

我怀疑"党"也这么用过,发展成"倘"。这可是个"宿题",等将来才能解决了。

北京话的实体词的词类

早先的汉语语法学者都受过西洋语法的影响，他们的语法体系里都免不了有把西洋语法的范畴和概念随便带进来的地方。像把汉语的语词分成八九个“词类”的办法就是一个例子。近二十年来的语法学者差不多全都不大赞成这个办法，说这么讲出来的不是真正的汉语语法，不过是“拉丁文法汉证”。于是乎有的人就来个“矫枉过正”，说汉语的词根本就没法儿分类。到今天为止，这个问题也没个定案。有几位主张“能分”的人，话也说得犹犹疑疑，吞吞吐吐。而且，这几位分出来的结果又不一致。这么一来，学语法的人就苦了，有几个问题老是存在心里，解决不了。这几个问题是：(一)汉语的语词，真能分成几类吗？(二)随便拿个词来，有法子知道他该分到哪一类里去吗？(三)会这么分类到底有什么用呢？笔者听这些话可听多了，现在就想答答这几个问题试试。目前报纸杂志上的文章吸收的文言成分和外来语成分很多，内部的语法规律又不一致，所以我单从北京话里找例子。范围大了太复杂，这篇短文说不清楚，所以我单说北京话里的“实体词”，就是那些代表具体事物或附丽于具体事物上的动作变化以及性质形状的词，平常也叫“实词”。

先答头一个问题，“北京话里的实体词真能分成几类吗？”我说“能！”“有什么凭据呢？”这可说起来话长，得慢慢儿从头儿说起。

先看看西洋语言，作个“借鉴”吧。比方，如果有人问，俄语的实体词真能分成几类吗？我们可以毫不犹疑地回答说：能。能分成名词、形容词、动词三类。有什么凭据呢？我们说，这三类词用三种不同的法子(主要的是变语尾)变字形，并且用这三种变形法表示不同的语法关系。这话说得太空洞，还是举个例子吧。东北方言管面包叫“咧巴”，这大概是从俄语 хлеб(念ㄏㄌㄧㄝㄅ——喝咧布)这个字转译过来的。可是东北方言的“咧巴”，不管放到什么上下文里，像“没有咧巴”“切咧巴”“买十个咧巴”，这个词儿的声音不变，写出来的时候，样子也不变。可是一个俄罗斯人说起来，就一会儿说“喝咧巴”，一会儿说“喝咧包伏”，可以有十来样儿说法。为什么一个意思会有这么些不同的说法呢？原来“喝列布”这个词儿不但要表示“面包”这个意思，同时还要表示跟句子里别的词(如“没有”“切”等)的关系，用专门名词来说就是“格”；另外它还要表示面包是一个还是好些个，用专门名词来说就是“数”。因为俄语的名词有利用变化字形来表示“格”跟“数”的性能，所以它自己成为一类。形容词、动词也都单有一套变化字形的法子，单有它们的语法关系。所以我们可以理直气壮地把这三类词分开。

回过来再看北京话。北京话的实体词也有这类情形吗？有！不过变化的形式极少，再加上变化字形的法子又不是西洋语言的变语尾、变语头、变主音的那一套，而是用“重叠”；偏巧西洋语言里只有一两种很冷的语言(像梵文)才用一点儿“重叠”，别的语言里不大用，所以那些受西洋语法影响的学者就把它忽略了，没想到它跟词类有关系。

北京话里单音的实体词，差不多都能重叠。可是仔细一看，就知道也有三种重法。先看头一种：

> 这档子事**人人**都知道。
>
> 他**天天**在这儿摆摊儿。
>
> 老百姓**顿顿**吃细粮，**家家**儿作新衣裳。

这里头的重叠词的形式是：(一)两个字全念重音；(二)第二个字可以加上“儿”(专门名词叫“儿化”)，也可以不加。这种变形可以表达一种附加的意义——“每”。“天天”就是“每天”，“顿顿”就是“每顿”。

再看第二种：

> 慢慢儿走，快快儿回家，跟你妈细细儿的说说。
>
> 好好儿的一个人，病了一天就死了！

这里头的重叠词的形式是：（一）第二个字念重音，第一个念轻点；（二）第二个字念阴平声，大都“儿化”，所以“慢慢儿”的声音成了“慢妈儿”，“快快儿”成了“快宽儿”，“细细儿”成了“细西儿”，“好好儿”成了“好蒿儿”。这种变形可以表达一种附加意义——“很”。“慢慢儿”就是“很慢”，“好好儿”就是“很好”。

再看第三种：

> 你忙什么？先坐坐，他这就下班，你等等好了。
>
> 天真够冷的，都冻冰了，不信你出去看看去。
>
> 这花生是新下来的，很好吃，你尝尝。

这里头的重叠词的形式是：（一）第二个字念轻音，“看看”的声音差不多成了“看肯”（“肯”的音很轻，调子是阴平），“尝尝”的声音成了“尝承”（“承”的音也很轻）；（二）第二个字一般的说不“儿化”。这种变形可以表达一种附加的意义——“试试”或“一下儿”或“试一下儿”。“看看”就是“看一下儿”，“尝尝”就是“尝一个试试”。

把这些现象一摆出来，那结论也就很明白了；读者想来早已看出来，这是名词、形容词、动词三类词的三种变形法——头一种是名词，第二种是形容词，第三种是动词。要是一个词同时属于两类，它也可以用两种变法，比如：

> 您先别忙，这水不能喝，等他开开儿（'kaiker，开一下儿）再说，呆会儿给您来碗开开儿（kai'kar，很开）的。

上头说的是单音词，底下再看双音词。头一种词不能重，像“豆腐”、“萝卜”。这是名词。

第二种词有两种重叠式：

胡涂——胡胡涂涂　胡里胡涂（"涂"念成"都"的音）

马虎——马马虎虎　马里马虎（"虎"念成"乎"的音）

麻烦——麻麻烦烦　麻里麻烦（"烦"念成"翻"的音）

这种形式的特点是：（一）第二三两个字念轻音；（二）第四个字一定念阴平声；（二）第二个字可以用"里"代进去。这种形式表达"很"这个附加意思："麻里麻烦"就是"很麻烦"。这种词是形容词。

第三种词重叠式是：

溜答——溜答溜答（散步）　拾掇——拾掇拾掇（收拾）

鼓捣——鼓捣鼓捣（弄，整理）　倒尺——倒尺倒尺（打扮）

这种形式是把原词说两遍，表达"试""一下"的附加意思："溜答溜答"就是"散一下步"。这种词是动词。

要是一个词分属两类，自然可以用两种重叠式：

我还得麻烦麻烦您，您可别嫌我老这么麻里麻烦的。

由上头的例子看，北京话的实体词可以分成名词、形容词、动词三类，这是确定的了。现在再答答第二个问题试试。这个问题比较好答。平常说话的时候，一种词有一种词的用处，一种词有一种词的上下文。比如"豆腐"这个词，上头加上个"很"或者下头加上个"你"，都不像话。所以咱们可以用几个带空格儿的句子，把某一个词填进去看看，要是放在某一种上下文里能通的话，这个词就是某一类词。比如：

给了他两个○　　还加了些个○

这两个空白里要填上个讲得通的词儿，那个词儿一定是名词。

我可不收看这么○的玩艺儿

这个空白里要填上个讲得通的词儿，那个词儿一定是形容词。

你赶紧○吧

这个空白里要填上个讲得通的词儿，那个词儿一定是动词。这不过是随手举例。读者自己还可以造出些这种带空格儿的句子来试试，很有趣儿，也很有用。要是你会说北京话就更方便，有时候一重叠就看出来了。

现在再来回答第三个问题。知道某一个词该分到某一类里去，就不至于把它错用到不合适的上下文里去了。像吕叔湘、朱德熙两位先生的《语法修辞讲话》第二讲第一段里举的那些错误，就不至于犯了。还“不止于此”。再碰上文学家有意把词的原义扩大了使用的地方（像老舍在《离婚》里写的“就得狗着他点儿”）也认得出来了。换句话说，写作的能力跟欣赏的能力都提高了。这还能说没用吗？

亲属称谓的扩大和转移

近些年语言学家里流行一种风气：好研究某一种语言的，特别是比较原始的民族的语言的亲属称谓。有人还连带着研究这个民族的婚姻制度和性生活。研究得好的，特别是后一类，常常给咱们带来极详细有趣的记录。

在这些研究里头也有个别的不好的趋向。这就是只看称呼，不作调查，就去推测人家当时当地的婚姻制度。《尔雅·释亲》说："姑之子为甥，舅之子为甥，妻之晜弟为甥，姊妹之夫为甥。"有人看了就说这是"亚血族婚"、"群婚"的遗迹。其实称呼跟实际的人跟人的关系不必吻合。因为人的称呼可以扩大、转移到别的人身上去。《水浒》好汉一百另八条，光姓就好几十，称呼可都是"哥哥"，"兄弟"。因为这批人的口号是"四海之内，皆兄弟也"。

本文企图初步探讨汉语里称呼扩大、转移的情形。上起三代，下到今天的口语，都在搜罗的范围里。就这样，还显着贫乏可怜。凡事开头难。个人能力有限。读者原谅吧。

一、叔

周朝人称"叔"，是跟"伯"、"仲"对待的。鲁国三家，里头有"叔孙"，跟"孟孙"、"季孙"对待。这是哥哥、兄弟的排行。

另外，"叔"也跟"嫂"对待。古人好穿孝。按《丧服》的规定，一个人十年得穿八年孝。不过叔、嫂"无服"。这个话留传到今天的北京口语里，背地"称"是"小叔子"。当面儿"呼"，就随着丈夫叫

“三兄弟”,“老四”。

嫂子的儿子称他妈的“小叔子”,就叫“叔父”。刘熙《释名·释亲属》说:“仲父之弟曰叔父。”

现在把这两种称呼列一个小表,为的是醒目:

叔　嫂
某甲
叔父　侄

这种区别并不难懂。论理也不难保存。可是到六朝就开始混乱了。

《世说新语·赏誉篇》说:“王汝南既除所生服,遂停墓所。兄子济每来拜墓,略不过叔。叔亦不候……济去,叔送至门……济曰,‘始得一叔’……武帝每见济,辄以湛调之,曰‘卿家痴叔死未?’……‘臣叔不痴’。”在这里,“父”字不见了,光剩下“叔”。今天北京口语也沿用了。有排行,称呼都用一个字:“二叔”、“四叔”。不带排行用两个字:“叔叔”。

在宋元明小说里,叔嫂的称呼也有用两个字的。《水浒》里潘金莲就管武松叫“叔叔”。

从这些材料看,从古到今,“叔”这个称呼转移了。从妈嘴里转到儿子嘴里。这不奇怪:小孩儿学说话的第一个老师就是他妈么!

这种用妈那一辈人的口气称呼人不算“僭越”吗?这是小孩子的事,谁也不去较真儿。

在《诗经》里“叔”可以指一个小伙子,往往是个“风度翩翩”的小伙子。《叔于田》里的“叔”,《萚兮》里的“叔”(伯),就都是。听一位民间文艺的老专家说:客家山歌里,姑娘称恋人,也是叫“叔”。要是从这个意义说,管叔叔叫“小伙子”,一点儿也不能算失敬。

二、姨

《左传·庄十二年》说："蔡哀侯娶于陈，息侯亦娶焉。息妫将归，过蔡。蔡侯曰：'吾姨也。'止而见之。"这就是《尔雅·释亲》里的"妻之姊妹同出为姨"的"姨"，也是《诗·硕人》的"邢侯之姨"的"姨"。

到了汉以下，这个称呼也转移了。《御览》五百廿一引《三辅决录》说："周季贡，班固姊之子也……其姨曹大家难之。"《北史·列女传》说："姚氏妇杨氏者，阉人苻承祖姨也。家贫。及承祖为文明太后所宠贵，亲姻皆求利润，唯杨独不欲。常谓其姊曰：'姊虽有一时之荣，不若妹有无忧之乐'……承祖每见其寒悴，深恨其家，谓不供给之，乃启其母曰：'今承祖一身，何所乏少，而使姨如是？'母具以语之。承祖乃遣人乘车往迎之，则厉志不起。遣人强舆于车上，则大哭言：'尔欲杀我也？'由是苻家内外皆号为痴姨。"王献之《东阳帖》："不审阿姨所患得差否？"这回是小孩子用爹一辈的称呼了。原来的"妻之姊妹"，现在北京话叫"大(小)姨子"。

现在北京话都管妈的姐妹儿叫"姨"。上了岁数儿的也叫"姨妈"。看过《红楼梦》的人都熟悉薛姨妈，不说了。

三、"指着小的儿叫"

我有个姐姐，没出嫁的时候叫我先父"爸爸"，叫先母"妈"，叫我"四弟"。出嫁以后，抱了外甥再回娘家，一整套称呼全变了，这回管先父叫"老爷"，管先母叫"老老"，管我叫"四舅"。这全是用我那小外甥的口气来称呼别人。这极好懂。他们家的宇宙中心是我那小外甥。

我现在管我的老伴儿叫“外婆”(原籍湖南),管我的小儿子叫“小舅”;我老伴儿叫我“公公”。这套称呼怎么来的?我的小外孙子住在我们家里是主因。用北方老太太的话说,这叫“指着小的儿叫”。

英美人有小孩儿以后,两口子互相叫 daddy, mammy 的也常见。

四、“恁嫂”

山东方言,公公婆婆呼儿媳妇儿“恁 nəĩ 嫂”。“恁”就是北京话的“你们”。这些“你们”指的是他们的小儿子、小女儿。不用说这也是“指着小的儿叫”的例子。人们要问:他们家要是就有一个儿子怎么办呢?还是照旧“恁嫂”!称呼儿媳妇儿带点儿客情,非常难处理。老百姓里有的是天才,这个婉转的、绕脖子的称呼就产生了。

北京方言里也有相仿的情形:姑娘大了,不好再“二丫头”、“三妞”那么乱叫,就常有“他二姐”这类客气称呼。

天津方言,婆婆呼儿媳妇儿叫“三婶”。平常称叔母,音是srěr/。这里可是/srěn/,不许儿化。推测这种称呼的起源,应该是指着大孙子叫。人们要问:他们怎么称呼头一房儿媳妇儿,答案倒干脆:“大婶”!这回指小的儿就不必真有那个人了。

五、爹娘、儿子

清黄钧章《金壶浪墨》七说:“干儿义子,明季阉党为最横。然魏晋即已有之。如邵陵王芳为魏明帝养子,宋顺帝准为宋明帝养子,石闵为石虎养子,杀虎子鉴。北燕高云为慕容熙养子,即弑熙……后唐明宗名嗣源为克用养子，废帝从河又为嗣源养子……。”这里数典数得好。可惜没说出来为什么要收养子。

欧阳修《新五代史·义儿传》说：“……天下五代而实八姓：其三出于丐养……唐自号沙陀，起代北，其所与俱，皆一时雄杰虣武之士，往往养以为儿，号‘义儿军’……多用以成功业……太祖养子多矣！”这里说出了一半儿真相。收养的对象是“雄杰虣武之士”，是将（别管是大将还是战将）才。可是他没说出来收养的全部动机。李克用自己有亲生的儿子，所以不是为传宗接代。也不单纯为爱才。比方《旧五代史》五十二说：“李嗣本……本姓张……以功为义儿军使，因赐姓名。”让他当将官，让他带兵，已经够得上说是爱才了。干什么非得加上个父子的名义呢？推测当事人的本心，实在是预防这些“雄杰虣武之士”野性犯了，不服调动。有了父子的名义，这群人就好驾驭多了。在封建社会里，这舆论的压力相当大，“哪儿有儿子打爹的？”连阿Q都懂。顺便说句题外的话，清朝的王念孙最会利用这种心理。在“宁言周孔误，莫道郑服非”的气氛里，他要推翻前人成说，总用王引之称“家大人曰”的口气。因为在封建社会里儿子听爹的是最大的大道理，可以堵住一切批评家的嘴。这么办最不得罪人。当然，儿子也有弑父的，就连亲生自养的也难保。不过那多少是稀有的事了，而且也受舆论的谴责。在封建社会里，皇帝也不能“为所欲为”。要不然人家当面不说，背地里也戳后脊梁。杨广这个人臭，多少和他至少催他爹死有关系。

把话拉回来，名义包含着支配权和受支配的义务。看看宋元明小说，奴隶称呼主人“爹”，称呼主母“娘”，在《金瓶梅》、《醒世姻缘》那类书里太普遍了。这里跟年龄辈分一点儿关系也没有。肯定的就是称呼表示支配人身的权利。

这一条跟上头讲过的全不一样。上头是称呼在亲属里头转移扩大。这条以下是非亲属用亲属称呼。这在问路的时候叫声“大哥”里就有了，扩大了可以到意想不到的地步。

六、小姐

在旧社会，大家的姑娘称小姐。北京口语音是/siáu zie/，第二个音节是轻音节。凡是多音节词里的轻音节，不光语源不容易考清楚，连它能表达什么意义也难说清楚，比方/mídəŋ/这个词语里的第二个音节，到了儿是该写“灯”，还是比照“踅腾”的例写“腾”呢？谁也说不清。写汉字尽犯犹疑也就等于说语源不清楚。因为除了写错别字的不算，写对一个汉字包含弄清一条语源。轻音节表达的意义也含胡。“迷”这个音节表达的意义大致说得清楚。“灯”或者“腾”是干什么的呢？咱们只能说加上它跟没它意思不一样，加它跟加“胡”(糊?)意思也不一样。再要问/dəŋ/什么？怎么个/dəŋ/法儿？那就是“强人以所难”了。“小姐”里的/zie/的身分也差不多。从汉字上人们知道这是个年纪比说话的人大的女的。查查字典，《说文》说：“蜀人谓母曰姐。”这里也许有写错汉字的情况：本该写“姊”。不过吴语的“阿姐”念的是十足的/tsia/。看起来不如说这里有过一次称呼的转移。比方：妈和姐姐的称呼是有转移的例子。

语言	梵	拉丁	英	阿尔巴尼亚
词	mātṛ	mater	mother	motrë
意思	妈	妈	妈	姐姐，妹妹

“小”和“姐”意思是互相矛盾的。当然，语言里不排斥矛盾的话。北京口语的“黑白面”(不是机器磨的小麦粉)就是个例子。问题是要追究一下儿这个矛盾的话是怎么来的。

一九四四年我在山东滕县教中学。当时还没解放，更没经过土改，租佃关系还存在。不用说，还有地主和佃农。地主家里的男女帮工的，或者说用人，大部分是他的佃农家的人。这些人称呼地主，不管后者多么年轻，都叫"大叔"，"二婶子"。看了上一节自然懂这是表示"支配关系"的长辈称呼。他们称地主的女儿，别管后者才几岁，一律都叫"小姐"，这里没有轻音节。"小"是十足地表达年纪小的意思。"姐"为什么不能换成"妹"？因为"妹"这个称呼不包括支配权！

清赵翼《陔余丛考》卷三十八说："今南方搢绅家女，多称'小姐'。在宋时则闺阁女称'小娘子'，而'小姐'乃贱者之称耳！钱惟演《玉堂逢展录》记营王宫火起于茶酒。宫人韩小姐谋放火私奔，是宫婢称'小姐'也……《夷坚志》：'傅九者好狎游，常与教乐林小姐绸缪。约窃而逃，不得，遂与林小姐共缢死'……此妓女称'小姐'也。"

宋吴曾《能改斋漫录》卷二说："……近世多以女兄为'姐'，盖尊之也。案繁钦与文帝笺曰，'自左骥史妠，謇姐名倡'……李善注云：'其史妠謇姐，盖亦当时之乐人。'以是知妇人之称姐，汉魏已然矣！"从这条看，赵翼提出的问题可能跟咱们讨论的不一码事。汉魏乐户称呼"姐"，上头加"小"，好像"小娘子"一样，是昵称。

不过话又说回来了。他讨论的也有可能跟咱们讨论的是一码事。因为乐户人家往往比一般人家更奢侈，更讲排场。倡家女让皇帝看上了就能成皇后，从赵飞燕开始，后世也没绝种。赵翼存个贵贱的心，那是知识分子的酸架子。封建社会的原则是"一人得道，鸡犬升天"、"妻以夫贵"。乐户人家并不永远贱。还别说贱人也可以用贵人称呼。《红楼梦》里的小姐们都称"姑娘"，可是解放前北京乐户里的妓女也称"姑娘儿"，也叫"三小姐"……。

七、老娘、老老

周朝人管爹妈叫“父母”。到南北朝时候就有叫“爷娘”的，比方《木兰辞》里就有“不闻爷娘唤女声”。现代方言沿用这个习惯的区域好像越来越缩小了。我遇上过的实例有山东旧青州府的方言。别处没详细调查过，不敢说。“父”是“爷”，“父”之“父”该是什么呢？是“老爷”。这个称呼我在山东滕县方言里发现过。祖父、外祖父都可以叫“老爷”。一般的河北山东方言偏到一边儿去了——只是外祖父叫老爷。“母”是“娘”，“母之母”当然是“老娘”。这在滕县方言里保留着。北京方言原来也有这个说法。比方《红楼梦》里抄大观园的时候，凤姐发现司棋的“老娘”是王善保家的。《红楼梦》里的话是南京长大的旗人的话，有些南京方言成分，比方用“情，淫，宁”押韵，用“鬼脸青花瓮”装雪水什么的。不过很零星。大体上就可以代表当时的北京话。这里“老娘”还是外祖母。

一个女人要生孩子，要是缺人帮忙料理，这差使该落到谁头上呢？稍微想一想就明白，头一个落到产妇的妈身上。结果是这个词义转移了，在现代北京和它周围的方言里，“老娘”变成稳婆的“职称”了。我还记得小时候得弟弟妹妹的时候，人们谈请老娘，商量是请李老娘还是请佟老娘好的话。这一次不是想控制她，是有事求她，得叫点儿好听的。

“老娘”成了职称，真正的外祖母怎么叫呢？就用小孩儿话好用迭字的词：“老老”。

顶有趣儿的是这些稳婆还认为“老娘”不过瘾，还想当个十足的外祖母。我记得小时候得弟弟妹妹，稳婆来了，我的亲老老命令我管她叫“佟老老”。这是敬称。

这些稳婆听惯了人家的敬称了，也就“居之不疑”，也大模大样地自称起“老老”来了。1930年以后，我记得清清楚楚在西四到新街口一带看见过招贴：“吉祥姥姥×××”，这次连“老老”也变了职称了。还唯恐人家不知道她是女的，写个念/mǔ/的字。

“老娘”变职称可是“古已有之”了。宋张师正《倦游录》：“苗振试馆职，晏相曰：‘宜稍温习。’振曰：‘岂有三十年为老娘，而倒绷孩儿者乎?’”这个老娘是从外祖母的称呼转移的不是没法儿考查了。从年代推，八成儿是从外祖母转移的。

八、小结

从上头的例子可以看出来，称呼可以转移。这有时候是因为中心人物变了，有时候是要表达人跟人的某项关系。研究语言研究到这些现象，可以帮研究文学的人好大忙。当然，有些低能的作家只会让一切农民自称“俺”，只会让汉人学俄罗斯人管生人叫“叔叔”——在北方农村里称呼外人用“大叔”……——是永远体会不到这个地步的。他们的词都僵化了，只能马马虎虎达意，不能表情了。

《诗》"薄言"解平议

提要 《诗经》里有个"言"字，像"薄言往愬"这句里用的，古传笺都当"我"字讲。从清朝人就开始怀疑这种讲法，另找新路。一般的作法是从句子里的上下文归纳它的用法，一共多少多少条。经过多少年的探讨，大致认清了它是个承上启下的"转语词"。这是应该肯定的成绩。不足的地方有：①没能平心静气体会古注，全称否定。认为不值一笑。②没能指出这个转语词包括古书作"焉"的词。③别看现代音韵学家拟构的音细入毫发，可没人拿它来讲某个字或是词。④归纳得支离破碎，没魄力抓住核心，来个"一以贯之"。笔者靠梵汉对音摸索出来"言"、"焉"、"然"的后汉音，在这个基础上肯定"言"是"我"+"焉"压缩成的，"焉"等于"于是"(从时、空两面说)。因为常常跟"薄"字连用，所以也提到了薄"字。

《诗·葛覃》末章有"言告师氏，言告言归"。毛《传》说："言，我也。"郑《笺》说："我告师氏者……重言'我'者……"《正义》说："'言，我'：《释诂》文。"①

《芣苢》有"薄言采之"。毛《传》说："薄，辞也。"郑《笺》说："'薄言'，'我薄'也。"《正义》说："《传》于'薄汙我私'不释者，就此众也……《笺》……《诗》之'薄言'多矣，唯此二者② 以'薄'为'始'，

① 引常见书，不注版本页数。

② 指《时迈》、《有客》。

馀皆为辞也。”孔认为《芣苢》《笺》申毛，恐怕未必。一个发语词，从句子头儿上调下来变成第二个字，不光不起什么新作用，反倒绕嘴。

一

王引之《经传释词》卷五说：“‘言’，‘云’也，语词也。话言之‘言’谓之‘云’，语词之‘云’（见‘云’字下）亦谓之‘言’。若《诗·葛覃》之‘言告师氏，言告言归’；《芣苢》之‘薄言采之’（薄言，皆语词，后凡称‘薄言’者放此。）；《汉广》之‘言刈其楚’；《草虫》之‘言采其蕨’（后凡称‘言采’者放此。）；《柏舟》之‘静言思之’；《终风》之‘寤言不寐，愿言则嚏’；《简兮》之‘公言锡爵’；《泉水》之‘还车言迈’，‘驾言出游’（后凡称‘驾言’者放此。）；《二子乘舟》之‘愿言思子’；《定之方中》之‘星言夙驾’；《载驰》之‘言至于漕’；《氓》之‘言既遂矣’；《伯兮》之‘言树之背’；《女曰鸡鸣》之‘弋言加之’；《小戎》之‘言念君子’；《七月》之‘言私其豵’；《彤弓》之‘受言藏之’；《庭燎》之‘言观其旂’（后凡称‘言观’者放此。）；《黄鸟》之‘言旋言归’；《我行其野》之‘言就尔居’、‘言归斯复’；《大东》之‘睠言顾之’（《荀子·宥坐》篇引作‘眷焉’，《后汉书·刘陶传》作‘睠然’。‘焉’与‘然’皆语词，则‘言’亦语词。）；《小明》之‘兴言出宿’；《楚茨》之‘言抽其棘’、‘备言燕私’；《都人士》之‘言从之迈’；《采绿》之‘言韔其弓’；《瓠叶》之‘酌言尝之’；《文王》之‘永言配命’（后凡称‘永言’者放此。）；《抑》之‘言缗之丝’、‘言示之事’；《桑柔》之‘瞻言百里’；《有客》之‘言授之絷’；《有駜》之‘醉言舞’；及《左传》僖九年之‘既盟之后，言归于好’；《易·系辞传》之‘德言盛，礼言恭’（谓君子劳谦，德盛礼恭也。‘言’，语词。）：皆与语词之‘云’同义。而毛、郑释《诗》，悉用《尔雅》‘言，我也’之训，或解为言语之言。揆之文义，多所未安，则施之不得其当也。”

杨树达《词诠》卷七沿用王说。不过把例子按“言”字出现地位分成两组:一组的“言”是“语首助词”,一组叫“语中助词”。

裴学海《古书虚字集释》卷五分成七条:

1) 犹“然”,状事之词。引《大东》和《后汉》。查百衲本《后汉》,“睠”字可作“眷”。恐怕是转引王书。又引《简兮》,非常勉强,还不如旧疏通顺。

2) 犹“焉”,状事之词。引《二子乘舟》。

3) 同上,助语之词。引《柏舟》、《终风》、《楚茨》和《系辞》传。

4) 犹“于”。引《桑柔》。这就是隐六年《左传》“晋郑焉依”(=依于晋郑)的“焉”。

5) 犹“乃”。引《载见》篇的“永言保之”等条。

6) 犹“则”。引《定之方中》等篇。

7) 犹“而”。引《彤弓》等篇。

跟本文不相干的不数在里头。

以上这三部书,代表两个时代,都带点儿总结性质,可以包括别的零星见解。

至于这三部书,特别是一、三两部的成就怎么样,也可以在这里说说。

王氏的长处是把“言”定成虚字——问它在句子里的作用比问它代表客观世界的什么什么重要得多的词,也就是说,指出来它该怎么研究。短处是解释得比较笼统,好像给初学德文的人解释doch,让人听了以后,那糊涂劲儿比听以前并不少。另外,还有点儿“更张太甚”。王念孙这个人好改古书,好破旧说并不比段玉裁差。可是他作得不动声色——叫王引之出面来“述所闻于大人”,用封建社会里天字第一号儿道德来封别人的嘴。像《简兮》的“公言锡爵”的言,历来都当“说”讲。后代的人不先把《诗序》“有德者居下位”这层意思驳倒,就难改这个字的旧解。他并不是非得用这条儿来壮声势不可,也勉强拉过来,未免贪多。谁有怀疑可以看看

“繇”底下：他们爷儿俩写了跟一部《道德经》那么长的文章，想改动《大诰》等篇字的次序。不幸是跟出土的三体石经不合——白费劲！

裴先生的长处是把“言”字的作用初步讲清了。他的5、6、7都是联系两件事的，普通文言用“于是”，北京口语说“就”。这比空空洞洞说句“语词也”好多了。短处是分类碎点儿。此外也有点儿“强经以就己”的毛病。《简兮》的“公言锡爵”，旧说不改本来也可以了。一定要改，也可以改成《吕览·季春纪》“天子焉始乘舟”的“焉”。要怕人说“焉”是van，“言”是n̄yan[①]，可以说这个n̄是因为音便(sandhi)从“公”字末尾挪过来的。现在连“公言”讲成“显然”，可太勉强了。万舞又不是秘密事！再说“显然赏杯酒”像什么话呢？不过总的说起来，还该说“瑕不掩瑜”，“后胜于前”。

二

在成本的书以外，还有好些散篇论文。比方从论文索引里查着《制言》杂志里有太炎先生讲“言”字的文章。可是“书缺有间”，查阅善本孤本不比见著者省事，只好从略。我冒昧地假定杨、裴两位先生已经把这些文章的精华吸取了。

总括地说，这些著者有个共通点：把带“言”字的句子从它的上下文里抽出来。他们背书的工夫深，上下文都记得。可现代读者看起来，可就觉着不那么方便了。还有一层，他们也许忘了回答一个最笨的笨人可能提出的问题：“言”字倒底好出现在一篇诗的哪一章里，在一章的哪一句里，在一句的第几个音节上。

我见过的唯一的一篇回答这个问题的论文是诸祖耿同志在1962年的《江海学刊》5期上发表的《论〈诗经〉里的“言”字》。他把

① n̄是舌根鼻音，为印刷方便不用音标。

《诗》里 104 个虚用的“言”字分了五类：

1）“用在第二句为首第一字的” 25 个

2）“用在句首第一字及连用在句首第一字和第三字的” 10 个

3）“用在两个实字中间的” 2 个

4）“用在句中第二字” 52 个

5）“用在句中第三字” 1 个

加上 2)里一、三两个字连用的四处，再加重出，共 104 个。

恕我直言，因为缺乏自然科学训练，这分类原则是乱的，数字是不可靠的：比方 4)的 90％可以归进 3)里去。不过这并没拦着他得出比较可靠的结论来：“它是前后两个事件、前后两个语组中的联系字，同样地起着纽带作用。”“美中不足”的是没说出来这样的字就是或者包含“焉”字。

要问一下他“未达一间”的原因，可以坦白地说，这里有三个：头一个是光问了“言”字在哪里出现，可没问它不在哪儿出现。要是发语词，应该有机会在第一章第一句第一个音节上出现，像《大盂鼎》的佳九月……的“佳”。现在 104 个例子里没一个用到第一章第一句的第一个音节上的。正好说明它不是发语词。王引之可以说至少错一半儿。二一个是不能摆脱前人“语词也”、“无义”①这类话的影响。三一个是缺乏现代语音学训练可勉强用它的术语去附会乾嘉人的“一音之转”，临完两败俱伤。比方说：“……‘云’……是舌根软腭音② ……属喻母……‘兮’……拖长些，在浅喉用力一顿，便触动到舌根软腭……成为‘言’。”

① 《词诠》的话。

② 从“言字古音当如……皑字”这句看，诸同志大概是说吴方言的。就在吴方言里这两个字的韵也不相同。论古韵也相当远。

三

后汉人译佛经，用“般若”对梵文 prajñā，实际上对的是个巴利型的方音 #prañā。（Eitel 用法文拼写的僧伽罗文是 pragnâwa，gn = ñ）“若”《广韵》“人者切。”sarvajña 一般写“萨云若”，支谦偶然作“萨云然”，这个“然”该是 ñān（多语、业声）。“云”字译 va 是加了个 ñ①。支谦译《义足经》kātyāyana 作“迦旃延”，延跟“焉”字的“有乾切”那个音极近。现在咱们可以把“焉”、“然”、“言”的后汉音列出来：

焉 yan　　然 ñan　　言 ñyan

在方音不正，或是口传失真的时候，ñyan 跟 ñan 相混可太容易了。比方“儿”声的字就有“倪”，五鸡切。在“焉”前头那个音节用 -ñ 收尾的时候，挪过来一半儿，ñ 音就成“言”ñyan 了。梵文的规矩，在短元音后头的 ñ、n 收尾音遇上下一个音节用元音开头的时候，照例写两次，比方：atiṣṭhan + atra ⟶ atiṣṭhannatra。前头的音节的 n 挪下来以后“久假不归”的例子也有。像英语的 nick-name、newt，本来是中古英语 eke-name，ewte，那 n 是从冠词 an 上挪下来的。在 y 前头 n 跟 ñ 相混也极容易。《礼》经的“麛”字，本是“泥”字变体，《广韵》“人兮切……又音泥”就是好例。“焉”也写“然”就是这么来的。这根本用不着，也用不上“刘备、吕布，一音之转”②那套公式。

根据上头讲的话，可以推断《后汉书》引《诗·大东》的“眷然顾之”本来该和《小明》的“睠睠怀顾”一样，用眷描写“顾貌”作“眷焉”。因为音便，也作“眷然”。又因为口传失真，也写“睠

① 日本明觉《悉昙要诀》一说：“连声之法，以下字头音为上字终响也”。

② 这是张建木同志概括的，我擅自发表了。

言”。

根据同样的理由,《伯兮》的“愿言思伯”也该本是“愿焉”,《载见》的“永言”本该是“永焉”:音节头上的鼻音是“愿”跟“永”的收尾音 n 跟 ŋ。

四

在 104 个“言”字里头有七八个本该作“焉”,因为方音不正或是口传失真才变成今天的样子,这话大概没人反对。要说上百个都是笔误,怕是绝大多数人都要摇头了。这些“言”字不能都说是等于“焉”。还得找合理点儿的解释。

毛《传》跟《尔雅》谁抄谁咱们不管,“言”、“我也”这句话值得考虑,不该一笔抹杀。要说 yan 表示“就”、“于是”,那么 n̄ 干什么用也该有个交待。这个 n̄ 一点儿也不神秘:它就是“我”、“吾”的开头辅音,言 n̄yan 是“我 + 焉” n̄al + yan 压缩成的

这种意思在上一句说的是另外一个人的时候最显著:

原文　之子于归,言秣其马。(《汉广》)

译文　他要出阁了,我就给他的马加点儿料

原文　之子于狩,言韔其弓。(《采绿》)

译文　他要打猎去,我就给他包上弓

原文　之子于钓,言纶之绳。(同上)

译文　他要钓鱼去,我就给他安竿儿上的线

原文　昏姻之故,言就尔居。(《我行其野》)

译文　咱俩人有亲戚,我才上你这儿住来

您瞧这不都是“二好”的表现么?没“我”哪儿来的二好?

上文要是提到一个地方,这“于是”= 在那儿:

原文　陟彼南山,言采其蕨。(《草虫》)

译文　上那座南山,我在那儿采蕨菜

原文　陟彼阿丘，言采其蝱。（《载驰》）

译文　上那座大山包儿，我在那儿挖贝母

上文要是诗人自己作的事，“言”字就出现在诸同志说的“两个实字的中间”，也就是说，多数在句子的第二个音节上了（其实是第二个动词前头）：

原文　静言思之（《氓》）　　　还车言迈（《泉水》）

译文　安静了我才想想　　　回过车来我就快跑

原文　寤言不寐（《终风》）　　受言藏之（《彤弓》）

译文　醒了我就再睡不着　　接过来我就保藏好它

底下把一句《诗》和一句京戏戏词儿并着抄在底下，大家看看那精神气派多么一致啊！

驾　　言　出　游（《泉水》）

小子们带马来我就遘奔虮蜡庙

“言”字除了当“我”讲，还有些当“我们”讲的。僖九年《左传》的“言归于好”可以译成“我们从这儿起归于友好”。谁说它无义呢？这跟“之于”为“诸”，“之焉”为“旃”一样，一点儿也不希罕哪！

为什么《诗经》以下没人用了呢？因为底下先秦的人们不再写那种音节齐整的韵文了。

五

“薄”在句子头儿上，说是发语词比较让人容易接受。可是地底下出土的《虢季子白盘》说：“博伐严狁。”《宗周钟》作“羖伐”。用它来和《诗·六月》一比，正好证明“薄”不是发语词。它等于《论语》“暴虎冯河”的“暴”，《晏子春秋》的“接一搏豜而再搏乳虎”的“搏”。段玉裁注《说文》“薄”字说：“按林木相迫不可入曰‘薄’，引申凡相迫皆曰‘薄’，如‘外薄四海’、‘日月薄蚀’皆是。”这个说法极精，暗

用《小尔雅》"薄、迫也"的意思。除了当"打"讲的"薄"(暴、搏)以外,别的"薄"字都可以当迫近和急迫讲。比方:

原文　薄送我畿(《邶·谷风》)

译文　就近送我到门口儿

原文　薄言往愬(《邶·柏舟》)

译文　急了我就诉委屈去

原文　予发曲局,薄言归沐(《小雅·采绿》)

译文　头发都赶毡了,马上我就回家洗头去

从清朝人提倡汉学起,大家一齐排斥《书伪孔传》、王弼《易注》,推尊郑玄甚至于京房。到陈奂以后在说《诗》的范围里又排斥郑《笺》,独尊毛《传》。除了专跟今文作对的太炎先生以外,别人倒并不完全排斥三家。可是排斥郑《笺》的应该想想,虽然不可识别了,郑《笺》里本来保存着不少三家说。《芣苢·笺》把"薄言"讲成"我薄",保不齐就是一条,别看不一定就是最好的一条。"我薄"照"我快"讲,在《芣苢》里倒还是妥当的。咱们不同意"宁言周孔误,莫道郑服非",可也别成了"宁言毛郑误,莫道段王非"才好。高阆仙先生在世的时候,曾经鼓励我作经学。我没肯听命,因为我不爱给古人圆谎。这一次可是申毛又一半儿申郑,也算听一次话来表示对阆仙先生的歉意吧!

现在把我翻译的《芣苢》抄到底下:

摘呀摘呀摘野菜　马上我就摘起来

摘呀摘呀摘野菜　马上我就揣起来

摘呀摘呀摘野菜　马上我就抄起来

摘呀摘呀摘野菜　马上我就裤起来

摘呀摘呀摘野菜　马上我就兜起来

摘呀摘呀摘野菜　马上我就收起来

这不是一首劳动的歌儿么?车前子可以喂雏鸡。

六

《鲁颂·駉》有“薄言駉者”。这个“薄”恐怕是“溥”的通借字。“言”等于“然”。“溥然”可以译成“多么肥大”。也许是“多么多”。

（《中国语言学报》1982，第1期）

六书献疑

最近各学校努力提高教学质量，崇尚实学，排除空疏的风气。这是可喜的。在中文系也恢复了一些课的内容，像“六书”；也有拿它出题考学生的。要是这道题不过是问问常识，好像考欧洲文学史问问木马计的特罗伊城在哪儿，分数占百分制的一两分，我就没什么不同意的。要是拿着这个当重点题，间接包含中文系学生都得“精研六书”、“宗仰许氏”这种主张——那我就只有一句话：“我反对！”要是再有人说学了六书能帮助学生学好古汉语，我就还有第二句话：“我不信！”

撇开六书是六十干支字[①]这个主张不谈，只谈通行的吧！“六书”这个名称，最早是《周官·保氏》里提到的。六书的解释是周官注家造的，总结是许慎作的。《说文·叙》说：“一曰‘指事’。指事者视而可识，察而见意：‘上’、‘下’是也。二曰‘象形’。象形者画成其物，随体诘诎：‘日’、‘月’是也。三曰‘形声’。形声者以事为名，取譬相成：‘江’、‘河’是也。四曰‘会意’。会意者比类合谊，以见指撝：‘武’、‘信’是也。五曰‘转注’。转注者建类一首，同意相受：‘考’、‘老’是也。六曰‘假借’。假借者本无其字，依声托事：‘令’、‘长’是也。”[②]从此以后，六书的解释就算“定于一尊”了。

许慎以后，历代的知识分子都用古汉语读书写正式文章，直到晚清不变。这里也真出了好些伟大的学者、作家。不过有一样——理会六书的人可少极了。清朝有个桂馥请人画了一张《说文统系图》[③]，以许慎为首的人还不到一个班：真是“寻寻觅觅、冷冷清清”，“不绝如缕”了。这很叫六书说的拥护者气短——可是有什么法子呢？现代中文系学生并不是战国作《周官经》那位作家心里的“国子”。他们念的写的都是楷书，发的是北京音或广州、闽侯方音。六书说在这里的行情只能看跌，不能看长。为什么？一句话，没什么用！

底下咱们一条一条地把许慎的话审查一遍，看看这里头到底有多大用项。

通行的说法是，前四书是“体”，是造字的原则。后两书只是“用”，不过是用字的原则罢了。除了太炎先生以外，反对的很少。章先生虽然“辨转注之系造字”[4]，说到末了儿，只说明了转注字代表的词是同一个语根派生出来的。换句话说，还是讲的字和字的间接关系，照旧够不上一条造字的原则。咱也只好来个“吾从众”，先把这两样当外围来扫清。

先说假借。《说文》说令字“从亼卩”，唐兰先生根据金文说象往一个跪着的人（不限帝王）头上加冕形，就是《周官·大宗伯》“壹命受职，再命受服，三命受位……”的“命”字，比较正确。这个词本是动词。派生出来一个名词：一个县的“司令”，还写原字。“长”字小篆形体讹误。要了解“长”，先得了解“老”。甲骨“老”字作[5]。象一个满头羽毛（或长发）的人手扶拐杖站着。后来小篆形讹，大拇指脱下来和拐杖合成匕。甲骨“长”作[6]，照“老”推测，最完整的应该作。这是个人形。头上插的是羽毛，和印第安人酋长一样，和老京戏里的周瑜也差不多。这个酋长伸出一只手来拄根拐杖。到了《说文》里，羽毛成了倒“亡”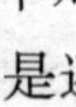，脑袋被拍成一条扁担“一”，大拇指切下来，和拐杖配成“匕”，说解驴唇不对马嘴。现在定作象“长老”形，派生出形容词“长寿”的“长”，也是还写原字。这种办法新鲜么？一点也不。犁、锄、耩、耙，都是名词，也都派生出来了动词，还是写原字。识字不多的农民老大爷都懂这个，这还用起动许慎么？

再看转注。“老”字《说文》说是“从人毛匕”是错的。甲骨、金文“老”也是象形字，跟“长”一样，就是羽毛(头发?)多些。“考”是形声字，没有争论。《说文》里这两个字都在“老部”。老字底下注：“考也。”考字底下注“老也”。要问许慎原意是什么，怕是许瀚讲的最对——“同部互训”。可是为什么多少年来人们不肯提，有人提了还不肯接受呢？因为它禁不起太炎一问：“保氏教国子时，岂县知千载后有五百四十部书邪”⑦？至于作《周官》的人原意是什么，只有天知道了。这一来可给“聪明才智之士”造了机会了。四十年前我上中文系二年级，听老师说解释转注的说法有七十种。其实谁要有兴趣来个“杂交育种”，突破百种大关也不难。可是拿这种自己也没把握的东西讲给学生听干么？不简直是“徒乱人意”吗？

假借人人明白，转注谁也不明白：说讲它没用，不算冤枉人吧？

再看那四书。

指事和象形其实不必分。段玉裁《说文·叙》注说：“指事之别于象形者，形谓一物，事晐众物，专、博斯分。故……二二所晐之物多，日月只一物。学者知此，可以得指事象形之分矣。”这就是说，指事抽象，象形具体。空说非常清楚。运用起来免不了闹意见。比方段氏定的上字作“二”，甲骨有作一的。你说它抽象，因为它只画了一个小物，一个大物。我说它并不抽象，因为你没看懂：那大物明明是个碟子，那小物明明是块烙饼嘛！这一来，咱们俩人就“以后息者为胜”了。其实许慎本人倒挺开通，他老管“指事”叫“象形”。段氏又说：“指事亦得称象形……皆指事也，而皆解曰‘象形’。”正反映这两书本就难分。指事好比国画的大写意，象形略带工笔风味，“如此而已”！有些山水画的树就是‖ ‖‖。

底下是象形，包括“工”到一只手上长三个指头的工笔和写意。这条原则当然成立。就是没什么用。因为现代楷书早就把象形字歪曲得不像样子了。底下是我自己把一切师承抛开，平心静气地看几个象形字得的印象：

字	日	衣	目	巾
印象	玻璃窗	烂布条儿	梯子	叉子

您说我念古汉语碰上一句“无目者也”，没人教我，我能靠象形原则认出“目”是什么吗？要是有人教，或是我早就认得，谁要是再告诉我这竖着的“象形”不是鼻子（这还好歹不违反生理常识），是眼睛，这不是诚心给我添乱吗？非得有底下这个条件，我才同意说学象形原则真有用：——象形字是李双双新造的。

再底下是形声，这当然也是个有用的原则，因为现代通用的汉字大概有百分之八十是形声字，不过要求大学生学这个好像太晚了，也太小看人了。我上小学三四年级的时候有的同学硬看大本小说了。在他把“（孙刘）结亲”念成“吉亲”的时候，他已经掌握了形声原则了。提倡六书说的人只注意了它能概括好些字的造法，可忽视了它也是产生念错别字的祸根了。这不怎么公平啊。一个人把“赤祼祼”念成“赤果果”当然不是好事。可他并没违反形声原则呀！

最后还有个会意。许慎举的典型会意字都是连着念两个现成的字成一个新字的。不幸的是他举的例都有问题。“止戈为武”是抄《左传》的纪载。可是那些高级贵族的水平也不过像现在人说李是“十八子”，陈是“耳东”那样，本就未必可靠。别说他还加上断章取义，为他的主张服务。“十四万人齐解甲”，戈倒止了，“武”吗？甲骨“武”字作 。照唐先生说，这是“步武”的本字。“信”在古玺印和三体石经里都是“从言（从口）千声”的形声字。“人言为信”，世上哪儿有这样的君子国！人言都可信，《说文·言部》的谀、谄、谖、诧、诒、诬……都是哪儿来的？不过这条原则倒成立，而且越到晚近越常用。“不正为歪”，“不好为孬”正是近代产品。先秦这类例子可太少了。

请看：仔细一查，六书里真够得上叫造字原则的只不过是象形、形声两条。再扩大点儿，加上会意，三条儿，顶天儿了。

象形、形声实际上代表了汉字发展的两个大阶段（这话用来讲古埃及文字也适用）。我的老师陆宗达先生告诉我："许慎原意实在是着重象形和形声，所以他在《说文·叙》里一开口就提出来'仓颉之初作书，盖依类象形，故谓之文。其后形声相益，即谓之字'。"这最是"宏通之论"。

唐先生的见解也差不多。他提出"三书说"。公开表示拥护的文字学家至少有陈梦家同志。

从这些学风"迥异"的老先生意见接近这件事可以看出来："书而有六"，实在太多了！

可是从另一方面说，六书又太少了。

在文字高度发展的时候，人们缺字用，常拿个现成的字来**改装**一下儿，又出来个新字。这里一共有五种情形，底下分开说。

(1) 倒文。"了"字从汉以后很通行。人们是不是都知道它是"从子无臂、象形"（《说文》），我不甚清楚。可是在口语里急需记录一个联绵词的时候，比方要写门锁穿的铁鼻儿——北京口语里的"门屈戌儿 qū quer 了𠄏儿 liàodiàor"的时候，就把"了"给倒吊起来，造出个"𠄏"字。段玉裁注《说文》"了"字的时候说："《方言》曰'佻，县也'。郭注：'了佻、县物貌，丁小反'。按他书引皆作'了𠄏'。"这个写法一直很流行。就是在北方不再用《切韵》的"卢鸟"、"都了"[8]两个音了。这个"𠄏"不是象形，因为世上没这样的事。也不是会意、形声，因为它是独体。这是改装字。这种东西甲骨里就有了。甲骨画个站着的人画成，倒过来是，中间配上一笔就是——后代的"逆"字。小篆长三根头发倒过来就是。

(2) 加笔。"行"字一直有 xíng, háng 两个音。在精简异体字之前，有些商店一直担心人家把他们的字号念错了，就给念 háng 的加上个点儿，写“电料衎”。这点儿象不了形，会不成意。它的作用干脆就是要产生区别。这又是一种改装法。金文“斗”字作，除去配笔“一”，象长把儿勺子形。这就是“斗酒”的斗。到了后来，急需升字，就把字拿来，加上一笔，配成[⑨]。到小篆里分别变成和实在不象原物，可是还看得出来那加笔的痕迹。甲骨月、夕两个字作、，也是这种例子。

(3) 减笔。“有”是个极通行的字。从后汉以来，方言里又有个词是“毛”，当“没有”讲。《后汉书·冯衍传》就有“饥者毛食”的话。现代湖南方言念(写)“冇”。广东方言念原字音，就是声调受“有”字类化影响念了上声了。广东人造了个方言字“冇”。这是用“有”改装的。这不是象形，因为“冇”或“冂”不是仓库。这也不是会意，因为“二”不知道代表什么东西。推测造字人的心理，好像是说：“我叫你有！我给你抠下去！”这一来，就“冇”了。这也是为和“有”区别，又是一种改装法。甲骨文也有这样的字。“戈”字甲骨作。上下左右加四小画，为的是怕跟十(甲)字混乱。现在急需造个字代表戈的把儿。怎么办呢？干脆把象戈头(一把小尖刀)的“一”拿下去，写成。金文写，小篆写。这就是经典里的“柲”字的原形——“必”。《说文》的解释看不得。甲骨、金文都有()。这是合体象形字“”gài。画的是左边的人拿东西给右边的人(匄本来有要、给两个意思，这里画的是后者。“乞”字在六朝以前也有两个意思。四川、湖南人到今天还是拿“买”兼包“卖”)。等右边的人把东西拿走了，左边的人的东西就(亡)了。这又是一种改装法。

(4) 变笔。汉人有姓“刀”的，直到《切韵》还这么写[⑩]。后来为区别起见，改写“刁”。甲骨、金文“卅”字作、。三十年为一世。“世”字该怎么造？把字拿来，把左边那一竖来个弯儿，添

条尾巴，这字就是。这又是一种改装法。古汉语的禁止副词念 ma，和好些外族，外国语一样，写“亡”字。这个词底下加上“有”，连念切成一个音节，音就等于“母”。金文里“毋敢”经常连用。到秦汉，这个拼出来的音不流行了，光剩下 ma 一个音。人们觉着写不好，就把它两边的短横连起来，改装成，楷书写“毋”。这以后它就成了专用的“止之暑也”。（段本《说文》毋部）

(5) 反文。甲骨和早期金文里，一个字面向读者的左手还是右手完全没关系。比方是“从”，反过来也是“从”。这么着，放着一条很好使的改装法不用，一个字又常有两种写法，就显着浪费了，也不方便。有了小篆以后，好些象形字的方向都趋向朝左。比方、……从腿和尾巴上可以看出来。这一来，有些字的反文就“失业”了，也有消灭的。有些聪明人想法子把“失业”的利用起来了。简化以前，楷书床字写“牀”。左半边横着看就是象形。段本《说文》收了这个字。后来没人用了。吴方言里有个方言字“爿”，恰好利用了牀字左半边，正好把通行的片字反过来。这又是一种改装法。小篆也利用了它，反“从”就成了“比”，反“后”就成了“司”，反“矢”就成了“夭”。不过有一点儿小差别！这不是故意反的，是把“失业”的又利用起来了。所以咱把它放到最后。要不然这一条本该算(2)，放在倒文后头才对。

这五种改装法都是应急的，总得等文字高度发达起来才好利用。区区六书或四书，哪儿包括得了这些情形呢？顺便说一句，从甲骨就利用了三种改装法这一点看，我不同意陈梦家同志估计殷末文字有五百年历史的看法[11]。我看再往上推一千年也不算多。不过这是题外的话了。

好些坚持六书的人并没认真拿汉字一个一个地分析它属什么书。在他们想，六书好像化学原素，可以合成好些分子式。学六书可以“以简驭繁”。这类比可太不恰当了。在化学里 CO_2 和 CO 分别森严，内部结构也一清二白。CO说要人命就要人命，CO_2平常顶多也不过让人不舒服罢了。六书的区别能像这样斩钉截铁吗？我倒佩服郑樵、戴侗这些宋元人。他们真是不嫌麻烦，费多年心血，考查六书说的实践价值。不幸的是他们经常意见分歧。清朝人说宋人空疏，结果倒没多少人肯干实际分类。干的只有王筠这个用功最勤，态度最平易的人。可是他的《文字蒙求》里分类的结果居然有"借象形为指事而兼意者"，"所从之字不成意，转由所从之字之所从与从所从之字者以得意"⑫！前一条好像说"借氢为氧而又兼氮者"，这是哪国化学？后一条比"吃葡萄不吐葡萄皮儿"乏味多了。到这般地步，那学者难免露出"饾饤之气"，那结论也类似儿戏了！这怨谁呢？说怨王筠不大公平。主要地怨老祖师许慎光举典型的例子，回避难分析的例子。其实许慎这个人物也确实够了不起的了。世上几个大文化古国，各有贡献。在语言文字学方面，印度拿得出来波腻尼；中国拿出许慎来可以不必有愧色；古希腊就拿不出来了。一个人把上万汉字理出头绪来，作了相当有科学性的分类，实在值得佩服。所以最后只好怨六书说本身不怎么健全。这不是推卸责任，这是实情。

还有一件极重大的事：汉字发展早已突破前两个阶段，有了第三个大阶段——拼音的萌芽了。北京有个方言字"甭"，念 bíng，béng，是个禁止副词。吴方言有个"覅"，念音像"分"。这都是拼音字。"甭"的意思也不全等于"不用"了。眼里只有六书的人怕是只撇撇嘴："市井俗字，不合六书之体！"他们哪儿看得见这一字千金的新生事物呢？六书说把他们的眼光训练狭隘了，可能成文字拼音化的阻力。这正是我为什么要摇动六书的权威的缘故。当然，我并没有主张拼音字母必得用汉字这个意思。一个音节分两半儿我倒不反对。不过这些问题不能在这儿讨论了。

附 注

① 张政烺:《六书古义》,《历史语言研究所集刊》第 10 本。

② 凡引通行书,只引篇目,不注版本。

③ 《说文解字诂林续编》收。

④ 《章氏丛书》,右文社铅印本,《国故论衡》,4 页。

⑤ 金文也有类似写法。特别是在考字偏旁里,手形最清楚。

⑥ 《说文解字诂林》9 卷。金文同。又有作 的,手形最清楚。容庚:《金文编》,528 页。

⑦ 同④,45 页。

⑧ 王仁昫:《刊谬补阙切韵》,1947 年故宫博物院影印本,萧韵。

⑨ 秦公毁铭。《金文编》,723 页。

⑩ 同⑧,篠韵。

⑪ 陈梦家:《殷契卜辞综述》,83 页。

⑫ 王筠:《文字蒙求》,1962 年中华书局影印本,127 页。

(《中国语文》 1979.1 期)

大盂鼎铭文诂训

隹九月,王才宗周,令盂。

《趞鼎》:"隹二月,王才宗周。"《殷虚书契前编》卷五第十五叶第二片:"贞勿令弘。"(第一片云:"丁子卜,㱿。贞异〈有〉令于弘。")知弘者私名,盖所令之人若族名也。

"隹"经籍通作"维"、"惟"。魏石经古文皆作"隹"(1)。篆隶作"惟"。"才"读为"在"。石经古文"在"皆作"才"。《小雅·正月》"毛传"云:"宗周,镐京也。"(2)

王若曰:盂!

《师虎毁》:"王若曰:虎!"《文侯之命》:"王若曰:父义和!"(3)

"若"犹"如是"。《大诰》:"尔知宁王若勤哉!"(4)谓如是其勤也。《荀子·王霸篇》:"出若入若。"(5)"王若曰"谓王之言如是。史臣记言,以著章首。旧说以为发声之词,无义者,非也。王氏引之以为"若"与"乃"同(《经传释词》)(6),亦未谛。

不显玟王,受天有大令。

《师訇毁》:"不显文武,爰受天令。"《⺬白毁》:"朕不显且玟珷,雁受大命。"

戴氏震云:"《诗》之'不显不承',即《书》之'丕显丕承'。古字丕通用不。"(《答彭进士允初书》)(7)又云:"经传中言丕显多矣。古人金石铭刻,'丕显'多作'不显',二字通用甚明。"(《毛郑诗考正》)(8)"玟珷"字从王。《⺬白毁》有之。《中叁鼎》"珷"王字亦然。"令"读为"命"。本一语,分言其业为"令",其实为

“命”。《孟子》:“既不能令,又不受命。”(9)二语足以征也。“令”今力政切而“命”眉病切者,犹来、赉之与麦矣。“天有大令”连读。《周颂》:“昊天有成命。”(10)《墨子·非攻下》:“天有牿命。”(11)牿者,《广雅》“觉大也”。王氏念孙云:“《小雅·斯干篇》:‘有觉’其楹。毛传云:‘有觉言高大也。’(12)《缁衣》引诗‘有梏德行’,郑注云:‘梏,大也。’牿觉梏通。孙氏诒让读为‘酷’,非也。”《大雅·大明》:“有命自天,命此文王。”(13)《康诰》:“天乃大命文王。”(14)是其事也。言“受天有大令”者,古自有此句法。《金縢》:“无坠天之降宝命。”(15)《多方》:“乃有不用我降尔命。”(16)《桑柔》:“灭我立王。”(17)《将仲子》:“无折我树杞。”(18)皆是也。一说“受天有大令”犹言“受天大令”。王氏引之云:“有,语助也。一字不成词,则加有字以配之。推之他类,亦多有此。”(《经传释词》)(19)《前编》卷五第二十二叶第二片之一辞云“我甾受又(读为祐)。”卷四第三十九叶后第二片云:“受异(有)又。”

在珷王,嗣玟乍邦。

《师虎毁》:“𤔲先王。”《晋姜鼎》:“余隹司朕先姑君晋邦。”

唐君兰云:“在,语词也。”蒙案:如字亦通。《多士》:“在今后嗣王。”(20)《无逸》:“昔在殷王中宗。”(21)《君奭》:“在太甲。”(22)皆是也。不必以与上才字异体为嫌。《尹卣盖》:“唯逻,在周,辰才庚申。”亦二字无别。“乍”读为“作”。《大雅·皇矣》:“帝作邦作对。”笺云:“作,为也。”(23)文王序:“文王受命作周也。”(24)《论语》:“善人为邦百年。”(25)《史记·孝文本纪》作“善人治国百年”。(26)

闢乎。

《左传·僖二十八年》:“纠逖王慝。”(27)

王氏念孙云:“匿与慝同。《逸周书·大戒篇》:‘克禁淫谋,众匿乃雍。'《管子·七法篇》:'百匿伤上威。'并以匿为慝。又《管子·明法篇》:'比周以相为匿。'《明法解》匿作慝。《汉书·五行志》:'朔而月见东方谓之仄慝。'《书·大传》慝作匿。"(《荀子杂志》)(28)闢,除也。《秋官》:大行人,殷覜以除邦国之慝。"(29)

匍有三方,畯正氒民

《秦公钟》:"匍又三方。"("毁"作"灶肓三方")《金滕》:"敷佑四方。"(30)《曹风·鸤鸠》:"正是国人。"(31)

《史记·鲁世家》"集解"引马注《金滕》云:"武王……布其道以佑助四方。"(32)然则马读"敷佑"皆如字,盖非也。"敷佑"当与"匍有"同,"匍"本"怃"字之借。《说文》:"怃,覆也。"(33)《释诂》:"怃,有也。"(34)字亦作"抚"。《广雅·释诂》:"抚,有也。"王氏念孙云:"抚为相亲有,故或谓之抚有。抚又为奄有之有。《成十一年左传》:'使诸侯抚封。'杜注云:'各抚有其封内之地。'《文王世子》:'西方有九国焉,君王其终抚诸?'郑注云:'抚犹有也。'抚之言怃也。"(35)案:此说是也。凡覆藏义与保有义相生,是故覆谓之怃,亦谓之拚蒙,笼,有谓之奄,厖、巃,亦谓之怃矣。虽有之为音亦犹宥也。(余杭章君太炎《文录》卷一内有与刘光汉黄侃问答记尝论及之)"匍"为匍匐,与覆义亦近也。匍有连文,古之成语,犹言掩有言笼有矣,不得以书作敷佑,遂增字解之。《大雅·皇矣》:"奄有四方。"(36)"畯"《书》作"俊",《文侯之命》:"俊在厥服。"(37)《诗》作"骏",《大雅·文王》:"骏命不易。"(38)《释诂》:"骏,长也。"(39)

在雩钔吏,㪤酉无敢酦。

《大诰》:"越尔御事。"(40)

"雩"经籍通作"粤","钔"今作"御"。郑笺《大雅·思齐》引《大诰》文作"越乃御事"。(41)训"御"为"治","吏"读为"事",

“史吏事”三文,本一形所衍,语亦同根。(《太炎文录》卷一官制索隐篇内有古官制发源于法吏说云:“事史吏古本一言,声义无二。”)“御事”之字,《竞毁》:“白懋父蔑卬史竞历。”字作“史”。《齐侯壶》:“用御尒吏。”作“吏”。《滔罍》:“滔卬事。”作“事”,卜辞或作“”。(《前编》卷七第三十一页后第一片有“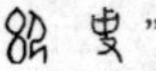”字。)故“玑鼎”字又作“”也。古或以“史”为“事”字,《秋官》“条狼氏”:“誓邦之大史曰杀,誓小史曰墨。”谓大事小事也。(王引之《经义述闻》说)[42]亦或以为“吏”字,《晋语》:“陷于大戮以烦刑史。”[43]谓以烦刑吏也。是故“吏事”二文亦得互施,《墨子·号令篇》:“事卒民相盗,家室婴儿皆断无赦。”[44]事卒民者,吏卒民也。是以此文“事”又作“吏”矣。“酉”读为“酒”。魏石经《无逸篇》古文云:“酗于酉。”篆隶作“酒”。“醆”从“叓”声,“叓”即《说文》“叏”字,小篆省“舌”为“干”耳。“舌”声字“括聒銛”音皆在“覃”部,“舌”本可读如“西”也。(段玉裁答江晋三论韵书内论及之,说小异。)而“叏”声之“覢”,《说文》亦云:“读若谦。”[45]则“叏”必“叓”字省文,方得此音可知也。以声类求之,“醆”与“酖湛淫”皆近,《说文》:“酖,乐酒也。”[46]《管子·四称篇》:“湛酒于酒。”[47]

有■祀,无敢醆。

“”字不识。“■”或作“烝”。《小雅·天保》:“禴祠烝尝。”[48]《释诂》作“蒸”。[49]“醆”盖即“摟”字分别文。《酒诰》:“越庶国饮,惟祀,德将,无醉。”[50]与此文意相似。

古天异临子,法保先王,□有三方。

《墨子·兼爱中》:“天屑临文王慈。”[51]《襄十四年左传》:“右我先王。”[52]

“古”经籍通作“故”。魏石经《君奭篇》古文:“古一人叓于三方。”隶体“古”作“故”。“异”即《大雅·生民》“鸟覆翼之”之

"翼"。(53)《吕氏春秋·古乐篇》:"诸侯去殷三淫而翼文王。"(54)"子"即"牛羊腓字之"之"字"。《白虎通·丧服篇》:"原天之意,子爱周公,与文武无异。"(55)又《皋陶谟》:"予弗子。"孙氏星衍云:"《列子·杨朱篇》云:'惟荒度土功,子产不字。'郑注《乐记·子谅》云:'子读如不子之子',盖读如字。"(《尚书今古文注疏》)(56)此说是也。"字"本"子"孳乳(亦变易为"慈"),犹"弟"之后出作"悌"矣。《召诰》:"天迪从子保。"(57)《毛公厝鼎》:"临保我有周。"文意皆与此文相似。

我䎽,殷述令:

《酒诰》:"我闻,惟曰……"(58)《君奭》:"殷既坠厥命。"(59)

"䎽"从耳𡖞声,即闻字;隶古定《尚书胤征》篇(60)作"䎽",《汗简》(61)同,当是其省变。"述"读为"队",《魏石经君奭》篇古文"乃其述命",篆隶皆作"隧",《汉书·王莽传》上作"队"。(62)

隹殷边疾田,雩殷正百辟,率肄于酉。

《君奭》:"小臣屏侯甸。"(63)《酒诰》"有正,有事,无彝酒。"(64)《大雅·假乐》:"百辟卿士。"(65)

"边"声本在先部,收舌齿音,蒙下文"侯"字而收舌根音,遂入青部,故书变为"屏",犹《礼经》以"栗阶"为"历阶"矣。(66)"田"经籍通作"甸"。《夏官·职方氏》:"方千里曰王圻,其外方五百里曰侯服,又其外方五百里曰甸服。"(67)"正"者,《楚语》:"天子之贵也,唯其以公侯为官正也。"(68)《墨子·尚同》中:"民之正长。"(69)"官"、"长"、"正"通言则同。《假乐》笺云:"百辟,畿内诸侯也。"(70)"肄",书作"彝。"《韩子·说林》上:"而《康诰》曰,'毋彝酒','彝酒',常酒也。"(71)

古丧自

《墨子·非命》上引《仲虺之告》:“龚丧厥师。”(72)下篇作“用爽厥师。”(73)

“自”读为“师”。(《说文》“官”下说解云:“自犹众也。此与师同意。”(74))《大雅·文王》“殷之未丧师。”(75)亦以“丧师”连文。

已女妹辰又大服,余隹即朕小学,女勿彪余,乃辟一人!

《大诰》:“已!”(76)《般庚》:“先王有服。”(77)《周语》:“以非余一人。”(78)

旧说,“已”,语词也。今谓“已”,犹“既”也。《曶鼎》:“王曰,‘父曶!已曰“彶兹卿事寮大史寮于父即君命……’”犹言“既云‘彶兹卿事寮大史寮于父即君命……”’也。《君奭》:“呜呼!君!已曰‘时我!’”(79)——篇中“公曰‘呜呼,君!’”一语凡三见。“公曰,‘君!’”二见。《多士》:“又曰,‘时予!’”(80)——伪孔“已”如字:犹言“既云‘时我!’”也,今俗语亦言“既然”。“既”者“尽”也。“尽”亦谓之“已”,亦谓之“咸”;遂事言“既”,故亦或言“咸”:《君奭》“咸刘厥敌”,(81)《士冠礼》“三醮,曰‘咸加尔服’”(82)是也;亦或言“已”:此文是也。“妹”读为“昧”,“辰”即“晨”字——由于支之“辰”,用以记时,故孳乳为晨——《齐风·东方未明》“不能辰夜”,(83)字亦作“辰”,“昧晨”亦变言“昧爽”:《牧誓》:“时甲子昧爽。”(84)《释文》引马融云:“昧,未旦也。”(85)段氏玉裁云:“昧者,未明也;爽者,明也:合为将旦之称。”(86)亦变言“昧旦”:昭三年《左传》:“《谗鼎》之铭曰:‘昧旦丕显。’”(87)亦变言“昧明”:《吴语》:“昧明,王乃秉枹……”(88)“又”者,“有”之形泐。“服”,事也:《大诰》:“我有大事。”(89)成十三年《左传》:“国之大事,在祀与戎。”(90)“即朕小学”者,唐君云:“《记·王制》,‘天子将出征,受成于学。’”(91)“彪”,唐君以为“虩”之异构,此叚为“非”字。《般庚》:“不惕予一人。”(92)《皋陶谟》:“女无面从,退有后言。"[93]与此文同意。"余"下以"乃辟"申之，古自有此语法：《晏子·问下》："是以欲闻'子，大夫'之言也。"[94]以"乃辟"间于句中，若《召诰》言"皇天上帝改厥元子，兹大国殷，之命"，[95]（《周书·祭公篇》："皇天改大殷之命。[96]）是矣。

今我隹即井亯于玟王正德：

《师虎毁》："今隹师井先王令。"《周颂·清庙》："秉文之德。"[97]

"井"经籍通作"刑、型"，《说文》"荆"下说解云："《易》曰：'井，法也。'"[98]"亯"即"㐭"字，读为"禀"。《周颂·我将》："仪式刑文王之典。"[99]与此文同意。

若玟王令二三正，今余隹令女盂。

《师虎毁》："截先王既令乃𡭴考……今余隹帅井先王令。"

召𦬁芍𢿱德巠敏，朝夕入谰亯，奔走，畏天畏。

《晋姜鼎》："巠雝明德。"《酒诰》"经德秉哲。"[100]《小雅·雨无正》："莫肎朝夕。"[101]《君奭》："㢱咸奔走。"[102]《周颂·我将》："畏天之威。"[103]

"召"者，召公奭，"𦬁"即"荧"字，经籍通作"荣"。《书序》："王俾荣伯。"[104]《史记·周本纪》《集解》引马融云："荣伯，周同姓畿内诸侯为卿大夫也。"[105]《晋语》："重之以周召毕荣诸人。"[106]马郑注《论语》"予有乱臣十人"，有召公奭及荣公（马注见《集解》[107]，郑注在《鸣沙石室佚书》内。[108]），皆即此"召𦬁"。又《周语》："厉王说荣夷公。"[109]《春秋》文五年经云："王使荣叔来归含。"又云："既荣公为卿士。"[110]韦昭云："荣，国名，夷，谥也。"[111]此事亦见《墨子·所染篇》[112]及《吕氏春秋·当染篇》[113]，皆作"染于荣夷终"，是荣公子姓，厉王时仍贵显：然则荣公者，周初重臣，故称之以相况勉也。"芍"即"羌"字，读为敬，"谰"即"谏"之緐文。"入"如字；或读洪音为"内"，——

奴答切——亦得。下“畏”字今习用“威”,《魏石经》及隶古定《尚书》无之,皆作“畏”。

王曰:“𠄎令女盂井乃嗣且南公。”

《大雅·韩奕》:“王亲命之,缵戎祖考。”(114)《记·祭统》:“若纂乃祖服。”(115)《洛诰》:“刑乃单文祖德。”(116)(旧读刑字上属,非也。)

王曰:“迺召夹,死𤔲戎。

《师訇毁》:“用夹召氒辟。”《文侯之命》:“用会绍乃辟。”(117)《康鼎》:“王令死嗣王家。”

“夹”,《书》作“会”:“会”本可读如“合”,故借为“夹”。“合”、“会”以虚句实句别为二语:《易》言“嘉会足以合礼德”(118)是也。然同出一根,字得互施:《墨子·备蛾傅篇》:“答楼不会(按:谓版有璺隙)者,以牒塞。”(119)《管子·法禁篇》:“上明陈其制则下皆会其度矣。”(120)“会”皆读如“合”;《管子·幼官篇》“十二始卯,合男女”,(121)亦即《地官·媒氏》之“中春之月,令会男女”(122)也。“绍”,辅也:僖二十六年《左传》:“夹辅成王。”(123)“死”读为“尸”:《释诂》:“尸,主也。”(124)“𤔲”者“司”之緐文,雍邑刻石作“嗣”。

“敏諫罚讼,夙夕召我一人䇂三方。

《康诰》:“敬明乃罚。”(125)《盾鼎》:“虔夙夕重我一人。”《曹风·鸤鸠》:“正是国人。”(126)

《广雅·释言》:“諫,促也。”(127)“䇂”者,《尔雅·释诂》“烝,君也。”(128)《大雅·崧高》:“登是南邦。”(129)“䇂”、“烝”、“登”三通,“登”亦当训为君:三章云,“式是南邦”,(130)“登”、“式”对文;而《江汉》“式辟四方”(131),则以“式”、“辟”连文,“辟”训长则“登”可知也。

“雩我其適省先王受民受疆土:

《周王㝬钟》："王肇遹眚文武，堇疆土。"

"遹"经籍或作"聿"。"眚"读为"省"。"受"读为"授"：定四年《左传》："聃季授土，陶叔授民，命以《康诰》，而封于殷虚。"(132)

"易女鬯一卣，冂衣，市，舄，车，马；易乃且南公旂，用遹。

《录白㦰毁》："易女鬱鬯一卣。"《麦尊》："车马，金勒，冂衣市舄。"《善鼎》"易女乃且旂，用事。"

"遹"即"狩"字，或作"兽"、"獸"。《匡谬正俗》二引《武成序》云："武王伐殷，往伐归兽。"(133)段氏玉裁云："《魏都赋》：'武人归兽而去战。'张载注云：《尚书》："往伐归兽。"《周本纪》：'乃罢兵西归，行狩，记政事，作《武成》。'按：行狩即归兽也。古兽狩通用。"(134)

"易女邦𤔲三白，人鬲自驭至于庶人六百又五十又九夫。易尸𤔲王臣十又三白，人鬲千又五十夫。

"邦𤔲"犹言"邦有司"：《春官·职丧》："凡国有司，以王命有事焉。"先郑云："国有司，谓王有司也。"后郑云："凡国有司，有司从王国以王命往。"(135)"白"经籍通作"伯"：《周书·武顺篇》："五五二十五曰'元卒'，四卒成卫曰'伯'。"(136)是"伯"者百人——百人之长亦即曰"伯"：亦见《武顺》篇(137)；或曰"伯夫"，亦曰"百夫"，见《克殷》篇，(138)《牧誓》则谓之"百夫长"。(139)"伯"训为长者，引申义也。——犹"什"与"仟"也。然引申之，泛言军旅亦得称"伯"：《墨子·号令篇》："与伯归敌，队吏斩。"(140)又云："四门之将，从卒各百人。"(141)夫队吏则将之寮属也，其从卒之数，自必少于百人，今亦称"伯"，犹之周制二千五百人为"师"，而凡军旅亦得称"师"也：然则"邦𤔲三白"犹言"邦有司四队"已。"鬲"者，《夨令毁》："姜商令贝十朋，臣十家，鬲百人。"是胜国系虏，以为庖养，不与齐民等，故

以别于“人”也。“尸”读为“夷”,《天官·凌人》以“夷”为“尸”。(142)

“𢓊𡨦鼎自乎土!”

《多士》:“我不尔动自乃邑。”(143)

“𢓊”,读为“㤩”:《说文》:“㤩,疾也。”(144)经籍通作“亟”。“𡨦”从“宀”,即“宫”字之省,《师酉𣪘》“寬”字作“宂”是其比也。“亲”即“蠿”字,殷鼎铭有曰“[古文字]父辛”,(145)卜辞作“[古文字]”,《前编》卷六第二十二叶后第四片云“衔于[古文字]”,第三十八叶第四片作“[古文字]”,皆此字:本从二干二戈相距,或省从二戈;《说文》篆体作“蠿”,乃[古文字][古文字]之形变也。“𡨦”读为“别”。“鼎”隶作“罨”。——右旁泐蚀,似是“邑”字,宋人书中著录“𨛜𣪘”,误释为“郙”——“𢓊𡨦鼎自乎土”者,既以此众锡盂,故分别迁以从之。《大雅·崧高》:“迁其私人。”《毛传》:“私人,家臣也。”《正义》云:“令使冢宰迁徙其申伯之私人,谓申伯私家之臣在京师者,迁之使从申伯归其国也。”(146)

王曰:“盂! 若苟乃正,勿法朕令!”

《师虎𣪘》:“苟夙夜,勿法朕令。”《曆鼎》:“善效乃又正。”《大雅·韩奕》:“勿废朕命。”(147)

“法”,宋以来相承读为“废”字,然无其说。今案:《周书·常训篇》:“幽王奉幽以废法。”(148)《韩子·有度篇》:“若是则群臣废法而行私重轻公法矣。”(149)皆以法废二字连文,分用画然,义又绝远,岂得比附诗义,而易其文?“法”当读如“乏”:《墨子·号令篇》:“传言者十步一人,稽留言及乏传者断。”(150)《庄子·天地篇》:“无乏吾事。”(151)《释文》云:“乏,废也。”(152)

盂用对王休,用乍且南公宝鼎。隹王廿又三祀。

《趞卣》:“趞对王休。”《乍册大鼎》:“用乍且丁宝隮彝。”《吴彝》:“隹王二祀。”

书目及略字

裻 《十三经注疏附校勘记》:中华书局聚珍版。1.《周易》2.《尚书》3.《毛诗》4.《周礼》5.《仪礼》6.《礼记》7.《左传》8.《公羊》9.《穀梁》10.《论语》11.《孝经》12.《尔雅》13.《孟子》。

解 《皇清经解》咸丰十一年补刊本。

釆 《经典释文》:《四部丛刊》本。

语 《国语》,《四部丛刊》本。

文 《说文解字》:《四部丛刊》本。

汗 《汗简》,《四部丛刊》本。

史 《史记》:百衲本。

汉 《汉书》:百衲本。

佚 《逸周书》:《四部丛刊》本。

荀 《荀子》:《四部丛刊》影《古逸丛书》翻宋本。

管 《管子》:《四部丛刊》影宋本。

韩 《韩非子》:《四部丛刊》影宋本。

庄 《庄子》:《四部丛刊》本。

墨 《墨子间诂》,孙诒让:扫叶山房石印本。

晏 《晏子春秋》:《四部丛刊》本。

吕 《吕氏春秋》:《四部丛刊》本。

志 《读书杂志》,王念孙:文瑞楼本。

存 《续殷文存》,民国廿四年考古学社石印本。

(1) 孙海波:《魏三字石经集录》。1937,北平。 (2) 裻 3·12 之 1·9a。 (3) 裻 2·20·1b。 (4) 裻 2·13·12a。 (5) 荀 1·8a。 (6) 解 1214·12b。 (7) 解 566·25a。 (8) 解 559·10b。 (9) 裻 13·7上 6a。 (10) 裻 3·19 之 2·1a。 (11) 解 667 上 3a。 (12) 墨 5·8a。 (13) 裻 3·16 之 2·4a。 (14) 裻 2·14·2a。 (15) 裻 2·13·5a。 (16) 裻 2·17·6b。 (17) 裻 2·4之 2·4b。 (18) 同上。 (19) 解 1210·7a。 (20) 裻 2·16·2b。 (21) 裻 2·2·16·5b。 (22) 裻 2·16·11a。 (23) 裻 3·16 之 4·4a。 (24) 裻 3·16 之 1·1a。 (25) 裻 10·13·3a。 (26) 史 10·21b。 (27) 裻 7·16·13b。 (28) 志 8 之 5·16a。 (29) 裻 4·37·7a。 (30) 裻 2·13·5a。 (31) 裻

3·7之3·5b。 (32) 史 (33) 文7下9a。 (34) 疋12·1·5a。 (35) 解667上5b。 (36) 疋3·16之4·4a。 (37) 疋2·20·2a。 (38) 疋3·16之1·8a。 (39) 疋12·1·8b。 (40) 疋2·13·13b。 (41) 疋3·16之3·7b。

(42) 家刻本9·27b。 (43) 语13·1b。 (44) 墨15·12a。 (45) 文8下3b。 (46) 文14下9a。 (47) 管11·12a。 (48) 疋3·9之3·5b。 (49) 疋12·6·8a。 (50) 疋2·14·9b。 (51) 墨4·5b。 (52) 疋7·32·11a。 (53) 疋3·17之1·6b。 (54) 吕5·10a。 (55) 通 (56) 解1188·21b。 (57) 疋2·15·4b。 (58) 疋2·14·10b。 (59) 疋2·16·10b。

(60) 罗振玉《鸣沙石室佚书》1册6页b。 (61) 汗下之1·64b。 (62) 汉99上32·b。 (63) 疋2·16·12b。 (64) 疋2·14·9b。 (65) 疋3·17之3·11a。 (66) 疋5·15·13a。 (67) 疋4·33·9a。 (68) 语17·8b。 (69) 墨3·3a。 (70) 疋3·17·2b。 (71) 韩7·7b。 (72) 墨9·3b。 (73) 同上9·7a。 (74) 文14上·8a。 (75) 疋3·16之1·8a。 (76) 疋2·13·9b。 (77) 疋2·9·2a。 (78) 语2·5b。 (79) 疋2·16·10b。 (80) 疋2·16·5a。 (81) 疋2·16·14a。 (82) 疋4·3·5a。 (83) 疋3·5之1·8a。

(84) 疋2·11·8b。 (85) 釆4·2a。 (86) 解647上·2a。 (87) 疋7·42·6b。 (88) 语19·9a。 (89) 疋2·13·10b。 (90) 疋7·27·5b。 (91) 疋6·12·2b。 (92) 疋2·9·3b。 (93) 疋2·5·3a。 (94) 晏4·36b。

(95) 疋2·15·3b。 (96) 佚8·2a。 (97) 疋3·19之1·6b。 (98) 文5下1b。 (99) 疋3·19之2·3a。 (100) 疋2·14·11a。 (101) 疋2·12·7a。 (102) 疋2·16·12b。 (103) 疋3·19之2·3a。 (104) 疋2·18·5a。

(105) 史4·16b。 (106) 语10·25a。 (107) 疋10·8·3b。 (108) 日本月洞让《辑佚论语郑氏注》14页。1963·东京。 (109) 语1·5b。 (110) 同上1·6b。 (111) 同109。 (112) 墨1·5a。 (113) 吕2·9a。 (114) 疋3·18之4·1b。 (115) 疋6·49·10b。 (116) 疋2·15·14b。 (117) 疋2·20·2b。 (118) 疋1·1·6b。 (119) 墨14·25b。 (120) 管5·5b。 (121) 管3·7b。 (122) 疋4·14·8b。 (123) 疋7·16·4a。 (124) 疋12·1·8b。 (125) 疋2·14·4a。 (126) 疋3·7之3·5b。 (127) 解671上·13a。 (128) 疋12·1·4a。 (129) 疋3·18之3·3a。 (130) 同上4a。 (131) 疋3·18之4·9a。 (132) 疋7·54·10a。 (133) 丛书集成本2·13 (134) 解599·31b。 (135) 疋4·22·3b。 (136) 佚3·15a。 (137) 同上

(138) 佚4·2a;又b。 (139) 疋2· (140) 墨15·8a。 (141) 同上15·6b。

(142) 疋4·5·12a。 (143) 疋2·16·3a。 (144) 文10下8a。 (145) 续殷文存上16a。 (146) 疋3·18之3·4a。 (147) 疋3·18之4·1b。 (148) 佚1·6b。 (149) 韩2·2a。 (150) 墨15·10b。 (151) 庄5·1·3b。

(152) 釆27·12a。

释蚯蚓名义兼辨朐忍二字形声

1·1　研究语源学的人，每逢遇见汉语的草木鸟兽虫鱼的名字，总要感觉意外的困难。这些名词所代表的观念，往往内延极广，让人和一团极繁杂的印象对了面之后，弄得茫然不知所措。在遇见一个动词或者形容词的时候，我们因为他所代表的观念比较抽象一点，外延大一点，单纯一点，很容易在较早一期的辞汇里，替他找着祖先。至于草木虫鱼鸟兽的得名的由来，就复杂多了；有的由于颜色，例如“鰕”的出于“瑕”；有的由于形态，例如“檥爵”的出于“蔑”；有的由于动作，例如“鱓”(鳝)的出于“蟺”；亦有的因为鸣声，例如，“乌”和“秦声乌乌”的“乌”本是一语之类……；在一个东西的许多特点之中，我们到底儿选出那一个来算作他的得名之由呢？所以章太炎先生《文始序》说：“《尔雅·释艸》以下六篇，名义不能备说……故孳乳之文，数者多阙。”这倒是一句实话。但是凡读过《广雅疏证》的人，都能感觉到这个问题并不是绝对无法回答的：在王家爷儿俩手里，草木虫鱼鸟兽之名，不但其义可得而说，而且说得那末自然，那么不费劲儿，这个缘故亦不难懂：王念孙研究《诗经》韵的成绩，在清代古音学的著作中，本算得了第一流的作品；从《王氏遗书》内的《释大》来推测，他对于先秦的声纽，亦曾经整理出些头绪，所以对于一个物名，先搜集许多古音相同或相近的形容词或动词，然后再从这些语词里找出那个语源相同的来，在他倒亦算不了什么难事。于是乎我们常可以看见他把今音相去很远的语词，巧妙地连了起来，因而产生了无数精义。像郝懿行在《尔雅义疏》里那些拙劣仿效的所以失败，亦不外因为他对于古音连点儿基本常识都没有，只会说些个“艾从乂声，台古读如题，是冰台即艾之合声”的缘故。多亏瑞典高本汉教授的努力，我们对于《诗经》音系总算存了比清代古音学者亲切一点的认识。更感谢印欧语言学者们，从他们的研究成绩里，我们能开了眼界，认识了种种的语音流变的方式，使我们除了“连”这一着儿以外，还能把同源的语词的声音分歧的道理说出来。偶然连了一对语词，把和它有关的，或者由它演变出来的，和同一实物的另外来源的名称，附带着整理了一遍，结果就是这篇《释蚯蚓名义》。

1·2 和许多别的草木虫鱼鸟兽一样，蚯蚓的名字多得出奇。魏晋以后发生的，多半比较好懂；两汉以上所有的，就是些个不是一看就能想得到命名之由的名字了。其中最多聚讼的就是“朐忍”，无论就形体来讲，或就他所代表的语词的音来讲，都有许多纠葛，引起宋以来若干学者的热辨。所以我们这篇文字的重心是在汉以前的异名上边，同时连带着辨及“朐忍”二字的形体和读音。至于魏晋以下新发生的异名就从略了。

2·1 (1) 古书所载的蚯蚓的名字，大概可以归入四个来源里面。第一个是“蚯蚓”。《礼记·月令》：“孟夏之月，蚯蚓出。”《经典释文》说：“蚯以忍反。”蚯字本来没有偏旁，只作“丘”。《释文》所标的经文，和《吕氏春秋·孟夏纪》都是“丘”字。亦有写“邱”字的，见《淮南子·时则训》。蚓字亦或写作“螾”，亦见《淮南子》。《说文》虫部认为是重文。有的书单写一个蚓(螾)字：《孟子·滕文公》下：“则蚓而后可者也。”《荀子·劝学篇》：“螾无爪牙之利。”

2·1 (2) 第二个是“蠢蠕”。《淮南子》高诱注云：“邱螾，蠢蠕也。”这是个汉朝发生的语词。

2·1 (3) 第三个是“蜿蟺”。《广雅·释虫》：“蚯蚓，蜿蟺，引无也。”曹宪在蜿字下，用“宛”字注音，蟺下注“时洒”二字。蜿字亦作“蜠”。《尔雅·释虫》“螼蚓，蜸蚕”这一条下面的郭璞注云：“即蜠蟺也。"《集韵》上平二十二元"于袁切"下面把"蜇"算作"蜿"的重文。这个语词亦是汉朝的语言。

2·1 (4) 第四个是"蜷蝡"。《淮南子·说山训》的高注说:"螾一名蜷蝡也。"这个名词亦早到汉朝。

2·2 (1) "丘"字的读法,在《切韵》时代是[kj'ĭə̆u],在《诗经》时代是[k'ĭŭg]。

2·2 (2) "蚓"字《切韵》音[iĕn],《诗经》音用[ĭĕn]收尾,是不成问题的;只有起首音的价值需要考虑。历来音韵学者除去高本汉把喻纽四等字分成 *d-, *g- , *z-三个来源外(见《分析字典》27 页),大都信任曾运乾的学说,只要遇见喻纽四等字,就给归入定纽里去。这办法儿倒亦干脆,可惜对于在和《诗经》同时或较早发生的谐声系统里,喻纽四等字的一部分与摩擦音颇有关系——如余之与斜,羊之与祥,俞之与输等等——这个现象不无抹杀之嫌;如果我们把《说文》里面所有从引声和寅声的字列成一个表,我们就可以发现,在谐声系统里面表现的引和寅,都带着极浓的摩擦音的色彩。

引声引省声	靷 余忍切　朋 羊晋切　钔 羊晋切
	纼 读若矤 直引切　矤 式忍切
	弞 式忍切
寅声	寅 翼真切　夤 翼真切　演 以浅切
	濥 弋刃切
	戭 弋刃、以浅切　螾(重文蚓) 余忍切
	瞚 舒问切

在这个表格里面,除去和主谐字同声纽的字以外,竟只有审纽的字!"矤"字经传里都作"哂",从西声,因此我们知道"蚓"字的声母是一个跟审母同部位的浊音。如果审母是[t'],"蚓"就该是[d']。如果审母像高本汉所写的 s',"蚓"的声母就该是 z'。好在无论怎么写,对于下一节里"两元音当间儿的清辅音同化成浊音"

的理论不发生影响，姑且定审为[ɕ]，“蚓”的声母为[ʑ]。

2·2 （3）“蚯蚓”二字的《诗经》音，我们已经测定是[k'ĭŭg ʑĭĕn]了，但是这个虫名的意义还没有说出来。我们暂且离开本题去观察另外一个现象：在拉丁文里，x 这个字母所代表的音值本来是[ks]，所有采用这个字母的语言，亦用它来代表同一音值，这是人所共知的。英语亦是这些语言中的一种，可是在现代英语中却有几个字，里面的 x 的音值并非[ks]而是[gz]，我们把它列在下面：

exact 的音值是 [egzækt]

examine 的音值是 [egzæmin]

example 的音值是 [egza:mpl]

由这几个例子我们可以知道一条原则：在两个元音之间的清辅音后面如果有一个重音的话，极容易变成浊音。如果根据这个原则，再回来看[k'ĭŭgʑĭĕn]这两个音缀，我们发现这里面的[gʑ]恰巧和上面所引的几个例字里的[gz]相似，既然[egzækt]的[gz]原是[ks]，那么假使我们把[k'ĭŭgʑĭĕn]里的[gʑ]亦给他恢复成原样，该是些什么声音？是[k'ĭukɕĭĕn]。用汉字写出来，该是两个什么字？是“曲伸”。于是我们恍然了悟了，原来这就是“蚯蚓”得名之由来！

2·2 （4）细心的读者亦许要诘问笔者，[k'ĭŭʑĭĕn]里面的[gʑ]和[egzækt]里面的[gz]地位诚然相同，可是安见得“蚯蚓”这个语词的重音一定得在后一音缀上呢？如果不然，是否还能应用[egzækt]的例来说明呢？我们的回答是肯定的。这可以用《孟子》同《荀子》的单用“蚓(螾)”字来证明，在经过相当长的时期的应用之后，一个双音缀的语词丢了前面的音缀，重音自然在后音缀上。我以为齐鲁等偏东的方言，大约有把双音缀词缩短成单音缀词的习惯，关中和楚的方言倒是把双音缀的语词保存得很好的；所以《吕氏春秋》就用"蚯蚓"二字，等到辞赋大兴，作家又多半是关中人或楚人，于是两汉的文学作品中的联绵字，就多不胜举了。

2·2 (5)《集韵》入一屋丘六切收"蛐"字，注云："虫名。《广雅》'蛩蟺也'。"《切韵》音[k'ĭuk]这大约是在另外一种方言里，把蚯蚓的后一音缀磨掉了，才借用的字。可惜《广雅》今本无此文，经传中亦未见有用的，就不可究诘了。

2·3 "蠢蝡"这个名字，比较容易解释。单就字面来看，实在简单之至。《说文》虫部："蠢，虫动也。"虫部："蝡，动也。"这似乎已经是正确的解释了。事实亦去此不远，不过稍有出入：这个语词正式用作蚯蚓的名字虽在汉末；但是先秦的书里，却有一两处使用过它，不过没有说明它所代表的实物就是蚯蚓或是另外一种相似的虫子而已；在这两处见的语词的前一音缀，却作"喘"字。这件事情王念孙讲得很详细。《广雅·释诂》一："揣蝡，动也。"《疏证》："《庄子·胠箧篇》：'喘耎之虫'崔譔注云'动虫也。一云，无足虫。'《荀子·劝学篇》：'端而言，蝡而动'；《臣道篇》作'喘而言，臑而动'，'喘耎'，'端蝡'，'喘臑'，古字通用，皆谓动貌也。凡虫之无足者，其动喘耎然，故蚯蚓谓之'蠢蝡'，高诱注《淮南子·时则训》云：'蚯螾，蠢蝡也'，蠢蝡又喘耎之转矣。"王氏说得很精细，我们不必多赘，只要记住这个语词在先秦的声音是[t'ĭwanȵĭwan]，到汉才变为[t'ĭwənȵĭwan]就足矣；至于变的理由，亦是因为重音在后音缀上面，所以前面的音缀就用了一个弱元音。

3·1 (1) 蚯蚓这个词到了汉朝，声音稍稍有些变化。《荀子·大略篇》："言之信者，在乎区盖之间。"到汉朝的典籍中，"区"就变作"丘"了。《汉书·儒林传》"疑者丘盖不言。"注："苏林曰：'丘盖不言，不知之意也。'如淳曰：'齐俗以不知为丘。'"《礼记·曲礼》上："礼不讳嫌名。"郑注："嫌名谓音声相近，若禹与雨，丘与区也。"依此，汉人的读"丘、区"二字，声音相近，亦许竟会相同，所以才把两个字来换用。依汉朝韵文的押韵看来,“区”字当和鱼虞模韵的字押韵,因此我们知道“区”字的尾音[g]已经失去了,因为鱼虞模韵的字在当时是没有尾音的。“丘”字既和“区”字声音相近,自然失去了尾音了。所以我们把“蚯”字的音定为[k‘ĭu]。

3·1 (2) 我们所以把“蚯”字的音如此写法,还有别的理由。在汉代韵文里,“丘”字曾经几度和“忧”字押韵。佛书的翻释中,用优婆塞来译 upasaka。因此知道“忧、丘”的元音,当时都是[u]。

3·1 (3) 在用[k‘ĭuʑĭĕn]的读法日久之后,因为重音在后一音缀的上面的缘故,前一音缀受了逆同化,变成了一个叠韵的连绵语词[k‘ĭĕnʑĭĕn]。《尔雅·释虫》:“螼蚓,蜸蚕。”“螼”字,《经典释文》音“羌引反”,《说文》虫部:“螼,螾也。”大徐本所引孙愐《唐韵》的音是“弃忍切”,这就是为[k‘ĭĕn]这个音缀特造的字了。段玉裁注“螼”字,说“螼也,蚓也,蜸蚕也,一物三名也”,好像他念《尔雅》在“螼”字断句。果然,那“螼”字就成了“蚯蚓”的合声字了。

3·2 (1) “蠢蝡”这个语词,经过相当时期的使用,又经过一次次的同化,把后面的音缀里面的元音变得与前一音缀相同,于是我们又得了一个新的语词[t‘ĭwənɳĭwən]。《集韵·准韵》乳尹切下收“蝡”字,重文“蠕蠖”,注云,“蝡蠢,虫动貌”,是其遗迹。合计起来,由“喘耎”变到这儿,已经经过了两回变迁,一共有三个层次了:[t‘ĭwanɳĭwan→t‘ĭwənɳĭwan→t‘ĭwənɳĭwən]这个新词并没有为它特造或专用的字,这件事情请读者记住,这是我们将来解决我们的一个难题的唯一的钥匙!

3·2 (2) 从世界的语言史里,我们认识了一种现象:在某种语言中,如果有的字,经过长久的并用之后,每每的产生一个新字丙。这个新字的音是取甲乙二字的音而成的,有几个音或音缀像甲,又有几个音或音缀像乙,这种现象我们管他叫做 blending 或者叫 contamination,这样产生的字叫 blends。英语里这种字多得很,如 blot 是 blank 和 spot 二字混合而成的，flash 是 flush 和 splash 混合而成的，诸如此类的甚多。在中国的经籍里，亦有这类的事。《史记·五帝本纪》："北逐荤粥。"《索隐》："匈奴别名也。唐虞已上曰'山戎'，亦曰'熏粥'，夏曰'淳维'，殷曰'鬼方'，周曰'玁狁'，汉曰'匈奴'。"《诗·采薇》："靡室靡家，玁狁之故。"《毛传》："玁狁，北狄也。"这荤粥、玁狁两个语词，意义是完全相同的，于是经过长久的使用之后，我们又得到一个双音缀的新语词，第一个音缀采取荤粥的前音缀，第二音缀采取玁狁的后音缀："荤允"。《汉书·霍去病传》："上曰：'骠骑将军去病率师，躬将所获荤允之士。'"注："服虔曰：荤音熏，熏允，熏鬻也；尧时曰熏鬻，周曰猃狁，秦曰匈奴。"这个新语词就是一个 blend 了。因为蚯蚓这个虫子的两个名字，蚯蚓[kʻiuʑĭĕn]与[tʻĭwənnȵĭwən]同时流行着，所以亦和"荤允"的产生一样，我们又得了一个新的语词，第一个音缀是采取蚯蚓的前音缀的[kʻĭuȵĭwən]。

3·2 (3) 我们这个新语词行用长久了之后，人们认为没有一个固定的写法太不方便了，所以借用两个读音差不多的字来写它，这两个字就是"朐忍"。《汉书·地理志》"巴郡朐忍"，颜师古注云："朐音劬。"由此我们就有了固定的字了。

3·2 (4) "朐"字的写法，是从肉句声，据《说文》的说解，是为折叠的干肉条而制的字，因为干肉脯有曲句之处，所以从句得声，亦兼得义，换言之，是个形声兼会意字。《汉书·地理志》之外，还有许多碑铭和经籍里用过这个语词，现在把它胪列在下面：

a. 《巴郡太守张纳功德叙》："朐忍蛮夷，滔天蠢动。"《张纳碑阴》："议曹掾朐忍扶古"；

b. 《西岳华山亭碑》："于是与令巴郡朐忍先说谋"；

c. 《赵相雍劝阙碑》："望子陟，孝廉，朐忍令"；

d. 《曹全碑》："君高祖父敏……，巴郡朐忍令"；

e.《李寿石刻》:“巴郡朐忍令”;

f.《续汉书·郡国志》:“巴郡……朐忍”;

g.《华阳国志》:“于是朐忍夷廖仲药,何射虎,秦精等乃作白竹弩”;

h.《后汉书·吴汉传》:“朐䏰徐容等”注引《十三州志》:“朐音春,䏰音闰,其地下湿多朐䏰虫,因以名县”;

i.《后汉书·吴汉传》:“歆遂移檄郡县,而宕渠杨伟、朐䏰徐容等起兵各数千人”;

j.《后汉书·刘焉传》:“韪以此遂屯兵朐䏰备表”;

k.《蜀志·刘焉传》注引《英雄记》:“璋使赵韪进攻荆州,屯朐䏰”;

l.《水经·江水注》:“又南百里至朐忍县……朐忍尉治此……又南径朐忍县西六十里……又东右径朐忍县故城南”;

m.《晋书·宣帝纪》:“泝沔而上,至于朐䏰”;《地理志》:“巴东郡,朐䏰”;

n.《宋书·州郡志》:“朐䏰令”;

o.《通典·州郡门》:“万州南浦,汉朐䏰县地,朐音蠢,䏰如尹反”;

p.韩愈《开州韦侍讲盛山十二诗序》:“不知其出于巴东以属朐䏰也”;

由上面所排列的这些例子我们可以知道:在唐以前的典籍中凡是用“朐䏰”这个语词的,“朐”字完全从句,绝对没有例外。至于“忍”字,我们亦可以由上面这些例里看出些个端倪:我们这些例子是依作者的年代的先后排列的,如果我们由头到尾一遍,就可以发现一点:g以上的例子内,忍字绝对没有带偏旁的,而自此以下,就除去《水经注》以外,全写作䏰了。以郦道元这样的一位学者用字沿袭《汉书·地理志》,那是天下最自然的事情了,我们觉得如果他不这么写,那倒是值得惊异的。除了这个例子以外,其余的例子显示给我们:六朝以后,忍字已经蒙上面的朐字加了偏旁,同时亦极通行了。

3·2 (5) 上章我们所排列的只是朐忍二字的写法,关于古人给这个语词所作的音我们可以分作两系来看:

A a. 《汉书·地理志》颜注:"朐音劬";

b. 《后汉书·吴汉传》章怀注:"朐音劬,䏰音忍";

c. 刘禹锡《刘宾客嘉话录》:"琼州地名朐䏰,朐䏰是蚯蚓也,故土多此虫,盖其状物也;常至夜江畔出其身半跳于空中而鸣,其形朐䏰。"自注:"上音屈,下音忍。"

这一系所给的音,就是用来代表我们在3·2(3)章末所谈到的[k'iuŋ̊ĭwən]这个语词的。如果依颜音,《切韵》该是[gj'iu:ʑĭĕn],如果依刘音,那末[g']就要换成[k']了。亦许有人要问,屈字所代表的音,依起首固然是[k'],难道说收尾音亦可以音[iu:]? 我们的回答是肯定的,不过现在却没有工夫来把详细的理由说出来,我们只引一节书来代替我们的申说。《国故论衡·二十三部音准》:"问曰,'大江上游读术物没诸韵有似御莫遇者,北方始无分别矣,虽等阴声而分配固非其部何也?'答曰:'此其变迁久矣。宋人以"鹘突"为"胡涂",以"兀术"为"乌珠","回鹘"亦或作"畏吾儿",犹曰宋后然也。前世赫连氏之白口骝城,元魏讹为薄骨律镇,《魏略》称徐庶"白垩涂面"而曰"白垩突面",及夫拙之为銖,勿之为无,自古以然。'"

B a. 《晋书·宣帝纪》《音义》引如淳:"上音蠢,下音如允反";

b. 《后汉书·吴汉传》注引《十三州志》:"朐音春,䏰音闰";

c. 《蜀志·刘焉传》裴松之注:"上蠢下如振反";

d. 《晋书·地理志》《音义》:"蠢闰二音";

e. 《后汉书·刘焉传》章怀注:"朐音蠢,䏰音如尹反"。

f. 《通典·州郡门》:“朐音蠢,䏰如尹反”。

这一系所给的音,全部显示着《切韵》音[ȶ'ĭwĕnȵʑiwĕn]。这事儿就有点不对岔儿了,怎么同一个地名会出来两种叫法儿呢?于是我们的学者们开始辩论了。大体说来,偏袒颜氏的人为数多一点。这自然不是毫无根据的判断,本来,要只就“去古未远,其言必有所本”这句清儒辩证法来论,如比颜还便宜得多哪!如的失败是因为第一个音缀显然的与从句声的字大不调协了,因而引起了种种讹误与纠纷。但是这并不是如淳等人的作音错误,他们不过是把本来代表[k'jiu:ȵʑiĕn]的字,认为是另外一个语词的代表而已。至于这个语词究竟是什么来历呢?请读者回想一下我们在3·2(1)里所给的预告,就可以了然了。我们本有[ȶ'ĭwən ȵĭwən]和[k'ĭu ȵĭwən]两个同义的词,后者有了固定的写法,前者没有,当然要借一下儿喽。至于第一个音缀合不合,那就没有人管了。这种事情亦不算罕见,我们且举一两例:a. 俛仰与俯仰:《说文》页部:“頫,低头也;从页逃省。太史卜书頫仰字如此。”“俛,頫或从人免。”段玉裁注:“俛字本从免,俯则由音误而制,用府为声……俛旧音无辨切……《过秦论》‘俛起阡陌之中’,李善引《汉书音义》音免……古无读俛如俯者也。”徐灏《说文段注笺》:“《广韵》‘俛亡辨切,俯方矩切’,分析厘然。缘周秦以来习用俯仰连文,而……俛字同义相通,由是并读为俯。”

b. 蜡月与腊月:《说文》:“腊,冬至后三戌腊祭百神。”《风俗通·祀典》:“谨案:《礼传》:‘夏曰嘉平,殷曰清祀,周曰大蜡,汉改为腊。’”案:腊和蜡是同一种典礼,然而并不是一个字,传到今日,社会上一般人不但把腊月写作蜡月,并且连蜡烛亦都写成蜡了。香烛店的招牌上的“精制龙凤喜蜡”,要让一个秦或汉朝的人瞧见,恐怕会把他吓一跳吧!

3·2 (6)“朐忍”这两个字虽然同时代表两个语词,但是这两者把这个写法据为已有的力量并不相等。在早期，是[k'jiu; ȵʑiĕn]的力量大一点。《切三》虞韵收"朐"字，音是其俱反，注云："脯。一曰，屈。又地名，在东海。"《刊》虞韵举隅反下有"朐"字，注云："小儿阴"。这个解义的出处未详。《玉篇·肉部》："朐，渠俱切，脯也。《礼记》曰，左朐右末。"《句部》："朐，巨俱切，脯也。亦作朐。"《切一切三王一王二》轸韵和《玉篇·肉部》都没有"朐"字，《王一王二》震韵和《玉篇》亦没有"肕"字。由这些现象我们可以晓得，不但"朐"字的音以"其俱切"为惟一的读法，而且"朐忍"这个词根本就不能引起一般编字典人的注意。到《广韵》的准韵里，就开始在"尺尹切"下面添出来一个"朐"字，注云："汉朐肕，县名，在巴东郡，地下湿多朐肕虫。肕，音闰。"稕韵"如顺切"下面添出一个"肕"字，注同上；后面说，"朐音蠢"。由此我们晓得，朐忍这个词已经通行得很了，而且尺尹切这个音都有了一个从肉旬声的专字了。"朐"字的所以产生，自然是[ȶ'ĭwĕn ȵiĕn]这个语词的胜利。《广韵》卷首孙愐《唐韵序》说："辄罄谀闻，敢补遗阙……州县名号，亦据今时字体。""朐肕"这两个字的增加，大约是这位孙公的手笔了。

3·2 （7）宋初徐铉校《说文》，所用的反语完全采取孙愐音切，这是人所共知的事实。他在说文肉部后面新附上"朐肕"两个字，在"朐"下面注云：朐肕，虫名，汉中有朐肕县，地下多此虫，因以为名。从肉旬声。考其义当作"润蠢"。这些话我们猜想他是和修《广韵》诸公祖述同一底本——大约是孙愐《唐韵》，不过技巧就拙劣多了。他的第一个错误就是把这两个字改成篆体，附入《说文》。像"诏"、"志"等字究竟在通用小篆的秦朝还使用过，用篆法写了，附进《说文》，还算罢了，"朐肕"这两个字产生的时代，最早不过唐初，居然用篆法来写添入《说文》，这真像造一个希腊时代的汽车模型，摆进博物馆去，该称为无事生非诚心捣乱了。第二个错误是把汉朝的汉字，错成汉中，于是数千万里地皮，由四川一跃而飞来陕西，真是荒唐之至。第三个错误是说“朐䏰”该作“润蠢”，把 3·2(5)所列 B 系的音又给来个倒竖蜻蜓！短短三十个字，居然闹这许多笑话，真可谓极尽不学无识之能事了。他一个人闹笑话，本无关紧要，不过害得宋以来的学者们聚讼纷纭，搞了一千年的乱，真有点叫人兴误尽苍生之叹了。现在请读者记住这几个扼要之点：——

a. 汉时有[ȶʻĭwən ȵĭwən]和[kʻĭuȵĭwən]二语，同时流行。

b. [kʻĭu ȵĭwən]先有了“朐忍”这个写法。

c. 后来[ȶʻĭwən ȵĭwəu]亦用它来代表。

d. 后来“忍”字蒙“朐”字加上肉旁。

e. 再后“朐䏰”这两个形体几乎被[ȶʻĭwĕn ȵʑĭwĕn]独占了。

f. 最后“朐”字变为从旬的“胊”字。

以上是这件案子的真相，下一章我们就要审察前人的判决书了。

3·3 (1) 最早对于这个问题下判断的是宋朝的樊汝霖。韩愈《开州韦侍讲盛山十二诗序》：“不知其出于巴东以属朐䏰也。”《韩集五百家注》内所存的樊注说：“朐䏰，《前汉志》作朐忍，巴东郡县名也。颜师古注：‘朐，音劬。’《后汉》注：‘音蠢闰，其地下湿多朐䏰虫，因以名县，故城在今夔州云安县西。’刘禹锡《嘉话》则云：‘夔州地名，音屈忍，蚯蚓也。土多此虫，常至夜江畔出身半跳于空中而鸣，其状屈忍。’按：《集韵》诸音皆通，惟屈音不收。《集韵》又云‘朐䏰在汉中，俗作朐非是’，公此云‘出于巴东以属朐䏰’，则《前汉志》及《后汉注》为得之。”按：樊氏辨论的中心，是朐䏰县之属巴东郡或汉中，这与我们无关。他所引的《集韵》见上声十七准尺尹切下，文袭《说文新附字》，我们在 3·2(7)已经谈过了。对于“朐忍”的形体和读法，我们可以看出他的几点意见：(a)“朐”字形体以《汉书·地理志》为正；(b)“朐忍”无论读作“劬忍”和“蠢闰”皆通，惟“屈忍”不可。最后这一点我们在3·2(5)已经解释过了。

3·3 (2) 其次是邵博。《河南邵氏闻见后录》云:“夔州古名朐䏰,朐音蠢,又音劬。䏰如尹反,又音忍。蚯蚓也。至今其地多此物。春秋时人苦寒热疾,谓之蚯蚓瘴云。”这位邵公的意见与樊氏大致相同。

3·3 (3) 再其次是李焘。李氏曾作《朐䏰记》一文,云:“《汉志》巴郡有朐䏰(笔者按:当作忍)县,颜师古注,‘朐音劬’。杜君卿《通典》乃作‘朐䏰;音蠢,䏰如尹切’。与师古特异。按许叔重《说文》:‘朐,脯脡也,其俱切。’无他义。‘朐䏰,虫名;汉中有朐䏰县,地多此虫,因以为名。朐如顺切,䏰尺尹切,读如闰蠢。’君卿盖从叔重而小不同。然叔重谓朐䏰属汉中误矣。《类篇》承叔重之误,既以朐䏰属汉中,别于䏰字下注‘朐䏰县,属巴郡’,则又承师古之误。遍检地志汉中实无朐䏰,固当以君卿为正。然朐当作胸从旬,不当作朐从句,君卿犹未及辨,考职方者宜辨之。闰月一日,泊舟云安之西三十里万户驿下横石滩上,土人云,今驿之左右,朐䏰故地也。乾道九年记。”综合李氏的意见,约略如下:(a)“朐忍”二字形体当作“胸䏰”。(b)音当为“闰蠢”或上“蠢”下“如尹切。”

3·3 (4) 再次是王观国。《学林》卷六“朐䏰”条云:“汉有朐䏰县,属巴郡。《广韵》曰:‘朐音蠢,䏰音闰,汉朐䏰,县名,在巴东郡,下湿多朐䏰虫。’许慎《说文》曰:‘朐音闰,䏰音蠢。’《说文》与《广韵》音正相反。观国按:唐人李济翁《资暇录》,‘朐’字又用作‘胸’字从旬。则‘胸’宜音闰,《说文》为是也。前汉《地理志》巴郡有朐忍县。颜师古注曰:‘朐音劬。’《后汉·郡国志》巴郡有朐忍县。《晋书·地理志》巴东郡有朐䏰县。《晋书音义》曰:‘朐䏰音蠢闰。’然则两汉谓之朐忍,朐又音劬,而《晋书》又谓之朐䏰,疑有不同者,盖许慎《说文》已释二字,则汉当已有朐忍之名,班固用字多假借,或省偏旁,故以䏰为忍。颜师古不稽考,遽音朐为劬;师古误也。

巴东诸县初无易名者,惟后汉有分置者,而古名固不废也。按前汉《地理志》:齐郡有临朐县,东郡亦有临朐县,东海郡有朐县,此三县,颜师古皆音朐作劬,盖此三县音朐作劬是也。独巴郡朐䏰非劬音。颜师古其必援三县之音,而误巴郡之朐耳。"案:王氏的看法,有两点值得注意,(a)朐䏰二字形体正作"朐䏰",作"朐忍"的是假借或省略字。(b)读音以作"闰蠢"为正,作"蠢闰"就已经是弄颠倒了,作"劬忍"二音的简直错误。关于这两点的是非,我们留待将来再谈,现在我们却要指摘他一处错误;他认为许慎书中既然有了"朐䏰"二字,那末在许慎的时代,这两个字必是已经流行着了,既然在许慎的时代,"朐䏰"这两个字已经在社会上流行着,班固的使用"朐忍"二字,自然就是"用字多假借,或省偏旁"喽! 我们即便把许书中这两个字是宋初加进去的这件事抛开不谈,暂时承认他的第一个推断,而他的第二推断还是不能成立。因为要使他的第二推断成立,我们必须再加上一个附带条件:许慎年代较班固为早,或至迟与班固同时! 恐怕在他执笔为文的时候,根本就没有运用细密的思考方式整个儿琢磨一个过儿,冒冒然的就写下去了吧。

3·3 (5) 再次是吴曾。《能改斋漫录》卷九地理类有《辨朐䏰》一则,云:"韩退之作《韦处厚盛山十二诗序》曰'不知其出于巴东以属朐䏰也',洪庆善辨曰:'《地理志》云:"山南西道间州盛山郡,义宁三年,析巴东之盛山新浦通州郡之万世西流置。天宝元年,更名朐䏰。音润蠢,地下湿多朐䏰虫。"刘禹锡《嘉话》云:"朐䏰,蚯蚓也。常至夜江畔出其身半跳于空中而鸣。上音屈下音忍。"《集韵》云:"朐䏰在汉中,俗作朐非是。"'以上洪说。予案:《西汉地理志》巴郡有朐忍县,颜师古曰:'朐音劬。'《后汉郡国志》'巴郡朐忍县',亦只作此'忍'字,盖古文借用也。又案:杜佑《通典》:'开州大唐置,或为盛山郡盛山县,汉朐䏰县地。'以三书考之,盖开州在唐为盛山,在汉为朐䏰也。《汉书》不著其意,惟刘禹锡以其地出朐肕之虫因以得名。禹锡之说，亦本许慎。《说文》云：'朐肕，虫名，汉中有朐肕县，地下多此虫，因以为名，从肉旬声。'黄朝英云：'考其意当作润蠢。朐，如顺切，肕，尺允切。'与洪氏、禹锡所音不同，然朝英、禹锡、庆善三人偶忘考《西汉地理志》耳。盖师古以朐音劬，此不可不辨。"案吴氏此文引书多误，他所引的洪庆善的话，现存《韩集五百家注》内自"音润蠢……"以下到"……非是"却是樊汝霖的话。"润蠢"两个字今本亦给弄颠倒了：樊氏原文是"蠢润"二字，又本文"黄……云，当作润蠢，……与洪氏、禹锡所音不同"一语，都可以证明，请读者看 3·3(1)。又吴所引黄朝英说，不见于《靖康缃素杂记》中，这自然是因为"书缺有间"了，但是这个说法实在是本于《说文》新附字说解的。校正了这几条之后，然后吴氏这篇拖泥带水的文字方才可以读。推测吴氏原意，似乎是说颜师古给"朐忍"两个字所作的音是"劬忍"二音为正，洪、刘、黄三家的音，都是错误的，所以"不可不辨"；至于三家之所以错误，就是因为"偶忘考《西汉地理志》耳"了。此外他对于"忍"、"肕"之别，认为是"古文借用"，与王观国的见解相同。至于"朐"、"朐"形体之差，他就根本靡注意到。

3·4 (1) 再次是明朝的杨慎。《丹铅录》卷二有《朐忍辨》一文，云："《汉地理志》有朐忍县，颜师古注音'劬'，误也。按《说文》：'朐，腊挺也。其俱反。'字既从句，与地名何干？《通典》作'朐肕'，朐音如顺切，肕如尹切，读如闰蠢。《通典》之音得之矣，而字作'朐'，则因《汉志》而误也。当从朐(笔者按：原作朐，依文义改)乃叶闰字之音。朐肕虫名，夔州地多此虫，遂以为名。又为朐肕属汉中亦误，检地志汉中实无此县，云安之西三十里万户驿下横石滩上，土人云，驿之左右，朐肕故地也。辨文字与辨职方者，宜知之耳。古李巽岩《朐忍辨》，可谓互证练考，订千古之谬矣。"案：此公在明朝号称博雅，而事实上毫无决断的能力，只以多而杂的记诵来吓人，此外还有点“又好伪撰古书，以证成己说，睥睨一世”的毛病。以此文而论，后半截儿自“朐䏰虫名”以下，完全是节抄李焘的《朐䏰记》，而字句又给弄得脱误漏略，难以卒读；前半截儿所利用的材料，亦全载在李氏文中。所以这篇《朐忍辨》可以叫作《朐䏰记》的后人转述漏误之本，并没有一点值得让我们注意的意见。

3·4 (2) 其次是方以智《通雅》卷十六：“朐䏰属巴郡。其地多此虫，遂以为名。《问奇集》音‘瞿闰’，《字汇》‘朐作眴，音润’。戴氏亦云，‘眴讹为朐’也。眴尺尹切，䏰尔轸切，则瞿闰之音误矣。”依此，方认为(a)“朐”字形当作“眴”，(b)“朐䏰”的音该是尺尹尔轸二切。

3·4 (3) 再次是顾炎武。顾氏所作《金文文字记》后面所附的《诸碑别体字》里把《曹全碑》的“眴”字载进去，可见他亦认为“朐”字的形体正当作“眴”。此外他并没有表示任何意见。本来我们不想把顾氏列进这里面，像其余的无关紧要的，没有什么值得注意的意见表示出来的诸家一样；不过因为清代好几位学者，都曾提到过他，所以亦把他放在这儿。

3·5 (1) 再次就是清朝的黄生。《义府》卷下有“朐䏰”一则，文云：“《汉书·地理志》：‘巴郡朐忍县。’师古音‘劬’。《续汉郡国志》亦作‘朐忍’，惟《吴汉传》作‘朐䏰’，注音‘劬忍’，又引《十三州志》音‘春闰’。详此为虫名，本方言，无字，故第作朐忍，其䏰从肉傍，乃因朐字误加耳！《十三州志》音讹，《后汉》注两存之，尚得阙疑之意；徐铉竟误作眴字附入《说文》，又误从孙氏作‘眴，如顺切(润)，䏰，尺尹切(蠢)’(以劬忍作蠢润已误，倒作润蠢更误)。按唐刘悚《嘉话录》云：‘琼州地名朐䏰，朐䏰是蚯蚓也。上音屈，下音忍。’据此则蚯蚓即朐忍之转音，当以师古注为定审矣。又杨升庵载李巽岩《朐䏰辨》引杜氏《通典》作‘眴䏰’，音‘润蠢’：则知徐铉之误盖本于此。乃杨反以杜氏之形声为正，而谓师古误音，则真莽浪也，诸如《集韵》音'蠢忍',戴侗音'瞬忍',张位音'瞿闰',无一是者:总由不识此虫即蚯蚓故。"案黄氏的意见,总括起来,大致是(1)"朐忍"二形是正写,"朐"是增加偏旁字。(2)"劬忍"是正音,"蠢润"是讹音,"润蠢"是讹之中尤有讹。大体说来,他的意见几乎全部(只有把"蠢润"称为"误"音一点,小有可商之处)正确,再翻一翻清人著述,有的见解反倒远不及他,无怪一般人称黄为"怪杰"了。

3·5 (2) 再次是何焯。《义门读书记》:"'朐忍'字书作'䏰肕',䏰音蠢,与颜异。《说文》有'朐'字,无'䏰'字。"

3·5 (3) 再次是惠栋。《后汉书补注》卷二十三:"朐忍。常璩曰:'在巴东郡西二百九十里。'《说文》作'朐肕',云'地下多此虫,因以为名',朐又作䏰,音虫,小颜音劬。"案,惠氏本是补注《后汉书》,并非专论朐忍,简略当然在所不免。不过以夙以记诵见长的人,在仅仅三十八个字里,一误于把新附字当《说文》,二误于把《说文》新附作"䏰"的篆体写作"朐",就实在有点让人感慨系之了。至于他自己的见解,跟在惠氏其余的著作中一样,是轻易不会发现的。

3·5 (4) 再次是钱大昕。《十驾斋养新录》卷十五有《〈郃阳令曹全碑〉跋文》,云:"《汉书地理志》:巴郡有朐忍县,师古音朐为劬。而《广韵》谓'汉䏰肕县名,在巴东郡,地下湿多䏰肕虫,音蠢闰。'徐氏校《说文》,亦取其说,于肉部附䏰肕二文。此碑出于后汉,文云,'高祖父敏,巴郡朐忍令',字画分明。䏰肕虫亦不载于《尔雅》,则知无稽之谈不可信矣。"案钱氏的意见,以"朐忍"为正形,与黄生同,至于这两个字的读法,似乎他亦认为当从小颜,不过没有说明罢了。此外还请读者注意一点:徐铉等人校上《说文》的表是太宗雍熙三年,宋人重修《广韵》的敕是真宗大中祥符元年下的,所以徐氏校《说文》,决不会"亦取其说",只是两者都祖述一个蓝本而已。

3·5 (5) 再次是桂馥。《札朴》卷八有《跋〈曹全碑〉文》云："《曹全碑》云：'巴郡朐忍令。'《张纳功德叙西岳华山亭碑雍劝阙》亦作'朐忍'。《汉地理志》巴郡朐忍县，小颜音劬。《郡国志》同。《晋地理志》作'朐朋'。《后汉书吴汉传》作'朐朋'。徐铉《说文》新附'朐'字云：'朐朋，虫名，汉中有朐朋县，地下多此虫，因以为名，从肉旬声。考其义当作润蠢。如顺切。''朋'字云：'朐朋也，尺尹切。'《三国志》注引《英雄记》'屯朐朋'，裴音云：'上蠢，下如振反。'戴侗《六书故》云：'蚯蚓古谓朐朋，又谓曲蟮，蚯蚓曲同声。'馥案：玉篇肉部无'朐朋'字，其为俗作无疑。颜、戴与碑合，徐、裴谬也。"案：桂氏的意见与黄生大致相同，不过他只辨形体，而未曾谈及声音罢了。

3·5 (6) 再次是卢文弨。《群书拾补晋书》卷一"至于朐朋"的"朐"字下校语云："当作朐，下同。"这就是要把黄、惠、钱、桂好容易校正的书再给改错了，把黄、钱、桂好容易推进的学问再给打倒车开回宋朝去！在乾嘉那个崇尚淹博的时代，为学的方面太广，"无一不精"固然难能，而"无一能精"亦复不可多得，这位卢公偏巧就是一位典型的"无一能精"的人物，自然不足深责。我们所以要在我们的叙述里给他一个地位，只是因为别人的标题不是《汉书·地理志》便是《曹全碑》，独有他是校的《晋书》，所以存之以备一格罢了。

3·5 (7) 再次是段玉裁。《经韵楼集》卷五有《朐忍考》一文，云："《汉书·地理志》《后汉书·郡国志》皆载巴郡有朐忍县，《后汉书·吴汉传》注引《十三州志》曰：'其地下湿多朐忍虫，因以名县。'玉裁按：蚯螾，高诱曰：'一名朐朋。'《古今注》曰：'一名曲蟺。'朐即句之假借，句古音朐，曲也。蚯朐曲，一音之转。一名夗坛，夗与曲为转注也。'一名寒蚓'，'一名寒蚓'，今江东人曰回蟮。《尔雅》曰：'蟺蚓，蜸蚕。'蚓即螾之或体。螾蜸蟺忍一音之转也。朐忍汉属巴郡，献帝初平元年，分朐忍至鱼腹为固陵郡。刘璋、刘备皆以朐忍属巴东郡。《郡国志》作‘朐忍’，而《吴汉传》《刘焉传》作‘朐䏰’者，因朐字从肉而误增也。汉《曹全碑》作于中平二年，曰‘巴郡朐忍令’，其文甚明画。晋常璩《华阳国志》，北魏郦道元《水经注》亦皆作‘朐忍’。朐，颜师古注《地理志》音‘劬’，章怀太子注《吴汉传》音‘劬’，䏰音‘忍’。唐初本无异说，而《吴汉传》注引《十三州志》：‘朐音春，䏰音闰。’阚骃在唐以前，不宜有误。盖注《十三州志》者见忍既讹䏰，朐又讹䏰，不知改正，妄为此音，而章怀引之。自后杜佑《通典》上字如顺切，下字尺尹切，读如闰蠢，又误以为地属汉中。宋徐铉等校《说文》肉部，增䐊䏰二字而仍其音，且仍属汉中之误。至《广韵》则上字音蠢，下字音闰。总之，承讹袭谬，上字形声俱舛，下字声近似而形实舛也。李焘作《朐忍辨》，以《通典》之音为是，谓作朐音劬为误。博雅如杨升庵，且谓其‘互证练考，订千古之谬’，六书不明，论古之难，非一日矣。章怀云：‘朐忍故城在今夔州云安县西万户故城是也。’巽岩云：‘云安之西三十里万户驿下横石滩上，土人云：“驿之左右，朐忍故地也。”’此则考订致确。今云阳县西万户坝是也。《刘焉传》注曰：‘朐忍属巴郡’，今俗本讹为‘属蜀部’。”案：段氏的意见，大致与黄、桂相似，不过他还多讨论了两点：(a)朐忍二字的用作蚯蚓名的起源，在他看来，是由于“蚯朐曲一音之转”同“螾蝅螼忍一音之转”。(b)错误的起源是《十三州志》的注家。关于(a)，我们认为应该把“蝅”、“螼”二字移到“朐蚯曲”一组里去；关于(b)，他是把《晋书音义》所引的如淳给忽略了。大致说来，他所得到的结果是使人满意的，只是“未达一间”而已。

3·5 (8) 再次是王念孙。《读书杂志·汉隶拾遗》有《跋〈郃阳令曹全碑〉文》，云：“第三行，‘巴郡朐忍令’，段氏若膺《说文注》云：‘《曲礼》“左朐右末”，郑云，“屈中曰朐”；引申为凡屈曲之称：汉巴郡有朐忍县；《十三州志》曰：“其地下湿，多朐忍虫，因名。”朐忍虫即蚯蚓，今俗云曲蟺也。汉碑古书皆作“朐忍”，不知何时朐讹朐，忍讹肕，阚骃上音春，下音闰。《通典》上音蠢，下音如尹切。《广韵》则上音蠢，下音闰。而大徐乃于肉部增朐肕二篆，上音如顺，下音尺尹，不知为朐忍之字误；且谓其地在汉中，又不知汉朐忍在今夔州府云阳县西，去汉中甚远也。’念孙案《淮南时则篇》‘蚯螾出’，高注云：‘蚯螾，蠢蝡也。’蠢、蝡、蠢、闰声相近，是蚯蚓旧有此名，非阚骃之妄作，唯朐忍之为‘朐肕’，乃是后人之讹耳。”案：王与段意见极相近，只是在“蠢闰”二音的来源上，比段更精确平恕一点。朐忍之辨，到段、王二家，算是大体定案了。自今日看来，我们虽然仗着言语学的知识同精密的分析声音的符号，所得的结果只能比他们加细，而并不能有所改动，我们只能说他们“不详细”，而不能说他们错，真叫人有“名下无虚士”之感了。

3·5 (9) 再次是钮树玉。《说文新附考》卷二：“‘朐肕’即‘朐忍’之俗字。《玉篇》无‘朐肕’。按《汉书地理志》《续汉郡国志》并作‘朐忍’，属巴郡。师古曰：‘朐音劬。’《隶释》载汉碑及后出《曹全碑》亦作‘朐忍’。唯《后汉书·吴汉传》注章怀太子引《十三州志》(阚骃撰)：‘朐音春，肕音闰。’云：‘其地下湿多朐肕虫，因以名县。’又《晋书音义》卷一‘朐肕’，引如淳曰：‘上音蠢，下如允反。’由是《广韵》以下皆承其说。顾千里云：‘《能改斋漫录·地理》亦辨“朐肕”当作“朐忍”，但误以新附为许氏《说文》。’”案：钮氏注意到《晋书音义》的如淳音了，但不解此音的来历，所以比王念孙所得结论，反到少一点。

3·5 (10) 再次是钱大昭。《汉书辨疑》卷十四：“朐忍。《续汉书·郡国志》及《曹全碑》并作‘朐忍’，颜籀音朐为劬是也。阚骃《十三州志》乃云：‘朐音春，肕音闰。其地下湿多朐忍虫，因以名县。’既有春音，则字已近于朐矣。然《玉篇》中尚无朐字。杜佑《通典·州郡门》作‘朐肕’，朐音如顺切，肕音尺尹切，读如闰蠢。君卿虽从阚音，而字犹未变，至徐铉校定《说文解字》，竟于肉部附入'朐䏰'二字，亦可谓不考旧章，好信异说者矣。"

3·5 (11) 再次是张澍。《蜀典·堪舆类》有"朐䏰"一则，云："《太平御览》引《十三州志》，朐䏰虫名，夔州多此虫，遂以名县。云安之西三十里万户驿下横石滩上，土人云：'驿之左右，朐䏰故地也。''其音当读蠢闰。'《汉书》注引云：'朐䏰县。朐音蠢，䏰音闰。其地下湿多朐䏰虫，因以名县。故城在今夔州云安西万户故城是也。'按：朐䏰，《曹全碑巴郡太守张纳功德叙碑》、《西岳华山亭碑》、《水经注》、《雍劝阙》均作'朐䏰'，《汉地理志》亦作'朐忍'。小颜音劬。《晋地理志》亦作'朐䏰'。《后汉郡国志》与《地理志》同。《说文》新附'朐'字注云：'朐䏰，虫名。汉中有朐䏰县，从肉旬声。考其义当作润蠢。如顺切。''䏰'字注云：'朐䏰也。尺尹切。'按朐䏰在巴东郡西二百九十里，徐氏曰汉中，中字误衍。《三国志》注引《英雄记》'屯朐䏰'，裴音云：'上蠢，下如振反。'戴侗《六书故》云：'蚯蚓古谓朐䏰。'戴、颜说是，徐氏谬也。《广韵》上声准部朐字音'尺尹切'，注云：'汉朐䏰县。䏰音闰。'去声稕部䏰字音'如顺切'，注云：'汉朐䏰县名。朐音蠢。'二音倒互，《集韵》朐字注云：'朐䏰县名，或从匀。俗作朐非是。'其说亦误。"案：张氏说《太平御览》引《十三州志》云云，而笔者却屡检不获，而自"云安之西……"直到"……故地也。"却都是李焘《朐䏰记》的文字。笔者以为这件事情的真相是如此的：张氏所引的一段"《太平御览》引《十三州志》"本是《十三州志》和《朐䏰记》的"杂钞本"，《朐䏰记》载于《图书集成》的《职方典》，卷六百一十八，所以他在旁边注上"职方，卷六一八"这一类的字样，等到年月既久，他亦忘了这段文字的来源了，类书有"职方"一门而卷数超过六百的只有《太平御览》，这段文章当然就变成"《太平御览》引《十三州志》"喽！这真有三叹之必要了。

3·5 (14) 再次是李慈铭。《越缦堂日记》云："吴琐儒《地理志补注》……(于)巴郡之朐忍以为字当作'朐䏰'，音蠢闰，即曲蟺虫，不知此本以朐忍山得名。本志、续志、晋志，皆作'朐忍'，《说文》亦作'朐忍'。自阚骃《十三州志》读音朐为春，又云：'其地下湿多朐忍虫，因以名县。'(见《后汉书吴汉传》注引)，于是后人遂有蠢润、闰蠢等音，改其字为朐䏰，而《说文新附》及《广韵》《集韵》等书皆有此两字矣。然即谓是曲蟺则正朐忍两字之音转。古所云蚯蚓(《说文》本作螾)丘音如区；而朐音劬，与区叠韵兼双声也。"

3·5 (15) 再次是章炳麟，他是由文字孳生的观点来看这个问题的。《文始》四："'豸'有数义：长脊兽，本义也……释虫，'有足谓之虫，无足谓之豸'，无足之虫多脊，此引伸义也。次对转寒则孳乳为'螾'，𧍒蟺也。蟺旁转真，作喉音变为'螾'，侧行者也。旁转谆则变易为'螼'，螾也。'丘螾'或为'朐忍'，则音如忍，亦作舌音矣。"案："螼"字原是"蚯"字的"变易"，几乎是公认的事实了，而章氏反以为是螾的变音，而且恰巧这"一语之变"的"螼、螾"二字，合起来偏又是个联绵字，这个结论的难于使人接受，恐怕比说"科斗"二字是一语之变亦相差无几。再加上把"𧍒蟺"、"丘螾"和由揣蝡、蠢蝡变来的"朐忍"都拉在一堆儿，实在转得人头晕。

3·5 (16) 再次是陈汉章。《缀学堂初稿》卷二有《朐䏰朐䏰辨》一篇，云："朐忍误为朐䏰，宋吴曾已辨，今就《能改斋漫录》所未及者，约列十证明之。'朐䏰'二篆，微特《说文》所无，《玉篇》亦不收。至《广韵》十七准二十二稕始有之，(二部注皆云："汉朐䏰县名，地下湿多朐䏰虫。")大徐遂据附《说文》，吴曾误谓许氏原文，不知两汉字书无其字也，证一。《汉志》颜注朐音劬，《续志》同。《樊毅修华岳斋亭碑》、《巴郡太守张纳功德叙》《郃阳令曹全碑》、《赵国相雎劝阙碑》，皆作'朐忍'。至《晋书·宣帝纪》、《地理志》，'忍'字始沿朐之肉旁误 作'䏰'，证二。维时'忍'虽误'䏰'，而'朐'尚未误'朐'，《晋书》纪志而外，《宋书·州郡志》、《隋书·地理志》注皆作'朐忍'，

《后汉·吴汉传》注虽引《十三州志》读为‘蠢闰’，而章怀先有‘劬忍’二音，可见其字亦本作朐矣，证三。《三国·蜀志》注读朐䏰，上蠢下如振反，与何超《晋书音义》‘蠢闰’二音合，而音义又引如郡丞云：‘上蠢下如允反。’考反切定音之法，忍与允同部，与振不同部，而自阚骃以下皆以‘如振’类隔出切，读忍为闰，如郡丞独以音和出切读如忍，可知‘䏰’本‘忍’之变，非本有此字形声，证四。章怀引阚音朐为春，春乃蠢误。《广韵》上声蠢纽下收朐，去声闰纽下收䏰，正本《十三州志》，而大徐校《说文》，称用孙愐音，又音蠢如顺切，䏰尺尹切，云‘考其义当作润蠢’，岂是唐韵之音果与裴松之、何超异耶？盖其字本非古文，故大徐得逞臆说耳！证五。《集韵》不知朐从句，实句之误，而云‘朐或从匀，俗作朐非是’，姑无论《十三州志》以迄《隋志》无不作朐，（《唐志》始云，‘盛山汉朐䏰县’）即宋景祐监本《汉书》亦作‘朐忍’，与汲古阁本同，岂皆非古字欤？证六。唐时虽有朐䏰二字，顾书者仍多作朐。《刘宾客嘉话录》：‘夔州地名，朐䏰音屈忍，蚯蚓也。土多此虫，常至夜半出身半跳于空中而鸣，其状屈忍。’是其字本作朐，故音训为屈。《曲礼》注，‘屈中曰朐’，《公羊》昭二十五年传注，‘屈曰朐’，是屈亦朐也。《韩文公集韦侍讲盛山十二诗序》：‘不知其出巴东以属朐䏰也。’唐杜氏《通典·州郡部》：‘朐䏰，上音蠢，下如尹切。’如君之音读为忍，尤与如音同，证七。戴侗《六书故》：‘蚯蚓古谓朐䏰，又谓曲蟮。’蚯朐曲同声，邱古音读如区，蚯区曲一音之转。若朐䏰读作蠢闰，或读闰蠢，声类已隔，证八。《淮南子·时则训》注：‘邱螾蠢蝡也。’蠢蝡之音，略近朐䏰，假使汉县有朐䏰县，高诱汉人，胡不据朐䏰证邱螾，而乃注以蠢蝡焉？证九。《水经·江水注》引《华阳记》曰：‘朐忍县出灵龟。’又曰：‘常璩曰：朐忍县在巴东郡西二百九十里。’又云：‘彭谿水径朐忍县西六十里’，‘江水右径朐忍县南。’是魏晋人仍作‘朐忍’，常不同阚，直可证阚之误矣，证十。综此始审知班志为可信，乃顾氏《金石文字记》以朐忍为别体，是殆误记班作朐忍欤？惠氏注《后汉书》，谓《说文》作朐䏰，似又为吴曾所误矣，是乌得无辨？”案：陈氏记诵极博，此文详瞻突过前人，可以用作总结帐，来作本节的“后劲”了。

3·5 (17) 最后我们再附上一家近人的说法：吴承仕《经籍旧音辨证》五：“段……谓朐字从旬音春，为唐以后之误说，则非也。阚骃当晋、宋间，音朐为春，(《水经注》二：“闾门水又东径浩亹县故城南，阚骃曰，‘浩读阁’也。”此阚骃自下音读之证。段欲自护其说，遂谓阚不作音，近于专断。)裴松之当宋元嘉之末，亦音朐为蠢，此皆唐以前人，下距师古之卒，盖二百有余年矣。《晋书·宣帝纪》：‘泝沔而上，至于朐䏰。’何超《音义》引如淳曰：‘上音蠢，下音如允反。’如淳，魏人也，音与阚、裴同，然则以朐为朐，盖汉、魏相承旧读，非唐、宋人所能妄作明矣。今疑朐䏰叠韵，地名本有此读，或不关蚯蟥义也。”

3·5 (18) 综合3·3(1)到3·5(17)的文字，考订者不下三十家，说法亦纷纷不一，真可谓“五音使人耳聋，五色使人目盲了”。此外还有许多家的考订，不是谬误不堪，就是毫无见解，考了之后和没考一样，我们就再不为他们浪费纸墨。现在把3·2(7)所提出的六点为纲，列成下面的表，看看古人究竟有多少与我们相合；如果我们的结论果能正确的话，那么，吾于之得学术消长之几焉。

人 结论	樊	邵	李	王	吴	杨	方	顾	黄	何	惠	钱	桂	卢	段	王	钮	钱	张	李	章	陈	吴
a			×	×	×	×	×		△			△			△	○	△		△	△		○	○
b	○	○	×	×	○	×	×	×	○			○	○	×	○	○	○	○	○	○		○	×
c	○	○							○						○	○	○	○		○		○	
d			×	×	×	×	×		○				○	×	○	○	○	○		○		○	
e									○						○	○	○					○	
f			×	×	×	×	×		○				○	×	○	○	○	○		○		○	×

○＝相合　　△＝一部相合　　×＝不合

4．“蜿蟺”这个语词的义，段玉裁曾经加以解释；《说文》虫部“蟺：夗蟺也”段注：“夗，转卧也，引申为凡冤曲之称。夗蟺叠韵，盖谓凡虫之冤曲之状。”此说简明扼要，我们就不再多说了。此外王引之亦有一说，大致相同，录在这里，以备参考：《广雅疏证》：“邱蚓之形屈曲，故谓之‘蜿蟺’……蜿蟺之言‘宛转’也。”

5·1 “蜷蜷”这个语词的后半，和2·3节里的“揣耎”等词里的“喘”、“揣”等字相同。“蜷”字古书用得甚多，都是屈曲蜷盘之义，所以我们选取一两条训诂就够了。《广雅·释诂》一：“觠，曲也。”四：“鲞，结诎也。”一：“揣，动也。”《方言》十三：“遣喘，转也。”郭注：“‘遣喘’犹‘宛转’也。”

5·2 “蜷蜷”还有一个开口的读法：“蜸蚕。”《尔雅·释虫》：“螼蚓，蜸蚕。”《经典释文》：“蜸，苦显切，蚕，他典切。”

后记：这篇文章是在台北市写定的，所有引书的版本页数全没注出来，谨向读者致歉。

不得不说的话

谢纪锋老师打电话告诉我:商务印书馆决定为俞先生出一本论文集。听到这个消息,做为俞敏的妻子和朝夕相处、同声共气的挚友,我激动得心中涌起一团云雾。这云雾不断地扩散,涌到眼里,凝成点点泪珠,就是化不成语言。这无言之言叫我如何表达呢!

我只有一腔至情,满腔感激。因为出版《俞敏语言学论文集》是对俞敏最好的纪念。

首先,我以九十度的鞠躬来感谢商务印书馆肯出版这本不会畅销的赔钱书!这无疑是对俞敏的学术成果的认可,对俞敏学术人品的认可。对善于用黄金和白银来衡量人的价值的今天,这不是最可宝贵的吗?

谢纪锋老师是俞敏的学生,俞敏故去以后,他以极大的热情,极其勤奋地来做这件事情,难道不让人感动、感激吗?

最珍贵、最美好的心意汇集在一起,才使这本书能够出版。

我谢谢大家,我替已经亡故的俞敏谢谢大家。

杨藻清

1996.5.3

附：俞敏教授论著目录

《现代汉语语法》上册(与陆宗达合著)　群众出版社　1954年7月

《语法和作文》　中国青年出版社　1955年9月

《名词、动词、形容词》　新知识出版社　1957年6月　上海教育出版社于1984年3月印行修订版

《中国语文学论文选》　日本光生馆　1984年6月

此集共收论文18篇，具体篇目如下：

① 北京口语轻音节的调值

② 语音变化能不能用质变量变规律说明？

③ 论国语的人称代名词

④ 北京话的实体词的词类

⑤ 亲属称谓的扩大和转移

⑥ 暗喻和巫术

⑦ 永明运动的表里

⑧ 古汉语的“所”字

⑨ 古汉语派生新词的模式

⑩ 论古韵合怗屑没曷五部之通转

⑪ 大盂鼎铭文诂训

⑫ 释蚯蚓名义兼辩朐忍二字形声

⑬ 蔡沈廖丛著选六篇

⑭ 章太炎语言文字学里的梵文影响

⑮ 梵语千字文校本

⑯ 后汉三国梵汉对音谱

⑰ 汉藏虚字比较研究

⑱ 汉语的“其”跟藏语的 gji

《经传释词札记》　湖南教育出版社　1987年1月

《俞敏语言学论文集》　黑龙江人民出版社　1989年9月

此集本收论文58篇，具体篇目如下：

① 万斤重的小毛锥

② 语言与文字的失真性与独立性

③ 认识和表达

④ 古汉语里面的连音变读现象

⑤ 古汉语里的俚俗语源

⑥ 释甥

⑦ 评《中国语言》(弗瑞斯特)

⑧ 评《语言与文化》(罗常培)

⑨ 什么叫一个词？

⑩ 评《北京话单音词汇》(陆志韦)

⑪ 说“跟”跟“和”

⑫ 使动词

⑬ “了”跟“着”的用法

⑭ 口语里“写不出”的字

⑮ 语法札记(一)

⑯ 语法札记(二)

⑰ 汉语动词的形态

⑱ 语音和语法

⑲ 谈民族标准语问题

⑳ 汉语的爱称和憎称的来源和区别

㉑ 民族语言、文学语言跟地域方言

㉒ 形态变化和语法环境

㉓ 评《普通语言学》上册(高名凯)

㉔ 汉语的句子

㉕ 广播语言艺术的欣赏

㉖ 我怎么看拼音方案草案修正案

㉗ 主语和谓语
㉘ 六书献疑
㉙ 白话文的兴起、过去和将来
㉚ 我听着别扭
㉛ 叶斯柏森
㉜ 汉藏两族人和话同源探索
㉝ 古诗今读议
㉞ 古四声平议
㉟ 说"百家语"
㊱ 与人论"六书"书
㊲ 倒句探源
㊳ 古汉语的人称代词
㊴《诗》"薄言"解平议
㊵ 谈谈动宾关系
㊶ 古汉语"风"字确实有过像"孛缆"的音
㊷ 北京口语音位的出现频率
㊸ 北京口语里的"给"字
㊹ 佛教词语小议
㊺ 等韵渊源
㊻ 北京话的语音、词汇和语法特点
㊼《国故论衡·成均图》注
㊽ 李汝珍《音鉴》里的入声字
㊾ 音轨和语素的出现频率
㊿ 说到怎么分出义项
51 论词源学(译文)
52 化石语素
53 不分开词会给读者添麻烦
54 哥儿　哥儿俩　哥儿们
55 北京音系的成长和它受的周围影响

㊱ 王删郝疏议

㊲《尚书·洪范》:“土爰稼穑”解

㊳ 从“看不见”说到“说不上来”

《俞敏语言学论文二集》　北京师范大学出版社　1992 年 10 月

此集共收入论文 25 篇,具体篇目如下:

① 学习莘田师

②《陆志韦语言学著作集》前言

③ 北京口语后轻双音节语素里轻音节的送气

④ 现代北京话和元大都话

⑤ 现代北京人不能说是元大都人的后代

⑥ 北京话全浊平声送气解

⑦ 中州音韵保存在山东海边儿上

⑧ 驻防旗人和方言的儿化韵

⑨ 北京话本字札记

⑩ 论北京口语的“动宾”结构

⑪ 北京口语“看不见、找不着”一类的词

⑫ 北京口语里有“动名词”

⑬ 汉藏同源字谱稿

⑭ 汉藏同源字谱稿(续)

⑮ 方言区际的横向联系

⑯ 我和图书馆

⑰ 祝《汉语大字典》成书

⑱ 论语法修辞合着开一门课

⑲ 世尊称谓小考

⑳ 古汉语词汇教学

㉑ 东汉以前的姜语和西羌语

㉒ 汉藏文献学相互为用一例

㉓ “打”雅

㉔ 汉藏联绵字比较

㉕ 汉藏同源字谱稿提要原稿

逸失的稿件有:《北京话发音学》,撰写于 1954 年;《汉藏语史蠡测》,撰写于 1948 年,全稿散失过半,《中国语文学论文选》中《汉藏虚字比较研究》一文是其中较完整的一章。

《俞敏语言学论文二集》所收文章止于 1991 年,1992～1995 年间所发表的文章,有待进一步搜集。再,俞敏教授与其弟子合写的文章未列入。

检